JUN-GEN OH

# Vertrauensschutz im Raum- und Stadtplanungsrecht

Schriften zum Öffentlichen Recht

Band 589

# Vertrauensschutz im Raum- und Stadtplanungsrecht

## Eine vergleichende Betrachtung nach deutschem und koreanischem Recht

Von

**Jun-Gen Oh**

Duncker & Humblot · Berlin

CIP-Titelaufnahme der Deutschen Bibliothek

**Oh, Jun-Gen:**
Vertrauensschutz im Raum- und Stadtplanungsrecht: eine vergleichende Betrachtung nach deutschem und koreanischem Recht / von Jun-Gen Oh. – Berlin: Duncker und Humblot, 1990
(Schriften zum Öffentlichen Recht; Bd. 589)
Zugl.: Konstanz, Univ., Diss., 1990
ISBN 3-428-07020-8
NE: GT


Fotoprint: Berliner Buchdruckerei Union GmbH, Berlin 61
Printed in Germany

ISSN 0582-0200
ISBN 3-428-07020-8

# Vorwort

Die vorliegende Arbeit wurde im Herbst 1990 von der Juristischen Fakultät der Universität Konstanz als Dissertation angenommen.

Gedankt sei zunächst meinem Gott, der ständig an meiner Seite stand und seine Hand ausstreckte, um mir zu helfen.

Danken möchte ich meinem Doktorvater Herrn Professor Dr. Winfried Brohm. Er hat das Thema angeregt, seine Bearbeitung stets mit kritischem Rat begleitet und in mannigfaltiger Weise gefördert. Über die wissenschaftliche Betreuung hinaus hat er mich bei meinem Aufenthalt in der Bundesrepublik Deutschland wie ein Vater unterstützt.

Bedanken möchte ich mich bei Herrn Professor Dr. Dieter Lorenz für die rasche Erstellung des Zweitgutachtens.

Mein Dank gilt auch Herrn Regierungrat Walter Nagel, Herrn Regierungrat Andreas Roth, Frau Wissenschaftliche Mitarbeiterin Gabriele Gehring und Frau Annemarie Träger, die mir allezeit ihre Zuneigung und Hilfsbereitschaft erwiesen haben. Gedankt sei aber auch allen anderen Freunden und Kollegen, die mir den Aufenthalt in Konstanz so unvergeßlich gemacht haben.

Zu Dank verpflichtet bin ich dem Institut für Begabtenförderung der Konrad-Adenauer-Stiftung, das mich durch ein Promotionsstipendium unterstützt hat.

Ich widme diese Arbeit meinen Eltern, die mir im Gebet beistanden, und meiner Frau, ohne deren Hilfe sie kaum möglich gewesen wäre.

Konstanz im Oktober 1990

Jun-Gen OH

# Inhaltsverzeichnis

*3. Kapitel*

**Planänderungen: Grenzen der Gestaltungsfreiheit und mögliche Schutzpositionen privater Planbetroffener und öffentlicher Planungsträger**

# Abkürzungsverzeichnis

| | |
|---|---|
| Abs. | Absatz |
| Abschn. | Abschnitt |
| AGVwGO | Gesetz zur Ausführung der Verwaltungsgerichtsordnung |
| AÖR | Archiv des öffentlichen Rechts (Zeitschrift) |
| Art. | Artikel |
| BauGB | Baugesetzbuch |
| Ba.-Wü. | Baden-Württemberg |
| Bay. | Bayern |
| BayVBl. | Bayerisches Verwaltungsblatt (Zeitschrift) |
| BBauG | Bundesbaugesetz |
| Bd. | Band |
| BGH | Bundesgerichtshof |
| BImSchG | Bundesimmissionsschutzgesetz |
| BROG | Bundesraumordnungsgesetz |
| BROP | Bundesraumordnungsprogramm |
| BRS | Baurechtssammlung |
| BR-Drs. | Bundesratsdrucksache |
| BT-Drs. | Bundestagsdrucksache |
| BVerfG | Bundesverfassungsgericht |
| BVerfGE | Entscheidung des Bundesverfassungsgerichts |
| BVerwG | Bundesverwaltungsgericht |
| BVerwGE | Entscheidung des Bundesverwaltungsgerichts |
| d.h. | das heißt |
| DJT | Deutscher Juristentag |
| DÖV | Die Öffentliche Verwaltung (Zeitschrift) |
| Drs. | Drucksache |
| DVBl. | Deutsches Verwaltungsblatt (Zeitschrift) |

| | |
|---|---|
| EKVwVfG | Entwurf des koreanischen Verwaltungsverfahrensgesetzes |
| EuGRZ | Europäische Grundrechts-Zeitschrift |
| f. | folgende |
| FG | Festgabe |
| ff. | fortfolgende |
| Fn. | Fußnote |
| FS | Festschrift |
| GBl. | Gesetzblatt |
| GG | Grundgesetz für die Bundesrepublik Deutschland |
| ggf. | gegebenenfalls |
| GVBl. | Gesetz- und Verordnungsblatt |
| Hess. | Hessen |
| h.L. | herrschende Lehre |
| h.M. | herrschende Meinung |
| Hrsg. | Herausgeber |
| i.d.F. | in der Fassung |
| i.d.F.v. | in der Fassung von |
| i.d.R. | in der Regel |
| i.e.S. | im engeren Sinne |
| i.V.m. | in Verbindung mit |
| i.w.S. | im weiteren Sinne |
| Jura | Juristische Ausbildung (Zeitschrift) |
| JuS | Juristische Schulung (Zeitschrift) |
| JZ | Juristen Zeitung (Zeitschrift) |
| Kap. | Kapitel |
| KBauG | Das koreanische Baugesetz |
| KBNKG | Das koreanische Bodennutzungskontrollgesetz |
| KBOG | Das koreanische Bodenordnungsgesetz |
| KGOG | Das koreanische Gerichtsorganisationsgesetz |
| KREPG | Das koreanische Raumentwicklungsgesamtplanungsgesetz |
| KSSEG | Das koreanische Staatsschadensersatzgesetz |
| KStPlG | Das koreanische Stadtplanungsgesetz |
| KStSaG | Das koreanische Stadtsanierungsgesetz |
| KV | Die koreanische Verfassung |

| | |
|---|---|
| KVfGG | Das koreanische Verfassungsgerichtsgesetz |
| KVwBG | Das koreanische Verwaltungsbeschwerdegesetz |
| KVwKG | Das koreanische Verwaltungsklagegesetz |
| LPlG | Landesplanungsgesetz |
| Nds. | Niedersachsen |
| NJW | Neue Juristische Wochenschrift (Zeitschrift) |
| NuR | Natur + Recht (Zeitschrift) |
| NVwZ | Neue Zeitschrift für Verwaltungsrecht (Zeitschrift) |
| N.-W. | Nordrhein-Westfalen |
| o.ä. | oder ähnliche(s) |
| OVG | Oberverwaltungsgericht |
| Rdn. | Randnummer(n) |
| Rh.-Pf. | Rheinland-Pfalz |
| ROG | Raumordnungsgesetz |
| S. | Seite/Satz |
| Saarl. | Saarland |
| S.-H. | Schleswig-Holstein |
| sog. | sogenannte(r) |
| Sp. | Spalte |
| u.a. | unter anderem |
| u.ä. | und ähnlich(e) |
| UPR | Umwelt- und Planungsrecht (Zeitschrift) |
| VerwArch | Verwaltungsarchiv (Zeitschrift) |
| VGH | Verwaltungsgerichtshof |
| Vgl. | Vergleiche |
| Vorb. | Vorbemerkung |
| VVDStRL | Veröffentlichung der Vereinigung der deutschen Staatsrechtsleher |
| VwVfG | Verwaltungsverfahrensgesetz |
| VwGO | Verwaltungsgerichtsordnung |
| z.B. | zum Beispiel |
| z.T. | zum Teil |
| z.Z. | zur Zeit |

*1. Kapitel*

# Fragestellung

1. Abschnitt

## Ausgangslage und Problemstellung

Plan und Planung gehören heutzutage sowohl in der Bundesrepublik Deutschland wie auch in der Republik Korea zu den wichtigsten staatlichen Handlungsformen und spielen daher in der Praxis eine erhebliche Rolle[1]. Pläne und Planungen gibt es in beiden Ländern für die verschiedensten Sozialbereiche. Die einzelnen staatlichen Planungsgebiete sind nach Verfahren, Form, Umfang und Intensität der Planung sehr unterschiedlich ausgestaltet. Zwar besteht ein *relativ* ausgeformtes Planungssystem für die Regelung der Bodennutzung im Raum- und Stadtplanungsrecht, aber selbst hier, wo eine gewisse Vereinheitlichung eingetreten ist, weist die Planung in rechtlicher Hinsicht eine große Vielfalt auf, so daß ihre systematische Ordnung außerordentliche Schwierigkeiten bereitet[2].

Da sich die Planungen in die Zeit erstrecken und eine sinnvolle Abfolge von Maßnahmen bezwecken, muß jede Planung als dynamischer Prozeß verstanden werden[3]. Anders als die traditionellen Rechtsetzungsformen des

---

1 Über den Begriff bzw. die Rolle der Planung in der Marktwirtschaft, siehe näher, *Zohlnhöfer/ Steinle/ Brohm*, Art.: Planung, in: Staatslexikon, Bd. 4, Sp. 403 ff.; *Herzog/ Pietzner*, Art.: Planung, in: Herzog u.a. (Hrsg.), Evangelisches Staatslexikon, Bd. II, Sp. 2503 ff.

2 Daher gibt es in der Literatur, sowohl der Bundesrepublik als auch Koreas zahlreiche Versuche, die Vielfalt der Pläne rechtlich systematisch einzuordnen. Sie werden unten näher erörtert.

3 Wenn eine Planbehörde einen Plan aufstellt, erfolgt dies in mehreren Abschnitten wie Zielvorstellung, Datenermittelung, Interessenerwägung, eigentliche Planung, Entscheidung und Feststellung. Über das Planungsverfahren als Entscheidungsprozeß und über die nähere Planungsphasen siehe *Thieme*, Verwaltungslehre, S. 316 ff.; *Weiss*, Strukturierung iterativer Entscheidungsprozesse bei öffentlichen Planungsvorhaben, VerwArch 63 (1972), S. 241 ff.

staatlichen Handelns, stellen sich die Pläne nicht als von vornherein allgemein gültige Ordnungen dar, sondern als Aktionsprogramme, die erst durch ihre Verwirklichung, durch zahlreiche Einzelmaßnahmen eine neue Ordnung schaffen[4]. Als solche basieren sie auf Prognosen über die Zukunft. Wenn ein Plan auf einer Fehlprognose beruht, oder der rasche gesellschaftliche Wandel die Grundlagen der Prognose geändert hat, wird eine Planänderung erforderlich. So gehört eine laufende Anpassung des Plans geradezu zum Wesen der Planung[5].

Pläne als Aktionsprogramme bedürfen der Verwirklichung durch öffentliche und private Investoren. Wenn ein Plan festgestellt wird, vertrauen die Bürger auf die Verwirklichung des Plans und tätigen deshalb entsprechende Dispositionen. Wird der Plan geändert, kann er die Dispositionen der Bürger zunichte machen. Damit stellt sich die Frage, ob und inwieweit ihr Vertrauen in die staatliche Planung, die sie zu diesen Investitionen veranlaßt hat, schützwürdig ist[6].

Insofern liegt das Problem der vorliegenden Untersuchung in der Frage, wie zwischen dem Interesse an der Fortentwicklung des Plans, also seiner notwendigen Flexibilität, und dem Interesse an seiner Beibehaltung und Durchführung, also seiner Stabilität, ein angemessener Ausgleich gefunden werden kann. Dafür bieten sich im wesentlichen drei Lösungswege an:

Einmal ist zu prüfen, ob den Betroffenen unter bestimmten Voraussetzungen ein Anspruch auf Beibehaltung des ursprünglichen Plans, also auf "Planfortbestand" zusteht. Dies kann angesichts der erwähnten Flexibilitätserfordernisse, wenn überhaupt, nur in bestimmten Einzelfällen in Betracht

---

[4] Über den Zusammenhang zwischen den traditionellen Rechtsformen des staatlichen Handelns und den Plänen siehe näher *Brohm*, Die Dogmatik des Verwaltungsrechts vor den Gegenwartsaufgaben der Verwaltung, VVDStRL 30 (1972), S. 245 ff.; *ders.* Strukturprobleme der planenden Verwaltung, JuS 1977, S. 500 ff.

[5] Über die Eigenschaft insbesondere die Offenheit bzw. Änderungsbedürftigkeit der Planung siehe *Ossenbühl*, Welche normativen Anforderungen stellt der Verfassungsgrundsatz des demokratischen Rechtsstaats an die planende staatliche Tätigkeit?, Gutachten für den 50. Deutschen Juristentag, B. 25 ff.; *Scharpf*, Planung als politischer Prozeß, in: Naschold/ Väth (Hrsg.), Politische Planungssysteme, S. 167 ff.; *Häusler*, Planung als Zukunftsgestaltung, S. 18 ff.

[6] Das Problem ist in der Bundesrepublik unter dem Stichwort *Plangewährleistung* heftig diskutiert; siehe näher *Oldiges*, Grundlagen eines Plangewährleistungsrechts, S. 31 ff.; *Egerer*, Der Plangewährleistungsanspruch, S.25 ff.; *Ossenbühl*, Die Plangewährleistung, JuS 1975, S. 545 ff.; *Schenke*, Gewährleistung bei Änderung staatlicher Wirtschaftsplanung, AöR 101 (1976), S. 337 ff.; *Thiele*, Zur Problematik des Plangewährleistungsanspruchs, DÖV 1980, S. 109 ff.; *Brohm*, Plangewährleistungsrechte, Jura 1986, S. 617 ff. u.a.

kommen; sonst wäre Planung von Anfang an zum Scheitern verurteilt[7]. Ob und wann solche Fälle vorliegen und worauf sich ein solcher Vertrauensschutz auf Planfortbestand gründen kann, gilt es zu untersuchen.

In den anderen Fällen muß die Frage aufgeworfen werden, ob nicht schonende oder "gleitende Übergänge" zu wählen sind, damit sich die Verluste bei den einzelnen Investoren in Grenzen halten, indem sie Zeit für Amortisation oder zumindest für Anpassungen an die Umstellung lassen[8].

Wo diese Möglichkeit des Planfortbestands oder der allmählichen Plananpassung wegen der Notwendigkeit zur Planänderung ausscheidet, kommen Ansprüche auf Schadensersatz und Entschädigung in Betracht. Es stellt sich die Frage, ob derjenige, der sein Verhalten am Plan orientiert und durch die Planänderung einen Schaden erlitten hat, nicht wenigstens einen Ersatzleistungsanspruch geltend machen kann. In der Literatur in der Bundesrepublik wird weithin lediglich an diese Ansprüche gedacht, wenn vom Plangewährleistungsanspruch die Rede ist[9]. Indessen sollte das Institut der Plangewährleistung nicht mit dem bloßen Entschädigungsgedanken identifiziert werden[10].

Diese Frage gilt nicht nur im Hinblick auf den Bürger, der sich in seinen Dispositionen auf Pläne eingerichtet hat, sondern auch auf Selbstverwaltungseinheiten, wie etwa die Gemeinden, die ihre eigenen Pläne und Planungsmaßnahmen den geänderten übergeordneten Plänen anzupassen haben.

---

[7] Vgl. *Brohm*, Plangewährleistungsrechte, Jura 1986, S. 619 ff.; *Ossenbühl*, Welche normativen Anforderungen stellt der Verfassungsgrundsatz des demokratischen Rechtsstaates an die planende staatliche Tätigkeit?, Gutachten für den 50. Deutschen Juristentag, B. 184 ff. u.a.

[8] Vgl. *Salzwedel*, Verfassungsrechtlich geschützte Besitzstände und ihre "Überleitung" in neues Recht, Die Verwaltung 1972, S. 11 ff.; *Oldiges*, Grundlagen eines Plangewährleistungsrechts, S. 229 ff.

[9] Vgl. *Egerer*, Der Plangewährleistungsanspruch, S. 51 ff.; *Korbmacher*, Plangewährleistung und Vertrauensschutz, WiVerw. 1979, S. 37 ff.; *Thiele*, DÖV 1980, S. 113 ff. u.a.

[10] Vgl. *Schenke*, Gewährleistung bei Änderung staatlicher Wirtschaftsplanung, AöR 101 (1976), S. 351 ff.; *Ossenbühl*, Welche normativen Anforderungen stellt der Verfassungsgrundsatz des demokratischen Rechtsstaates an die planende staatliche Tätigkeit?, Gutachten für den 50. Deutschen Juristentag, B. 184 ff.; *Brohm*, Plangewährleistungsrechte, Jura 1986, S. 619 ff.; *Maurer*, Allgemeines Verwaltungsrecht, S. 355 ff.

## 2. Abschnitt

## Veranschaulichung der typischen Interessenkonflikte bei Planungen im deutschen und koreanischen Recht

### A. Interessenkonflikte zwischen öffentlichem Planungsträger und Bürger

Um die aufgeworfene Fragestellung besser zu veranschaulichen, sollen typische Problemfälle vorangestellt werden, die bereits Gegenstand gerichtlicher Verfahren oder wissenschaftlicher Erörterung waren. Sie finden sich nicht nur im Raum- und Stadtplanungsrecht, sondern auf allen Gebieten staatlicher Planungstätigkeit. Dabei stehen die Konflikte zwischen dem Interesse des öffentlichen Planungsträgers auf Planänderung und dem Interesse des Bürgers auf Vertrauensschutz im Vordergrund.

#### *I. Beispielsfälle in der deutschen Literatur und Rechtsprechung*

Als ein typisches Beispiel für die angeführte Problematik ist in der deutschen Literatur die "Gefrierfleischentscheidung" bekannt, die bereits vom Reichsgericht getroffen wurde[1].

In den zwanziger Jahren hatte die Reichsregierung nach langen Verhandlungen mit den Fleischimporteuren Erleichterungen für die Einfuhr von Fleisch für mindestens zehn Jahre in einer Rechtsverordnung festgelegt. Wider Erwarten hatte sich die deutsche Fleischproduktion schon nach zwei Jahren erholt. Daraufhin wurden die Importvergünstigungen wieder gestrichen. Dadurch wurden die hohen Investitionen der Importeure, die sie im Vertrauen auf diese Planung für den Bau von Kühlhäusern getätigt hatten, praktisch wertlos.

---

1 RGZ 139, 177 ff.

Einen entsprechenden Fall hatte das Bundesverfassungsgericht zu entscheiden[2]: Im Wege der Berlinhilfe waren die Unternehmer für fünf Jahre von der Umsatzsteuer freigestellt worden. Nach drei Jahren wurde diese Vergünstigung für die Zigarettenindustrie vorzeitig aufgehoben, weil man das Geld dringend für andere Förderungsmaßnahmen benötigte.

In der Literatur werden weiter folgende Fälle in die Diskussion eingeführt: Der Bund vereinbart mit einem Entwicklungsland ein mehrjähriges Entwicklungshilfeprogramm und reizt seine Unternehmer durch Steuervergünstigungen zu Investitionen im Rahmen dieses Programms an[3]. Diese Vergünstigung würde für sich allein als Anreiz nicht genügen, wenn nicht auch durch die langfristige Festlegung des Gesamtprogramms die Rentabilität garantiert erschiene. Das Programm wird sodann aus politischen Gründen gestrichen; die Investitionen sind vertan.

Die Verwaltung plant, um Industrie anzusiedeln, den Anschluß eines Gebiets an das Netz der Binnenwasserstraßen[4]. Sie veranlaßt dadurch einen Unternehmer, sich hier niederzulassen, wozu er sich ohne den geplanten Kanalbau nicht entschlossen hätte. Der Anschluß des Gebiets an die Binnenwasserstraßen entfällt jedoch später wegen veränderter Finanzlage.

Bei der Raum- und Stadtplanung werden die Auswirkungen dieser Pläne auf die Wirtschaft besonders deutlich: Eine Stadt wählt den Zuschnitt der Grundstücke so, daß sich keine Kaufhäuser im City-Bereich ansiedeln können[5]. Zu Fragen einer Plangewährleistung kommt es, wenn die Gemeinde später von ihrer Planung abgeht und doch Warenhäuser zulassen will oder wenn sie am Ende einer Fußgängerzone ein großes Einkaufszentrum plant, so daß die ansässigen Einzelhändler ihre Investitionen, die sie im Hinblick auf die bislang bestehende Planung getätigt haben, nunmehr gefährdet sehen.

Der sog. "Schweinemästerfall" wird mehrmals auf dem Gebiet des Raum- und Stadtplanungsrechts in die Diskussion eingeführt[6]: Da eine Schweinemästerei erhebliche Geruchbelästigungen auslöst, wird sie - u. U. sogar

---

[2] BVerfGE 30, 392 ff.

[3] Über diesen Fall siehe *Kriele*, Plangewährleistungsansprüche?, DÖV 1967, S. 531 ff.

[4] Siehe näher *Kriele*, Plangewährleistungsansprüche?, DÖV 1967, S. 532 ff.

[5] Dazu näher *Brohm*, Der Schutz privater Belange bei Bauplanungen, Antragsbefugnis, Abwägungsgebot, Plangewährleistungsrechte, insbesondere für gewerbliche Interessen, NJW 1981, S. 1689 ff.

[6] Vgl. *Redeker*, Staatliche Planung im Rechtsstaat, JZ 1968, S. 537 ff.; *Henning*, Der sog. latente Störer in baurechtlicher und planender Sicht, DVBl. 1968, S. 740 ff.

auf Veranlassung der Gemeinde - weit weg vom Ortskern angesiedelt. Später beschließt die Gemeinde einen Bebauungsplan, der es gestattet, daß die Wohnhausbebauung bis unmittelbar an die Mästerei herangeführt wird. Die Bewohner dieser Häuser werden sich nach kurzer Zeit über die Geruchsbelästigung beschweren. Da der Schweinemäster nunmehr als Störer im Sinne des Polizei- und Ordnungsrechts erscheint, wird die Schließung des Betriebs angeordnet.

Ähnliche Beispiele finden sich in ländlichen Gemeinden in den Randzonen der Ballungsgebiete[7]. Sie werden zunehmend von den "Städtern" überschwemmt, die "im Grünen" zu relativ günstigen Bodenpreisen ihre Einfamilienhäuser errichten wollen und einen weiten Weg - z.T. bis zu 80 km - zu ihrem Arbeitsplatz in der Stadt nicht scheuen. Sobald sie sich in größerer Zahl angesiedelt haben, drängen sie auf die Schließung alteingesessener, störender Betriebe, wie Sägewerke, Steinbrüche und dergleichen. Die Gemeinden versuchen diesem Ansinnen Rechnung zu tragen, indem sie Grüngürtel oder allgemeine Wohngebiete um diese Betriebe herum planen, so daß diese nicht weiter expandieren können oder aus immissionschutzrechtlichen Gründen sogar gleich den Betrieb einstellen müssen.

### *II. Beispielsfälle in der koreanischen Literatur und Rechtsprechung*

Um die Industrialisierung möglichst rasch voranzutreiben, hat die Republik Korea seit 1963 mehrere fünfjährige Wirtschaftsentwicklungspläne aufgestellt. In diesen Plänen hat der Staat ihm wichtig erscheinende Industriezweige bestimmt und dafür Industriegebiete ausgewiesen. Für die Entwicklung dieser Industriezweige und Industriegebiete hat er verschiedene steuerliche und finanzielle Anreize versprochen. Damit versucht er gleichzeitig die Wirtschaft zu steuern.

Schon Ende der sechziger Jahre hatte sich die Wirtschaft aber bereits vielfach in eine ganz andere, unerwartete Richtung entwickelt. Um auf die veränderte Wirtschaftssituation zu reagieren, mußte der Staat die privilegierten Wirtschaftszweige und Industriezonen mehrmals ändern. Dies hatte zur Folge, daß er seine versprochenen steuerlichen und finanziellen Anreize

---

[7] Dazu näher *Brohm*, Plangewährleistungsrechte, Jura 1986, S. 617 ff.

für die ursprünglich geförderten Wirtschaftszweige und Industriegebiete strich[8].

Wegen der raschen Industrialisierung und Expansion der Großstädte sind die oben aufgeführten Probleme aus dem Bereich des Raum- und Stadtplanungsrechts auch in Korea sichtbar geworden. Das gilt insbesondere für die Hauptstadt Seoul und andere Großstädte wie z.B. Pusan und Kwangju. Sie haben sich durch einen permanenten Bevölkerungszustrom mehrfach vergrößert. Durch die Kreisreformen wurden die Stadtgrenzen erweitert und die Bodennutzungspläne dementsprechend geändert. Daran mußten die Nutzungszonen der Städte angepaßt werden. Die Bürger, die auf den ursprünglichen Bodennutzungsplan vertraut hatten, mußten sich an die veränderten Pläne halten mit der Folge, daß ebenso wie in der Bundesrepublik Deutschland die emittierenden Betriebe wie z.B. Steinbrüche, Sägewerke und Schweinemästereien u. ä. immer mehr verdrängt wurden.

Ein typisches Beispiel bilden die Fälle der Fernexpressbusterminals: Mit dem Ausbau des Autobahnnetzes hat sich in Korea seit Ende der sechziger Jahre ein starker Personenverkehr durch Fernexpressbusse entwickelt. Dementsprechend wurden mehrere Fernexpressbusunternehmen gegründet, die ihre Expressbusterminals, d.h. die Busstellplätze, Startbahnen, Wartehallen usw., den Bodennutzungsplänen bzw. Verkehrsplänen entsprechend am Ende der damaligen Ortskerne ansiedelten. Bald darauf verursachte die weitere Industrialisierung in den Großstädten eine fortschreitende Konzentration der Bevölkerung und eine nachfolgende Expansion. Ende der siebziger Jahre befanden sich so die Expressbusterminals bereits in der Stadtmitte i.w.S. und wurden wegen des Mangels an Straßen bzw. Verkehrseinrichtungen zu einer großen Verkehrsbelastung. Der Staat hat daraufhin die Bodennutzungs- bzw. Verkehrspläne dahingehend geändert, daß die Expressbusterminals außerhalb der Stadtmitte i.w.S. in einem konkret bestimmten Grenzbereich der jeweiligen Stadt, und zwar in der Nähe einer Autobahnausfahrt anzusiedeln seien. Die Fernexpressbusunternehmen hatten ihre Terminals mit den verschiedenen Ausstattungen aufzugeben und an die vorgesehenen Orte umzusiedeln[9].

Die Beispiele zeigen, daß sich die Interessenkonflikte zwischen dem planenden Staat und den planbetroffenen Bürgern in beiden Ländern weitgehend gleichen.

---

[8] Vgl. *Forschungsinstitut für die Staatsraumentwicklung*, Entwurf des zweiten Raumentwicklungsgesamtplans für die Staatsebene, 1981, S. 20 ff.

[9] Vgl. *Chojum*, Die Interesse der Unternehmen des Busterminals müssen gewährleistet werden, in: Land und Bau, 1988, Bd. 9, S. 59 ff.

## B. Interessenkonflikte zwischen über- und untergeordneten Planungsinstanzen

### *I. Die Konfliktslage im deutschen Recht*

Ähnlich wie zwischen öffentlichen Planungsträgern und einzelnen Bürgern können zwischen über- und untergeordneten Planungsinstanzen, wie z.B. den staatlichen und gemeindlichen, Konflikte zwischen den Interessen auf Planänderung einerseits und Planfortbestand andererseits auftreten.

Insbesondere die räumliche Planung erfolgt in Deutschland auf mehreren Ebenen; auf der Ebene der Gemeinde in der *Stadtplanung*, für die Region in der sog. *Regionalplanung*, für den Landesbereich in *Landesentwicklungsprogrammen* und/ oder *Landesentwicklungsplänen* sowie in *fachlichen Entwicklungsplänen* und schließlich auf Bundesebene im *Bundesraumordnungsprogramm* und vor allem in den *Fachplanungen* des Bundes. Auf allen diesen Ebenen wird von unterschiedlichen Stellen eine Vielzahl von Plänen aufgestellt[10].

Nach Art. 28 Abs. 2 GG ist die Planungshoheit der Gemeinden verfassungsrechtlich gewährleistet. Die Kompetenz zur Ortsplanung gehört zum Selbstverwaltungsrecht der Gemeinden, das jedoch lediglich *im Rahmen der Gesetze* gewährleistet ist. Demgemäß enthält vor allem das Baugesetzbuch zahlreiche verfassungsrechtlich unbedenkliche Bindungen für die planende Gemeinde[11]. Die Gemeinde muß z.B. ihre Bauleitplanung den Zielen der Raumplanung und Landesplanung anpassen, d.h. neue Planungen haben diesen raumplanerischen Festsetzungen zu entsprechen, bereits bestehende Bauleitpläne sind entsprechend zu ändern[12]. Eine weitere Grenze der gemeindlichen Planungsfreiheit ergibt sich aus dem Vorrang zahlreicher Fachplanungen, wie z.B. der Fernstraßenplanung[13].

---

[10] Dazu näher *Brohm*, Die Planung der Bodennutzung, JuS 1986, S. 777 ff.

[11] Dazu näher *Hoppe*, Kommunale Selbstverwaltung und Planung, in: von Mutius (Hrsg.), FG zum 70.Geburtstag von v. Unruh, S. 555 ff.

[12] Dazu näher *Birk*, Kommunale Selbstverwaltungshoheit und überörtliche Planung, NVwZ 1989, S. 905 ff.

[13] Dazu näher *Steinberg*, Verwaltungsgerichtlicher Schutz der kommunalen Planungshoheit gegenüber höherstufigen Planungsentscheidungen, DVBl. 1982, S. 13 ff.

Wenn eine Gemeinde ihre örtliche Planung aufstellen oder ändern will, muß sie sich an den vorrangigen Plänen orientieren. Hat die Gemeinde im Vertrauen auf die vorrangigen Pläne ihren Plan aufgestellt, will sie diesen auch verwirklichen. Werden dann die vorrangigen Pläne geändert, muß die Gemeinde ihren Plan entsprechend anpassen und die Maßnahmen zur Vorbereitung und Verwirklichung des bisherigen Plans werden u. U. wertlos. Dies verdeutlicht die Interessenkonflikte zwischen der Planung der Gemeinde und derjenigen einer höheren Ebene.

### *II. Die Konfliktslage im koreanischen Recht*

Die ausgeführte Problemlage zeigt, daß in der Bundesrepublik Deutschland ein Spannungsverhältnis zwischen zentraler Steuerung und dezentraler autonomer Entscheidung besteht, sowie daß es in einem Planungssystem sehr wichtig ist, eine Balance zwischen zentraler und dezentraler Planung zu finden[14]. Da die Bundesrepublik Deutschland ein Bundesstaat ist, ist das planerische Entscheidungssystem sehr dezentralistisch geprägt. Es bestehen jedoch spezifische Mechanismen und Einrichtungen[15], die dessen Nachteile vermeiden und damit eine Balance zwischen zentraler Planung und dezentraler Entscheidung finden.

---

[14] Bekanntlich hat ein dezentralisiertes Entscheidungsystem die Vorzüge der größeren Orts- und Sachnähe und damit der spezielleren Problemerkenntnis. Hinzu kommt eine geringere Komplexität der Entscheidungssituation, die eine größere Flexibilität und Anpassungsfähigkeit der Entscheidungsinstanzen an die laufenden Veränderungen der sozialen Wirklichkeit erlaubt. Außerdem ermöglichen dezentralisierte Verwaltungseinheiten eine größere Transparenz und damit eine bessere Rückmeldung, eine Stärkung des Verantwortungsbewußtseins und des Engagements wie auch größere Möglichkeiten der Partizipation von Betroffenen. Auf der anderen Seite läuft ein dezentralisiertes Entscheidungssystem Gefahr, daß die Ausrichtung auf das gemeine Wohl verloren geht. Auf jeden Fall ist der Koordinationsbedarf für die zahlreichen Entscheidungszentren außerordentlich hoch, eine einheitliche Planung und Steuerung wird erschwert und eine straffe Regierungsführung erscheint als nahezu unmöglich. Daher tendiert ein nach Perfektion strebendes Planungssystem sachnotwendig zur Zentralisierung, büßt jedoch mit zunehmender Zentralisierung an praktischer Effizienz ein. Vgl. *Brohm*, Die Planung der Bodennutzung, JuS 1986, S. 777 ff.

[15] Sie bestehen vor allem in der Organisation der Planung auf mehreren Ebenen, in spezifischen Anforderungen an den Inhalt und die Verbindlichkeit höherstufiger Pläne und in einer auf extreme Auswüchse beschränkten, sogenannten negativen Koordination auf horizontaler Ebene, die in der Praxis vornehmlich durch die Verwaltungsgerichte geleistet wird.

Vom siebten bis Anfang des zwanzigsten Jahrhunderts war Korea ein einheitliches von einem absoluten König beherrschtes Reich. Traditionsgemäß ist das heutige Verwaltungsentscheidungssystem Koreas sehr zentralistisch geprägt[16]: Der Staat ist in 9 "Do", die etwa den Bundesländern in der Bundesrepublik entsprechen sowie in die den deutschen Stadtstaaten vergleichbaren Verwaltungseinheiten "Seoul Tukbyul-Si" und fünf weitere "Jikhal-Si" gegliedert. Die "Do" sind in "Kun", die etwa den Landkreisen, und "Si", die den kreisfreien Städten entsprechen, gegliedert. Die "Kun" ihrerseits bestehen aus "Eub" und "Myun", die etwa den Gemeinden entsprechen. Nach dem koreanischen Selbstverwaltungsgesetz sind die "Tukbyul- bzw. Jikhal-Si", "Do", "Si", und "Kun" als Selbstverwaltungskörperschaften organisiert[17]. "Eub" bzw. "Myun" dagegen sind von der Selbstverwaltung ausgeschlossen. Allerdings sind in der Verwaltungspraxis auch die Selbstverwaltungskörperschaften noch nicht in der Lage, die Selbstverwaltungsfunktion in voller Eigenverantwortlichkeit wahrzunehmen, da sie einerseits noch keine bürgerschaftliche Vertretung besitzen, andererseits die Leitungsorgane direkt von der Zentralregierung besetzt werden. Zwar ist die Selbstverwaltungsgarantie in der koreanischen Verfassung verankert, ihre Verwirklichung ist jedoch aufgeschoben, bis die konkrete Grundlage im Selbstverwaltungsgesetz geschaffen wird[18], was bislang nicht der Fall ist.

In der Verfassung steht[19]: "Der Staat stellt die Pläne auf, die für die gleichmäßige Nutzung und Entwicklung des Raumes notwendig sind". Aufgrund dieser Verfassungsregelung sind das "Raumentwicklungsgesamtplanungsgesetz" und das "Bodennutzungskontrollgesetz" erlassen worden. Nach dem Raumentwicklungsgesamtplanungsgesetz sind Raumentwicklungsgesamtpläne für die Staatsebene, die "Do"-ebenen, die "Kun"-ebenen und die Spezialebenen aufzustellen; der Plan für die Staatsebene ist vorrangig gegenüber den Plänen für die untergeordneten Ebenen[20]. Außerdem

---

16 Zur Verständlichung ist hier die geographische Lage Koreas kurz zu schildern. Korea liegt in Nord-Ostasien zwischen dem 33. und dem 43. Breitengrad bzw. dem 124. und 131. Längengrad. Das gesamte Land Korea besteht aus eine Halbinsel, deren Länge ca. 1000 Km beträgt, und aus ca. 3200 Groß- und Kleininseln. Die gesamte Größe beträgt ca. 221000 $Km^2$. Korea ist seit Ende des Zweiten Weltkrieges auf Höhe des 38. Breitengrades in Süd- und Nordkorea zweigeteilt. Der südliche Teil, die Republik Korea, hat ca. 99000 $Km^2$ Größe und ca. 41 Mill. Einwohner: Vgl. *Regierung Republik Korea*, Geänderte Fassung des zweiten staatlichen Raumentwicklungsplans für den Zeitraum von 1987 bis 1991, S. 1 ff.

17 Vgl. § 2 des koreanischen Selbstverwaltungsgesetzes.

18 Vgl. Art. 118 Abs. 2 KV.

19 Vgl. Art. 120 Abs. 2 S. 2 KV.

20 Vgl. §§ 3 und 4 des koreanischen Raumentwicklungsgesamtplanungsgesetzes.

werden nach dem Bodennutzungskontrollgesetz die Bodennutzungspläne von der Zentralinstanz d.h. von dem Bauministerium aufgestellt, durch die bis zu jeder "Si"-, "Eub"- bzw. "Myun"-ebene die Nutzungsgebiete, wie z.B. Siedlungsgebiete, Industriegebiete, Erholungsgebiete, Naturschutzgebiete usw. bestimmt werden[21]. Der Staat bestimmt dadurch alle wichtigen Elemente der räumlichen Planung. Den Gemeinden werden derzeit i. a. nur sehr geringe Planungskompetenzen überlassen, die sich auf die Konkretisierung der in dem jeweiligen Bodennutzungsplan vorgegebenen Zonungen beziehen.

Die rasche Industrialisierung und der nachfolgende wirtschaftliche Aufschwung brachten die Probleme der ungleichmäßigen Entwicklung des gesamten Staatsgebietes. Da die vom Staat gesteuerten und mehrfach geänderten Raumentwicklungspläne und insbesondere die gemeindescharfen Bodennutzungspläne die speziellen Situationen der verschiedenen Orte nicht rechtzeitig, ausreichend berücksichtigen konnten, sind die Nachteile des zentraleinheitlichen Entscheidungssystems, d.h. der Mangel größerer Orts- und Sachnähe, immer deutlicher geworden. Daher wird das Verlangen nach Verwirklichung der in der koreanischen Verfassung schon verankerten institutionellen Garantie der Selbstverwaltung immer größer. Zu ihr gehört als wesentliches Element auch die Planungshoheit, d. h. die Kompetenz zur eigenverantwortlichen Planung der Bodennutzung für den eigenen Kompetenzbereich. Schafft das Selbstverwaltungsgesetz in Zukunft konkrete Rechtsgrundlagen für die Selbstverwaltung und damit auch für die Planungshoheit, wird der Interessenkonflikt zwischen den Planungsinstanzen der verschiedenen Ebenen wie in der Bundesrepublik Deutschland als rechtliches Problem ebenfalls deutlich hervortreten.

---

21 Vgl. § 6 des koreanischen Bodennutzungskontrollgesetzes.

## 3. Abschnitt

## Begrenzung der Untersuchung auf das Raum- und Stadtplanungsrecht

### A. Gründe für die Begrenzung der Untersuchung

Planung, verstanden als Summe der Überlegungen zur Vorbereitung späteren Verhaltens, gibt es in allen Bereichen menschlichen Lebens[1], z. B. im privatwirtschaftlichen Sektor die Ziel- und Maßnahmeplanungen von Wirtschaftsunternehmen und Verbänden und auf staatlicher Ebene die Haushalts-, Verkehrs-, Raum- und Stadtplanung. Im vorliegenden Zusammenhang interessiert lediglich die staatliche Planung, da diese nach den Regeln des öffentlichen Rechts erfolgt und spezifische staatspolitische und verfassungsrechtliche Probleme aufwirft. Planungen der privaten Rechtssubjekte bleiben außer Betracht, auch wenn solche vielfach die Belange der staatlichen Gemeinschaft nachhaltig zu beeinflussen vermögen.

Dem staatlichen Plan wird üblicherweise alles zugerechnet, was der Gesetzgeber oder was sich selbst als Plan bezeichnet. Dadurch entsteht ein Konglomerat der verschiedensten staatlichen Akte, denen zwar die Kennzeichnung "Plan" gemeinsam ist, die sich aber im übrigen erheblich voneinander unterscheiden. Die staatlichen Pläne und Planungsmaßnahmen sind deshalb durch eine große Vielfalt in Inhalt, in der Regelungsintensität und in der Rechtsform gekennzeichnet. Dementsprechend lassen sich etwa raumbedeutsame Pläne, Haushaltspläne, Konjunkturprogramme in der Wirtschaftspolitik und wirtschaftliche Strukturprogramme rechtlich nicht einheitlich beurteilen, vielmehr muß an Hand einzelner Differenzierungskriterien für jede Planungsart untersucht werden, inwieweit übereinstimmende

---

[1] Das Wort "Plan" ist im Hinblick auf Entstehung, Entwicklung und Gebrauch kein ursprünglicher juristischer Ausdruck, sondern ein Allerweltsausdruck. *Der Große Brockhaus*, Bd. 9, S. 68 ff. versteht unter einem Plan einen "Entwurf", in dem eine beabsichte Handlung gedanklich vorweggenommen wird mit dem Ziel, den gewünschten Effekt möglichst sicher und ohne Umwege zu erreichen. Nach neuerer Auffassung umfaßt das Wort "Planung" nicht nur die Planerstellung, sondern auch die Durchführung und Erfolgskontrolle; vgl. auch *Brohm*, Art.: Planungsrecht, in: Staatslexikon, Sp. 409 ff.

Problemlagen und Problemlösungen angenommen werden können und wo Abweichungen geboten sind. Die vorliegende Untersuchung beschränkt sich auf das Problem des Vertrauensschutzes bei raumbedeutsamen Plänen, vor allem bei den überörtlichen Raumplanungen, den örtlichen Stadtplanungen und den raumbedeutsamen Fachplanungen. Dies hat den Vorteil, daß hier, sowohl in der Bundesrepublik als auch in Korea, ein ausgefeiltes "Planungsnetz" besteht, das bereits als Planungssystem bezeichnet werden kann, während auf anderen Gebieten nur punktuelle Planungen und Planungsmaßnahmen vorgefunden werden. Außerdem hat die Raum- und Stadtplanung in der Bundesrepublik Deutschland eine große Bedeutung und gewinnt auch in Korea zunehmend an Gewicht, so daß gerade auf diesem Gebiet die Frage des Vertrauensschutzes vordringlich und in der Praxis besonders relevant wird.

Die Vordringlichkeit einer Plangewährleistung hat in der Bundesrepublik im Raum- und Stadtplanungsrecht bereits zu einzelnen positivrechtlichen Regelungen geführt. Daneben wird ein allgemeiner Anspruch auf Plangewährleistung erörtert, ohne daß er bislang anerkannt worden wäre. Vielfach besteht auch noch Unklarheit, auf welcher Rechtsgrundlage die Ansprüche basieren und auf was sie genau gerichtet sind, auf Planfortbestand, auf gleitende Übergänge oder auf Schadensersatz[2].

In Korea ist die Erscheinung "Planung" eine neue Materie. Wie erwähnt, wurden seit 1963 in Korea für den Wiederaufbau nach dem Zweiten Weltkrieg und dem Koreakrieg sowie für die rasche wirtschaftliche Entwicklung verschiedene Wirtschaftsentwicklungs- bzw. Raumentwicklungspläne aufgestellt und verwirklicht. Dementsprechend sind die Diskussionen über die Kontrollmechanismen für die Planaufstellung und Planänderung im Laufe der Zeit konkreter geworden[3]. Wegen der deutlich auftauchenden Interessenkonflikte wird in der koreanischen Literatur in jüngster Zeit über die Möglichkeit der Anwendung des Instituts "Plangewährleistungsrechte" diskutiert. Insofern erscheint es zweckdienlich, die Diskussion in Deutschland aufzuarbeiten, weiterzuführen und zu erörtern, ob und inwieweit diese Modelle auch in Korea anwendbar sind.

---

[2] Siehe die Literaturangaben in Fußn. 6.

[3] Vgl. *J-H. Seok*, Öffentliches Baurecht, S. 55 ff.; *T.-Y. Jeong*, Stadtplanungsgesetz, S. 125 ff.; *W.-J. Kim*, Planänderung bzw. -aufhebung und Entschädigung, Gosiyonku, 1986, Bd. 12, S. S. 75 ff.; *J.-S. Hong*, Art. 22 Abs. 3 KV und Plangewährleistungsanspruch, Gosike, 1985, Bd. 7, S. 128 ff.; *J.-G. OH*, Rechtsnatur der Verwaltungspläne und die Plangewährleistung, Susonnonjip Bd. 10 (1985), S. 317 ff. u.a.

## B. Notwendigkeit der rechtlich-systematischen Einordnung der verschiedenen Raum- und Stadtpläne

Selbst bei einer Begrenzung auf das Gebiet der Raum- und Stadtplanung gibt die Planung sowohl in der Bundesrepublik als auch in Korea ein verwirrendes Bild ab. Das Recht der Raumplanung hat sich nach 1945 mit zunehmender Beschleunigung und teilweise geradezu stürmisch entwickelt und ist auf eine schwer überschaubare Materie angewachsen. Die Entwicklung ist noch nicht abgeschlossen[4]. Infolge des aus den Bedürfnissen der jeweiligen Situation entstandenen ungeordneten, raschen und noch andauernden Entwicklungsprozesses fehlt es bislang weithin an einer systematischen und dogmatischen Ausarbeitung dieses Rechtsgebietes. Selbst über die wichtigsten Grundbegriffe besteht noch keine Übereinstimmung[5].

Daher sollen zunächst die verschiedenen Planungen und Pläne kurz dargestellt werden, weiter die Voraussetzungen und das Verfahren der Planaufstellung bzw. -änderung, die unterschiedlichen Formen der Pläne, ihr rechtlicher Charakter sowie ihre Auswirkungen. Erst wenn dieser Überblick gewonnen ist, können die Hauptprobleme der Arbeit, die Änderungsbedürftigkeit wie auch der Vertrauensschutz bei einer Planänderung, in der rechtlichen Fundierung, der Ausformung von Anspruchstatbeständen und der Ausprägung von Rechtsfolgen herausgearbeitet werden.

---

[4] Über die Entwicklung im deutschen Raum- und Stadtplanungsrecht siehe näher *Brohm*, Entwicklung im Raum- und Stadtplanungsrecht, S. 9 ff.

[5] Über die Verschiedenheit der Begriffsbestimmung im deutschen Recht siehe näher *Bielenberg/ Erbguth/ Söfker*, Raumordnungs- und Landesplanungsrecht des Bundes und der Länder, K. § 1, Rdn. 41 ff. Nach dem zunehmenden Bedürfnis, die Begriffe in der gleichen Richtung oder Weise zu benutzen oder auszulegen, hat die Ministerkonferenz für Raumordnung in ihrem Rechts- und Verfahrensausschuß die Liste landesplanerischer Begriffe und Instrumente erarbeitet und in ihrem Hauptausschuß am 15. 11. 1983 verabschiedet. Es ist abgedruckt bei *Cholewa/Dyong/von der Heide*, Raumordnung in Bund und Ländern, Vorbem. VI, Rdn. 1 ff.

*2. Kapitel*

# Die Vielfalt der Planungstätigkeiten und Pläne Entsprechungen im deutschen und koreanischen Recht

## 1. Abschnitt

### Ansätze zu einer rechtlich-systematischen Einordnung der Raum- und Stadtplanung

Wie angeführt, erfolgt die räumliche Planung sowohl in der Bundesrepublik als auch in der Republik Korea auf mehreren Ebenen durch eine Vielzahl von Plänen. Dabei entsprechen den einzelnen Planungsformen in der Regel spezifische Planungstätigkeiten.

Zunächst gibt es Planungen, die für ein bestimmtes Planungsgebiet flächendeckend mehr oder weniger umfassende Nutzungsbestimmungen treffen und deshalb als "Gesamtplanung" bezeichnet werden[1]. Hierzu gehören als "überörtliche Gesamtplanung" in der Bundesrepublik die Bundesraumordnung im sog. Bundesraumordnungsprogramm, die Landesplanung in sog. Landesentwicklungsplänen (in einigen Ländern auch in einem Landesentwicklungsprogramm und dazu gehörigen Landesentwicklungsplänen)[2], sowie auf einer weiteren Konkretisierungsstufe die Regionalplanung mit Regionalplänen und schließlich als "örtliche Gesamtplanung" die Stadtplanung in der Form von Flächennutzungs- und Bebauungsplänen[3].

---

1 Zu der wichtigen Unterscheidung zwischen Gesamtplanung und Fachplanung siehe näher *Forsthoff/ Blümel*, Raumordnungsrecht und Fachplanungsrecht, S. 20 ff.

2 Gelegentlich bezeichnet man die von den Ländern aufgestellten landesweiten übergeordneten und zusammenfassenden Programme oder Pläne als hochstufige Landesplanung; dazu näher *Hoppe/Menke*, Raumordnungs- und Landesplanungsrecht des Bundes und des Landes Rheinland-Pfalz, S. 15 ff.

3 In einem Teil des Schriftums wird die städtebauliche Planung (Bauleitplanung) im Verhältnis zur Raumordnung und Landesplanung als Fachplanung qualifiziert. Diese Zuordnung beruht auf der Überlegung, daß die Bauleitplanung nur unter städtebaulichen Gesichtspunkten

Entsprechend kann man im koreanischen Recht zu den überörtlichen Gesamtplanungen die Raumentwicklungsgesamtpläne für die Staatsebene, die "Do"-Ebene und die "Kun"-Ebene rechnen, aber auch die Bodennutzungspläne, die die Nutzungsgebiete bis zur Gemeindeebene festlegen; sie haben insofern einen überörtlichen Charakter, als sie vom Staat erlassen werden und selbst bei den Zonungen für die einzelnen Gemeindegebiete überörtliche Belange verfolgen. Als örtliche Gesamtplanung verbleiben dann lediglich die Stadtgrundsatzpläne und die Stadtpläne[4], die in ihrer Funktion dem Flächennutzungsplan und Bebauungsplan im deutschen Recht entsprechen, aber inhaltlich durch die staatlichen Bodennutzungspläne weitgehend determiniert sind.

Merkmale der überörtlichen Gesamtplanungen sind im deutschen Recht nach der Rechtsprechung des Bundesverfassungsgerichts[5] die Übergeordnetheit, Überörtlichkeit und Zusammenfassung. Der Begriff *übergeordnet* meint, daß die überörtliche Gesamtplanung rechtlich den Vorrang gegenüber der gemeindlichen Bauleitplanung und den verschiedenen Fachplanungen hat. *Überörtlichkeit* meint, daß sie nur überörtliche Ziele verfolgen darf, d.h. ihr ist verwehrt, die örtliche Planung zu ersetzen oder unzulässig einzuschränken. Dieses Merkmal weisen die koreanischen überörtlichen Gesamtplanungen nicht auf. Die Funktion der *zusammenfassenden* Planung kennzeichnet die Koordinationsaufgabe der überörtlichen Gesamtplanung. Sie ist im Wege der raumordnerischen Abwägung zu leisten. Dabei sind die verschiedenen Raumansprüche unter Beteiligung aller betroffenen Planungsträger miteinander abzustimmen, um ein raumordnerisch abgewogenes Planungsprodukt in die rechtliche Verbindlichkeit zu führen[6].

Neben den Gesamtplanungen gibt es die sog. "Fachplanungen", d.h. Planungen, die einzelne Sachfragen betreffen, wie z.B. die Festlegung von Straßen, Flughäfen, Verkehrssträngen, Standorte für Kraftwerke usw. Diese Pläne werden in der Bundesrepublik von den Fachressorts oder Fachabteilungen beim Bund, bei den Ländern oder bei den Gemeinden, in Korea

---

erfolgt. So z.B. *Michel*, Raumordnung und Raumplanung im Strukturbild des modernen Staates, S. 27 ff.; *Müller*, Raumordnung in Bund, Ländern und Gemeinden, S. 684 ff.; *Zinkahn/ Bielenberg*, Raumordnungsgesetz des Bundes, Kommentar unter Berücksichtigung des Landesplanungsrechts, 1965, S. 85, 121 ff. Diese Zuordnung ist jedoch weithin aufgegeben worden; sie ist abzulehnen, weil die Stadtplanung den gesamten Stadtbereich zum Gegenstand hat; vgl. *Ernst/ Zinkahn/ Bielenberg*, BBauG, Bd. 1, S. 59 ff.

4 Vgl. *T.-Y. Jeong*, Stadtplanungsgesetz, S. 41 ff.

5 Vgl. BVerfGE 3, 425 ff.

6 Über die Merkmale der überörtlichen Gesamtplanungen vgl. *Ernst/Hoppe*, Das öffentliche Bau- und Bodenrecht, Raumplanungsrecht, Rdn. 2 ff.

dagegen lediglich von den zentralen Fachressorts aufgestellt. Fachplanungen können weiter formlos zur Vorbereitung einzelner Planungsmaßnahmen in den Behörden getroffen werden, sie können aber auch gesetzlich in bestimmter Form vorgeschrieben sein, um bestimmte Mindestanforderungen für die Vorbereitung von Planungsmaßnahmen zu gewährleisten; schließlich können sie in bestimmten Formen zur rechtlich verbindlichen Festlegung bestimmter Maßnahmen auf Grund einer gesetzlichen Ermächtigung getroffen werden. Dementsprechend lassen sich die Fachplanungen nach Form und rechtlicher Wirkung einteilen in *nichtförmliche-unverbindliche*, *förmliche-abwägungsrelevante* und *förmliche-rechtsverbindliche* Fachplanungen[7].

Nach dieser groben systematischen Ordnung der vielfältigen Raumplanungen sollen die einzelnen Pläne in ihren unterschiedlichen Voraussetzungen, Aufstellungsverfahren, Formen und Auswirkungen näher dargestellt werden. Dabei ist auch auf die relevanten Gesetze und Gesetzgebungskompetenzen einzugehen.

---

[7] Vgl. *Brohm*, Die Planung der Bodennutzung, JuS 1986, S. 778 ff.

## 2. Abschnitt

# Die unterschiedlichen Planungsformen in der überörtlichen Gesamtplanung und ihre Auswirkungen

## A. Verfassungsrechtliche Grundlagen

### *I. Gesetzgebungszuständigkeiten im deutschen Recht*

Wie erwähnt sind die verschiedenen Raumplanungen der Bundesrepublik Deutschland nicht in einem einzelnen Gesetz geregelt. Man kann auf diesem Gebiet sogar von einer großen Rechtszersplitterung sprechen. Dieser Zustand folgt daraus, daß sich die Raumordnung organisch, von Fall zu Fall allmählich entwickelt hat und weiter, daß durch bundesstaatliche Ordnung die Gesetzgebungszuständigkeiten auf dem Gebiet der Raumplanung zwischen Bund und Gliedstaaten aufgeteilt sind[1].

Nach Art. 70 Abs. 1 GG steht primär den Ländern das Recht zur Gesetzgebung zu, dem Bund dagegen nur dann, wenn er einen ausdrücklichen Titel wie die *ausschließliche*, die *konkurrierende* oder die *Rahmenkompetenz* oder

---

[1] Selbst wenn man die Zuständigkeit in vollem Umfang der Zentrale, dem Bundesstaat übertragen könnte, wäre eine solche Einheitlichkeit und Einförmigkeit der Planung aufgrund der unterschiedlichen Strukturen in den einzelnen Bundesländern rein tatsächlich kaum möglich. Schon die großen Länder sind zu einer bis in die Einzelheiten gehenden Raumordnung nicht in der Lage, wie sich aus der Notwendigkeit der Regionalplanung ergibt. Aus Gründen der Dezentralität könnte man umgekehrt auch die gesamte Raumordnung den Gliedern des Bundesstaates überlassen und der Zentrale keinerlei Gesetzgebungszuständigkeit für die Raumordnung einräumen, so wie es in der Republik Österreich der Fall ist, die ebenso wie die Bundesrepublik Deutschland als Bundesstaat organisiert ist; vgl. *Niemeier*, Das Recht der Raumordnung und Landesplanung in der Bundesrepublik Deutschland, S. 23 ff.; *Pernthaler*, Raumordnung und Verfassung, Bd. 1, S. 83 ff.; *Adamovich/Funk*, Allgemeines Verwaltungsrecht, S. 186 und 296 ff.

eine *Kompetenz kraft "Natur der Sache"* oder *kraft "Sachzusammenhangs"* nachweist[2].

Über die Frage, ob dem Bund eine Kompetenz zur Regelung der Raumplanung für den Gesamtstaat zusteht, gab es einen langwierigen Streit zwischen Bund und Ländern[3]. Im Zusammenhang mit diesem Streit hat das Bundesverfassungsgericht das Rechtsgutachten vom 16. Juni 1954 erstellt. Danach entfaltet sich das Recht der Raumordnung und Landesplanung in kompetenzrechtlicher Hinsicht in zwei Richtungen[4]: Der Bund hat nach dem Gutachten des Bundesverfassungsgerichts

- kraft *Rahmenkompetenz* (Art. 75 Nr. 4 GG) die Gesetzgebungsbefugnis, die Raumordnung und Landesplanung in den Ländern in ihren Grundzügen zu regeln. Dies hat die Konsequenz, daß die auf ihr beruhende Gesetzgebung dem Gegenstand nach an die Raumordnung als übergeordnete und zusammenfassende Planung gebunden ist. Sie darf z.B.nicht örtliche oder fachliche Planung zum Gegenstand haben und muß den zusammenfassenden Charakter der Gesamtplanung mit ihren Koordinations-, Entwicklungs- und Gestaltungsaufgaben wahren[5];

---

2 Über die geschriebenen und ungeschriebenen Bundesgesetzgebungszuständigkeiten siehe näher *Hesse*, Grundzüge des Verfassungsrechts der Bundesrepublik Deutschland, Rdn. 235 ff.

3 Siehe dazu *Cholewa/Dyong/von der Heide*, Raumordnung in Bund und Ländern, Vorbem. II, Rdn. 3 ff.

4 Vgl. BVerfGE 3, 407 ff.; dazu näher *Cholewa/Dyong/von der Heide*, Raumordnung in Bund und Ländern, Vorbem. I, Rdn. 1 ff.; *Hoppe/Menke*, Raumordnungs- und Landesplanungsrecht des Bundes und des Landes Rheinland-Pfalz, S. 67 ff.; *Heigl/ Rüdiger*, Raumordnung und Landesplanung in Bayern, Kommentar, Rdn. 24 ff.

5 Nach der Rechtsprechung des Bundesverfassungsgerichts muß das bundesrechtlich geregelte Recht der Raumordnung und Landesplanung als Rahmenrecht - wie alles Rahmenrecht - darauf angelegt sein..., durch Landesgesetze ausgefüllt zu werden. Der Bund darf den Gesetzgebungsgegenstand nicht voll ausschöpfen und bis in alle Einzelheiten ordnen. Er muß vielmehr den Ländern etwas zu regeln übrig lassen, das von substantiellem Gewicht sein muß. Bundesgesetze sind daher nur dann Rahmenvorschriften, wenn sie ausfüllungsfähig, ausfüllungsbedürftig und auf eine solche Ausfüllung hin angelegt sind. Es darf erst mit dieser Ausfüllung durch den Landesgesetzgeber in sich geschlossen und vollziehbar werden. Die den Ländern verbleibende Ausfüllungsmöglichkeit ist dabei schon dann nicht mehr von substantiellem Gewicht, wenn der Landesgesetzgeber vom Bund darauf beschränkt wird, unter den vorgegebenen rechtlichen Alternativen bloß zu wählen, ohne eigene Modalitäten selbständig aufstellen zu können; BVerfGE 4, 115, 127 ff. (Grundsatzentscheidung). In Anlehnung an diese Ausführungen charakterisiert das Bundesverfassungsgericht in seinem Beschluß vom 4. 6. 1957 die Rahmenvorschrift erneut als "eine ausfüllungsfähige und -bedüftige Grundsatzentscheidung"; BVerfGE

- eine ausschließliche und volle Kompetenz zur Regelung der Raumplanung für den Gesamtstaat kraft *Natur der Sache*. Das Bundesverfassungsgericht hat hierzu dargelegt, daß die Raumordnung nicht an den Grenzen der Länder haltmachen kann. Wenn die Raumordnung als eine notwendige Aufgabe des modernen Staates anerkannt wird, dann ist der größte zu ordnende und zu gestaltende Raum das ganze Staatsgebiet.

Die letztere Kompetenz hat der Bund bislang nicht genutzt; es ist auch eine sie ausschöpfende Aktivität nicht zu beobachtent[6].

Danach bilden das Bundesraumordnungsgesetz (BROG) sowie die Landesplanungsgesetze die Rechtsgrundlagen für die überörtlichen Gesamtplanungen in der Bundesrepublik.

### *II. Verfassungsrechtliche Grundlagen im koreanischen Recht*

Da die Republik Korea als ein zentral-einheitlicher Staat organisiert ist, besteht das Problem der Verteilung der Gesetzgebungskompetenzen nicht.

Nach Art. 120 Abs. 2 S. 1 koreanischer Verfassung (KV) genießen Grund und Boden und Ressourcen staatlichen Schutz. Diese Verfassungsregelung resultiert aus dem Bewußtsein des Verfassungsgebers, daß Grund und Boden eine knappe Ressource darstellen, weil Korea ein relativ kleines, dichtbesiedeltes und dazu zweigeteiltes Land ist[7]. Deshalb ist der Staat einerseits nach Art. 120 Abs. 2 S. 2 KV verpflichtet, die für eine gleichmäßige Entwicklung und Nutzung des gesamten Raums erforderlichen Pläne aufzustellen. Andererseits ist er durch Art. 122 KV ermächtigt, die ihm für die effektive und gleichmäßige Nutzung des Grund und Bodens erforderlich erscheinenden Einschränkungen und Verpflichtungen durch gesetzliche Regelungen aufzuerlegen.

---

7, 29, 41 ff.; von da an ständige Rechtsprechung z.B. BVerfGE 8, 186, 193 ff.; 21, 329, 338 ff.; 25, 142, 151 ff.; 36, 193, 202 ff.; dazu näher *Erbguth*, Raumordnungs- und Landesplanungsrecht, Rdn. 15 ff.; *Hoppe/ Erbguth*, Möglichkeiten und Aufgaben des Bundes im Bereich der Raumordnung zur Durchsetzung von Umwelterfordernissen, DVBl. 1983, S. 1213 ff.

6 Vgl. *Erbguth*, Raumordnungs- und Landesplanungsrecht, S. 8 ff.; *Hoppe/Menke*, Raumordnungs- und Landesplanungsrecht des Bundes und des Landes Rheinland-Pfalz, S. 65 ff.; *Wahl*, Rechtsfragen der Landesplanung und Landesentwicklung, Bd. I, S. 147 ff.; *Peine*, Raumplanungsrecht, S. 40 ff.

7 Über die Lage Koreas, vgl. oben S. 28 (Fußn. 26.)

Rechtsgrundlage für die überörtlichen Gesamtplanungen im koreanischen Recht sind das Raumentwicklungsgesamtplanungsgesetz und das Bodennutzungskontrollgesetz.

## B. Die gesetzlichen Grundlagen

### *I. Die sachlichen Regelungen im deutschen Bundes- und Landesrecht*

#### 1. Das Bundesraumordnungsgesetz (BROG)

Da sich der Bund beim Erlaß des BROG[8] auf Art. 75 Nr. 4 GG, nicht hingegen auf die zustehende Kompetenz "kraft Natur der Sache" berufen hat, ist dieses ein *Rahmengesetz*[9].

Innerhalb des Raumordnungsgesetzes kann ein materieller und ein formell-organisatorischer Inhalt rahmenrechtlicher Art unterschieden werden. Ersterer betrifft die inhaltliche Vorgabe von Aufgaben und Grundsätzen, die die planende Behörde zu erfüllen und zu beachten hat. Letzterer regelt Aufbau und Struktur der Planung, und zwar nicht des Bundes, sondern der Länder[10].

---

[8] Das BROG wurde am 21. 4. 1965 verkündet (BGBl. I S. 306) und ist nach § 13 BROG am Tag nach seiner Verkündung in Kraft getreten. Seither ist das Gesetz mehrfach geändert und ergänzt worden. Am 19. 7. 1989 ist das Gesetz zur Änderung des Bundesraumordnungsgesetzes in Kraft getreten (BGBl. I. S. 1461). Damit wurde das BROG aus dem Jahre 1965 einer *umfangreichen* Änderung unterzogen. Über die neuste Änderung des BROG siehe näher, *Kratzenberg*, Die Novelle zum Raumordnungsgesetz, NVwZ 1989, S. 1129 ff.

[9] Wenn in einem Bundesgesetz überhaupt raumordnende Fragen geregelt werden sollten, dann wären formale Anweisungen an die Landesgesetzgeber kaum möglich, da dem Bundesgesetzgeber keine Organisations- und Verfahrensregelungskompetenz für die Länder zusteht (Art. 83 GG) und außerdem ein Großteil dieser Fragen durch die Landesplanungsgesetze der meisten Länder, wenn auch unterschiedlich, bereits geregelt ist. Im BROG konnten deshalb lediglich gewisse Richtlinien für die Ordnung des Raumes der Bundesrepublik Deutschland und seiner Weiterentwicklung festgesetzt werden; vgl. *Niemeier*, Das Recht der Raumordnung und Landesplanung in der Bundesrepublik Deutschland, S. 26 ff.

[10] Vgl. *Erbguth*, Raumordnungs- und Landesplanungsrecht, Rdn. 14 ff.

Das BROG enthält in seinen §§ 1 und 2 materielle Bestimmungen über Inhalt und Aufgabe der Raumordnung und Landesplanung: § 1 BROG legt die Aufgaben und Leitvorstellungen der Raumordnung fest; er betont die Bedeutung der freien Entfaltung der Persönlichkeit, der natürlichen Gegebenheiten, der wirtschaftlichen, sozialen und kulturellen Erfordernisse (§ 1 Abs. 1 BROG), des Ziels der Wiedervereinigung (§ 1 Abs. 2 BROG) und der Zusammenarbeit im europäischen Raum (§ 1 Abs. 3 BROG)[11]. Insbesondere verpflichtet die neue Fassung des BROG den öffentlichen Planungsträger bei der Entwicklung der räumlichen Struktur zu beachten, daß die Struktur des Gesamtraumes der Bundesrepublik Deutschland den Schutz, Pflege und Entwicklung der natürlichen Lebensgrundlagen sichert (§ 1 Abs. 1 Nr. 2 BROG), Gestaltungsmöglichkeiten der Raumnutzung langfristig offenhält (§ 1 Abs. 1 Nr. 3 BROG) und gleichwertige Lebensbedingungen der Menschen in allen Teilräumen bietet oder dazu führt (§ 1 Abs. 1 Nr. 4 BROG)[12].

§ 2 Abs. 1 BROG bestimmt die wesentlichen Grundsätze, die die inhaltlichen Anforderungen an die Landesplanungsarbeit darstellen. Die Grundsätze sprechen folgende Bereiche an: Ausgewogenes Verhältnis von Verdichtungsräumen und ländlichen Räumen sowie die Verbesserung und Förderung der Verflechtung zwischen diesen Teilräumen (§ 2 Abs. 1 Nr. 1, 5 u. 6 BROG); Sicherung gesunder räumlich-struktureller Gegebenheiten; strukturelle Verbesserungsmaßnahmen in den Gebieten, in denen solche Voraussetzungen nicht bestehen (§ 2 Abs. 1 Nr. 2 BROG); Förderung zurückgebliebener Gebiete (§ 2 Abs. 1 Nr. 3 BROG); Stärkung der Leistungskraft des Zonenrandgebietes (§ 2 Abs. 1 Nr. 4 BROG); Schutzpflege und Entwicklung von Natur, Landschaft und Landwirtschaft (§ 2 Abs. 1 Nr. 7 u. 8 BROG); Erfordernisse der vorsorgenden Sicherung sowie der geordneten Aufsuchung und Gewinnung von Rohstoffvorkommen (§ 2 Abs. 1 Nr. 9 BROG); Erfordernisse der zivilen und militärischen Verteidigung (§ 2 Abs. 1 Nr. 10 BROG); Berücksichtigung der landsmannschaftlichen Verbundenheit sowie die geschichtlichen und kulturellen Zusammenhänge und die Erhaltung von Kultur- und Naturdenkmälern (§ 2 Abs. 1 Nr. 11 BROG); Erfordernisse von Erholung, Freizeit und Sport (§ 2 Abs. 1 Nr. 12 BROG) u. a. m.[13]. § 2 Abs. 3 BROG enthält eine spezialgesetzliche Ausformung des

---

11 Außerdem enthält § 1 Abs. 4 BROG das Gegenstromprinzip für die anzustrebende räumliche Entwicklung; dazu näher *Peine*, Raumplanungsrecht, S. 41 ff.

12 Über die Bedeutung der neuen Leitvorstellungen siehe näher *Kratzenberg*, Die Novelle zum Raumordnungsgesetz, NVwZ 1989, S. 1130 ff.

13 Damit bilden die Grundsätze des § 2 BROG den eigentlichen Kern des materiellen Raumordnungsrechts. Außerdem erlaubt § 2 Abs. 2 BROG den Ländern, weitere Grundsätze

Abwägungsgebots, das ohnehin ein verfassungsrechtliches Gebot rechtsstaatlicher Planung ist. Darauf wird später im Rahmen rechtlicher Schranken der planerischen Gestaltungsfreiheit näher einzugehen sein. § 3 BROG stellt den Geltungsbereich der Grundsätze dar. Er wird im Zusammenhang mit der Auswirkung der überörtlichen Gesamtplanung näher erörtert. Im Hinblick auf die Verwirklichung der Grundsätze des § 2 BROG weist § 4 Abs. 1 BROG dem Bundesraumordnungsminister eine Reihe von Aufgaben zu[14].

Die übrigen rahmenrechtlichen Vorgaben des BROG stellen überwiegend institutionell-organisatorische Regelungen dar, die aufgeteilt werden können in solche, die die planende Ebene betreffen und in solche, welche die überörtliche Gesamtplanung sichern sollen[15].

Nach § 5 Abs. 1 BROG stellen die Programme und Pläne der Länder das wesentliche Mittel zur Verwirklichung der materiellen Grundsatzbestimmungen des § 2 BROG dar. Nach § 5 Abs. 2 und Abs. 3 BROG werden die Ziele der Raumordnung und Landesplanung von den Ländern auf zwei Ebenen, d. h. auf Landesebene und auf Regionalebene aufgestellt. Zur Sicherung der überörtlichen Gesamtplanungen enthält § 5 Abs. 4 BROG vor allem eine Verbindlichkeitsklausel, auf die unten im Zusammenhang mit den Auswirkungen der überörtlichen Gesamtplanungen näher einzugehen ist[16].

---

aufzustellen, soweit sie denen des § 2 Abs. 1 BROG nicht widersprechen; dazu näher *Kratzenberg*, Die Novelle zum Raumordnungsgesetz, NVwZ 1989, S. 1130 ff.; ;*Peine*, Raumplanungsrecht, S. 43 ff.

14 Der Bundesraumordnungsminister ist danach verpflichtet, auf die Verwirklichung der Vorschriften des § 2 BROG hinzuwirken (§ 4 Abs. 1 S. 1 BROG); die raumbedeutsamen Planungen und Maßnahmen einschließlich des Einsatzes der raumwirksamen Investitionen abzustimmen (§ 4 Abs. 1 S. 1 BROG); und eine zusammenfassende Darstellung der langfristigen und großräumigen raumbedeutsamen Planungen und Maßnahmen zu erstellen (§ 4 Abs. 1 S. 2 BROG). Des weiteren obliegt gemäß § 4 Abs. 2 BROG dem Bundeskabinett die Pflicht, darauf hinzuwirken, daß die juristischen Personen des Privatrechts mit Bundesbeteiligung im Rahmen der ihnen obliegenden Aufgaben die §§ 1 und 2 BROG beachten. Für diese Aufgaben hat der Bundesraumordnungsminister als federführender Minister die notwendigen Vorarbeiten zu leisten; dazu näher *Cholewa/ Dyong/von der Heide*, Raumordnung in Bund und Ländern, K § 4 BROG Rdn. 1 ff.; *Hoppe/Menke*, Raumordnungs- und Landesplanungsrecht des Bundes und des Landes Rheinland-Pfalz, S. 105 ff.

15 Vgl. *Erbguth*, Raumordnungs- und Landesplanungsrecht, Rdn. 26 ff.

16 Weitere Sicherungsmittel i.w.S. enthalten auch die §§ 6 bis 10 BROG (Anpassung besonderer Bundesmaßnahmen, Untersagung raumordnungswidriger Planung und Maßnahmen, gemeinsame Beratung, Beirat für Raumordnung Mitteilungs- und Auskunftspflicht). Außerdem verpflichtet § 6a BROG die Länder Rechtsgrundlagen für ein Verfahren zu schaffen, in dem

## 2. Landesplanungsgesetze

Die Landesplanungsgesetze müssen sich im Rahmen des bundesrechtlich gesetzten Rechts halten, d.h. sie dürfen keine Vorschriften enthalten, die im Widerspruch zum bundesrechtlichen Rahmen stehen. Innerhalb dieses Rahmens ist die Landesplanung in ihrer Regelung frei. Das gilt für die Regelung des Organisationsaufbaus der Landesplanung, der Zahl und der Form der Pläne, des Inhalts und der Rechtswirkungen sowie des Rechtsinstrumentariums für ihre Durchsetzung[17]. Inhalte der Landesplanung werden

---

raumbedeutsame Planungen und Maßnahmen untereinander und mit den Erfordernissen der Raumordnung und Landesplanung abgestimmt werden (Raumordnungsverfahren); siehe näher *Kratzenberg*, Die Novelle zum Raumordnungsgesetz, NVwZ 1989, S. 1131 ff.

[17] Auf Landesebene sind in der Bundesrepublik Deutschland folgende gesetzliche Regelungen ergangen:

Baden-Württemberg: Landesplanungsgesetz vom 10. 10. 1983 (GesBl. S. 621);

Bayern: Bayerisches Landesplanungsgesetz i.d.F. der Bekanntmachung vom 4. 1. 1982 (GVBl. S. 2), geändert durch Gesetz vom 3. 8. 1982 (GVBl. I S. 500);

Hessen: Hessisches Landesplanungsgesetz vom 4. 7. 1962 (GVBl. I S. 311) geändert durch Gesetz i.d.F. vom 1. 6. 1970 (GVBl. I S. 360), vom 28. 1. 1975 (GVBl. I S. 19), vom 24. 6. 1978 (GVBl. I S. 396) und vom 15. 10. 1980 (GVBl. I S. 377);

Niedersachsen: Niedersächsisches Gesetz über Raumordnung und Landesplanung i.d.F. v. 10. 8. 1982 (GVBl. S. 339);

Nordrhein-Westfalen: Gesetz zur Landesentwicklung (Landesentwicklungsprogramm) vom 19. 3. 1974 (GV S. 96) und Landesplanungsgesetz i.d.F. der Bekanntmachung vom 28. 11. 1979 (GV. S. 876);

Rheinland-Pfalz: Landesgesetz über Raumordnung und Landesplanung (Landesplanungsgesetz) i.d.F. v. 8. 2. 1977 (GVBl. S. 6), zuletzt geändert durch Art. 2 des Landesgesetzes zur Aufhebung und Änderung von Berichtspflichten gegenüber dem Landtag und zur Änderung des Landesdatenschutzgesetzes vom 14. 5. 1982 (GVBl. S. 129) und Landesgesetz über die Einteilung des Landes in Regionen (Regionengesetz) i.d.F. v. 8. 2. 1977 (GVBl. S. 15);

Saarland: Saarländisches Landesplanungsgesetz vom 17. 5. 1978 (Amtsbl. S. 588);

Schleswig-Holstein: Gesetz über die Landesplanung (Landesplanungsgesetz) i.d.F. v. 24. 6. 1981 (GVOBl. S. 117) und Gesetz über Grundsätze zur Entwicklung des Landes (Landesentwicklungsgrundsätzegesetz) i.d.F. v. 22. 9. 1981 (GVOBl. S. 180);

In den Stadtstaaten (Berlin, Bremen und Hamburg) gelten die Sonderregelungen in § 3 Abs. 2 S. 2 und § 5 Abs. 1 S. 3 BROG. Diese haben ihrem materiellen Inhalt nach Anweisungscharakter, indem sie für Berlin, Bremen und Hamburg feststellen, daß es einer Landesgesetzgebung nicht bedarf, weil ein Flächennutzungsplan nach § 5 BauGB hier die Programme und Pläne der Landesplanung ersetzt; dazu näher *Cholewa/ Dyong/von der Heide*, Raumordnung in Bund und zum einen in allgemeinen Aufgabenbeschreibungen der Landesplanungsgesetze festgelegt. Zum anderen haben die Länder ergänzend zu den Grundsätzen des Bundesraumordnungsgesetzes überwiegend in ihren Programmen und Plänen eigene Grundsätze der Raumordnung und Landesplanung erlassen[18]. Diese stellen weitgehend eine Wiederholung der Bundesgrundsätze in landesspezifischer Konkretisierung dar, können jedoch auch darüber hinausgehen (§ 5 Abs. 2 BROG). Die jüngeren Vorschriften des Landesplanungsrechts betonen in auffallender Weise Belange des Umwelt- und Landschaftschutzes. Soweit die Grundsätze in Gesetzesform erlassen worden sind, wird ihr Geltungsbereich über den der Landesplanung hinaus auf gemeindliche und fachliche Planungsträger erweitert[19]. Einige Vorschriften des Landesplanungsrechts heben diese sich bereits aus der Gesetzesfassung ergebende Wirkung nochmals ausdrücklich hervor[20]. Materielles Landesplanungsrecht führen die Ländergesetze auch durch Bestimmungen über Mindestinhalte von Programmen und Plänen ein. Überwiegend schreiben die einschlägigen Regelungen auf Landesebene die Bestimmung zentraler Orte, die Festlegung von Schwerpunkt- und Verdichtungsräumen für die vorrangige Sicherung und Entwicklung von Arbeits- und Wohnstätten, die Festsetzung von Entwicklungsachsen sowie die Ausweisung von Förderungsgebieten und von für besondere Vorhaben freizuhaltenden Gebieten vor[21]. Die zunehmend geforderte Aufnahme von Fach- und Investitionsplanungen verdeutlicht das wach-

---

Ländern, Vorbem. III, Rdn. 8 ff.: *Hoppe/Menke*, Raumordnungs- und Landesplanungsrecht des Bundes und des Landes Rheinland-Pfalz, S. 85 ff.

[18] Z.B. in Bayern, Rheinland-Pfalz und im Saarland haben sie unmittelbare Aufnahme in das jeweilige Landesplanungsgesetz gefunden. In Hessen, Niedersachsen und in Nordrhein-Westfalen werden sie in dem - als Gesetz zu erlassenden - Landesraumordnungs- bzw. Landesentwicklungsprogramm aufgestellt. In Schleswig-Holstein ist ein gesondertes Gesetz über die Grundsätze zur Entwicklung des Landes ergangen. Demgegenüber sprechen in Baden-Württemberg weder das Landesplanungsgesetz noch der aufgrund dieses Gesetzes erlassene Landesentwicklungsplan ausdrücklich eigene Grundsätze an. Die allgemeine Entwicklungsziele des Plans dürften jedoch in ihrer abstrakten Formulierung auf wechselseitige Abwägung ausgerichtet und damit materiell-inhaltlich als Grundsätze anzusehen sein. Dazu näher *Erbguth*, Raumordnungs- und Landesplanungsrecht, Rdn. 36 ff.

[19] Vgl. § 3 Abs. 2 S. 1, 4 BROG; dazu näher *Cholewa/Dyong/von der Heide*, Raumordnung in Bund und Ländern, K. § 3 Rdn. 27 ff.

[20] Vgl. z.B. § 37 Abs. 1 N.-W. Landesentwicklungsprogramm; dazu näher *Erbguth*, Raumordnungs- und Landesplanungsrecht, Rdn. 37 ff.

[21] Vgl. z.B. § 35 N.-W. Landesentwicklungsprogramm; dazu näher *Hoppe/Menke*, Raumordnungs- und Landesplanungsrecht des Bundes und des Landes Rheinland-Pfalz, S. 157 ff.

sende entwicklungsplanerische Verständnis der Landesplanung[22]. Den Mindestinhalten für die hochstufige Landesplanung entsprechen in weiterer Konkretisierung die Vorgaben für die Regionalebene.

## *II. Die sachlichen Regelungen im koreanischen Recht*

### 1. Das Raumentwicklungsgesamtplanungsgesetz (KREPG)

Wie erwähnt, stellt das KREPG[23] die wesentliche Rechtsquelle für die koreanischen überörtlichen Gesamtplanungen dar. Innerhalb des KREPG, das aus fünf Kapiteln besteht[24], können ebenso wie innerhalb des BROG materielle und formell-organisatorische Inhalte unterschieden werden.

Das KREPG enthält in den §§ 1 und 2 materielle Bestimmungen über Inhalt und Aufgabe der Raumentwicklungsplanung. § 1 KREPG legt die Ziele der Raumentwicklungsplanung fest. Danach hat das KREPG das Ziel, den Gesamtraum in wirtschaftlicher, sozialer und kultureller Weise zu entwickeln und dadurch zur Förderung des Allgemeinwohls beizutragen. Um dieses Ziel zu erreichen, d.h. um die natürlichen Gegebenheiten im gesamten Zusammenhang zu nutzen, zu entwickeln und zu bewahren und ein ausgewogenes Verhältnis von Industrie- und Wohngebieten zu schaffen, ordnet dieses

---

22 Vgl. *Beus*, Rechtsprobleme bei der Ausgestaltung der Raumordnung und Landesplanung als Entwicklungsplanung, S. 138 ff.

23 Das koreanische Raumentwicklungsgesamtplanungsgesetz (Guktogeonseoljonghabgyehoikbub) - KREPG - ist am 14. 10. 1963 (Gesetz Nr. 1415) verkündet worden und in Kraft getreten. Seither ist das Gesetz wie folgt geändert und ergänzt worden: Gesetz zur Änderung des KREPG vom 16. 12. 1963 (Gesetz Nr. 1612) - Änderung der Kompetenzenträger nach Verfassungsänderung; Gesetz zur Änderung des KREPG vom 28. 12. 1979 (Gesetz Nr. 3213) - Änderung des § 9 KREPG (Organisation des Prüfungsausschusses). Vgl. auch; Foschungsinstitut für die Staatsraumentwicklung, Materialsammlung der die Bodennutzung betreffenden Gesetze, S. 77 ff.

24 Kapitel 1: Allgemeine Regelungen (§§ 1 - 6); Kapitel 2: Prüfungsausschuß für die Raumentwicklungsgesamtpläne (§§ 7 - 14); Kapitel 3: Die Aufstellung der Raumentwicklungsgesamtpläne (§§ 15 - 18); Kapitel 4: Die Durchführung der Raumentwicklungspläne (§§ 19 - 20); Kapitel 5: Die Raumforschung (§§ 21 - 28).

Gesetz Regelungen über die Raumentwicklungsplanung und die ihr zugrundeliegende Raumforschung an[25].

§ 2 KREPG bestimmt den Begriff, die Aufgabe und den grundsätzlichen Geltungsbereich der Raumentwicklungspläne. Der Raumentwicklungsgesamtplan stellt danach einen zusammenfassenden, langfristigen Plan dar, der für die Erreichung des in § 1 KREPG genannten Ziels folgenden Inhalt umfaßt und dadurch die Grundordnung der öffentlich-rechtlichen Großprojekte bestimmt: die Nutzung, Entwicklung und Bewahrung des Grund und Bodens, des Wassers und sonstiger Ressourcen; die Vorbeugung vor Wasser-, Wind- und sonstigen Katastrophen; die Grundordnung der Gestaltung der Städte und Dörfer; die Standortwahl und Ausgestaltung der Industriegebiete; die Standortwahl und Ausgestaltung der öffentlichen Anlagen, die für die industrielle Entwicklung notwendig sind; Schutz der die Kultur, Erholung und den Tourismus betreffenden Ressourcen und Ausgestaltung der diesbezüglichen Anlagen u.a.

§ 5 KREPG bestimmt den Geltungsbereich und die Wirkung der verschiedenen Raumentwicklungspläne. Nach § 5 KREPG haben die Raumentwicklungspläne den Vorrang vor den nach anderen Gesetzen aufgestellten raumbedeutsamen Plänen, und bilden deshalb deren Grundlage. Dadurch hat das KREPG den Charakter von Grundsatzbestimmungen für die koreanischen raumbedeutsamen Pläne[26].

Die weiteren Vorgaben des KREPG stellen überwiegend institutionell-organisatorische Regelungen dar.

§ 3 und die §§ 15 bis 18 KREPG regeln die Planungsebene und das Planaufstellungsverfahren der Raumentwicklungspläne, die §§ 19 und 20 KREPG bestimmen die Aufstellung konkreter Verwirklichungspläne und die §§ 21 bis 27 KREPG enthalten die Grundsatzbestimmungen für die Raumforschung.

Aus der Darstellung der inhaltlichen Elemente des KREPG ist zu entnehmen, daß dieses in mancher Hinsicht dem Bundesraumordnungsgesetz der Bundesrepublik Deutschland entspricht; insbesondere enthält es wie ein Rahmengesetz lediglich Grundsatzbestimmungen, die durch andere gesetzliche Regelungen und Planungen konkret auszufüllen sind.

---

[25] Vgl. die Übersetzung von *J-H. Seok*, Raumordnung in der Bundesrepublik Deutschland und der Republik Korea, S. 168 ff.

[26] Vgl. *J.-H. Seok*, Öffentliches Baurecht, S. 421 ff.

## 2. Das Bodennutzungskontrollgesetz (KBNKG)

Anders als das KREPG ermächtigt das KBNKG[27] zum Erlaß von Plänen, die eine konkrete gestaltende und ordnende Funktion für das gesamte Staatsgebiet entfalten sollen. Das KBNKG findet seine verfassungsrechtliche Grundlage in Art. 122 der koreanischen Verfassung[28]. Es besteht aus sechs Kapiteln[29], deren Inhalt in den jeweiligen Kapitelüberschriften zum Ausdruck kommt.

Im ersten Kapitel, dem allgemeinen Teil, sind die materiell-rechtlichen Bestimmungen, wie der Zweck des Gesetzes (§ 1 KBNKG), die Grundidee der Bodennutzung (§ 1/2 KBNKG) und der Begriff des Bodennutzungsplans (§ 2 KBNKG) enthalten. Nach § 1 dient das KBNKG dem Zweck, den Raumentwicklungsgesamtplan effektiv zu verwirklichen und die Bodennutzungsordnung festzusetzen. Dafür bestimmt das Gesetz die Aufstellung und den Beschluß des Bodennutzungsplans, die Kontrolle des Bodenverkehrs und die zur Koordinierung der Bodennutzung notwendigen Regelungen. Nach § 1/2 KBNKG ist die Grundidee der Bodennutzung und des Grundstücksverkehrs die Verbesserung der Lebensumwelt und die gleichmäßige Entwicklung des Gesamtraumes. Grund und Boden sind rationell zu nutzen und der Grundstücksverkehr hat zweckentsprechend zu erfolgen. Aus dem Gesichtspunkt, daß Grund und Boden eine für die Verbesserung des Allgemeinwohls dienende begrenzte Ressource und allgemeine Lebensgrundlage

---

[27] Das koreanische Bodennutzungskontrollgesetz (Guktoiyongguanlibub) - KBNKG - ist am 30. 12. 1972 (Gesetz Nr. 2408) verkündet worden und am 30. 3. 1973 in Kraft getreten. Seither ist das Gesetz wie folgt geändert und ergänzt worden: Gesetz zur Änderung des KBNKG vom 5. 12. 1978 - Umfangreiche Änderungen wie Zweck (§ 1), Grundidee (§ 1/2), Kontrolle des Bodenverkehrs (§§ 21/2 - 21/17); Gesetz zur Änderung des KBNKG vom 4. 1. 1980 - Änderung wegen des Erlasses des Naturparkgesetzes bzw. der Änderung des Grenzlegungsgesetz; Gesetz zur Änderung des KBNKG vom 31. 12. 1983 - Änderung der Kontrolle des Bodenverkehrs; Gesetz zur Änderung des KBNKG vom 14. 12. 1984 - Änderung des Widerspruchverfahrens; Gesetz zur Änderung des KBNKG vom 31. 12. 1986 - Regelung der Verhältnisse zwischen Bodennutzungsplan und anderen Plänen durch § 13/3. Siehe *Forschungsinstitut für die Staatsraumentwicklung*, Materialsammlung der die Bodennutzung betreffenden Gesetze, S. 135 ff.

[28] Über deren konkreten Inhalt vgl. oben S. 38.

[29] Kapitel 1: Allgemeine Regelungen (§§ 1 - 5); Kapitel 2: Bodennutzungsplan (§§ 6 - 13/3); Kapitel 3: Die Nutzung bzw. Kontrolle des Grund und Bodens (§§ 14 - 21/17); Kapitel 4: Prüfungsausschuß für die Bodennutzungspläne (§§ 22); Kapitel 5: Ergänzende Regelungen (§§ 23 - 31); Kapitel 6: Strafregelungen (§§ 31 - 35).

ist, ist bei der Bodennutzung und beim Grundstücksverkehr dem Allgemeinwohl der Vorrang einzuräumen, die natürliche Umwelt ist zu schützen und die örtlichen Gegebenheiten sind in ihrer Gesamtheit zu berücksichtigen.

Das zweite Kapitel regelt Inhalt (§ 6 KBNKG), Aufstellungsverfahren (§§ 7 und 8 KBNKG), und Wirkungen (§§ 13/2 und 13/3 KBNKG) des Bodennutzungsplans, worauf im Zusammenhang mit Formen und Auswirkungen näher eingegangen wird.

Das dritte Kapitel enthält die Bestimmungen über konkrete Einschränkungen bzw. Verpflichtungen hinsichtlich der Bodennutzung (§ 15 KBNKG) und des Grundstücksverkehrs (§ 21 KBNKG). Diese Einschränkungen bzw. Verpflichtungen werden durch die Strafregelungen verstärkt, die Geld- und Freiheitsstrafe androhen.

Aus dem Inhalt des KBNKG ist zu entnehmen, daß es eine ausschließliche und volle Kompetenz zur Raumplanung für den Gesamtstaat erteilt, die das Bundesverfassungsgericht in der Bundesrepublik für den Bund als eine Kompetenz "kraft Natur der Sache" anerkannt hat, von der aber bislang kein Gebrauch gemacht worden ist[30]. Darüber hinaus ermächtigt es die gesamtstaatlichen Instanzen auch zur Regelung der Bodennutzung für die Stadtgestaltung, was in der Bundesrepublik angesichts des Selbstverwaltungsrechts der Gemeinden verfassungsrechtlich unzulässig wäre.

## C. Die Formen der überörtlichen Gesamtplanungen

### *I. Die Formen der überörtlichen Gesamtplanungen im deutschen Recht*

#### 1. Bundesraumordnungsprogramm (BROP)

Als überörtliche Gesamtplanung auf Bundesebene ist "das Raumordnungsprogramm für die großräumige Entwicklung des Bundesgebietes" - BROP - zu nennen, das am 14. 2. 1975 von der aufgrund des § 8 BROG

30 Vgl. oben S. 38.

zwischen Bund und Ländern gebildeten[31] Ministerkonferenz für Raumordnung verabschiedet wurde[32].

Das BROP enthält Ansätze für eine Raumordnungspolitik im Bundesmaßstab, indem es erstmals nach einheitlichen Kriterien für das gesamte Bundesgebiet

- Bereiche (Gebietseinheiten) für die Ermittlung, Analyse und Erfolgskontrolle raumbedeutsamer Sachverhalte vorsieht;
- Angaben über die Verteilung raumwirksamer Bundesmittel in den Bereichen der Infrastruktur und der Erwerbsstruktur enthält;
- Räume aufzeigt, die durch Bevölkerungsabwanderung gefährdet oder einem besonderen Zuwanderungsdruck ausgesetzt sind und
- Räume mit besonderen Schwächen in der Erwerbs- und/oder Infrastruktur kennzeichnet.

Außerdem ist im BROP ein konzentrierter Einsatz raumwirksamer Mittel in Entwicklungszentren und für großräumig bedeutsame Achsen vorgesehen. Diese Achsen sind im Programm selbst dargestellt, die Bestimmung von Entwicklungszentren nach den Kriterien des Programms ist Aufgabe der Länder[33].

---

[31] Vgl. das Verwaltungsabkommen zwischen dem Bund und den Ländern über die gemeinsamen Beratungen nach § 8 BROG (Bundesanzeiger Nr. 122 vom 5. 7. 1967, S. 1).

[32] Der Deutsche Bundestag hat die Bundesregierung am 3. 6. 1969 ersucht, "auf der Grundlage einer konkreten räumlichen Zielvorstellung für die Entwicklung des Bundesgebietes die regionale Verteilung der raumwirksamen Bundesmittel in einem Bundesraumordnungsprogramm festzulegen" (Drucksache V/4372). Die Ministerpräsidenten haben hierfür in ihrer Konferenz vom 13. bis 15. 10. 1970 die Auffassung vertreten, "daß bei diesem Vorhaben Bund und Länder gemeinsam in gegenseitiger Abstimmung zusammenwirken sollen" und alsbald ein solches Programm ausarbeiten. Im Interministeriellen Ausschuß für Raumordnung der Bundesregierung, und in der Ministerkonferenz für Raumordnung (MKRO) wurde das Bundesraumordnungsprogramm am 14. 2. 1975 gegen die Stimmen BadenWürttembergs und Bayerns verabschiedet. Das Programm wurde vom Bundeskabinett am 23. 4. 1975 gebilligt und hierauf dem Deutschen Bundestag als Drucksache 7/3584 zugeleitet und auch in BR - Drs 285/75 veröffentlicht.

[33] Dazu näher *Suderow*, Rechtsprobleme des Bundesraumordnungsprogramms, S. 61 ff.; *Wahl*, Rechtsfragen der Landesplanung und Landesentwicklung, Bd. I, S. 279 ff.; *Hoppe/Menke*, Raumordnungs- und Landesplanungsrecht des Bundes und des Landes Rheinland-Pfalz, Rdn. 702 ff.

Damit soll das BROP als Konzeption für die langfristige großräumige Entwicklung des Bundesgebietes der Koordinierung raumbedeutsamer Planungen, Maßnahmen und insbesondere der Investitionsmöglichkeit von Bund und Ländern dienen[34]. In erster Linie sollen großräumige Unterschiede in der Infrastruktur, der Wirtschaftsstruktur sowie der Umweltsituation abgebaut und in allen Teilräumen des Bundesgebiets gleichwertige Lebensbedingungen geschaffen und erhalten werden. Hat die Landesplanung in Verwirklichung der Ziele und Grundsätze der Raumordnung bei aller Rücksicht auf benachbarte Bundesländer und das Bundesgebiet vornehmlich Erfordernisse des jeweiligen Landes und seiner Region zur Geltung gebracht, ist ihr und dem Bund durch das Programm nunmehr auch die Dimension der Bundesraumordnung erschlossen worden[35].

Das BROP versteht sich als eine Konkretisierung der in den §§ 1, 2 BROG niedergelegten allgemeinen Ziele und Grundsätze der Raumordnung. Die Konkretisierungen des BROP haben nach allgemeiner Meinung jedoch nicht den Rechtscharakter von "Zielen der Raumordnung und Landesplanung"[36], die von den verschiedenen Planungsträgern strikt zu beachten sind (§§ 5 Abs. 4 BROG, 1 Abs. 3 BauGB). Sie sind in ihrer Aussage zu allgemein, um eine konkrete Verbindlichkeit zu bewirken. Die Aussagen des BROP werden daher aufs ganze gesehen den Bundesgrundsätzen der Raumordnung des § 2 BROG zugerechnet[37]. Wegen seiner inhaltlichen Allgemeinheit und mangelnden Bindungswirkung hat das BROP im Laufe der Zeit zunehmend

---

34 Vgl. *Buchsbaum*, Das Bundesraumordnungsprogramm und seine Verbindlichkeit, DÖV 1975, S. 545 ff.

35 Vgl. § 4 Abs. 4 BROG. Dazu, *Weber*, Verfassungsrechtliche Aspekte einer Bund-Länder-Planung nach dem Bundesraumordnungsprogramm, Innere Kolonisation 1974, S. 215 ff.

36 Dazu näher *Schmidt-Aßmann*, Rechtsfragen der im Bundesraumordnungsprogramm angelegten Bund-Länder-Planung, Innere Kolonisation 1974, S. 212 ff. Vgl. zur Frage, ob die Konkretisierungsbefugnis dem Bund allein oder Bund und Ländern gemeinsam zusteht, *Suderow*, Rechtsprobleme des Bundesraumordnungsprogramms, S. 49 ff.

37 Danach sind die Programmaussagen von den Bundesressorts unmittelbar zu berücksichtigen, während sie im Länderbereich nur für die Landesplanung i.e.S. gelten. Eine darüber hinausgehende Verbindlichkeit im Länderbereich können die Aussagen des Bundesraumordnungsprogramms nur entfalten, wenn sie als Ziele der Raumordnung und Landesplanung in die Raumordnungspläne der Länder übernommen werden. Dazu näher *Buchsbaum*, Das Bundesraumordnungsprogramm und seine Verbindlichkeit, DÖV 1975, S. 548 ff.; *Suderow*, Rechtsprobleme des Bundesraumordnungsprogramms, S. 63 ff.; *Schmidt-Aßmann*, Rechtsfragen der im Bundesraumordnungsprogramm angelegten Bund-Länder-Planung, Innere Kolonisation 1974, S. 212 ff.

an Bedeutung verloren. Aktivitäten zu einer bundesweiten Gesamtplanung sind nicht zu beobachten.

## 2. Überörtliche Gesamtplanungen auf Landesebene

Nach § 5 Abs. 1 S. 1 BROG stellen die Länder für ihr Gebiet übergeordnete und zusammenfassende Programme oder Pläne auf. Solche Programme und Pläne bilden z. Z. in der Bundesrepublik das wichtigste Instrumentarium der Raumordnung und Landesplanung[38]. Sie stellen somit das wesentliche Mittel zur Verwirklichung der materiellen Grundsatzbestimmungen des § 2 BROG dar. Ihre Hauptaufgabe besteht darin, die allgemein gefaßten Grundsätze miteinander abzuwägen und zielförmig zu konkretisieren[39].

Das BROG und die meisten Landesplanungsgesetze unterscheiden zwischen Programmen und Plänen, ohne jedoch eine definitorische Abgrenzung der verwendeten Begriffe zu geben. Nach überwiegender Auffassung in Lehre und Praxis stellt das Programm die allgemeinen Ziele bzw. Grundsätze der Raumordnung in verbal beschriebener Form dar. Aufgabe des Plans ist es, auf der Grundlage des Programms die Ziele - in meist zeichnerisch detaillierter Form - näher darzulegen. Beim Plan steht mithin grundsätzlich die zeichnerische Darstellung im Vordergrund, die ihrerseits wiederum textlich ergänzt und erläutert werden kann[40].

---

[38] Vgl. *Erbguth*, Raumordnungs- und Landesplanungsrecht, Rdn. 74, 124 ff.; *Hoppe/Menke*, Raumordnungs- und Landesplanungsrecht des Bundes und des Landes Rheinland-Pfalz, S. 164 ff.; *Ernst/Hoppe*, Das öffentliche Bau- und Bodenrecht, Raumplanungsrecht, Rdn. 78 ff.; *Niemeier*, Entwicklungstendenzen im Landesplanungsrecht, in: Raumordnungs- und Entwicklungsplanung, S. 5 ff.; *Ronellenfitsch*, Einführung in das Planungsrecht, S. 24 ff. u.a.

[39] Nach § 5 Abs. 2 S. 1 BROG müssen die Programme und Pläne, die nach § 5 Abs. 1 BROG aufgestellt sind, unbeschadet weitergehender bundes- und landesrechtlicher Vorschriften diejenigen Ziele der Raumordnung und Landesplanung enthalten, die räumlich und sachlich zur Verwirklichung der Grundsätze nach § 2 BROG erforderlich sind; dazu näher *Erbguth*, Raumordnungs- und Landesplanungsrecht, Rdn. 27 ff.

[40] Der vorgenannten terminologischen Unterscheidung entsprechen im wesentlichen die Programme und Pläne in den Ländern, deren Landesplanungsgesetze neben dem Programm noch einen Plan oder Pläne auf Landesebene vorsehen. Es sind dies Hessen, Nordrhein-Westfalen und das Saarland. Soweit die Landesplanungsgesetze auf Landesebene nur ein Programm oder lediglich einen Plan kennen, haben diese inhaltlich zugleich Plan- bzw. Programmcharakter: In Baden-Württemberg ist der Plan zugleich auch Programm; umgekehrt enthalten die Programme von Niedersachsen und von Rheinland-Pfalz die eingehenderen Ziel-

Nach § 5 BROG erfolgt die Landesplanung auf zwei Ebenen. Das gesamte Landesgebiet erfassen die hochstufigen Programme und Pläne nach § 5 Abs. 1 BROG. Diese können auch in räumlichen oder sachlichen Teilabschnitten aufgestellt werden (§ 5 Abs. 1 S. 2 BROG). In den Stadtsstaaten tritt der Flächennutzungsplan an die Stelle der Programme und Pläne der Landesebene (§ 5 Abs. 1 S. 3 BROG). Die hochstufige Landesplanung wird von den Planungsgesetzen der Länder als staatliche Aufgabe angesehen. Die Regionalplanung bildet die Planungsstufe zwischen der hochstufigen Landesplanung und der kommunalen Bauleitplanung. Sie gehört sachlich zur Landesplanung, deren räumlich unterste Stufe sie ist.

In welcher rechtlichen Form landesplanerische Programme und Pläne zu erlassen sind, ist nicht abschließend geklärt. Das BROG schweigt sich darüber aus. Die Landesplanungsgesetze weisen den Programmen und Plänen auf Landes- wie Regionalebene zum Teil Rechtsnormcharakter, allerdings unterschiedlicher Art zu. Nach früherem rechtsnormativem Verständnis wurden die landesplanerischen Programme und Pläne überwiegend als Verwaltungsinterna begriffen. Inzwischen geht die Tendenz dahin, die Grundlinien der Planung rechtssatzförmig festzuschreiben. So werden übergeordnete, gesamtstaatliche Zielformulierungen zunehmend als Rechtsnormen erlassen. Vorwiegend ergehen diese hochstufigen Programme und Pläne als Gesetz, teilweise auch als Rechtsverordnung[41]. Hinsichtlich der übrigen

---

festsetzungen eines Plans. In Schleswig-Holstein ist schließlich neben dem Grundsätzegesetz ein Landesraumordnungsplan vorgesehen, der Ziele der Raumordnung und Landesplanung auch allgemeiner Art i.S.v. Programmsätzen enthalten kann. Im übrigen werden folgende Bezeichnungen verwandt: Hessen und Niedersachsen nennen ihr Programm Landesraumordnungsprogramm, in Bayern, Nordrhein-Westfalen, Rheinland-Pfalz und im Saarland heißt es Landesentwicklungsprogramm. Die landesplanerischen Pläne werden in Baden-Württemberg, Hessen, Nordrhein-Westfalen und im Saarland als Landesentwicklungspläne bezeichnet, während das schleswig-holsteinische Landesplanungsgesetz von einem Raumordnungsplan spricht. Dazu näher *Bielenberg/ Erbguth/ Söfker*, Raumordnungs- und Landesplanungsrecht des Bundes und der Länder, M 100, Rdn. 8 ff.; *Cholewa/ Dyong/ von der Heide*, Raumordnung in Bund und Ländern, 3 Synop. Landpl. S. 1 ff.; *Erbguth*, Raumordnungs- und Landesplanungsrecht, Rdn. 124 ff.

[41] Nach § 6 Abs. 1 Ba.-Wü. LPlG wird der Landesentwicklungsplan durch Gesetz für verbindlich erklärt.

Nach § 14 Abs. 3 Bay. LPlG beschließt die Staatsregierung das Landesentwicklungsprogramm als Rechtsverordnung, ist dabei allerdings an die Zustimmung des Landtags gebunden.

Nach § 2 Abs. 1 des Hess. LPlG wird das Landesraumordnungsprogramm durch Gesetz festgestellt und der Landesentwicklungsplan wird durch Beschluß der Landesregierung festgestellt und dem Landtag zugeleitet (§ 3 Abs. 1 Hess. LPlG).

Nach § 5 Abs. 4 Nds. ROG wird Teil I des Landesraumordnungsprogramms durch Gesetz, Teil

Länder bleibt zu berücksichtigen, daß wesentliche Vorgaben für die Planung bereits im Landesplanungsgesetz selbst festgeschrieben sind, nämlich durch landesspezifische Raumordnungsgrundsätze. Diejenigen Landesplanungsgesetze, die auf Landesebene ein dualistisches Planungsinstrumentarium kennen, z.B. Landesentwicklungsprogramm und Landesentwicklungsplan, sehen i. a. parlamentarische Mitwirkungsrechte im Aufstellungsverfahren der Landesentwicklungspläne vor[42].

Daher sind die Bestimmungen der Landesplanungsgesetze für die grundsätzliche Frage nach der Rechtsnatur der hochstufigen und regionalen Programme und Pläne der Länder nur von begrenztem Aussagewert. Die Problematik, welche Rechtsform Programme und Pläne ihrem Inhalt und Aussagegehalt nach bedürfen, beurteilt sich nach h.M., allgemeinen rechtsdogmatischen Grundsätzen zufolge, nicht nach der äußeren Form, in die sie gekleidet sind, sondern nach materiellen Maßstäben. Weil das Planungsrecht der einzelnen Länder die Rechtsformen für die Aufstellung von Entwick-

---

II hingegen vom Landesministerium durch Beschluß festgestellt. Vor dem Beschluß ist dem Landtag Gelegenheit zur Stellungnahme zu geben (§ 5 Abs. 5 Nds. ROG).

Nach § 12 N.-W. LPlG wird das Landesentwicklungsprogramm als Gesetz erlassen und nach § 13 Abs. 2 N.-W. LPlG werden die Landesentwicklungspläne von der Landesplanungsbehörde im Benehmen mit dem für die Landesplanung zuständigen Ausschuß des Landtags und im Einvernehmen mit den fachlich zuständigen Landesministern aufgestellt.

Nach § 11 Abs. 1 des Rh.-Pf. LPlG wird das Landesentwicklungsprogramm von der Landesregierung beschlossen, nachdem sie zuvor das Benehmen mit dem Innenausschuß des Landtags hergestellt hat.

Nach § 7 Abs. 1 Saarl. LPlG wird das Landesentwicklungsprogramm von dem Ministerpräsidenten vorbereitet und durch Beschluß der Landesregierung aufgestellt. Nach § 17 Abs. 1 Saarl. LPlG hat die saarländische Landesregierung während der Programm- bzw. Planaufstellung sowie deren Fortschreibung dem Landtag Gelegenheit zur Stellungnahme zu geben. Die Landesentwicklungspläne werden von der Landesplanungsbehörde nach den Verfahrensvorschriften des § 7 Abs. 2 und 3 Saarl. LPlG aufgestellt und von der Landesregierung genehmigt.

Nach § 7 Abs. 1 und 2 des S.-H. LPlG wird der Landesraumordnungsplan von der Landesplanungsbehörde aufgestellt. Eine parlamentarische Mitwirkung ist nicht vorgesehen; dazu näher *Erbguth*, Raumordnungs- und Landesplanungsrecht, Rdn. 80 bzw. Übersicht II.

42 Allgemein werden im Aufstellungsverfahren neben den übrigen Landesministerien die Gemeinden und Gemeindeverbände beteiligt. Deren Kreis wird allerdings entsprechend § 5 Abs. 2 S. 2 BROG überwiegend auf die durch die Planung Berührten oder insoweit Anpassungspflichtigen beschränkt. Die in früherem Landesplanungsrecht hervorgehobene Mitwirkung von Beiräten oder kommunalen Spitzenverbänden weist aufgrund der zunehmenden Parlamentarisierung eine rückläufige Tendenz auf. Dazu näher *Erbguth*, Raumordnungs- und Landesplanungsrecht, Rdn. 148 und 216 ff. bzw. Übersicht III, IV.

lungsplänen indes nicht übereinstimmend vorschreibt, bleibt die materiellrechtlich notwendige Anforderung weiterhin umstritten[43].

### 3. Regionalplanung

Nach § 5 Abs. 3 S. 1 BROG schaffen die Länder die Rechtsgrundlagen für die Regionalplanung, wenn eine solche für Teilräume des Landes geboten erscheint[44]. Wie erwähnt bildet die Regionalplanung die Planungsstufe zwischen der hochstufigen Landesplanung und der kommunalen Bauleitplanung[45]. Da sie sachlich zur Landesplanung gehört, deren räumlich unterste Stufe sie ist, hat sie die weitmaschigen Ziele der Landesebene für den engeren Bereich der Region weiter zu konkretisieren und zugleich den kleinräumigen Erfordernissen nach Maßgabe des Gegenstromprinzips Rechung zu tragen[46].

---

43 Zum Meinungsstand der Rechtsformfrage der Landesplanung vgl. *Erbguth*, Zur Rechtsnatur von Programmen und Plänen der Raumordnung und Landesplanung, DVBl. 1981, S. 557 ff.; *Weidemann*, Die Staatsaufsicht im Städtebaurecht als Instrument zur Durchsetzung der Raumordnung und Landesplanung, S. 19 ff.; *Niemeier*, Das Recht der Raumordnung und Landesplanung in der Bundesrepublik Deutschland, S. 63 ff.; *Schmidt-Aßmann*, Die Fortentwicklung des Rechts im Grenzbereich zwischen Raumordnung und Städtebau, S. 67 ff.; *Wahl*, Rechtsfragen der Landesplanung und Landesentwicklung, Bd. I, S. 29 ff.; *Ernst/Hoppe*, Das öffentliche Bau- und Bodenrecht, Raumplanungsrecht, Rdn. 238 ff.; *Ossenbühl*, Welche normativen Anforderungen stellt der Verfassungsgrundsatz des demokratischen Rechtsstaates an die planende staatliche Tätigkeit?, Gutachten für den 50. Deutschen Juristentag, B. 48 ff.; *Hoppe/Menke*, Raumordnungs- und Landesplanungsrecht des Bundes und des Landes Rheinland-Pfalz, Rdn. 313 ff.; *Brohm*, Gemeindliche Selbstverwaltung und staatliche Raumplanung, DÖV 1989, S. 428 ff.

44 § 5 Abs. 3 BROG wendet sich unmittelbar an die Länder und spricht für sie die Pflicht aus, Rechtsgrundlagen für die Regionalplanung zu schaffen. Die Länder sind - von den Stadtstaaten abgesehen - dieser Pflicht alle nachgekommen; dazu näher *Hoppe/Menke*, Raumordnungs- und Landesplanungsrecht des Bundes und des Landes Rheinland-Pfalz, Ren. 756 ff.; *Erbguth*, Raumordnungs- und Landesplanungsrecht, Rdn. 147 ff. bzw. Übersicht III; *Cholewa/Dyong/von der Heide*, Raumordnung in Bund und Ländern, K § 5 BROG, Rdn. 60 ff.

45 Nach *Wahl*, Rechtsfragen der Landesplanung und Landesentwicklung, Bd. I, S. 183 ff., ist Regionalplanung der "Schnittpunkt bzw. Grenzzone zwischen gemeindlicher Bauleitplanung und übergeordneter (staatlicher) Landesplanung".

46 Der Regionalplanung kommt ein Gestaltungsraum im Vorgang der Konkretisierung landesweiter Planungsvorgaben zu. Die Vorgaben werden jedoch durch ein eigenes, aus der klein-

Mit Rücksicht auf die Organisationsgewalt der Länder hält sich das Bundesrecht in der Bestimmung des Regionalbegriffs und der räumlichen Abgrenzung der Region stark zurück[47]. Ein allgemeingültiger Größenmaßstab für die Bildung regionaler Planungsräume läßt sich aufgrund unterschiedlicher räumlicher, wirtschaftlicher und bevölkerungspolitischer Gegebenheiten nicht finden und ist auch nicht festzustellen[48]. Dennoch ergeben sich aus dem BROG, z.T. mittelbar, bestimmte Vorgaben für die Regionalplanung in ihrer räumlichen Beziehung[49]. So ordnet es die Regionalplanung in die allgemeine Aufgabenstellung der Raumordnung und Landesplanung ein[50]. Sie ist wie allgemein die Landesplanung, übergeordnete, überörtliche, überfachliche und zusammenfassende Planung[51]. Hieraus ergeben sich bestimmte Anforderungen an die Abgrenzung regionaler Planungsräume; die Regionalplanung muß den genannten Kriterien entsprechen und einen hierfür geeigneten Planungsraum finden[52]. Dementsprechend werden in den Ländern

---

räumigen Situation entwickeltes Konzept ausgefüllt; dazu näher *Schmidt-Aßmann*, Die Fortentwicklung des Rechts im Grenzbereich zwischen Raumordnung und Städtebau, S. 49 ff.; *Hoppe/Bunse*, Die Genehmigung von Gebietsentwicklungsplänen mit Maßgaben, Der Städtetag 1984, S. 411 ff.; *Wahl*, Rechtsfragen der Landesplanung und Landesentwicklung, Bd. I, S. 190 ff.

47 Vgl. *Bielenberg/Erbguth/Söfker*, Raumordnungs- und Landesplanungsrecht des Bundes und der Länder, M 260, Rdn. 1 ff.

48 Der materielle raumordnungsrechtliche Regionalbegriff ist juristisch bzw. sozio-ökonomisch noch sehr umstritten; siehe näher *Erbguth*, Raumordnungs- und Landesplanungsrecht, Rdn. 172 ff.; *Hoppe/Menke*, Raumordnungs- und Landesplanungsrecht des Bundes und des Landes Rheinland-Pfalz, Rdn. 762 ff.; *Bielenberg/ Erbguth/ Söfker*, Raumordnungs- und Landesplanungsrecht des Bundes und der Länder, M 260 Rdn. 1 ff.; *Bartels*, Die Abgrenzung der Planungsregionen in der BRD - Eine Operationalisierungsaufgabe, S. 93 ff.; *Landwehr*, Die Gliederung des Raumes: Typisierung, Regionalabgrenzung und Regionierung, S. 39 ff.; *Marx*, Zur Konzeption ausgeglichener Funktionsräume als Grundlage einer Regionalpolitik des mittleren Weges, S. 48 ff.

49 Dazu näher *Pühl*, Die Organisation der Regionalplanung nach der Gebiets- und Verwaltungsreform, S. 79 ff.

50 Zur Zugehörigkeit der Regionalplanung zur Landesplanung vgl. § 5 Abs. 3 BROG; siehe dazu *Bielenberg/Erbguth/Söfker*, Raumordnungs- und Landesplanungsrecht des Bundes und der Länder, K § 5 BROG, Rdn. 53 ff.

51 Vgl. *Erbguth*, Raumordnungs- und Landesplanungsrecht, Rdn. 173 ff.

52 Nach *Klein*, Zur Rechtsnatur und Bindungswirkung der Ziele der Landesplanung, S. 16 ff. z.B. müssen die Regionen kleiner sein als das Land und größer als die Gemeinden. Nach *Niemeier*, Das Recht der Raumordnung und Landesplanung in der Bundesrepublik Deutschland, S. 45 ff.; *Ernst/Hoppe*, Das öffentliche Bau- und Bodenrecht, Raumplanungsrecht, Rdn.

der Bundesrepublik Deutschland die regionalen Planungsräume vielfach nach den Einzugsbereichen der bereits bestehenden Oberzentren abgegrenzt[53]. Teilweise legt man der Abgrenzung auch die zentralörtlichen Verflechtungsbereiche der gehobenen Mittelzentren den Planungsräumen zugrunde[54]; zur Begründung wird darauf hingewiesen, daß sich die regionalen Arbeitsmärkte und die gehobenen mittelzentralen Verflechtungsbereiche in Bezug auf ihre Zentren und Einzugsbereiche vielfach decken[55].

Nach § 5 Abs. 3 S. 2 BROG hat die Regionalplanung entweder durch regionale Planungsgemeinschaften als Zusammenschlüsse von Gemeinden und Gemeindeverbänden zu erfolgen oder durch staatliche Planungsstellen. Dabei handelt es sich um zwei Grundformen der Organisation; verbandlich-kommunale und behördlich-staatliche. Dazwischen gibt es Zwischenformen[56]. Soweit die Regionalplanung nicht durch Zusammenschlüsse von

---

97 ff., ist Regionalplanung als Planung einer mittleren Ebene zwischen Landesplanung der Zentrale und gemeindlicher Planung anzusiedeln.

53 In Baden-Württemberg sind Regionen grundsätzlich die Verflechtungsbereiche der nach dem Landesentwicklungsprogramm vorhandenen oder zu entwickelnden Oberzentren (§ 7 Ba.-Wü. LPlG. i.V.m. Regionalverbandsgesetz). Ähnliches hat bestimmt: Bayern (§ 2 Ba.-Wü. LPlG i.V.m. Regionenverordnung); Hessen (§ 4 Hess. LPlG); Rheinlandpfalz (§ 14 Abs. 1 Rh.-Pf. LPlG i.V.m. Regioneneinteilungsgesetz); Schleswig-Holstein (§ 10 S.-H. Landesentwicklungsgrundsatzgesetz); dazu näher *Bielenberg/ Erbguth/ Söfker*, Raumordnungs- und Landesplanungsrecht des Bundes und der Länder, M 260 Rdn. 8 ff.; *Kroner/ Kessler*, Vorschlag einer räumlichen Gliederung des Bundesgebietes nach der Erreichbarkeit von Oberzentren, Info 1976, S. 16 ff.

54 Z.B. in Nordrhein-Westfalen bestimmt sich die räumliche Abgrenzung der Planungsebene zwischen den Gemeinden und der zentralen Landesplanung nach den Gebieten der Mittelzentren: § 14 N.-W. LPlG. Siehe näher *Bielenberg/Erbguth/Söfker*, Raumordnungs- und Landesplanungsrecht des Bundes und der Länder, K. § 1, Rdn. M 260 Rdn. 13 ff.; *Klemmer*, Ansatzpunkte zur Abgrenzung von Planungsräumen für die Raumordnungspolitik, Info 1976, S. 52 ff.

55 Dazu näher *Erbguth*, Raumordnungs- und Landesplanungsrecht, Rdn. 176 ff.

56 Die Regionalplanung nach kommunal-verbandlichem Modell haben Baden-Württemberg (§ 8 - 11 Ba.-Wü. LPlG), Bayern (§ 8 Abs. 6 Bay. LPlG), Niedersachsen (§ 7 Nds. ROG) und Rheinland-Pfalz (§ 16 Abs. 1 Rh.-Pf. LPlG) eingerichtet. Ein rein behördlich-staatliches Modell hat Schleswig-Holstein (§ 7 Abs. 1 S.-H. LPlG), Hessen (§ 4 Hess. LPlG), und Nordrhein-Westfalen (§ 5 N.-W. LPlG). Zwar hat das Raumordnungsgesetz keinem Modell einen Vorrang beigelegt, doch weist die Regionalplanung in der Bundesrepublik eine wachsende Neigung zur Verstaatlichung auf. Vgl. *Erbguth*, Raumordnungs- und Landesplanungsrecht, Rdn. 144 ff.; *Ernst/ Hoppe*, Das öffentliche Bau- und Bodenrecht, Raumplanungsrecht, Rdn. 97 ff.; *Hoppe/ Menke*,

Gemeinden und Gemeindeverbänden zu regionalen Planungsgemeinschaften erfolgt, sind die Gemeinden und Gemeindeverbände oder deren Zusammenschlüsse in einem förmlichen Verfahren zu beteiligen[57].

Regionalpläne werden nur in Baden-Württemberg und in Niedersachsen als Satzung[58], in den übrigen Ländern werden sie nach Aufstellung durch die zuständigen Stellen durch Genehmigung bzw. Verbindlichkeitserklärung der obersten Landesplanungsbehörden unter Mitwirkung der fachlich zuständigen Minister oder der Landesregierungen erlassen[59].

Die Ländergesetze in der Bundesrepublik enthalten weitgehend keine Vorschriften über das Verfahren bei der Aufstellung des Regionalplans selbst, insbesondere nicht zu den einzelnen Verfahrensabschnitten. Überwiegend bestimmen sie lediglich die zu beteiligenden Stellen, die Feststellung der Pläne, die Anhörungsmöglichkeiten und die Verbindlichkeit der Regionalpläne[60]. Die Frage der Rechtsform von Regionalplänen ist wie bei den hochstufigen Landesplänen weithin offen.

---

Raumordnungs- und Landesplanungsrecht des Bundes und des Landes Rheinland-Pfalz, Rdn. 766 ff.

57 Vgl. § 5 Abs. 3 S. 2 BROG.: Zur kommualen Beteiligung bei der Regionalplanung vgl. *Heinrich*, Kommunale Beteiligung in der Raumordnung und Landesplanung, Bd. 1, S. 179 ff.; *Brentano*, Verfassungs- und raumordnungsrechtliche Probleme der Regionalplanung, S. 123 ff.

58 Die Regionalpläne werden überwiegend nicht in rechtssatzförmiger Weise aufgestellt. Lediglich in Baden-Württemberg (§ 28 Ba.-Wü. LPlG) und in Niedersachsen (§ 8 Nds. ROG) ergeht ein Satzungsbeschluß der regionalen Planungsverbände bzw. der Landkreise und kreisfreien Städte; vgl. *Erbguth*, Raumordnungs- und Landesplanungsrecht, Rdn. 26 bzw. Übersicht III ff.; *Löhr*, Gerichtliche Rechtsschutzmöglichkeit der Gemeinden gegen Regionalpläne, DVBl. 1980, S. 13 ff.

59 Auch dort wo die Landesplanungsgesetze die Programme und Pläne nicht in eine rechtsnormative Form kleiden, ist durchgängig ihre Veröffentlichung bzw. Verkündung in den amtlichen Veröffentlichungsblättern vorgeschrieben. Eine Wiedergabe des gesamten Planinhalts erfolgt bei den hochstufigen Planungen der Länder. Hinsichtlich der Regionalpläne ist überwiegend die Bekanntmachung der Genehmigung bestimmt; vgl. *Bielenberg/Erbguth/ Söfker*, Raumordnungs- und Landesplanungsrecht des Bundes und der Länder, M 325, Rdn. 3 ff.; *Erbguth*, Raumordnungs- und Landesplanungsrecht, Rdn. 216 bzw. Übersicht III ff.

60 Über das Erarbeitungsverfahren der Regionalpläne kann man eine recht eingehende Regelung in den Landesplanungsgesetzen Niedersachsens (§ 8 Nds. ROG) und Nordrhein-Westfalen (§ 15 N.-W. LPlG) finden; siehe näher *Erbguth*, Raumordnungs- und Landesplanungsrecht, Rdn. 144 bzw. Übersicht III.

## *II. Die Formen der überörtlichen Gesamtplanungen im koreanischen Recht*

### 1. Die Raumentwicklungsgesamtpläne nach dem Raumentwicklungsgesamtplanungsgesetz

#### a) Der staatliche Raumentwicklungsgesamtplan

Nach § 3 Abs. 2 KREPG ist ein staatlicher Raumentwicklungsgesamtplan - *Staatsraumplan*[61] - ein vom Staat aufgestellter zusammenfassender Entwicklungsplan, der das gesamte Staatsgebiet oder mehr als zwei "Do" umfaßt. Der erste das gesamte Staatsgebiet umfassende Plan - *Erster Staatsraumplan* - ist am 31. 12. 1971 für den Zeitraum von 1972 bis 1981 als ein zehnjähriger Plan aufgestellt worden, ein weiterer zehnjähriger Plan - *Zweiter Staatsraumplan* - am 31. 12. 1981 für den Zeitraum von 1982 bis 1991 wurde am 31. 12. 1986 durch den Änderungsplan - *Geänderter Zweiter Staatsraumplan* - für den Zeitraum von 1987 bis 1991 fortgeschrieben[62].

Der aus 6 Teilen bestehende[63] geltende Staatsraumplan enthält aktuelle Ansätze für eine Raumordnungspolitik im gesamtstaatlichen Maßstab, indem er die Verbesserung der Siedlungsstruktur, Umweltschutz, Aufbau der Industrialisierung und Erweiterung bzw. Verbesserung der weiteren der Le-

---

[61] Nach § 3 KREPG wird der staatliche Raumentwicklungsgesamtplan als "Staatsraumplan" bezeichnet.

[62] Vgl. *Regierung Republik Korea*, Geänderte Fassung des zweiten staatlichen Raumentwicklungsgesamtplans, Vorwort III.

[63] Teil 1: Hintergrund und Ziel der Planung; Teil 2: Verbesserung der Siedlungsstruktur; Teil 3: Ressourcenentwicklung wie Wasser-, Energie-, Nahrung-, Forst-, Meeres- bzw. Mineralressourcen und Umweltschutz; Teil 4: Verbesserung der die Lebensgrundlage bildenden Infrastruktur wie Wohnung, Wasserversorgnung, Abwasser und Erweiterung des Erholungsraumes; Teil 5: Erweiterung der Raumentwicklungsgrundlage für den weiteren Aufbau der Industrialisierung, Verbesserung des Netzes des Verkehrs- bzw. Fernmeldewesens; Teil 6: Grundrichtung der effektiven Bodennutzung bzw. Verbesserung des Bodennutzungs- bzw. Kontrollsystems.

bensgrundlage dienenden Infrastruktur, wie Wohnung, Wasserversorgung, Erholungsraum, Verkehrsnetz u. a. bezweckt[64].

Nach Teil 1 Kapitel 1 Nr. 2 hat dieser Plan den Charakter eines zusammenfassenden Grundsatzplans, der als Konzeption für die langfristige großräumige Entwicklung des gesamten Gebietes die Grundlage anderer raumbedeutsamer Pläne bildet und dem Volk die Grundrichtung der Bodennutzung und -entwicklung, insbesondere die Großprojekte und damit die Investitionsrichtung zeigt. Anders als das durchwegs sehr allgemein gehaltene Bundesraumordnungsprogramm in der Bundesrepublik Deutschland enthält der Staatsraumplan, wie die Landesentwicklungspläne in der Bundesrepublik, inhaltlich sehr unterschiedliche Aussagen. Es finden sich darin nicht nur präzisere Grundsätze, sondern auch konkrete Ziele, die dann durch den Bodennutzungsplan und sonstige raumbedeutsame Gesamt- und Fachpläne weiter konkretisiert und verwirklicht werden.

Wie bei den Landesentwicklungsplänen in der Bundesrepublik ist die Rechtsformfrage auch dieses Plans nicht abschließend geklärt. Das KREPG regelt lediglich sein Aufstellungsverfahren, das seine Rechtsnatur vermuten läßt. Nach § 15 KREPG ist dieser Plan von dem Bauministerium unter Beteiligung der betreffenden Ministerien und "Do", "Tukbyul-Si" bzw. "Jikhal-Si" und mit beratender Mitwirkung des Kabinetts aufzustellen. Das kommt dem Aufstellungsverfahren einer Rechtsverordnung nahe. Für die Annahme einer Rechtsverordnung spricht auch, daß der Plan für den gesamten Bereich des Staates eine allgemeine Ordnung aufstellt. Das schließt jedoch nicht aus, daß man - wie im deutschen Recht - den einzelnen, inhaltlich sehr verschiedenen Festlegungen eine jeweils unterschiedliche Verbindlichkeit zumißt. Darauf wird noch näher einzugehen sein.

### b) Die Raumentwicklungsgesamtpläne auf "Do"-Ebene

Wie erwähnt entsprechen die "Do[65]" den Bundesländern in der Bundesrepublik Deutschland. Da die "Do" keine Parlamente besitzen, die ihre Angelegenheiten selbst bestimmen, bestehen in der Republik Korea auch keine Ländergesetze und daher auch keine Landesplanungsgesetze. Die Regelun-

[64] Vgl. *Regierung Republik Korea*, Geänderte Fassung des zweiten staatlichen Raumentwicklungsgesamtplans, S. 4 ff.

[65] Nach koreanischer Gesetzessprache umfaßt "Do" i.w.S. auch die "Tukbyul-Si" und "Jikhal-Si", die die Stadtsstaaten den Bundesländern i.w.S. entsprechen. Vgl. § 3 KREPG.

gen über die "Do"-Pläne sind im KREPG enthalten. Nach § 3 Abs. 4 KREPG stellen die "Do" einen zusammenfassenden Entwicklungsplan auf, der ihren gesamten Kompetenzbereich oder mehr als zwei "Kun" umfaßt. Bei der Aufstellung des"Do"-Plans ist der Planentwurf dem staatlichen Innenminister und Bauminister anzuzeigen und muß von dem Staatsministerpräsidenten anerkannt werden[66].

Nach § 4 KREPG bildet der Staatsraumplan die Grundlage der "Do"-Pläne und diese diejenige der "Kun"-Pläne. Danach sollen die "Do"-Pläne wie die Landesentwicklungspläne in der Bundesrepublik die Funktion der Konkretisierung des Staatsraumplans und der Koordinierung zwischen Staatsraumplan und "Kun"- und Stadtpläne wahrnehmen, was bislang nicht der Fall ist. Anders als bei dem Bundesraumordnungsprogramm sind im Staatsraumplan bereits präzise Ziele festgesetzt. Sie werden durch den Bodennutzungsplan hinreichend konkretisiert. Den "Do"-Plänen verbleibt damit kaum Spielraum zu einer eigenen Gestaltung. "Do"-Pläne sind inzwischen in allen "Do"-Ebenen aufgestellt. Sie besitzen jedoch keine selbständige Bedeutung und lediglich geringen Aussagewert, da sie nach der vom Staat erlassenen Verwaltungsvorschrift "Richtlinien für die Aufstellung der "Do"-Pläne" als Teilpläne des Staatsraumplans aufgestellt werden. In der Literatur werden "Do"-Pläne als Verwaltungsvorschriften qualifiziert; in der Planungspraxis werden sie kaum beachtet, weil sie keinen selbständigen Aussagewert haben[67].

### c) Die Raumentwicklungsgesamtpläne auf "Kun"-Ebene

Eine weitere Konkretisierungsstufe bilden die "Kun"-Entwicklungsgesamtpläne. Nach § 2 Selbstverwaltungsgesetz sind die "Kun[68]", die etwa den Landkreisen bzw. kreisfreien Städten in der Bundesrepublik entsprechen, als unterste Selbstverwaltungsinstanzen errichtet. Die eigenverantwortliche

---

66 Außerdem muß der Planentwurf bei seiner Anerkennung in dem Staatsraumplanprüfungsausschuß geprüft werden, der aus dem Ministerpräsidenten und den betreffenden Ministern wie Innen-, Verteidigungs-, Wirtschafts-, Land- bzw. Wasserwirtschafts-, Gesundheits- bzw. Sozial-, Verkehrs-, und Umweltminister, den Ministerpräsidenten der "Do", "Tukbyul-Si" und "Jikhal-Si", verschiedenen Wissenschaftlern und Unternehmern besteht. Vgl. § 9 KREPG.

67 Vgl. *S.-U. Lim*, Effektiver Verwirklichungsmodus des koreanischen Raumplanungssystems, S. 59 ff.

68 Nach der koreanischen Gesetzessprache umfaßt "Kun" i.w.S. auch die "Si", die etwa den deutschen kreisfreien Städten entsprechen. Vgl. § 3 KREPG.

Wahrnehmung ihrer Selbstverwaltungskompetenzen ist jedoch, wie oben dargelgt, noch nicht gewährleistet.

Nach § 18 KREPG stellt die "Kun" für ihren gesamten Kompetenzbereich einen zusammenfassenden Entwicklungsplan auf, der von dem "Dojisa", dem "Do"-Ministerpräsidenten, anerkannt werden muß. Wie die Regionalpläne in der Bundesrepublik sollen die "Kun"-Pläne die Funktion weiterer Konkretisierung der Ziele und Grundsätze oberer Gesamtpläne wahrnehmen. Das ist bislang nicht der Fall, weil die übergeordneten Pläne zu wenig Gestaltungsspielräume lassen. Daher wurden "Kun"-Pläne bislang kaum aufgestellt. Soweit welche bestehen, sind sie für die Praxis kaum von Bedeutung[69].

### 2. Der Bodennutzungsplan nach dem Bodennutzungskontrollgesetz

Nach § 2 KBNKG dient der Bodennutzungsplan dem Ziel, Grund und Boden des gesamten Staates unter allen Gesichtspunkten nach seiner Natur und Funktion am geeignetsten zu nutzen und dies zu kontrollieren. Im Bodennutzungsplan sind die Nutzungsgebiete, wie Stadtgebiet[70], Siedlungsgebiet[71], landwirtschaftliches Gebiet, Waldschutzgebiet, Industriegebiet, Naturschutzgebiet, Touristik- bzw. Erholungsgebiet, Wasserressourcenschutzgebiet und Entwicklungsförderungsgebiet[72] festzusetzen.

Nach § 7 KBNKG wird der Bodennutzungsplan von dem Bauministerium unter Beteiligung der betroffenen Ministerien und der "Do" und "Kun" aufgestellt und nach Beratung im Bodennutzungsplanprüfungsausschuß[73] vom Bauminister beschlossen und veröffentlicht. Der Bodennutzungsplan ist dem

---

[69] Vgl. *S.-U. Lim,* Effektiver Verwirklichungsmodus des koreanischen Raumplanungssystems, S. 59 ff.

[70] Gebiet, in dem zwecks Aufbau, Verbesserung bzw. Entwicklung der Städte eine Stadtplanung nach dem Stadtplanungsgesetz durchzuführen ist; vgl. § 6 Nr. 1 KBNKG.

[71] Gebiet, das außerhalb eines Stadtgebiets für die Siedlung genutzt oder genutzt werden soll; vgl. § 6 Nr. 2 KBNKG.

[72] Gebirgiges bzw. selten genutztes Gebiet, das nach seiner Natur und Funktion für die bessere Nutzung als Acker, Viehzuchtgebiet, Bauland u.a. entwicklungsbedürftig ist; vgl. § 6 Nr. 9 KBNKG.

[73] Der Bodennutzungsplanprüfungsausschuß setzt sich aus dem Bauminster, den Vizeministern der vom Plan betroffenen Ministerien sowie verschiedenen Wissenschaftlern und Fachleuten zusammen, die durch den Bauminister ernannt werden. Vgl. § 22 KBNKG.

Staatsraumplan anzupassen[74] und bildet die verbindliche Planungsgrundlage für die Stadt- und Fachpläne[75]. Seit 1973 wurden die Bodennutzungspläne als Teilpläne für das in dem Plan vorgesehene Teilgebiet der Republik Korea nach und nach aufgestellt bzw. geändert. Die Nutzungsgebietsbestimmung umfaßte bis 1988 ca. 93 % des gesamten Staatsgebietes[76].

Wie beim Staatsraumplan ist die Frage der Rechtsform des Bodennutzungsplans nicht abschließend geklärt. In der koreanischen Literatur und Rechtsprechung werden die Bodennutzungspläne teils als Rechtsverordnung[77], teils als Verwaltungsakt[78] und teils als selbständige Sonderrechtsform[79] qualifiziert.

Die Meinungsverschiedenheiten rühren daher, daß der Bodennutzungsplan sowohl normative wie auch Vollzugselemente enthält, rechtsdogmatisch sich daher beide Qualifikationen begründen lassen[80].

Die Qualifizierung des Bodennutzungsplans als Verwaltungsakt kann auf einen materiell-rechtlichen und einen prozeßrechtlichen Aspekt gestützt werden.

Zum einen folgert man diese Qualifizierung daraus, daß der Bodennutzungsplan materiell-rechtlich die konkreten Nutzungen des Grund und Bodens, in manchen Fällen bis in die Einzelheiten, verbindlich festsetzt[81].

Eine nähere Untersuchung anhand der Begriffsmerkmale des Verwaltungsakts zeigt, daß die Aussage des Bodennutzungsplans hoheitlichen Regelungscharakter hat und unmittelbare Rechtswirkung nach außen aus-

---

74 Vgl. § 7 Abs. 2 KBNKG.

75 Vgl. § 13/2 KBNKG.

76 Vgl. *S.-K. Lee*, Entwicklung des Bauplanungssystems, Land und Bau 1988, Bd. 9, S. 102 ff.

77 Vgl. die Entscheidung des Obersten-Gerichts vom 24. 4. 1978 (Daepan 78 nu 242); *H.-C. Kim*, Der Maßnahmecharakter der Veröffentlichung des maßstabsetzenden Bodenwertes durch die Bodennutzungspläne, Sabubhängjong 1979, Bd. 10, S. 43 ff.

78 Vgl. W.-W. Seo, Verwaltungsrechtslehre in der modernen Gesellschaft, Bd. 1, S. 553 ff.; *S.-K. Lee*, Neues Verwaltungsrecht, Bd. 1, S. 431 ff.

79 Vgl. *J.-H. Seok*, Öffentliches Baurecht, S. 120 ff.; *D.-C. Kim*, Allgemeines Verwaltungsrecht, Bd. 1, S. 315 ff., der zur Begründung die Argumentation *Forsthoffs*, Lehrbuch des Verwaltungsrechts, S. 199 ff., heranzieht.

80 Vgl. *J.-H. Seok*, Öffentliches Baurecht, S. 120 ff.

81 Vgl. *J.-H. Seok*, Öffentliches Baurecht, S. 120 ff.; W.-W. Seo, Verwaltungsrechtslehre in der modernen Gesellschaft, Bd. 1, S. 553 ff.; *S.-K. Lee*, Neues Verwaltungsrecht, Bd. 1, S. 431 ff.

übt. Dies ist auch im koreanischen Recht außer Streit[82]. Schwierigkeiten bereitet allein die Frage, ob der Plan einen *Einzelfall* regelt[83]. Ein Bodennutzungsplan setzt beispielsweise ein Küstengebiet am südlichen Meer, das mehrere Gemeinden umfaßt, als Naturschutzgebiet fest[84]. Die Grundstückseigentümer, deren Grundstücke innerhalb dieses Naturschutzgebietes liegen, sind verpflichtet, diese den Zwecken des Naturschutzes entsprechend zu nutzen[85]. Aus der Sicht der betroffenen Grundstückseigentümer stellt sich die Planaussage als konkrete und individuelle Planfestsetzung dar. Aus der Sicht des Planungsträgers bezieht sich der Plan jedoch weniger auf die einzelnen Personen, als auf die Allgemeinheit, da der Planungsträger nicht die einzelnen Teilmaßnahmen, sondern die Ordnung des gesamten Gebietes, wie z.B. den Schutz der Wasserressoucen, das ökologische Gleichgewicht bzw. die Erhaltung unberührter Landschaftsteile im Auge hat[86]. Auch läßt sich der betroffene Personenkreis nicht eindeutig feststellen. Außerdem wird der Bodennutzungsplan nicht als unabhängiger, von anderen Bodennutzungsplänen völlig getrennter Einzelplan, sondern als Teilplan der überörtlichen Gesamtplanung nach und nach aufgestellt bzw. geändert. Dabei haben die Planungsträger ihrerseits eine Vielzahl von Teilplänen zu einem sinnvollen Ganzen zu koordinieren, um das Ziel der Gesamtplanung zu erreichen. Bei der Planfestsetzung bzw. -koordinerung haben die Planungsträger ständig dem Ziel Rechnung zu tragen, Grund und Boden *des gesamten Staates* unter allen Gesichtspunkten nach seiner Natur und Funktion am geeignetsten zu nutzen und dies zu kontrollieren. Da die Bodennutzungspläne somit eine Gesamtordnung anstreben, haben sie als rechtsverbindliche Regelungen normativen Charakter.

---

82 Vgl. *H.-C. Kim*, Der Maßnahmecharakter der Veröffentlichung des maßstabsetzenden Bodenwertes durch die Bodennutzungspläne, Sabubhängjong 1979, Bd. 10, S. 43 ff.; *D.-C. Kim*, Allgemeines Verwaltungsrecht, Bd. 1, S. 315 ff.; *J.-H. Seok*, Öffentliches Baurecht, S. 120 ff.; W.-W. Seo, Verwaltungsrechtslehre in der modernen Gesellschaft, Bd. 1, S. 553 ff.; *S.-K. Lee*, Neues Verwaltungsrecht, Bd. 1, S. 431 ff.

83 Zur Diskussion über die Rechtsnatur der Pläne im deutschen Recht siehe, *Brohm*, Rechtsschutz im Bauplanungsrecht, S. 27 ff.; *Schmidt-Aßmann*, Grundfragen des Städtebaurechts, S. 63 ff.; *Forsthoff*, Lehrbuch des Verwaltungsrechts, Bd. 1, S. 194 ff.; *Friauf*, Bau- und Bodenrecht, in: v. Münch (Hrsg.), Besonderes Verwaltungsrecht, S. 518 ff.; *Brohm*, Verwaltungsgerichtsbarkeit im modernen Sozialstaat, DVBl. 1982, S. 3 ff.

84 Vgl. § 2 KBNKG.

85 Sie können z.B. keine umweltgefährdende Industrie, wie Chemie- oder Schiffbauindustrie, in diesem Gebiet ansiedeln. Vgl. § 14 KBNKG.

86 Vgl. § 6 Nr. 7 KBNKG.

Zum anderen kann die rechtliche Einordnung des Bodennutzungsplans als Verwaltungsakt prozeßrechtlich begründet werden. Wird der Bodennutzungsplan als Rechtsnorm qualifiziert, können die Betroffenen erst gegen den im Rahmen des Planvollzugs ergehenden Verwaltungsakt den Schutz der Gerichte anrufen, da es in Korea keine verwaltungsgerichtliche Normenkontrollklage gibt[87]. In diesem Verfahren wird dann der Bodennutzungsplan inzidenter auf seine Rechtmäßigkeit mitüberprüft. Indessen besteht die Gefahr, daß die Verwaltung bis dahin bereits "vollendete Tatsachen" geschaffen hat[88]. Die Qualifizerung des Bodennutzungsplans als Verwaltungsakt würde den Betroffenen den Vorteil bringen, die Möglichkeit einer direkten Überprüfung der Rechtmäßigkeit der Pläne zu haben. Letztlich muß diese Argumentation jedoch daran scheitern, daß man die Rechtsnatur eines materiellrechtlichen Planes nicht mit prozeßrechtlichen Vorteilen begründen kann[89].

Bevor man die Auseinandersetzung fortsetzt, bedarf es der Feststellung, ob nicht bereits dem Gesetzesrecht Anhaltspunkte dafür zu entnehmen sind, welchen Standpunkt der Gesetzgeber im Streit um die rechtliche Qualifikation des Bodennutzungsplans einnimmt.

Die Zielsetzung des Bodennutzungsplans nach § 2 KBNKG gibt für die Klärung seiner Rechtsnatur wenig her. Anders die Verfahrensregelungen. Zwar läßt sich der erwähnten Verfahrensregelung für die Festsetzung des Bodennutzungsplans (§§ 7 u. 8 KBNKG) nicht eindeutig entnehmen, ob der Gesetzgeber den Bodennutzungsplan als Rechtsnorm oder als Verwaltungsakt ansieht. Allerdings enthält § 8 Abs. 1 S. 3 KBNKG einen Anhaltspunkt dafür, daß der Gesetzgeber von der Rechtsnormqualität des Bodennutzungsplans ausgeht.

Nach § 8 Abs. 1 S. 2 KBNKG gelten die Verfahrensbestimmungen auch für die Änderung des Bodennutzungsplans. Bei geringfügigen Änderungen kann nach § 8 Abs. 1 S. 3 KBNKG auf die Beratung im Bodennutzungsplanprüfungsausschuß verzichtet und die Planänderung durch Rechtsverordnung des Präsidenten verfügt werden. Vor dem Hintergrund einer systematischen Auslegung der Verfahrensbestimmungen, wonach eine geringfügige Planänderung durch Rechtsverordnung des Präsidenten, eine erhebliche Änderung durch Festsetzung eines Bodennutzungsplans zu erfolgen hat, spricht einiges

---

87 Vgl. § 3 KVwKG, dazu siehe unten 4. Kap. 3. Abschn.

88 Obwohl die Klage begründet ist, kann das Gericht nach § 28 KVwKG die Klage abweisen, wenn die Anfechtung einer Verwaltungsmaßnahme das Allgemeinwohl wesentlich beeinträchtigt. Unter § 28 Abs. 1 KVwKG fallen auch die sog. "vollendeten Tatsachen". Vgl. *D.-C. Kim*, Allgemeines Verwaltungsrecht, Bd. 1, S. 738 ff.; *N.-J. Kim*, Verwaltungsrecht I, S. 468 ff.

89 Vgl. *Brohm*, Rechtsschutz im Bauplanungsrecht, S. 27 ff.

dafür, daß der Gesetzgeber den Bodennutzungsplan durch § 8 Abs. 1 S. 3 KBNKG als Rechtsnorm, und zwar in der Normenhierarchie zwischen Gesetz und Rechtsverordnung festsetzen wollte. Dennoch ist es nach meiner Ansicht wünschenswert und notwendig, daß der Gesetzgeber die Rechtsnatur des Bodennutzungsplans eindeutig festlegt. Dabei ist zu erwägen, die verwaltungsrechtliche Normenkontrollklage im koreanischen Verwaltungsklagegesetz einzuführen, um effektiven Rechtsschutz zu gewähren[90]. Darauf wird näher einzugehen sein.

## D. Auswirkungen der überörtlichen Gesamtplanungen

### *I. Auswirkungen der überörtlichen Gesamtplanungen im deutschen Recht*

#### 1. Auswirkungen auf andere Planungsträger, insbesondere die Gemeinden

Da die aufgeführten Programme und Pläne auf Bundes-, Landes- und Regionalebene nach den jeweiligen Planungsgesetzen nach Form und nach Inhalt vielfältig ausgestaltet sind, üben diese unterschiedliche Wirkungen aus. Grundsätzlich spiegelt sich die Stellung der überörtlichen Gesamtplanungen und ihre Abgrenzung von bzw. Verknüpfung mit der Stadt- und Fachplanung in ihren Merkmalen der Übergeordnetheit, Überörtlichkeit und Zusammenfassung wieder[91]. Einerseits hat die überörtliche Gesamtplanung rechtlich den Vorrang gegenüber der gemeindlichen Bauleitplanung und weithin auch gegenüber den verschiedenen Fachplanungen[92]. Andererseits ist diesen Planungen durch die überörtlichen Gesamtpläne nur ein verbindlicher Rahmen zu setzen[93]. Daraus ergeben sich beachtliche Barrieren

---

[90] Dabei kann § 47 VwGO im deutschen Recht als Gesetzgebungsmuster dienen.

[91] Siehe oben S. 34.

[92] Dieser Vorrang kommt in der Befugnis zum Ausdruck, unter Berücksichtigung der gesamträumlichen Entwicklungsaufgabe für die Fachressorts und Fachplanungen verbindliche räumliche Ziele aufzustellen; sie ist überfachliche Planung, d.h. sie ist gegenüber den Fachplanungsträgern auf planerische Rechtsetzung und Koordinierung beschränkt. Vgl. *Suderow*, Das Verhältnis der Fachplanung zur Raumordnung und Landesplanung, S. 16 ff.

[93] Nach dem Merkmal der Überörtlichkeit darf die überörtliche Gesamtplanung nur die überörtlichen, nicht aber die örtlichen Belange regeln; ihr ist es verwehrt, die örtliche Planung

für den Inhalt und die Verbindlichkeit der überörtlichen Gesamtplanungen: Die einzelnen Pläne müssen den davon betroffenen hoheitlichen Planungsträgern noch genügend Spielraum zu einer eigenständigen Entscheidung belassen. Da meherere Ebenen dezentralisierter Entscheidungen bestehen, ist der Rahmen umso weiter zu ziehen, je größer die Planungseinheit ist[94].

Daher hat sich die räumliche Gesamtplanung auf Bundesebene im Bundesraumordnungsprogramm bislang als ziemlich wirkungslos erwiesen[95].

Demgegenüber haben die Programme und Pläne auf Landes- und Regionalebene zunehmend an Gewicht gewonnen. Nach ihren inhaltlichen Elementen muß man zwischen *Grundsätzen*, *Zielen* und *sonstige Erfordernissen* der Raumordnung differenzieren[96]. Sie haben unterschiedliche Wirkungen.

Während die *sonstigen Erfordernisse* unverbindliche Empfehlungen, Stellungnahmen, Hinweise, Gutachten o.ä. darstellen[97], sind die *Grundsätze* nach § 2 Abs. 3 BROG als abwägungserhebliche Belange zu berücksichtigen und die Ziele aufgrund §§ 5 Abs. 4 BROG und 1 Abs. 4 BauGB als konkrete verbindliche Festsetzungen zu beachten[98]. Insofern stehen die Grundsätze

---

zu ersetzen oder unzulässig einzuschränken. Die überörtlichen Gesamtplanungen sind auf planerische Rahmensetzung beschränkt, wodurch der verfassungsrechtlich und bundesgesetzlich abgesicherten Eigenverantwortlichkeit der gemeindlichen Bauleitplanung Rechnung getragen ist. Außerdem haben sie als zusammenfassende Planung die Aufgabe, die überörtlichen Planungen zu koordinieren, was im Wege der raumordnerischen Abwägung zu leisten ist. Den überörtlichen Gesamtplanungen obliegt die Aufgabe der allseitigen planerischen Abwägung aller Raumansprüche unter Beteiligung aller betroffenen Planungsträger mit dem Ziel, ein raumordnerisch abgewogenes Planungsprodukt in die rechtliche Verbindlichkeit zu führen; dazu näher *Bröll/Dölker*, Das neue Baugesetzbuch, Teil 4 Kapitel 4 Rdn. 6 ff; *Brohm*, Entwicklungen im Raum- und Stadtplanungsrecht, S. 25 ff.

94 Nach dem Prinzip der Rahmenplanung werden im allgemeinen die Planaussagen umso unbestimmter und damit umso leerformelhafter oder nichtssagender sein, je weiter sich die Planung von der Ortsplanung entfernt; vgl. *Brohm*, Die Planung der Bodennutzung, JuS 1986, S. 780 ff.

95 Siehe oben S. 49.

96 Die Ziele, Grundsätze und sonstigen Erfordernisse, die den Inhalt der Programme und Pläne der überörtlichen Gesamtplanungen bilden, werden als *Erfordernisse der Raumordnung und Landesplanung* zusammengefaßt; vgl. *Cholewa/Dyong/von der Heide*, Raumordnung in Bund und Ländern, Vorbem. VI, Rdn. 2 ff.

97 Vgl. *Erbguth*, Raumordnungs- und Landesplanungsrecht, Rdn. 187 ff.

98 Nach § 5 Abs. 4 BROG müssen die Ziele konkrete Festlegungen enthalten. Alle sonstigen Willenserklärungen und Vorstellungen der für die Raumordnung und Landesplanung zustän-

der Raumordnung, die vom Bund wie auch ergänzend von den Ländern aufgestellt werden können (§ 2 Abs. 1 und 2 BROG), in ihrer rechtlichen Verbindlichkeit zwischen den Erfordernissen und den Zielen der Raumordnung. Sie enthalten grundlegende Aussagen zu typischen raumordnerischen Problemen, etwa für bestimmte raumordnerische Gebiets- oder Strukturkategorien[99], geben abstrakte materielle Richtlinien für die räumliche Entwicklung, stellen also raumordnerische Belange dar, die bei der zu konkreten Zielfestlegungen führenden Planung in die Abwägung eingestellt und zum Ausgleich gebracht werden müssen[100]. Die Grundsätze sind damit lediglich Direktiven für die Abwägungsvorgänge und stellen keine landesplanerische Letztenentscheidung dar[101].

Demgegenüber sind *Ziele* der überörtlichen Gesamtplanungen landesplanerische Letztenentscheidungen. Sie stellen inhaltlich und räumlich konkrete Festlegungen dar. Kraft Bundesrechts sind sie verbindlich und keiner aus der Sicht der überörtlichen Gesamtplanungen weiteren Abwägung zugänglich. Sie sind nicht Maßstab, sondern Ergebnis der Abwägung[102]. Als Adressaten der Bindungswirkung des § 5 Abs. 4 BROG sind die in § 4 Abs. 5 BROG genannten Planungsträger bezeichnet[103]. Neben der in § 5 Abs. 4

---

dige Organe (etwa: Gutachten, Planungsideen, Empfehlungen) reichen nicht aus. Vgl. *Erbguth*, Raumordnungs- und Landesplanungsrecht, Rdn. 139 ff.

99 Vgl. *Grooterhorst*, Die Wirkung der Ziele der Raumordnung und Landesplanung gegenüber Bauvorhaben nach § 34 BBauG - zugleich zum bebauungsrechtlichen Planungserfordernis als Instrument der Zielverwirklichung in §§ 34 und 35 BBauG, 4. Teil B; *Bielenberg/Erbguth/Söfker*, Raumordnungs- und Landesplanungsrecht des Bundes und der Länder, M 310, Rdn. 138 ff.

100 Sie geben abstrakte Maßstäbe ab, die zu beachten sind, wenn konkrete Ziele der insoweit gebundenen Träger raumbedeutsamer Planungen entwickelt werden; siehe näher *Schlarmann*, Privilegierte Fachplanungen als Ziele der Raumordnung und Landesplanung und ihre Umsetzung in die Bauleitplanung nach § 1 IV BBauG, DVBl. 1980, S. 275 ff.

101 Sie sind als Planungsleitlinien und Ermessensdirektiven für planerische und Ermessensentscheidungen Vorgaben für einen Abwägungsprozeß, nicht hingegen Produkt einer Abwägung. Daher sind sie auf weitere Konkretisierung aufgrund abwägender Entscheidungen angelegt. Die Grundsätze unterliegen den bundes- und landesrechtlichen Abwägungsklauseln; vgl. *Bielenberg/ Erbguth/ Söfker*, Raumordnungs- und Landesplanungsrecht des Bundes und der Länder, M 322, Rdn. 13 ff.; *Ernst/ Zinkahn/ Bielenberg*, § 1 BBauG, Rdn. 83 b ff.

102 So hat auch der Staatsgerichtshof Bremen, DVBl. 1983, S. 1144 ff., die Ziele der Raumordnung und Landesplanung definiert; vgl. auch *Hoppe/Menke*, Raumordnungs- und Landesplanungsrecht des Bundes und des Landes Rheinland-Pfalz, Rdn. 151 ff.

103 Das sind die Behörden des Bundes und der Länder, die Gemeinden und Gemeindeverbände, die öffentliche Planungsträger sowie im Rahmen der ihnen obliegenden Aufgaben die

i.V.m. § 4 Abs. 5 BROG festgelegten Pflicht, die Ziele der Raumordnung und Landesplanung zu beachten, legt § 1 Abs. 4 BauGB für die Gesamtplanungen der Gemeinden noch eine spezielle Anpassungspflicht fest. Diese besagt, daß bei erstmaliger Aufstellung der kommunalen Bauleitpläne bestehende Ziele beachtet werden müssen und daß bestehende Bauleitpläne geänderten oder neuaufgestellten Zielen der überörtlichen Gesamtplanungen durch eine entsprechende Änderung anzupassen sind[104].

In der Bundesrepublik gibt es die Tendenz, daß die Planungsaussagen in den überörtlichen Gesamtplanungen zunehmend konkretisiert werden[105]. Je konkreter die überörtlichen Festlegungen sind, desto stärker wird die gemeindliche Gestaltungsfreiheit beschränkt[106]. Daher wird in der deutschen Literatur versucht, vom Blickwinkel der Gemeinden her verschiedene Konkretisierungsstufen zu bilden und danach die verfassungsrechtliche Zulässigkeit solcher Festlegungen zu ermitteln. So wird insbesondere zwischen den Kategorien der *übergemeindlichen gemeindescharfen*, *gebietsscharfen* und *parzellenscharfen* Planfestlegungen unterschieden[107]. Gemeindescharfe Festlegungen stellen vor allem die verschiedenen Zentralitätsstufen für einzelne

---

bundesunmittelbaren und die der Aufsicht des Landes unterstehenden Körperschaften, Anstalten und Stiftungen des öffentlichen Rechts. Der Kreis der der Zielbindung unmittelbar unterworfenen Adressaten ist auf die Träger der öffentlichen Verwaltung begrenzt. Dazu näher *Cholewa/ Dyong/ von der Heide*, Raumordnung in Bund und Ländern, K § 5 BROG, Rdn. 73 ff.; *Bielenberg/ Erbguth/ Söfker*, Raumordnungs- und Landesplanungsrecht des Bundes und der Länder, K § 5 BROG, Rdn. 70 ff.

104 Es bestehen Meinungsverschiedenheiten, ob die Anpassungspflicht auch die Gemeinde zur erstmaligen Aufstellung eines Bauleitplans zwingt ("Erstplanungspflicht"); vgl. *Brohm*, Gemeindliche Selbstverwaltung und staatliche Raumplanung, DÖV 1989, S. 429 ff.; *Erbguth*, Raumordnungs- und Landesplanungsrecht, Rdn. 197 ff.; *Hoppe/ Menke*, Raumordnungs- und Landesplanungsrecht des Bundes und des Landes Rheinland-Pfalz, Rdn. 801 ff.; *Ernst/Zinkahn/Bielenberg*, § 1 BBauG, Rdn. 76 ff.

105 Konkrete Züge gewinnen sie vor allem in der Festlegung von Zentralen Orten, Entwicklungsachsen und Vorranggebieten; dazu näher *Brohm*, Verwirklichung überörtlicher Planungsziele durch Bauleitplanung, DVBl. 1980, S. 653 ff.; *ders.*, Die Planung der Bodennutzung, JuS 1986, S. 781 ff.

106 Daher nennt *Brohm*, Verwirklichung überörtlicher Planungsziele durch Bauleitplanung, DVBl. 1980, S. 658 ff., als Voraussetzung der Verbindlichkeit der Ziele der überörtlichen Planung für die Bauleitplanung, daß die Ziele in einem Gesetz oder aufgrund eines hinreichend bestimmten Gesetzes normiert werden.

107 Dazu näher *Brohm*, Verwirklichung überörtlicher Planungsziele durch Bauleitplanung, DVBl. 1980, S. 655 ff.; *ders*, Gemeindliche Selbstverwaltung und staatliche Raumplanung, DÖV 1989, S. 429 ff.

Gemeinden im Rahmen des zentralörtlichen Gliederungsprinzips dar[108]. Nach dem Zentrale-Orte-Gliederungsprinzip soll eine gute Versorgung der gesamten Bevölkerung dadurch erreicht werden, daß bestimmte Gemeinden als Oberzentren, Mittelzentren, Unterzentren und u.U. auch als Kleinzentren ausgewiesen werden. Diesen Zentralitätsstufen sind bestimmte Infrastruktur- und Versorgungseinrichtungen zugeordnet[109]. Eine in der Regel gebietsscharfe Konkretisierung bringt die Ausweisung von Freiräumen, wie Grünzüge, Grünzäsuren und Vorranggebieten. Diese Festlegungen sind zwar in den Landesentwicklungsplänen meist nur sehr vage getroffen, werden jedoch in der Regionalplanung in einzelnen Bereichen konkretisiert und legen die Nutzung von Gebietsteilen der Gemeinden fest. Oft erreichen sie sogar eine die einzelnen Grundstücksparzellen genau erfassende Konkretisierung. Zahlreiche Regionalpläne haben durch regionale Grünzüge oder Siedlungszäsuren die Städte insgesamt oder in einzelnen Stadtteilen von einer weiteren Ausdehnung abgeblockt[110]. Die Problematik dieser konkretisierenden überörtlichen Planungsziele besteht im Hinblik auf die gemeindliche Planung darin, daß sie mit ihren Festlegungen dasselbe Gebiet betreffen, auf das sich auch die Planungshoheit der Gemeinde bezieht. Daher können sie mit den Planungen und Planungsabsichten der Gemeinden kollidieren. Weil sie jedoch Vorrang genießen, schränken sie die planerische Dispositionsfreiheit der Gemeinde ein. Daher gilt es zu ermitteln, wann sie mit deren verfassungsrechtlich gewährleistetem Selbstverwaltungsrecht nicht mehr zu vereinbaren ist. Dafür gibt es in der deutschen Literatur und Rechtsprechung zahlreiche Ansätze, die in den folgenden Abschnitten näher zu erörtern sind[111].

---

108 Diese Festlegungen werden in allen Bundesländern in den Landesentwicklungsplänen und für den unteren Zentralitätsgrad teilweise auch in den Regionalplänen getroffen; vgl. z.B. den Landesentwicklungsplan Baden-Württemberg (GBl. 1984, S. 37); dazu näher *Brohm*, Die Planung der Bodennutzung, JuS 1986, S. 781 ff.

109 Unterzentren sollen nach den Landesentwicklungsplänen so ausgestattet sein, daß sie neben der rein örtlichen Nachfrage auch den qualifizierten, häufig wiederkehrenden, überörtlichen Bedarf eines Verflechtungsbereichs mit etwas mehr als 10000 Einwohnern decken können. Mittelzentren sollen darüber hinaus den gehobenen Bedarf eines größeren Einzugsbereichs befriedigen, und Oberzentren sollen mit großstädtischem Zuschnitt ein größeres Gebiet von mehreren 100000 Einwohnern auch mit hochqualifizierten Leistungen versorgen; siehe *Peine*, Raumplanungsrecht, S. 63 ff.

110 Die Schwierigkeit besteht darin, daß solche Ausweisungen sich nicht ohne konkrete räumliche Abgrenzung sinnvoll darstellen lassen. Dadurch scheidet auch hier eine Rahmenplanung in der herkömmlichen Weise aus.

111 Hält man sich z.B. streng an die oben genannten Zentralitätsmerkmale, dann bedeutet die Festlegung einer Gemeinde auf einen bestimmten Zentralitätsgrad eine erhebliche Ein-

## 2. Auswirkungen auf den Bürger

Der Grundsatz, daß planungsrechtliche Aussagen als für andere Planungsträger verbindliche Ziele eine hinreichende Bestimmtheit voraussetzen, ergibt sich schon aus faktischen Gründen. Im Verhältnis zum Bürger gilt dieses Erfordernis in einem noch strengeren Sinne auch als rechtsstaatlicher Grundsatz. Das *Bestimmtheitsgebot* als Bestandteil des *Gesetzmäßigkeitsprinzips* verlangt, daß der Gesetzgeber die staatlicher Eingriffsmöglichkeit offenliegende Rechtsspäre selbst abgrenzt und dies nicht dem Ermessen der Verwaltungsbehörden überläßt. Die gesetzliche Ermächtigung muß daher nach Inhalt, Zweck und Ausmaß hinreichend bestimmt und begrenzt sein, so daß die Eingriffe meßbar und in gewissem Ausmaß für den Staatsbürger voraussehbar und berechenbar werden. Das Gesetz muß die Tätigkeit der Verwaltung inhaltlich normieren und darf sich nicht darauf beschränken, allgemein gehaltene Grundsätze aufzustellen[112].

Der Kreis der der Zielbindung unterworfenen Adressaten ist bei den überörtlichen Gesamtplanungen begrenzt auf die Träger der öffentlichen Planung. Daher haben die Grundsätze der Raumordnung von Bund und Ländern (§ 2 Abs. 1 und 2 BROG) nach § 3 Abs. 3 BROG keine unmittelbare Rechtswirkung gegenüber dem einzelnen, also natürlichen oder juristischen Personen des Privatrechts[113]. Diese Geltungsbeschränkung ist zwar gesetzlich nur für die Grundsätze der Raumordnung und Landesplanung formuliert, sie gilt aber nach der überwiegenden Meinung auch für die Ziele[114]. Diese Geltungsbeschränkung bedeutet jedoch nicht, daß jede, auch

schränkung ihres Planungsspielraumes. Von einer Rahmenplanung kann kaum noch die Rede sein, jedenfalls ist der Rahmen sehr eng gezogen. Die Gemeinde ist durch diese Funktionsbestimmung in ihrer Entwicklungsmöglichkeit praktisch festgelegt. Daher ist angesichts des Selbstverwaltungsrechts und der dazu gehörigen Planungshoheit der Gemeinde zu fragen, ob die Festlegung des Zentralitätsgrades streng auch als Verbot der Weiterentwicklung, also als Entwicklungssperre für die Gemeinde zu interpretieren ist, oder ob die Bestimmung lediglich als Angabe eines Entwicklungszieles verstanden werden muß. Der VGH Ba.-Wü. (NJW 1977, 1465 ff.) ist der letzteren Auslegung gefolgt. Dazu auch *Brohm*, zuletzt DÖV 1989, S. 429 ff.

112 Vgl. BVerfGE 8, 76 ff.; 20, 158 ff.; 49, 145 ff.; 56, 12 ff.

113 Juristische Personen des öffentlichen Rechts sind nach § 3 Abs. 1 und nach § 4 Abs. 5 BROG an die Raumordnungsziele und Grundsätze gebunden; siehe näher *Bielenberg/ Erbguth/ Söfker*, Raumordnungs- und Landesplanungsrecht des Bundes und der Länder, K § 3, Rdn. 33 ff., K § 5, Rdn. 40 ff.

114 Vgl. *Stern/Burmeister*, Die Verfassungsmäßigkeit eines landesrechtlichen Planungsgebots für Gemeinden, S. 18 ff.; *Brase*, Das Gegenstromverfahren in der Raumordnung - zum

eine mittelbare Wirkung der landesplanerischen Aussagen gegenüber dem Bürger ausgeschlossen ist. Eine solche kann z.B. durch sog. Raumordnungsklauseln oder durch die Konkretisierung öffentlicher Belange in Genehmigungstatbeständen des Bauplanungsrechts oder in anderen Festsetzungen erreicht werden. So dürfen z. B. bestimmte (sog. privilegierte) Bauvorhaben nach § 35 Abs. 1 BauGB im Außenbereich errichtet werden, sofern keine *öffentlichen Belange* entgegenstehen. Darunter können nach neuerer Rechtsprechung auch Ziele der Raumordnung fallen[115].

## *II. Auswirkungen der überörtlichen Gesamtplanungen im koreanischen Recht*

### 1. Auswirkungen auf andere Planungsträger, insbesondere die Gemeinden

Wie erwähnt sind die überörtlichen Gesamtplanungen in der Republik Korea nach den jeweiligen Planungsgesetzen förmlich und inhaltlich vielfältig ausgestaltet und üben daher ebenfalls unterschiedliche Wirkungen aus. Die erwähnten rechtlichen Begriffselemente der überörtlichen Gesamtplanungen gelten im koreanischen Recht nur teilweise[116]: Die überörtlichen Gesamtplanungen sind "übergeordnete" und "zusammenfassende" Planungen. Aber das Merkmal der "Überörtlichkeit" im deutschen Sinne, d.h. daß überörtliche Gesamtplanungen nicht örtlich planen dürfen, fehlt im koreanischen Recht, weil die Republik Korea als ein zentral-einheitlicher Staat die Planungshoheit der Gemeinden nicht garantiert.

Nach § 5 KREPG hat der Staatsraumplan den Vorrang vor allen raumbedeutsamen Plänen nach anderen Gesetzen. Die öffentlichen Planungsträger haben seine planerischen Aussagen zu beachten. Die planeri-

Abstimmungsverfahren bei Planungen, S. 51 ff.; *Bielenberg/ Erbguth/ Söfker*, Raumordnungs- und Landesplanungsrecht des Bundes und der Länder, K § 3 BROG, Rdn. 34 ff.; *Cholewa/ Dyong/ von der Heide*, Raumordnung in Bund und Ländern, K § 3 BROG, Rdn. 38 ff.; *Erbguth*, Raumordnungs- und Landesplanungsrecht, Rdn. 191 ff.; *Hoppe/Menke*, Raumordnungs- und Landesplanungsrecht des Bundes und des Landes Rheinland-Pfalz, Rdn. 789 ff.

115 Vgl. BVerwG, NVwZ 1984, S. 387 ff.; vgl. auch *Hoppe/Menke*, Raumordnungs- und Landesplanungsrecht des Bundes und des Landes Rheinland-Pfalz, Rdn. 680 ff.

116 Siehe oben S. 34.

schen Aussagen des Staatsraumplans, bei denen auch zwischen Zielen[117], Grundsätzen[118] und sonstigen Erfordernissen[119] unterschieden werden kann, üben eine den deutschen Landesentwicklungsplänen entsprechende Wirkung aus. Dagegen haben sich die Raumentwicklungsgesamtpläne auf "Do"- und "Kun"-Ebene, anders als die deutschen hochstufigen Landespläne und Regionalpläne, bislang als ziemlich wirkungslos erwiesen[120].

Die Funktion, den Staatsraumplan zu konkretisieren, hat der Bodennutzungsplan wahrgenommen. Nach § 13 KBNKG wirkt sich dieser unmittelbar auf die betreffenden Verwaltungsinstanzen aus. Durch seine Bestimmungen setzt er die konkreten Ziele für die Nutzung eines Gebiets fest. Seine Planungsaussage enthält konkrete Ge- und Verbote, die von den öffentlichen Planungsträgern beachtet werden müssen. So können z.B. die Städte ihre Planungskompetenzen lediglich in dem im Bodennutzungsplan vorgesehenen Stadtgebiet ausüben. Nach § 13/3 Abs. 3 KBNKG wird die Festsetzung eines Stadtgebiets durch den Bodennutzungsplan als eine Festsetzung durch einen Stadtplan nach dem Stadtplanungsgesetz angesehen. Dadurch sind die Planungskompetenzen untergeordneter Planungsträger sehr eingeengt, was im Zusammenhang mit Planungskompetenzen der städtebaulichen Planungsträger näher zu erörtern sein wird.

### 2. Auswirkungen auf den Bürger

Da der Staatsraumplan und die Raumentwicklungsgesamtpläne auf "Do"- und "Kun"-Ebene nach dem KREPG Grundsatzplanungen darstellen, die lediglich für den öffentlichen Planungsträger gelten, üben diese keine unmittelbaren Auswirkungen gegenüber den einzelnen aus. Wie die Raumordnung und Landesplanung in der Bundesrepublik wirken sie gegenüber den einzel-

---

117 Wie z.B. die konkrete Festsetzung über Entwicklungsachsen und Schutzgebiet; Vgl. *Regierung Republik Korea*, Geänderte Fassung des zweiten staatlichen Raumentwicklungsgesamtplans, S. 25 ff.

118 Wie z.B. die Planungsaussage über die Grundrichtung des Umweltschutzes; *Regierung Republik Korea*, Geänderte Fassung des zweiten staatlichen Raumentwicklungsgesamtplans, S. 21 ff.

119 Wie z.B. die Planungsaussage über die Erweiterung der Informationsnetze für die Staatsraumentwicklung; *Regierung Republik Korea*, Geänderte Fassung des zweiten staatlichen Raumentwicklungsgesamtplans, S. 117 ff.

120 Siehe oben S. 58 - 60.

nen erst, wenn die planungsrechtlichen Ziele bzw. Grundsätze durch den Bodennutzungsplan und die Stadtpläne übernommen werden.

Demgegenüber enthalten die Bodennutzungspläne rechtsverbindliche Festsetzungen für die Bodenordnung des gesamten Staates. Nach § 14 KBNKG sind die Grundstückseigentümer, deren Grundstücke innerhalb eines durch den Bodennutzungsplan beplanten Gebiets liegen, verpflichtet, ihre Grundstücke dem im Bodennutzungsplan vorgesehenen Zweck entsprechend zu nutzen. Die Bodennutzungspläne enthalten nicht nur positive Nutzungsaussagen, sondern auch Nutzungseinschränkungen, die bestimmte Arten der Bodennutzung verbieten, welche die Verwirklichung des Plans verhindern bzw. wesentlich erschweren würden[121]. Im Siedlungsgebiet sind etwa umweltgefährdende Fabriken und Lagerstellen für Öl und Sprengstoff sowie weitere in einer Rechtsverordnung aufgeführte Anlagen unzulässig[122]. Im Waldschutzgebiet sind lediglich forstwirtschaftliche Tätigkeiten zulässig; nicht mit der Forstwirtschaft im Zusammenhang stehende Tätigkeiten, wie Acker- und Baulandgestaltung, die Errichtung von Steinbrüchen, Friedhöfen und Fabrikanlagen usw. sind unzulässig[123]. Die einzelnen Bürger sind daher von den Planungsaussagen unmittelbar betroffen. Sie wirken vor allem als verbindliche Rechtsgrundlage bei der Genehmigung eines Bau- und sonstigen Bodennutzungsvorhabens.

121 Die konkreten Nutzungseinschränkungen sind in § 15 KBNKG und in einer Rechtsverordnung geregelt.

122 § 15 Abs. 2 KBNKG.

123 Druch § 15 Abs. 4 KBNKG und den strafrechtlichen Teil (§ 32 KBNKG) ist diese Regelung verstärkt. § 32 KBNKG lautet: Wer eine nach § 15 verbotene oder eingeschränkte Tätigkeit ausgeübt hat, wird mit Freiheitsstrafe bis zu einem Jahr oder mit Geldstrafe bestraft. Die Tätigkeit mit Genehmigung oder Anerkennung nach den gesetzlichen Regelungen ist ausgenommen.

# 3. Abschnitt

# Die Stadtplanung (örtliche Gesamtplanung) und ihre Auswirkungen

## A. Gesetzliche Grundlagen der städtebaulichen Planungen

### *I. Gesetzliche Grundlagen der Stadtplanung im deutschen Recht*

Die städtebauliche Planung im Sinne gemeindlicher Bauplanung fällt in der Bundesrepublik Deutschland in das Gebiet des Baurechts[1]. Ihre Aufgabe ist es, die bauliche und sonstige Nutzung der Grundstücke in der Gemeinde nach Maßgabe des Baugesetzbuchs vorzubereiten und zu leiten[2]. Da im Katalog der Gesetzgebungszuständigkeiten des Bundes eine Materie *Baurecht* nicht ausdrücklich aufgeführt ist, wurde die Frage der Zuständigkeit durch ein Rechtsgutachten des Bundesverfassungsgerichts vom 16. 6. 1954[3] geklärt. Dieses kam zu dem Ergebnis, daß der Bund gemäß Art. 74 Nr. 18 GG (Bodenrecht) die Zuständigkeit zur Regelung des Rechts der städtebaulichen Planung besitzt, soweit gemäß Art. 72 Abs. 2 GG ein Bedürfnis

---

[1] Unter Baurecht im weiteren Sinne versteht man die Gesamtheit der rechtlichen Regelungen, die sich auf die Zulässigkeit und die Grenzen, die Ordnung und die Förderung der Errichtung von baulichen Anlagen sowie auf die bestimmungsgemäße Nutzung dieser Anlagen beziehen. Das Gesamtgebiet des Baurechts umfaßt eine erhebliche Zahl von Regelungskomplexen. Man faßt sie herkömmlicherweise in drei Gruppen zusammen: die örtliche Planung (Bauleitplanung oder städtebauliche Planung), die Bodenordnung und die Bauordnung; dazu näher *Bröll/Dölker*, Das neue Baugesetzbuch, Teil 4 Kap. 4.2. Rdn. 3 ff.; *Friauf*, Baurecht, in: v. Münch (Hrsg.), Besonderes Verwaltungsrecht, S. 483 ff.

[2] Vgl. § 1 Abs. 1 BauGB in der Fassung der Bekanntmachung vom 8. 12. 1986 (BGBl. I S. 2253).

[3] BVerfGE 3, 407; dazu näher *Förster*, in: Bundesbaugesetz, Kohlhammer-Kommentar, Bd. I, Einl. Bem. V S. 22 ff.

nach bundesgesetzlicher Regelung besteht[4]. Auf der Grundlage dieses Gutachtens des Bundesverfassungsgerichts ist das Bundesbaugesetz vom 23. 6. 1960 (BGBl. I S. 341) ergangen[5]. Ergänzend hierzu wurde das Städtebauförderungsgesetz vom 27. 7. 1971 (BGBl. I S. 1225) erlassen. Bundesbaugesetz und Städtebauförderungsgesetz wurden durch das Baugesetzbuch vom 8. 12. 1986 (BGBl. S. 2253) zu einem einheitlichen Gesetz zusammengefaßt, wobei gleichzeitig auch beachtliche inhaltliche Änderungen erfolgten[6]. Das Baugesetzbuch wird ergänzt durch die Baunutzungsverordnung[7] und die Planzeichenverordnung[8]. Es sieht in § 1 Abs. 2 als Mittel der gemeindlichen Bauleitplanung zwei Arten von Bauleitplänen vor, den Flächennutzungsplan als vorbereitenden und den Bebauungsplan als verbindlichen Plan. Auf beide wird gleich noch näher einzugehen sein.

### *II. Gesetzliche Grundlagen der Stadtplanung im koreanischen Recht*

Da in der koreanischen Verfassung keine weitere ausdrückliche Regelung über die städtebauliche Planung enthalten ist, bilden die Artikel 120 Abs. 2

---

[4] Nach dem Rechtsgutachten des Bundesverfassungsgerichts wurde folgende Abgrenzung zwischen Bundes- und Landeskompetenz vorgenommen: Zur Bundeskompetenz gehören städtebauliche Planung (§§ 1 - 4 u.136 - 191 BauGB), Baulandumlegung (§§ 45 - 122 BauGB), Bodenbewertung (§§ 192 - 199 BauGB), Bodenverkehrs- (§§ 19 - 28 BauGB) und Erschließungsrecht (§§ 123 - 135 BauGB). Zur Landeskompetenz gehört das Bauordnungsrecht (Baupolizeirecht im überlieferten Sinne); siehe näher *Bröll/Dölker*, Das neue Baugesetzbuch, Teil 4 Kap. 4.2. Rdn. 5 ff.

[5] Das ist durch Gesetz vom 18. 8. 1976 (BGBl. I S. 2221) mit Wirkung vom 1. 1. 1977 erheblich geändert worden (Bekanntmachung der Neufassung: BGBl. I S. 2257); eine weitere Änderung erfolgte durch die Novelle des Bundesbaugesetzes vom 6. 7. 1979 (BGBl. I S. 949).

[6] Siehe näher *Bielenberg/Mainczyk/Otte/Söfker*, Zum Entwurf des Baugesetzbuchs, DVBl. 1985, S. 1097 ff. bzw. 1281 ff.; *Bielenberg/Krautzberger/Söfker*, Zum Entwurf des Baugesetzbuchs - Stellungnahme des Bundesrats und Gegenäußerung der Bundesregierung, DVBl. 1986, S. 377 ff.; *Dürr*, Die Veränderung im Bauplanungsrecht durch §§ 1 bis 38 BauGB, VBlBW 1987, S. 201 ff.

[7] Verordnung über die bauliche Nutzung der Grundstücke - BauNVO - in der Fassung der Bekanntmachung vom 23. 1. 1990 (BGBl. I S. 132).

[8] Verordnung über die Ausarbeitung der Bauleitpläne und die Darstellung des Planinhalts - PlanzVO - vom 30. 7. 1981 (BGBl. I S. 833).

bzw. 122 KV, ebenso wie für die überörtlichen Gesamtplanungen[9], auch die verfassungsrechtliche Grundlage für die städtebaulichen Planungen. Die konkrete Rechtsgrundlage für die städtebauliche Planung findet sich im koreanischen Recht grundsätzlich im Stadtplanungsgesetz[10]. Anders als in der Bundesrepublik, wo die Regelungen für die städtebaulichen Planungen bzw. Maßnahmen in einem einheitlichen Gesetz - dem Baugesetzbuch - zusammengefaßt worden sind, ist in der Republik Korea eine Rechtszersplitterung festzustellen: Ursprünglich hat das Stadtplanungsgesetz alle städtebaulichen Regelungen enthalten. Das Bauordnungsrecht i.e.S., das in der Bundesrepublik durch die Landesbauordnungen der Länder geregelt wird, ist im Baugesetz[11] geregelt. Das Stadtplanungsgesetz wurde mehrfach geändert. U.a. wurde das Bodenordnungsrecht für die Umlegung und Grenzlegung, das im deutschen Baugesetzbuch den vierten Teil des ersten Kapitels bildet, herausgenommen und nunmehr im Bodenordnungsgesetz[12] geregelt. Für die

---

[9] Über deren näheren Inhalt siehe oben S. 44.

[10] Das KStPlG (Dosigyehoikbub), welches am 20. 1. 1962 (Gesetz Nr. 983) verkündet worden ist, ist 6 Monate nach seiner Verkündung in Kraft getreten. Seither ist das Gesetz wie folgt geändert und ergänzt worden: Gesetz zur Änderung des KStPlG vom 11. 4. 1963 (Gesetz Nr. 1322) - Erweiterung der Koordinierungsmöglichkeiten mit Fachplanungen; Gesetz zur Änderung des KStPlG vom 14. 3. 1967 (Gesetz Nr. 1912) - Aufhebung bodenordnungsrechtlicher Regelungen; Gesetz zur Änderung des KStPlG vom 19. 1. 1971 (Gesetz Nr. 2291) - Umfangreiche Änderungen; Gesetz zur Änderung des KStPlG vom 31. 12. 1976 (Gesetz Nr. 2988) - Aufhebung von Regelungen über Stadtsanierungsmaßnahmen; Gesetz zur Änderung des KStPlG vom 31. 3. 1981 (Gesetz Nr. 3410) - Einführung der Stadtgrundsatzplanung. Vgl. *Forschungsinstitut für die Staatsraumentwicklung*, Materialsammlung der die Bodennutzung betreffenden Gesetze, S. 71 ff.

[11] Das KBauG (Guntschukbub) ist am 20. 1. 1962 (Gesetz Nr. 984) verkündet worden und in Kraft getreten. Seither ist das Gesetz wie folgt geändert und ergänzt worden: Gesetz zur Änderung des KBauG vom 8. 6. 1963 (Gesetz Nr. 1356); Gesetz zur Änderung des KBauG vom 30. 3. 1967 (Gesetz Nr. 1942); Gesetz zur Änderung des KBauG vom 30. 12. 1972 (Gesetz Nr. 2434); Gesetz zur Änderung des KBauG vom 31. 12. 1977 (Gesetz Nr. 3073); Gesetz zur Änderung des KBauG vom 31. 12. 1982 (Gesetz Nr. 3644); Gesetz zur Änderung des KBauG vom 31. 12. 1986 (Gesetz Nr. 3904). Vgl. *Forschungsinstitut für die Staatsraumentwicklung*, Materialsammlung der die Bodennutzung betreffenden Gesetze, S. 72 ff.

[12] Das KBOG (Tojiguhoikjonglisaupbub) ist am 8. 3. 1966 (Gesetz Nr. 1822) verkündet worden und in Kraft getreten. Seither ist das Gesetz wie folgt geändert und ergänzt worden: Gesetz zur Änderung des KBOG vom 31. 12. 1975 (Gesetz Nr. 1848); Gesetz zur Änderung des KBOG vom 4. 1. 1980 (Gesetz Nr. 3255); Gesetz zur Änderung des KBOG vom 31. 12. 1982 (Gesetz Nr. 3642). Vgl. *Forschungsinstitut für die Staatsraumentwicklung*, Materialsammlung der die Bodennutzung betreffenden Gesetze, S. 82 ff.

städtebaulichen Sanierungsmaßnahmen, die im deutschen Recht im ersten Teil des zweiten Kapitels geregelt werden, wurde das Stadtsanierungsgesetz[13] erlassen.

Das Stadtplanungsgesetz in der Republik Korea besteht aus 7 Kapiteln[14] und regelt lediglich das Bauplanungsrecht i.e.S. Im ersten Kapitel sind die materiell-rechtlichen Bestimmungen wie der Zweck des Gesetzes (§ 1 KStPlG) und die Begriffsbestimmungen (§ 2 KStPlG) enthalten. Nach § 1 KStPlG dient das Stadtplanungsgesetz dem Zweck, die Städte geordnet, gesund und zum Wohlbefinden der Bevölkerung zu entwickeln und damit die öffentliche Sicherheit und das Allgemeinwohl zu fördern, indem das Gesetz die für die Gestaltung der Städte notwendigen Regelungen über die Aufstellung, den Beschluß bzw. die Verwirklichung der Stadtpläne bestimmt. Ähnlich wie in der Bundesrepublik mit Flächennutzungsplan und Bebauungsplan erfolgt auch in der Republik Korea die Stadtplanung in zwei Stufen, dem Stadtgrundsatzplan und dem Stadtplan. Deren Inhalt und Auswirkungen werden noch näher erörtert.

## B. Kompetenzen für die städtebaulichen Planungen

### *I. Planungshoheit der Gemeinden im deutschen Recht*

Die Aufgabe der Bauleitplanung ist den Gemeinden zugewiesen. Diese haben die Bauleitplanung in eigener Verantwortung zu betreiben (§ 2 Abs. 1 BauGB). Damit knüpft das Gesetz an den Wortlaut des Art. 28 Abs. 2 S. 1 des Grundgesetzes an und bestimmt, daß die Aufstellung, die Änderung und Aufhebung (§ 2 Abs. 4 BauGB) von Bauleitplänen in den Bereich des ge-

---

[13] Das KStSaG (Dosijaegaebalbub) ist am 31. 12. 1976 (Gesetz Nr. 2968) verkündet worden und 6 Monate danach in Kraft getreten. Seither ist das Gesetz wie folgt geändert und ergänzt worden: Gesetz zur Änderung des KStSaG vom 31. 3. 1981 (Gesetz Nr. 3409); Gesetz zur Änderung des KStSaG vom 31. 12. 1982 (Gesetz Nr. 3646); Gesetz zur Änderung des KStSaG vom 15. 12. 1984 (Gesetz Nr. 3755). Vgl. *Forschungsinstitut für die Staatsraumentwicklung*, Materialsammlung der die Bodennutzung betreffenden Gesetze, S. 145 ff.

[14] Kapitel 1: Allgemeine Regelungen (§§ 1 - 10); Kapitel 2: Stadtplan (§§ 10/2 - 22); Kapitel 3: Verwirklichung der Stadtplanungsmaßnahmen (§§ 23 - 61); Kapitel 4: Planungskosten (§§ 62 - 67); Kapitel 5: Stadtplanungsausschuß (§§ 68 - 77/2); Kapitel 6: Ergänzende Regelungen (§§ 78 - 89); Kapitel 7: Strafrechtliche Regelungen (§§ 90 - 94).

meindlichen Selbstverwaltungsrechts fällt. Die Gemeinden besitzen die Planungshoheit für ihren örtlichen Bereich. Sie ist nach Art. 28 Abs. 2 GG jedoch nur *im Rahmen der Gesetze* gewährleistet[15]. Demgemäß enthält vor allem das Baugesetzbuch zahlreiche, verfassungsrechtlich unbedenkliche Bindungen für die planende Gemeinde[16]. Da die Gemeinden die Bauleitplanung in eigener Verantwortung betreiben, üben die staatlichen Planungsbehörden lediglich Rechtsaufsicht aus. § 6 Abs. 2 und § 11 S. 2 BauGB bestimmen deshalb in Anlehnung an Art. 28 Abs. 2 GG und die Gemeindeordnungen der Bundesländer ausdrücklich, daß Genehmigungen von Bauleitplänen nur versagt werden dürfen, wenn die Pläne dem Baugesetzbuch, den aufgrund dieses Gesetzes erlassenen Rechtsvorschriften - z.B. der Baunutzungsverordnung - oder sonstigen Rechtsvorschriften widersprechen. Diese Beschränkung auf die bloße Rechtsaufsicht der staatlichen Behörden ist gerichtlich nachprüfbar[17]. Den Grundsatz der Planungshoheit der Gemeinden hat der Gesetzgeber durch die Verpflichtung der Kommunen zur Aufstellung von Bauleitplänen eingeschränkt. Die Gemeinden haben Bauleitpläne aufzustellen, sobald und soweit es für die städtebauliche Entwicklung und Ordnung erforderlich ist (§ 1 Abs. 3 BauGB). Allerdings ergibt sich eine solche Verpflichtung nur aus der von der Gemeinde kraft ihrer Planungshoheit autonom aufgestellten Konzeption für die Stadtentwicklung[18]. Sie besteht auch nur objektivrechtlich, also gleichsam dem Staat gegenüber; der Bürger hat, von Ausnahmefällen abgesehen, kein Recht auf Erlaß eines Bebauungsplans (§ 2 Abs. 3 BauGB)[19].

---

[15] Da die Verwaltungskraft kleinerer Gemeinden vielfach nicht ausreichen wird, um die Planungsaufgaben sachgemäß zu erfüllen, läßt das Gesetz verschiedene Ausnahmen von diesem Grundsatz zu, z.B. die Übertragung der Planungszuständigkeit auf eine andere Gebietskörperschaft (z.B. Landkreis) oder auf einen Verband (§§ 204 bzw. 205 BauGB); siehe näher *Friauf*, Baurecht, in: v. Münch (Hrsg.), Besonderes Verwaltungsrecht, S. 483 ff.

[16] Dazu *Ernst/Zinkahn/Bielenberg*, BauGB, § 2 Rdn. 5 ff.

[17] Lehnt z.B. die zuständige Behörde die Genehmigung eines Bauleitplans ab, so liegt ein die Gemeinde belastender Verwaltungsakt vor. Die Gemeinde kann unter Berufung auf ihr Selbstverwaltungsrecht Widerspruch und anschließend Verpflichtungsklage zum Verwaltungsgericht erheben. Sind bei der Ablehnung die Schranken der Rechtsaufsicht überschritten oder ist die rechtliche Überprüfung falsch ausgeübt worden, so wird das Rechtsmittel Erfolg haben, da die Gemeinde in ihrem Recht auf Selbstverwaltung verletzt ist; vgl. *Bröll/Dölker*, Das neue Baugesetzbuch, Teil 4 Kap. 4.2. Rdn. 7 ff.

[18] Vgl. *Brohm*, Gemeindliche Selbstverwaltung und staatliche Raumplanung, DÖV 1989, S. 434 ff.

[19] Vgl. *Battis/Krautzberger/Löhr*, BauGB, § 2, Rdn. 10 ff.

Die Gemeinde muß ihre Bauleitplanung den Zielen der Raumordnung und Landesplanung anpassen (§ 1 Abs. 4 BauGB), d.h. neue Planungen haben den raumplanerischen Festsetzungen zu entsprechen, bereits bestehende Bauleitpläne sind entsprechend zu ändern[20]. Eine weitere Grenze der gemeindlichen Planungsfreiheit ergibt sich aus dem Vorrang zahlreicher Fachplanungen (§ 38 BauGB)[21]. Bauleitpläne können sich auf die Planungen anderer Gemeinden auswirken. Daher sind die Bauleitpläne benachbarter Gemeinden aufeinander abzustimmen (§ 2 Abs. 2 BauGB), d.h. die Nachbargemeinden sind bei der Aufstellung der Pläne anzuhören (§ 4 BauGB), und die Planungen selbst müssen inhaltlich auf die Belange der Nachbargemeinden Rücksicht nehmen[22]. Innerhalb dieser äußeren Grenzen kann die Gemeinde nach ihrem Planungsermessen die Stadtgestaltung festlegen. Allerdings wird auch diese Entscheidung durch zahlreiche Bestimmungen gelenkt und verrechtlicht (innere Ermessensgrenzen)[23]. Neben den allgemeinen Rechtsgrundsätzen, wie etwa dem Gleichbehandlungsgebot und dem Übermaßverbot, muß die Gemeinde die besonderen, in § 1 Abs. 5 BauGB aufgeführten städtebaulichen Grundsätze berücksichtigen und die öffentlichen und privaten Belange gegeneinander und untereinander gerecht abwägen (§ 1 Abs. 6 BauGB)[24].

Aus der Eigenverantwortlichkeit der Gemeinde bei der Aufstellung eines Bauleitplans folgt die Eigenverantwortlichkeit zur Sicherung der Planung. Die Gemeinde kann Veränderungssperren erlassen (§ 14 BauGB) und bei der Baugenehmigungsbehörde die Zurückstellung von Baugesuchen beantragen (§ 15 BauGB). Die staatliche Behörde hat die Veränderungssperre zu genehmigen bzw. dem Zurückstellungsantrag zu entsprechen, wenn die Durchführung der Planung gefährdet erscheint. Auch hier üben die staatlichen Behörden nur eine Rechtskontrolle aus[25].

---

20 Siehe oben S. 64 - 67.

21 Vgl. *Brohm*, Staatliche Straßenplanung und gemeindliche Bauleitplanung, S. 16 ff.

22 Siehe *Ernst/Zinkahn/Bielenberg*, BBauG, § 2, Rdn. 73 ff.

23 Siehe *Friauf*, Baurecht, in: v. Münch (Hrsg.), Besonderes Verwaltungsrecht, S. 483 ff.; *Battis/ Krautzberger/ Löhr*, BauGB, § 1, Rdn. 87 ff.

24 Dieses Abwägungsgebot ist angesichts der zunehmenden Planungsdichte von den Gerichten als allgemeiner rechtsstaatlicher Grundsatz jeder Planung herausgestellt, präzisiert und zum Hebel ihrer Kontrolle der verschiedenen Planungsinhalte gemacht worden; siehe näher *Brohm*, Entwicklungen im Raum- und Stadtplanungsrecht, S. 38 ff.; *Battis/ Krautzberger/ Löhr*, BauGB, § 1, Rdn. 90 ff.

25 Vgl. *Bröll/Dölker*, Das neue Baugesetzbuch, Teil 4 Kap. 4.2. Rdn. 7 ff.

## *II. Kompetenzen für die städtebaulichen Planungen im koreanischen Recht*

Anders als in der Bundesrepublik ist die Aufgabe der städtebaulichen Planung nicht den Gemeinden, sondern den etwa den Landkreisen bzw. kreisfreien Städten entsprechenden "Si" bzw. "Kun" zugewiesen, da die den Gemeinden entsprechenden "Eub" bzw. "Myun" nach dem koreanischen Selbstverwaltungsgesetz keine Selbstverwaltungskörperschaften sind[26]. Nach § 3 KStPlG sind die städtebaulichen Pläne lediglich in "Si", "Eub" und für entsprechend städtische Bereiche auch in "Myun" aufzustellen. Deshalb sind die "Myun", die ländlichen Gemeinden, meistens von der städtebaulichen Planung ausgenommen[27]. Nach § 11 Abs. 1 S. 1 KStPlG stellt der "Si-Jang" bzw. "Kun-Su", der Oberbürgermeister, den Stadtplan in seinem Kompetenzbereich auf. Nach § 11 Abs. 1 S. 2 KStPlG kann der staatliche Bauminister selbst einen Stadtplan aufstellen, wenn es ihm im Zusammenhang mit der staatlichen Planung notwendig erscheint. Der vom Stadtrat und vom zentralen Stadtplanungsausschuß[28] beratene bzw. beschlossene Stadtplan wird von dem staatlichen Bauminister festgestellt und veröffentlicht. In gewissen zeitlichen Abständen müssen die "Si-Jang" bzw. "Kun-Su" dem staatlichen Bauminister über den Stand der Verwirklichung des Stadtplans berichten. Erscheint dem Bauminister danach eine Änderung des Stadtplans notwendig, kann er diese anordnen (§ 15 KStPlG). Durch diese Regelungen sind die Planungskompetenzen der "Si" bzw. "Kun" sehr eingeschränkt; dem deutschen Recht entsprechende Regelungen für die Planungshoheit, d.h. die Eigenständigkeit der kommunalen Bauleitplanung, fehlen im koreanischen Recht. Die Planungskompetenzen sind lediglich teilweise den "Si" und "Kun" übertragen, die jedoch auf die Zusammenarbeit mit dem Bauministerium angewiesen sind. Außerdem kann der Staat durch den oben erwähnten Bodennutzungsplan das Stadtgebiet und die verschiedenen Nutzungsgebiete rechtsverbindlich festsetzen. Da die Planungshoheit ein wesentliches Element der Selbstverwaltung darstellt und die Probleme des zentraleinheitlichen Entscheidungssystems durch eine eigenverantwortliche Planung der orts- und sachnäheren "Eub" und "Myun" zu lösen sind, sollte diesen bei der angestrebten Änderung des Selbstverwaltungs- und Stadtplanungsgesetzes - so wie es in der Bundesrepublik der Fall ist - die Planungshoheit verliehen werden. Dabei ist es notwendig, dem Koordinationsbedarf zahlreicher

---

[26] Siehe oben S. 29.

[27] Vgl. *T.-Y. Jeong*, Stadtplanungsgesetz, S. 53 ff.

[28] Nach § 68 KStPlG ist im staatlichen Bauministerium ein Stadtplanungsausschuß zu bilden, der die Stadtplan-Beschlüsse und andere wichtige stadtplanerische Maßnahmen überprüft.

Planungsinstanzen Rechnung zu tragen und eine Balance zwischen zentraler Planung und dezentraler Entscheidung zu finden[29].

## C. Formen und Auswirkungen der Stadtplanungen

### *I. Formen und Auswirkungen der Stadtplanungen im deutschen Recht*

#### 1. Der Flächennutzungsplan

Der Flächennutzungsplan stellt die erste Planungsstufe der gemeindlichen Bauleitplanung dar. In ihm ist für das ganze Gemeindegebiet die sich aus der beabsichtigten städtebaulichen Entwicklung ergebende Art der Bodennutzung nach den voraussehbaren Bedürfnissen der Gemeinde in den Grundzügen darzustellen (§ 5 Abs. 1 BauGB). Der Flächennutzungsplan soll für die weitere Entwicklung der Gemeinde richtungsweisend sein[30]. Er muß deshalb sämtliche voraussehbaren Bedürfnisse der nächsten fünf bis zehn Jahre und, soweit sie schon konkret erkennbar sind, auch der weiteren Zukunft berücksichtigen[31]. Im Flächennutzungsplan sind die Nutzungsarten für die einzelnen Teile des Gemeindegebiets darzustellen: Baugebiete, Gemeinbedarfsflächen, Verkehrsflächen, Grünflächen, land- und forstwirtschaftliche Flächen usw. (§ 5 Abs. 2 BauGB). Die für die Bebauung vorgesehenen Flächen sind darüber hinaus nach der allgemeinen Art ihrer baulichen Nutzung sowie nach der besonderen Art[32] und dem allgemeinen Maß[33] der Nutzung auszuweisen (§ 5 Abs. 2 BauGB i.V.m. BauNVO).

---

[29] Über die Vor- und Nachteile der zentralen bzw. dezentralen Entscheidungssysteme siehe näher *Brohm*, JuS 1986, S. 777 ff.

[30] Vgl. *Battis/Krautzberger/Löhr*, BauGB, § 5, Rdn. 1 ff.

[31] Vgl. *Friauf*, Baurecht, in: v. Münch (Hrsg.), Besonderes Verwaltungsrecht, S. 483 ff. Zu den Funktionen des Flächennutzungsplans siehe *Schimanke*, Funktionen der Flächennutzungsplanung, DVBl. 1979, S. 616 ff.

[32] Z.B. Kleinsiedlungsgebiete, reine Wohngebiete, allgemeine Wohngebiete, besondere Wohngebiete, Dorfgebiete, Mischgebiete, Kerngebiete, Gewerbegebiete, Industriegebiete, Sondergebiete usw.; vgl. § 1 Abs. 2 BauNVO.

[33] Z.B. die Geschoßflächenzahl, die Baumassenzahl, die Grundflächenzahl, die Zahl der Vollgeschosse usw.; vgl. §§ 16 ff. BauNVO.

Der Flächennutzungsplan wird von der Gemeindevertretung beschlossen, und zwar nicht als Satzung, sondern durch einfachen Beschluß nach Maßgabe der jeweiligen Kommunalrechts[34]. Er bedarf der Genehmigung der höheren Verwaltungsbehörde (§ 6 Abs. 1 BauGB). Diese übt eine bloße Rechtsaufsicht aus[35].

Der Flächennutzungsplan ist, anders als der Bebauungsplan, keine Rechtsnorm. Er ist aber auch kein Verwaltungsakt[36]. Seine wesentliche Rechtswirkung beschränkt sich auf den verwaltungsinternen Bereich: Sämtliche öffentlichen Planungsträger, die bei seiner Aufstellung, Änderung oder Ergänzung beteiligt waren und den Festsetzungen nicht widersprochen haben, unterliegen einer Anpassungspflicht. Sie müssen den Plan, sofern er rechtswirksam zustande gekommen ist, bei ihren eigenen raumwirksamen Maßnahmen beachten (§ 7 BauGB). Die planende Gemeinde selbst hat den Flächennutzungsplan ihren Bebauungsplänen zugrunde zu legen; Bebauungspläne sind aus dem Flächennutzungsplan zu entwickeln (§ 8 Abs. 2 BauGB)[37]. Dagegen werden die Grundstückseigentümer als solche von dem Flächennutzungsplan nicht unmittelbar betroffen. Die Zulässigkeit eines Bauvorhabens und damit der Anspruch auf eine Baugenehmigung richtet sich nicht nach dem Flächennutzungsplan, sondern allein nach den Festsetzungen eines vorhandenen Bebauungsplans (§ 30 BauGB). Auch die gesetzlich vorgesehenen Möglichkeiten zur Sicherung der Bauleitplanung (§§ 14, 15, 24, 25 BauGB) und das Enteignungsrecht (§§ 85 ff. BauGB) werden nur durch den Bebauungsplan und nicht schon durch den Flächennutzungsplan ausgelöst. Immerhin kann der Flächennutzungsplan in gewissen Fällen eine mittelbare rechtliche Relevanz für den einzelnen Bürger erlangen. So entfalten die Darstellungen des Flächennutzungsplans mittelbare Rechtswirkun-

---

34 Siehe näher *Ernst/Zinkahn/Bielenberg*, BBauG, § 6 Rdn. 4 ff.

35 Die Genehmigung darf nur versagt werden, wenn der Flächennutzungsplan dem Baugesetzbuch oder den aufgrund des Baugesetzbuchs erlassenen und sonstigen Rechtsvorschriften widerspricht (§ 6 Abs. 2 BauGB); vgl. *Gelzer*, Bauplanungsrecht, Bundesbaugesetz - Baunutzungsverordnung - Städtebauförderungsgesetz, Rdn. 335 ff.; *Oldiges*, Baurecht, in: Steiner (Hrsg.), Besonderes Verwaltungsrecht, S. 430 ff.; *Friauf*, Baurecht, in: v. Münch (Hrsg.), Besonderes Verwaltungsrecht, S. 483 ff.

36 Dem Flächennutzungsplan kommt keine allgemeine rechtsverbindliche Wirkung zu. Deshalb verwendet das Gesetz auch die Bezeichnung *Darstellung* und nicht *Festsetzung* für seinen Inhalt (§ 5 BauGB). Dazu näher *Bröll/Dölker*, Das neue Baugesetzbuch, Teil 4 Kap. 4.2. Rdn. 27 ff.

37 Das setzt voraus, daß vor Erlaß eines Bebauungsplans ein Flächennutzungsplan besteht. Davon macht das BauGB lediglich einige Ausnahmen z.B. den selbständigen Bebauungsplan (§ 8 Abs. 2 S. 2), den vorzeitigen Bebauungsplan (§ 8 Abs. 4) u.a. (Siehe näher unten Fußn. 42).

gen für die Zulässigkeit von Bodenverkehrsgenehmigungsvorgängen (§ 20 BauGB) und Bauvorhaben im sogenannten Außenbereich gemäß § 35 Abs. 2 BauGB[38]. Obwohl der Flächennutzungsplan die Eigentümer der im Planungsgebiet belegenen Grundstücke nicht unmittelbar anspricht, kann er für sie erhebliche wirtschaftliche Bedeutung erlangen. Die Ausweisung einer Fläche als Baugebiet kann zu Wertsteigerungen führen (sog. Bauerwartungsland). Umgekehrt können sich Wertminderungen ergeben, etwa wenn der Flächennutzungsplan in der Nähe eines reinen Wohngebiets Nutzungsarten vorsieht, von denen nachteilige Auswirkungen auf die Wohnruhe usw. zu erwarten sind. Der Gesetzgeber hat für derartige wertmindernde Konsequenzen des Flächennutzungsplans eine Entschädigung nicht vorgesehen. Die Rechtsprechung gewährt den betroffenen Grundstückseigentümern auch keine Ansprüche aus enteignendem oder enteignungsgleichem Eingriff[39]. Nach Auffassung des Bundesgerichtshofs handelt es sich bei den eintretenden wirtschaftlichen Nachteilen im Rechtssinne um bloß mittelbare Folgen der Planung, wie sie auch außerhalb des Planungsgebiets auftreten können. Da der Flächennutzungsplan für den Bürger keine verbindlichen Regelungen enthält, kommen Rechtsmittel gegen ihn nicht in Betracht[40].

### 2. Der Bebauungsplan

Der Bebauungsplan ist die zweite Planungsstufe der gemeindlichen Bauleitplanung. Er enthält die rechtverbindlichen Festsetzungen für die städtebauliche Ordnung (§ 8 Abs. 1 BauGB). Im Gegensatz zum Flächennutzungsplan, der sich stets auf das gesamte Gemeindegebiet zu erstrecken hat, beschränken sich Bebauungspläne meist auf kleinere Gebiete der Ge-

---

[38] Wenn ein bodenverkehrsgenehmigungspflichtiger Rechtsvorgang oder ein Bauvorhaben nicht mit der im Flächennutzungsplan dargestellten Bodennutzung übereinstimmt, werden hiernach öffentliche Belange beeinträchtigt; vgl. *Bröll/Dölker*, Das neue Baugesetzbuch, Teil 4 Kap. 4.2. Rdn. 46 ff.

[39] Vgl. BGHZ 17, 96 (102); BGH, DVBl. 1978, 378 ff.

[40] Davon unberührt bleibt jedoch die Möglichkeit, rechtliche Mängel des Flächennutzungsplans insofern mittelbar geltend zu machen, als sie zu einer Fehlerhaftigkeit der auf ihm aufbauenden weiteren Planungen geführt haben; vgl. VGH Ba.-Wü., BRS 27, 1 ff. Siehe dazu *Friauf*, Baurecht, in: v. Münch (Hrsg.), Besonderes Verwaltungsrecht, S. 483 ff.; *Brohm*, Rechtsschutz im Bauplanungsrecht, S. 22 ff.; demgegenüber *Schenke*, Der Rechtsschutz des Bürgers gegen Verwaltungsvorschriften, DÖV 1979, S. 622 ff.

meinde[41]. Der Bebauungsplan ist grundsätzlich aus dem zuvor aufgestellten Flächennutzungsplan zu entwickeln (§ 8 Abs. 2 BauGB)[42].

Da der Bebauungsplan dem Gebot konkret-individueller planerischer Festsetzungen[43] unterliegt, legt er nicht nur die im Flächennutzungsplan bereits vorgegebene Flächenaufteilung im einzelnen fest, sondern enthält auch einzelne detaillierte Bestimmungen[44]: Er setzt in hinreichend bestimmter Weise das Bauland nebst Art und Maß der baulichen Nutzung mit einer Reihe von Einzelgesichtspunkten fest (§ 9 BauGB), ferner die von der Bebauung freizuhaltenden Grundstücke, die Versorgungs- und Verkehrsflächen, die Grünflächen, die Flächen für Land- und Forstwirtschaft, die Flä-

---

41 Die Abgrenzung des jeweiligen Planungsgebiets liegt innerhalb der durch die Planungsgrundsätze des § 1 BauGB gezogenen Schranken im planerischen Ermessen der Gemeinde; vgl. *Battis/ Krautzberger/ Löhr*, BauGB, § 9, Rdn. 4 ff.; *Friauf*, Baurecht, in:v. Münch (Hrsg.), Besonderes Verwaltungsrecht, S. 483 ff.

42 Von diesem sog. Entwicklungsgebot bestehen mehrere Ausnahmen. Auf einen Flächennutzungsplan kann z.B. verzichtet werden, wenn der Bebauungsplan ausreicht, um die städtebauliche Entwicklung zu ordnen (§ 8 Abs. 2 S. 2 BauGB). Mit der Aufstellung, Änderung, Ergänzung oder Aufhebung eines Bebauungsplans kann gleichzeitig auch der Flächennutzungsplan aufgestellt, geändert oder ergänzt werden (Parallelverfahren; § 8 Abs. 3 S. 1 BauGB). Der Bebauungsplan kann vor dem Flächennutzungsplan angezeigt und bekanntgemacht werden, wenn nach dem Stand der Planungsarbeiten anzunehmen ist, daß der Bebauungsplan aus den künftigen Darstellungen des Flächennutzungsplans entwickelt sein wird (§ 8 Abs. 3 S. 2 BauGB). Außerdem kann ein Bebauungsplan aufgestellt, geändert, ergänzt oder aufgehoben werden, wenn dringende Gründe es erfordern, und wenn der Bebauungsplan der beabsichtigten städtebaulichen Entwicklung des Gemeindegebiets nicht entgegenstehen wird (vorzeitiger Bebauungsplan, § 8 Abs. 4 S. 1 BauGB). Gilt bei Gebiets- oder Bestandsänderungen von Gemeinden oder anderen Veränderungen der Zuständigkeit für die Aufstellung von Flächennutzungsplänen ein Flächennutzungsplan fort, kann ein vorzeitiger Bebauungsplan auch aufgestellt werden, bevor der Flächennutzungsplan ergänzt oder geändert ist (§ 8 Abs. 4 S. 2 BauGB). Liegt ein in § 8 Abs. 2 bis 4 BauGB genannter Ausnahmefall nicht vor, hat die Verletzung des Entwicklungsgebots - sei es, daß ein Flächennutzungsplan überhaupt fehlt bzw. daß er ungültig ist, oder daß die sachlichen Grenzen des Entwickelns nicht eingehalten werden - die Nichtigkeit des Bebauungsplans zur Folge, soweit keiner der Unbeachtlichkeits- bzw. Heilungstatbestände der §§ 214 ff. BauGB eingreift; vgl. BVerwGE 48, 70; BVerwG, DVBl. 1977, S. 194 ff.; VGH Ba.-Wü., BRS 27, 1 ff.; BVerwG, NVwZ 1985, S. 745 ff.; *Bröll/Dölker*, Das neue Baugesetzbuch, Teil 4 Kap. 4.2. Rdn. 30 ff.; *Battis/ Krautzberger/ Löhr*, BauGB, § 8, Rdn. 2 ff.

43 Zum Gebot konkreter Planung siehe BVerwGE 50, 114; BVerwG, NJW 1976, S. 329 ff.

44 Dabei kann aus sachgerechten Gründen in Sonderfällen sogar die selbständige Beplanung eines einzigen Grundstücks zulässig sein; vgl. BVerwG, NJW 1969, S. 1076; BVerwG, BRS 27, 15 ff.

chen für Gemeinschaftsanlagen usw. (§ 9 BauGB). Die Art der baulichen Nutzung ist nach den in § 1 Abs. 2 Baunutzungsverordnung vorgesehenen Baugebieten (z.B. Kleinsiedlungsgebiete, reine Wohngebiete, Mischgebiete, Gewerbegebiete, Industriegebiete usw.) zu klassifizieren, wobei sich die in den verschiedenen Baugebieten zulässigen Nutzungsformen im einzelnen aus den §§ 12 bis 15 Baunutzungsverordnung ergeben. Das Maß der Nutzung wird nach Zahl der Vollgeschosse, Grundflächenzahl, Geschoßflächenzahl sowie (in Industriegebieten) Baumassenzahl bestimmt, wobei die in § 17 Abs. 1 Baunutzungsverordnung geregelten Obergrenzen einzuhalten sind[45].

Der Bebauungsplan wird von der Gemeinde in der Rechtsform einer Satzung beschlossen (§ 10 BauGB). Zuständigkeit und Verfahren richten sich im einzelnen nach dem jeweiligen Landesrecht[46]. Die Beteiligung des Bürgers am Bauleitplanverfahren ist vorgesehen[47]. Der Bebauungsplan bedarf nach § 11 Abs. 1 BauGB nur dann einer Genehmigung, wenn es sich um einen selbständigen oder vorzeitigen Bebauungsplan (§ 8 Abs. 2, 4 BauGB) handelt, er also ohne Flächennutzungsplan aufgestellt wurde. Im übrigen genügt eine Anzeige des Bebauungsplans an die Genehmigungsbehörde. Der Bebauungsplan darf nicht in Kraft gesetzt werden, wenn die höhere Verwaltungsbehörde die Verletzung von Rechtsvorschriften innerhalb von drei Monaten geltend gemacht hat[48].

Der Bebauungsplan begründet eine rechtliche Ordnung des Raumes im Hinblick auf einen vorgestellten städtebaulichen Zustand. Seine Festsetzungen geben der städtebaulichen Ordnung in der Gemeinde einen rechtlichen Rahmen und setzen ihr rechtliche Grenzen. Sie bilden außerdem die Grundlage für weitere, zum Vollzug des Baugesetzbuches noch erforderliche

---

[45] Im einzelnen siehe *Bröll/Dölker*, Das neue Baugesetzbuch, Teil 4 Kap. 4.2. Rdn. 17 ff.

[46] Siehe näher *Ernst/Zinkahn/Bielenberg*, BBauG, § 10 Rdn. 3 ff.

[47] Die Bürger sind möglichst frühzeitig über die allgemeinen Ziele und Zwecke der Planung, sich wesentlich unterscheidende Lösungen, die für die Neugestaltung oder Entwicklung eines Gebietes in Betracht kommen, und die voraussichtlichen Auswirkungen der Planung öffentlich zu unterrichten; ihnen ist Gelegenheit zur Äußerung und Erörterung zu geben (§ 3 Abs. 1 BauGB). Der Planentwurf ist auf die Dauer eines Monats öffentlich auszulegen (§ 3 Abs. 1 BauGB), um den Betroffenen rechtzeitig die Möglichkeit zu Einwendungen zu eröffnen. Dem Bebauungsplan muß eine Begründung beigefügt werden (§ 9 Abs. 8 BauGB), die ihn nach seinem konkreten Inhalt zu rechtfertigen hat. In der Begründung sind die Ziele, Zwecke und wesentlichen Auswirkungen des Bebauungsplans darzulegen, vgl. *Ernst/ Zinkahn/ Bielenberg*, BauGB, § 3 Rdn. 2 ff.

[48] Vgl. § 11 Abs. 3 BauGB, dazu *Battis/ Krautzberger/ Löhr*, BauGB, § 11, Rdn. 4 ff.

Maßnahmen der Gemeinde (§ 8 Abs. 1 S. 2 BauGB)[49]. Dabei wirken sie nicht nur in positiver Richtung, indem sie bestimmte Nutzungsformen zulassen, sondern in gewissem Umfang zugleich auch in negativer Richtung. Denn durch die positiven Festsetzungen sind andere Nutzungsformen ausgeschlossen, die entweder die Verwirklichung des Plans verhindern bzw. wesentlich erschweren würden oder in schwerwiegendem Widerspruch zu dem ausgewiesenen Gebietscharakter stehen[50]. Der Bebauungsplan enthält nach der ausdrücklichen Anordnung des Gesetzgebers im Gegensatz zum Flächennutzungsplan *rechtsverbindliche Festsetzungen* (§ 8 Abs. 1 BauGB). Seine Verbindlichkeit wirkt sowohl innerhalb der Behördenhierarchie als auch unmittelbar gegenüber dem einzelnen Bürger. Der Bebauungsplan ist von allen Behörden im Rahmen ihrer Zuständigkeit zu beachten[51]. Für den einzelnen Bürger wirkt er sich vor allem dadurch aus, daß ein Bauvorhaben in seinem Geltungsbereich zulässig ist, wenn es seinen Festsetzungen nicht widerspricht und wenn die Erschließung des Baugrundstücks gesichert ist (§§ 29 ff. BauGB). Diese Vorschriften beinhalten nicht nur eine verfahrensmäßige Bindung der Behörden, die über die Erteilung der Bauerlaubnis zu entscheiden haben. Sie regeln vielmehr zugleich die materiell-rechtliche Stellung des einzelnen Bauwilligen. Der Bebauungsplan bildet zudem die rechtsverbindliche Grundlage für die Zulässigkeit von Grundstücksgeschäften (§§ 19 ff. BauGB).

Im Gegensatz zum Flächennutzungsplan ist gegen den Bebauungsplan gerichtlicher Rechtsschutz gegeben. Das zulässige förmliche Rechtsmittel gegen den Bebauungsplan als Satzung ist das Normenkontrollverfahren gemäß § 47 Abs. 1 Nr. 1 der Verwaltungsgerichtsordnung[52].

---

49 Siehe näher *Battis/Krautzberger/Löhr*, BauGB, § 9, Rdn. 8 ff.; *Friauf*, Baurecht, in: v. Münch (Hrsg.), Besonderes Verwaltungsrecht, S. 483 ff.

50 Vgl. VGH Ba.-Wü., BRS 25, 1 ff.; BVerwGE 42, 30; BVerwG, DVBl.1979, S. 149 ff.

51 Wenn die Bauaufsichtsbehörde z.B. eine Baugenehmigung erteilt, bei der die planerischen Festsetzungen nicht beachtet wurden, oder das gesetzlich vorgesehene Einvernehmen der Gemeinde (vgl. § 36 BauGB) nicht eingeholt wurde, steht der Gemeinde ein Anfechtungsrecht zu; vgl. BVerwGE 22, 342; BVerwG, DVBl. 1966, S. 181 ff.; *Ernst/ Zinkahn/ Bielenberg*, BauGB, § 36 Rdn. 6 ff.

52 Danach kann jede natürliche oder juristische Person, die durch den Bebauungsplan oder seine Anwendung einen Nachteil erlitten oder in absehbarer Zeit zu erwarten hat, den Antrag auf gerichtliche Überprüfung der Gültigkeit des Bebauungsplans stellen. Zuständig für die Entscheidung sind die Oberverwaltungsgerichte, in einzelnen Bundesländern auch Verwaltungsgerichtshof genannt. Ein solcher Antrag wird nur dann Erfolg haben, wenn der Bebauungsplan gegen zwingende Rechtsvorschriften verstößt. Fragen der Zweckmäßigkeit einer Planung können wegen der bereits erwähnten Planungshoheit der Gemeinde nicht Gegenstand

## *II. Formen und Auswirkungen der Stadtplanungen im koreanischen Recht*

### 1. Der Stadtgrundsatzplan

Wie der Flächennutzungsplan in der Bundesrepublik stellt der Stadtgrundsatzplan die erste Planungsstufe der städtebaulichen Planung dar. Als ein langfristiger und vorbereitender Plan weist er die Entwicklungsrichtung einer Stadt und die Grundzüge der Bodennutzung des gesamten Stadtbereichs, damit die städtebaulichen Planungsmaßnahmen konsequent durchgeführt werden[53]. Nach § 10/2 des Stadtplanungsgesetzes stellt der nach dem Bodennutzungsplan für das Stadtgebiet zuständige "Si-Jang" bzw. "Kun-Su", der Oberbürgermeister, den zwanzig Jahre geltenden Stadtgrundsatzplan auf, der Richtlinien für die Aufstellung des Stadtplans enthält. Dieser Stadtgrundsatzplan muß nach der Beteiligung der betroffenen zentralen Planungsträger[54] und dem Beschluß des zentralen Stadtplanungsausschusses[55] vom staatlichen Bauminister anerkannt werden.

Wie beim Staatsraumplan und Bodennutzungsplan ist die Rechtsformfrage auch beim Stadtgrundsatzplan nicht abschließend geklärt. Nach überwiegender Meinung ist er, wie der Flächennutzungsplan im deutschen Recht, weder als Rechtsnorm noch als Verwaltungsakt zu qualifizieren[56]. Seine Auswirkungen werden im Stadtplanungsgesetz nicht geregelt. Anders als bei dem Flächennutzungsplan im deutschen Recht unterliegen die öffentlichen Planungsträger bezüglich dem Stadtgrundsatzplan keiner Anpassungspflicht. Ein Gebot, den Stadtplan aus dem Stadtgrundsatzplan zu entwickeln, be-

---

eines solchen Normenkontrollverfahrens sein. Kommt das Oberverwaltungsgericht zur Überzeugung, daß ein Verstoß gegen Rechtsvorschriften vorliegt, erklärt es den Bebauungsplan mit allgemeinverbindlicher Wirkung für nichtig (§ 47 Abs. 6 VwGO). Sofern es zur Abwehr von schwerwiegenden Nachteilen oder aus anderen wichtigen Gründen dringend geboten ist, kann gemäß § 47 Abs. 8 VwGO auf Antrag eine einstweilige Anordnung erlassen werden; vgl. *Ule*, Verwaltungsprozeßrecht, S. 156 ff.; *Friauf*, Baurecht, in: v. Münch (Hrsg.), Besonderes Verwaltungsrecht, S. 483 ff.: *Bröll/ Dölker*, Das neue Baugesetzbuch, Teil 4 Kap. 4.2. Rdn. 53 ff.

53 Vgl. *T.-Y. Jeong*, Stadtplanungsgesetz, S. 95 ff.

54 Wie z.B. der staatliche Wirtschafts-, Verkehrs-, Verteidigungs- bzw. Kultusminister, die Umweltschutzbehörde u.a.

55 Dazu oben S. 79 (Fußn. 28).

56 Vgl. *J.-H. Seok*, Öffentliches Baurecht, S. 449 ff.; *T.-Y. Jeong*, Stadtplanungsgesetz, S. 46 ff.

steht nach dem koreanischen Stadtplanungsgesetz nicht. Nach überwiegender Meinung hat der Stadtplanungsträger bei der Feststellung eines Stadtplans den vorhandenen Stadtgrundsatzplan zu berücksichtigen, der jedoch lediglich die Planungsrichtung weist. Die Grundstückseigentümer sind nicht unmittelbar von dem Stadtgrundsatzplan betroffen. Sie sind lediglich mittelbar davon betroffen, wenn der rechtsverbindliche Stadtplan die Grundsätze des Stadtgrundsatzplans verwirklicht. Der Stadtgrundsatzplan ist daher als Verwaltungsvorschrift zu qualifizieren, die lediglich die Stadtplanfeststellung vorbereitet und daher dem Flächennutzungsplan im deutschen Recht entspricht.

Da der Stadtgrundsatzplan gegenüber einzelnen keine unmittelbare Rechtswirkung hat, kommen Rechtsmittel gegen ihn im koreanischen Recht nicht in Betracht, ebenso wie es beim Flächennutzungsplan im deutschen Recht der Fall ist.

## 2. Der Stadtplan

Nach § 2 des Stadtplanungsgesetzes stellt der Stadtplan einen die geordnete Entwicklung einer Stadt und die öffentliche Sicherheit und das Allgemeinwohl fördernden Plan dar, der innerhalb eines Stadtplanungsbereichs die Planungsaussagen über Flächennutzung, Verkehr, Hygiene, Industrie, Verteidigung, Kultur u.a. enthält. Da der Stadtplan als ein flächenbezogener Plan umfangreiche Projektbereiche umfaßt, ist er ebenso wie der Bebauungsplan im deutschen Recht als ein örtlicher Gesamtplan zu qualifizieren[57]. Wie der Bebauungsplan im deutschen Recht enthält der Stadtplan die rechtsverbindlichen planerischen Festsetzungen, die nicht nur die Art und das Maß der baulichen Nutzung regeln, sondern in manchen Fällen auch den konkreten Inhalt der Bauvorhaben. Nach § 2 KStPlG hat ein Stadtplan die Festsetzungen bzw. Änderungen der nach §§ 17 bzw. 18 KStPlG vorgesehenen Nutzungsgebiete[58] bzw. -zonen[59], die Bodenordnungsmaßnahmen[60],

---

[57] In der koreanischen Literatur ist diese Qualifizierung noch umstritten. Die überwiegende Meinung sieht den Stadtplan als einen Fachplan an, da er lediglich städtebauliche Planungsaussagen enthalte; vgl. *J.-H. Seok*, Öffentliches Baurecht, S. 113 ff.; *D.-C. Kim*, Allgemeines Verwaltungsrecht, Bd. 1, S. 263 ff. Dem kann nicht gefolgt werden, da der Stadtplan nicht nur einzelne fach- bzw. projektbezogene, sondern auf das gesamte Stadtgebiet bezogene Planungsaussagen enthält.

[58] Nach § 17 KStPlG kann der staatliche Bauminister durch den Stadtplan folgende Nutzungsgebiete festsetzen: Siedlungsgebiet, Gewerbegebiet, Industriegebiet und Grüngebiet.

die städtebaulichen Sanierungsmaßnahmen, die Regelungen über die Erschließung der großen Wohn- bzw. Industrieanlagen und über die Errichtung, Erneuerung bzw. Änderung der Bauvorhaben[61] zu umfassen.

Wie erwähnt, wird der Stadtplan vom "Si-Jang" oder "Kun-Su", dem Oberbürgermeister, oder direkt vom staatlichen Bauminister aufgestellt und von diesem nach der Beratung im Stadtrat und dem Beschluß durch den zentralen Stadtplanungsausschuß festgestellt. Ein Gebot, den Stadtplan aus dem Stadtgrundsatzplan zu entwickeln, besteht nicht[62].

Die planerischen Aussagen des Stadtplans entfalten sowohl den öffentlichen Planungsträgern als auch den einzelnen gegenüber rechtsverbindliche Wirkung. Die öffentlichen Planungsträger, insbesondere die Fachplanungs- und Stadtplanungsträger benachbarter Kompetenzbereiche, sind an den festgestellten Stadtplan gebunden. Nach § 4 KStPlG ist die Änderung eines Baulandcharakters, die Abholzung und Abgrabung, die Aufstellung, Erneuerung und Erweiterung von Gebäuden und Anlagen ohne Genehmigung des zuständigen Oberbürgermeisters unzulässig[63].

Anders als im deutschen Recht, wo der Bebauungsplan als Satzung beschlossen wird und daher als Rechtsnorm zu qualifizieren ist, ist die Frage

---

59 Weiterhin kann der staatliche Bauminister nach § 18 KStPlG durch den Stadtplan folgende Nutzungszonen festsetzen: Landschaftsschutzzonen, Höhenzügeeinschränkungszonen (Zonen, in denen besonders strenge Regelungen über die Geschoßflächenzahl gelten), Feuerschutzzonen, Erziehungs- bzw. Forschungszonen, Dienstleistungszonen, Hafenzonen, Flughafenzonen, Schutzzonen für Denkmäler bzw. wichtige schutzwürdige Einrichtungen u.a.

60 Die Bodenordnungsmaßnahmen umfassen die Umlegungs- und die Grenzlegungsmaßnahmen, die dem vierten Teil des ersten Kapitels des deutschen Baugesetzbuchs entsprechen. Diese Maßnahmen sind in dem speziellen Bodenordnungsgesetz geregelt; siehe oben S. 77 (Fußn. 12).

61 Nach § 2 Abs. 1 S. 1 Nr. 2 KStPlG umfaßt der Stadtplan folgene Bauvorhaben: Straßen, Plätze, Parkplätze, Omnibushaltestellen, Eisenbahn-, Straßenbahn- und sonstige Bahnlinien, Flüsse, Kanäle, Häfen, Flughäfen, Grünflächen, Parkanlagen, Sportplätze, Ausflugsplätze, Aussichtstürme, öffentliche Plätze und Gebäude, Schulen, Bibliotheken, Märkte, Wasser- und Abwasserleitungen, Schlachthöfe, Friedhöfe, Abfallbeseitigungsanlagen, Elektrizitäts-, Gas- und Öllieferungseinrichtungen, Stauseen, Feuerschutz- und Wasserschutzeinrichtungen sowie sonstige Vorhaben, die die Rechtsverordnung vorsieht. Damit umfaßt der Stadtplan fast alle denkbaren Bauvorhaben.

62 Siehe oben S. 86.

63 Der Verstoß gegen die Genehmigungspflicht ist strafrechtlich sanktioniert: Nach § 92 KStPlG wird derjenige, der eine in § 4 vorgesehene Tätigkeit rechtswidrig ausübt, mit Freiheitsstrafe bis zu sechs Monaten oder mit Geldstrafe bestraft.

der Rechtsform des Stadtplans im koreanischen Recht nicht abschließend geklärt. Wie der Bodennutzungsplan wird der Stadtplan in der koreanischen Literatur und Rechtsprechung teils als Rechtsverordnung[64], teils als Verwaltungsakt[65] und teils als selbständige Sonderrechtsform[66] qualifiziert.

Auch die Qualifizierung des Stadtplans als Verwaltungsakt kann auf einen materiell-rechtlichen und einen prozeßrechtlichen Aspekt gestützt werden.

Der prozeßrechtlichen Argumentation kommt hier eine größere Bedeutung zu, da der Stadtplan mit seinen tiefgreifenden Auswirkungen auf die individuellen Rechte bzw. Interessen des einzelnen diesen unmittelbarer und konkreter beeinträchtigt als der Bodennutzungsplan. Gestützt auf diese Begründung hat auch das Oberste-Gericht teilweise den Stadtplan als Verwaltungsakt für anfechtbar gehalten[67]. Die Notwendigkeit der Gewährleistung sachgerechten Rechtsschutzes kann jedoch, wie erwähnt, nicht zur Einstufung des Stadtplans als Verwaltungsakt führen.

Da der Stadtplan nach § 2 Abs. 1 Nr. 2 KStPlG von öffentlichen Gebäuden bis zu Parkplätzen fast alle möglichen Bauvorhaben umfaßt und dadurch materiell-rechtlich die konkreten Nutzungen des Grund und Bodens in einem Stadtplanungsbereich, in manchen Fällen bis in die Einzelheiten, verbindlich festsetzt, kann man leicht dazu neigen, ihn deshalb als Verwaltungsakt zu qualifizieren. Nach einer Entscheidung des Obersten-Gerichts ist "die veröffentlichte Stadtplanfestsetzung als Verwaltungsmaßnahme zu qualifizieren und kann Gegenstand einer Anfechtungsklage sein. Wird eine Stadtplanfestsetzung nach § 12 KStPlG veröffentlicht, ist die Ausübung der Rechte des betroffenen Grundstückseigentümers, z.B. zum Neubau, Umbau oder Ausbau eines Gebäudes, eingeschränkt. In dieser Hinsicht hat die veröffentlichte Stadtplanfestsetzung den Effekt, die Rechte bzw. rechtlichen Interessen eines bestimmten einzelnen individuell und konkret zu regeln[68].

---

[64] Vgl. Die Entscheidung des Seoul-Obergerichts vom 29. 1. 1980 (Seogopan 79 gu 416).

[65] Vgl.Die Entscheidung des Obersten-Gerichts vom 26. 12. 1978 (Daepan 78 nu 281); vom 9. 3. 1982 (Daepan 80 nu 105); *J.-H. Seok*, Öffentliches Baurecht, S. 120 ff.; W.-W. Seo, Verwaltungsrechtslehre in der modernen Gesellschaft, Bd. 1, S. 553 ff.; *S.-K. Lee*, Neues Verwaltungsrecht, Bd. 1, S. 431 ff.

[66] Vgl. *D.-C. Kim*, Allgemeines Verwaltungsrecht, Bd. 1, S. 315 ff., der zur Begründung die Arguementation *Forsthoffs*, Lehrbuch des Verwaltungsrechts, S. 199 ff., heranzieht.

[67] Nach der Entscheidung des Obersten-Gerichts (Daepan) vom 26. 12. 1978 (Nr. 78 nu 281) und vom 9. 3. 1982 (Nr. 80 nu 105) ist der Stadtplan als Verwaltungsakt anfechtbar.

[68] Vgl. Entscheidung des Obersten-Gerichts vom 9. 3. 1982 (Daepan 80 nu 105).

Der Entscheidung des Obersten-Gerichts kann jedoch nicht gefolgt werden, weil sie lediglich die Sicht der Planbetroffenen einseitig berücksichtigt. Nach meiner Meinung reichen die tiefgreifenden Auswirkungen des Stadtplans allein nicht aus, ihn als Einzelfallregelung und daher als Verwaltungsakt zu qualifizieren[69]. Anders als bei punktuellen Einzelfallregelungen, wie z.B. der Genehmigung für einen Hausbau, haben die Stadtplanungsträger den gesamten Stadtplanungsbereich im Auge. Aus der Sicht des Stadtplanungsträgers bezieht sich der Stadtplan weniger auf einzelne Personen, als auf die Allgemeinheit. Sein planerischer Wille ist nicht auf die Verwirklichung von einzelnen Maßnahmen, sondern auf die Ordnung des gesamten Stadtgebiets gerichtet[70]. Wie erwähnt, stellt der Stadtplan einen die geordnete Entwicklung einer Stadt und die öffentliche Sicherheit und das Allgemeinwohl fördernden Plan dar. Bei der Festsetzung eines Stadtplanes hat der Stadtplanungsträger ständig das gesetzlich vorgeschriebene Ziel zu beachten. Dabei muß er eine Vielzahl von Interessen und Einzelmaßnahmen koordinieren. Der Stadtplan enthält daher nicht nur eine "Summierung von Einzelverfügungen"[71] über einzelne Grundstücke, also ein "Summe vorweggenommener freier Einzelentscheidungen"[72]. Vielmehr koordiniert er diese Vielzahl von unterschiedlichen Einzelentscheidungen unter dem abstrakten Aspekt einer rechtlichen Ordnung des Raumes[73]. Unter städtebaulichen Gesichtspunkten werden räumlich-abstrakt Grundstücksgruppen gebildet, für die jeweils abstrakte Ordnungskategorien gelten sollen. Deshalb hat auch das Seoul-Obergericht entschieden, daß "die Festsetzung eines Stadtplans eine allgemein-abstrakte Entscheidung des Stadtplanungsträgers darstellt, die die Grundlage einer gesamten Stadtgestaltung bildet"[74].

---

69 Bei der Auseinandersetzung über die Rechtsnatur der Bebauungspläne hat *Brohm*, Rechtsschutz im Bauplanungsrecht, S. 73 ff., vertreten, daß die Bebauungspläne daher eher als eine "Vollzugsnorm" zu qualifizieren ist.

70 Der betroffene Personenkreis läßt sich nicht eindeutig feststellen: Der Stadtplan ist nicht personen-, sondern gebietsbezogen. Er betrifft nicht nur die derzeitigen Grundstückseigentümer, sondern darüberhinaus auch noch deren (derzeit weder bestimmte noch bestimmbare) Rechtsnachfolger. Er bindet auch die Behörden und bestimmt die Rechtslage der Betroffenen unabhängig von der Person eines individuellen Regelungsadressaten. Vgl. § 17 ff. KStPlG.

71 Vgl. *Imboden*, Der Plan als verwaltungsrechtliches Institut, VVDStRL 18 (1960), S. 124 ff.

72 Vgl. *Werner*, Zur Kritik an der Verwaltungsgerichtsbarkeit, DVBl. 1957, S. 221 ff.

73 *Friauf*, Baurecht und Raumordnung, in: von Münch (Hrsg.), Besonderes Verwaltungsrecht, 4. Aufl., S. 463 ff.

74 Vgl. Die Entscheidung des Seoul-Obergerichts vom 29. 1. 1980 (Seogopan 79 gu 416).

Unter materiell-rechtlichem Aspekt spricht somit einiges für den normativen Charakter des Stadtplans.

Vor einer entgültigen Entscheidung des Streits um die rechtliche Qualifikation des Stadtplans ist jedoch auch hier zu untersuchen, ob nicht bereits der Gesetzgeber in der einen oder anderen Richtung Stellung bezogen hat.

Die Zielsetzung des Stadtplans nach § 2 KStPlG gibt für die Klärung seiner Rechtsnatur wenig her. Allerdings läßt sich der Verfahrensregelung des § 12 Abs. 1 S. 3 KStPlG ein Indiz dafür entnehmen, daß der Gesetzgeber von der Rechtsnormqualität des Stadtplans ausgeht.

Nach § 12 Abs. 1 S. 2 KStPlG gelten die Verfahrensregelungen auch für die Änderung der Stadtpläne. Geringfügige Änderungen können durch Rechtsverordnung des Präsidenten geregelt werden, die Beratung im Stadtrat und der Beschluß im Stadtplanungsausschuß ist insoweit verzichtbar (§ 12 Abs. 1 S. 3 KStPlG). Eine systematische Auslegung dieser Verfahrensbestimmungen, die geringfügige Änderungen durch Rechtsverordnung, erhebliche durch Festsetzung eines Stadtplans vorsehen, ergibt meines Erachtens ein Indiz dafür, daß der Gesetzgeber den Stadtplan als Rechtsnorm, und zwar in der Normenhierarchie zwischen Gesetz und Rechtsverordnung einstuft. Dennoch ist es nach meiner Ansicht wünschenswert und notwendig, daß der Gesetzgeber über die Rechtsnatur des Stadtplans eindeutig entscheidet, wie es im deutschen Recht geschehen ist[75]. Dabei ist zu erwägen, die verwaltungsrechtliche Normenkontrollklage im koreanischen Verwaltungsklagegesetz einzuführen, um effektiven Rechtsschutz zu gewähren. § 47 VwGO im deutschen Recht, der einen direkten Rechtsweg für die Überprüfung der Gültigkeit von Bebauungsplänen eingeräumt hat, kann hierbei als Gesetzgebungsmuster für das koreanische Recht dienen.

---

75 Den Streit um die rechtliche Qualifikation des Bebauungsplans entschied schließlich der Gesetzgeber im Bundesbaugesetz von 1960, indem er bestimmte, der Plan sei als "Satzung" zu erlassen.

## 4. Abschnitt

# Fachplanungen

## A. Gesetzliche Grundlagen der Fachplanungen

### *I. Fachplanungen von Bund, Ländern und Gemeinden im deutschen Recht*

Da Fachplanungen projektbezogene Planungen sind und sich mit ganz bestimmten Fachmaterien befassen, gibt es in der Bundesrepublik keine einheitliche Gesetzgebungsmaterie *Fachplanung*. Die Kompetenz für die Regelung der einzelnen Fachplanungen folgt aus der Gesetzgebungskompetenz für das jeweilige Sachgebiet[1]. So hat z.B. die Gesetzgebungskompetenz des Bundes für den Fernstraßenbau nach Art. 74 Nr. 22 GG die Gesetzgebungsbefugnis für die fernstraßenrechtliche Planfeststellung zur Folge. Ebenso verhält es sich mit der Kompetenz für den Luftverkehr nach Art. 73 Nr. 6 GG und der Planfeststellung für Flughäfen.

Weil die Fachplanungen durch die betreffenden Fachbehörden des Bundes, der Länder oder der Gemeinden vorbereitet und durchgeführt werden, können bei ihnen ähnlich wie bei den Gesamtplanungen verschiedene Planungsebenen unterschieden werden. Fachplanungen des Bundes sind z.B. in folgenden Fachplanungsgesetzen vorgesehen: Bundesbahngesetz[2], Bundeswasserstraßengesetz[3], Bundesfernstraßengesetz[4], Luftverkehrsgesetz[5], Per-

---

[1] Die verschiedenen Gesetzgebungskompetenzen für die Fachplanungen haben deshalb teils *ausschließlichen*, teils *konkurrierenden* Charakter (vgl. Art. 70 Abs. 1 GG); dazu näher *Peine*, Raumplanungsrecht, S. 9 ff.

[2] Bundesbahngesetz vom 13. 12. 1951 (BGBl. I S. 955).

[3] Bundeswasserstraßengesetz vom 2. 4. 1968 (BGBl. I S. 173).

[4] Bundesfernstraßengesetz i.d.F. vom 1. 10. 1974 (BGBl. I S. 2413).

[5] Luftverkehrsgesetz i.d.F. vom 4. 11. 1968 (BGBl. I S. 1113).

sonenbeförderungsgesetz[6], Gesetz zur Ordnung des Wasserhaushalts[7], Gesetz über die Beseitigung von Abfällen[8], Gesetz zum Schutz vor schädlichen Umweltwirkungen durch Luftverunreinigungen, Geruche, Erschütterungen und ähnliche Vorgänge[9], Gesetz über die friedliche Verwendung der Kernenergie und den Schutz gegenüber ihren Gefahren[10], Flurbereinigungsgesetz[11], Gesetz über Naturschutz und Landschaftspflege[12], Gesetz zur Erhaltung des Waldes und zur Förderung der Forstwirtschaft[13], Gesetz über Fernmeldeanlagen[14] usw. Landesrechtliche Fachplanungen finden sich in den Landeseisenbahngesetzen, den Straßen- und Wegegesetzen der Länder, den Landesumweltschutzgesetzen, den Landesnaturschutzgesetzen u.a[15]. Im Gegensatz zur Raumordnung und zur Bauleitplanung, die als Gesamtplanungen alle raumbedeutsamen Sachbereiche einbeziehen, sind Gegenstand der Fachplanung ausschließlich einzelne raumbedeutsame Projekte. Träger des jeweiligen Projektes muß nicht unbedingt eine öffentlich-rechtliche Körperschaft, sondern kann auch ein Privater sein, so z.B. bei Flughäfen oder bei der wasserrechtlichen Fachplanung[16].

Wie bei allen Planungen ist auch bei fachbezogenen Planungen zwischen der Planung als Vorgang und dem Plan als deren Ergebnis zu unterscheiden. Der Plan wird durch die Planfeststellung verbindlich[17]. Diese wird als zentraler Begriff der Fachplanungen im Zusammenhang mit ihren Auswirkungen näher zu erörtern sein. Allgemeine Regelungen für Fachplanungsverfahren und für die im Vordergrund stehende Planfeststellung enthalten die §§ 72 bis 78 des Verwaltungsverfahrensgesetzes des Bundes - BVwVfG -. Diese Regelungen gelten wegen § 1 Abs. 3 BVwVfG nur für Bundesbehörden; für Landesbehörden gelten die gleichlautenden Vorschriften in den jeweiligen

6 Personenbeförderungsgesetz vom 21. 3. 1961 (BGBl. I S. 241).

7 Wasserhaushaltsgesetz vom 27. 7. 1957 (BGBl. I S. 1110).

8 Abfallbeseitigungsgesetz i.d.F. vom 5. 1. 1977 (BGBl. I S. 41).

9 Bundes-Immissionsschutzgesetz vom 15. 3. 1974 (BGBl. I S. 721).

10 Atomgesetz i.d.F. vom 15. 7. 1985 (BGBl. I S. 1565).

11 Flurbereinigungsgesetz i.d.F. vom 16. 3. 1976 (BGBl. I S. 546).

12 Bundesnaturschutzgesetz vom 20. 12. 1976 (BGBl. I S. 3574).

13 Bundeswaldgesetz vom 2. 5. 1975 (BGBl. I S. 1037).

14 Bundesfernmeldegesetz i.d.F. vom 17. 3. 1977 (BGBl. I S. 459).

15 Dazu näher *Schmitt Glaeser/König*, Grundfragen des Planungsrechts, JA 1980, S. 323 ff.: *Ronellenfitsch*, Einführung in das Planungsrecht, S. 101 ff.

16 Vgl. *Schmitt Glaeser/König*, Grundfragen des Planungsrechts, JA 1980, S. 416 ff.

17 Vgl. *Forsthoff/Blümel*, Raumordnungsrecht und Fachplanungsrecht, S. 22 ff.

Landesverwaltungsverfahrensgesetzen[18]. Bei allen Verwaltungsverfahrensgesetzen ist zu beachten, daß sie nur subsidiär zur Anwendung kommen (§ 1 Abs. 2, 3 BVwVfG). Da die meisten Fachplanungsgesetze gegenüber dem Verwaltungsverfahrensgesetz zum Teil inhaltsgleiche oder abweichende Regelungen enthalten, bereitet das Auffinden der einschlägigen Rechtsgrundlagen häufig Schwierigkeiten[19].

### *II. Gesetzliche Grundlagen der Fachplanungen im koreanischen Recht*

Da die koreanische Verfassung keine ausdrücklichen Regelungen über die Kompetenzen für Fachplanungen enthält, bilden Art. 120 Abs. 2 und 122 KV die verfassungsrechtliche Grundlage sowohl für die Gesamtplanungen als auch für die Fachplanungen[20]. Im koreanischen Recht sind die Fachplanungen nach ihren jeweiligen Fachmaterien in verschiedenen Planungsgesetzen geregelt. Da die Republik Korea als ein zentral-einheitliches Land keinen Unterschied zwischen Bundes- und Ländergesetzen kennt, sind die Fachplanungen der verschiedenen Ebenen in folgenden zentralen Fachplanungsgesetzen geregelt: Straßengesetz[21], Autobahngesetz[22], Flußgesetz[23], Hafengesetz[24], Eisenbahnbauförderungsgesetz[25], Umweltschutzgesetz[26], Wohnungsbauförderungsgesetz[27], Ackerreformgesetz[28], Trinkwassergesetz[29], Thermalquellengesetz[30] Abwassergesetz[31], Naturparkgesetz[32], Staudamm-

---

18 Siehe näher *Kopp*, VwVfG, § 1 Rdn. 32 ff.

19 Vgl. *Ronellenfitsch*, Einführung in das Planungsrecht, S. 110 ff.

20 Siehe oben S. 38.

21 (Dorobub) Gesetz vom 27. 12. 1961 (Gesetz Nr. 871).

22 (Gosokgukdobub) Gesetz vom 10. 8. 1970 (Gesetz Nr. 2231).

23 (Hatschunbub) Gesetz vom 19. 1. 1971 (Gesetz Nr. 2292).

24 (Hangmanbub) Gesetz vom 30. 3. 1967 (Gesetz Nr. 1941).

25 (Gukyutscheoldogeonseoltschokjinbub) Gesetz vom 7. 8. 1984 (Gesetz Nr. 3749).

26 (Hoangyungbojeonbub) Gesetz vom 31. 12. 1977 (Gesetz Nr. 3078).

27 (Jutaekgeonseoltschokjinbub) Gesetz vom 31. 12. 1977 (Gesetz Nr. 3075).

28 (Nongjegaehyukbub) Gesetz vom 21. 6. 1949 (Gesetz Nr. 31).

29 (Sudobub) Gesetz vom 31. 12. 1961 (Gesetz Nr. 939).

30 (Onchunbub) Gesetz vom 2. 3. 1981 (Gesetz Nr. 3377)

31 (Hasudobub) Gesetz vom 3. 8. 1966 (Gesetz Nr. 1825).

gesetz[33], Waldgesetz[34], Industrieentwicklungsförderungsgesetz[35], Gesetz über Bestattungen und Friedhöfe[36] u.a. Da im koreanischen Recht noch kein Verwaltungsverfahrensgesetz bzw. kein allgemeines Verwaltungsgesetz erlassen ist, sind die Planfeststellungsverfahren im jeweiligen Fachplanungsgesetz geregelt.

## B. Die Koordinationsprobleme zwischen Fachplanungen und Gesamtplanungen

### *I. Die Koordination im deutschen Recht*

Es liegt auf der Hand, daß die verschiedenen Gesamt- und Fachplanungen auf irgendeine Weise verknüpft und koordiniert werden müssen, um miteinander nicht in Kollision zu geraten. Eine derartige Verknüpfung kann nicht allein durch informelle Koordination erfolgen, sondern bedarf auch normativer Regelung. Ein Ineinandergreifen und Überschneiden von Planungen findet zum einen bei den verschiedenen Planungsebenen der Gesamtplanung, zum anderen zwischen Gesamtplanung und Fachplanung statt, weil und soweit diese raumbedeutsame Wirkung besitzen[37]. Wie erwähnt, stellen die vier Planungsebenen der Gesamtplanung - Bund, Länder, Regionen und Gemeinden - eine Planungshierarchie dar, d.h. die jeweils niedrigere Stufe ist der höheren untergeordnet und an ihre Festlegungen gebunden[38]. Nachdem die Gesamtplanung die Gesamtentwicklung eines Raumes konzipiert, muß sie als "Vorentwurf" zwangsläufig die anderen raumbedeutsamen Planungen und Maßnahmen miteinbeziehen. Insofern kommt ihnen nach der Sachlogik ein Vorrang vor den Fachplanungen zu, der rechtstechnisch in gewissem Umfang über die sog. *Raumordnungsklauseln* und über die in § 5 Abs. 4 BROG geregelte Bindung aller Planungsträger an die Vorgaben der

32 (Jayungonguenbub) Gesetz vom 4. 1. 1980 (Gesetz Nr. 3243).

33 (Tukjoengdamokjukdaembub) Gesetz vom 23. 4. 1966 (Gesetz Nr. 1785).

34 (Sanlimbub) Gesetz vom 4. 1. 1980 (Gesetz Nr.3232).

35 (Sanupgijigaebaltschokjinbub) Gesetz vom 24. 12. 1973 (Gesetz Nr. 2657).

36 (Maejang mit myoji dungegaunhan Bubyul) Gesetz vom 5. 12. 1961 (Gesetz Nr. 799).

37 Vgl. *Forsthoff/Blümel*, Raumordnungsrecht und Fachplanungsrecht, S. 18 ff.

38 Siehe oben S. 33 - 35.

überörtlichen Gesamtplanungen erreicht wird[39]. Nach § 5 Abs. 4 BROG haben die öffentlichen Fachplanungsbehörden und Fachplanungsträger bei Planungen und allen sonstigen Maßnahmen, durch die Grund und Boden in Anspruch genommen oder die räumliche Entwicklung eines Gebietes beeinflußt wird, die Ziele der Raumordnung und Landesplanung zu beachten. Daneben entfalten die Grundsätze des § 2 BROG ein Abwägungsgebot gegenüber Bundesfachplanungen und - nach Maßgabe des Landesrechts - auch gegenüber raumbedeutsamen Planungen in den Ländern[40]. Die Raumordnungsklauseln haben in verschiedenen Fachplanungsgesetzen ihren Niederschlag gefunden[41]. Die Bindung der Fachplanung an die Gesamtplanung besteht aber lediglich im Grundsatz, sie wird durch zahlreiche Ausnahmen stark abgeschwächt[42]. Darüber hinaus ist zu beachten, daß die überörtliche Gesamtplanung gegenüber dem Bürger keine unmittelbare Rechtswirkung äußert[43]. Da es einen unmittelbaren Vollzug der überörtlichen Planung in diesem Sinne nicht gibt, erhalten die Festsetzungen der Raumordnung und Landesplanung ihre rechtliche Relevanz mit Hilfe von Raumordnungsklauseln erst durch Transformation in andere Fachplanungen, an die die jeweiligen Planungsträger gebunden sind[44].

Die Raumordnungsklauseln beziehen sich nur auf die überörtliche Gesamtplanung. Eine Bindung an die gemeindliche Bauleitplanung folgt

---

39 Vgl. *Erbguth*, Raumordnungs- und Landesplanungsrecht, Rdn. 192 ff.

40 Vgl. § 3 Abs. 1, 2 und § 2 Abs. 3 BROG; dazu näher oben S. 60.

41 Wie z.B. in § 36 Abs. 2 S. 2 Wasserhaushaltsgesetz, § 37 Abs. 2 S. 1 Flurbereinigungsgesetz, § 6 Abs. 1 S. 1 Luftverkehrsgesetz, § 1 Abs. 2 S. 1 Landbeschaffungsgesetz u.a. Die Formulierung der einzelnen Klauseln ist durchweg unterschiedlich und z.T. differiert auch der Bindungsgrad. Dazu näher *Ernst/Hoppe*, Das öffentliche Bau- und Bodenrecht, Raumplanungsrecht, Rdn. 100 ff.

42 Ausnahmen finden sich beispielsweise in § 6 BROG und in § 13 Abs. 2, 3 Wasserstraßengesetz. Durch die Verankerung des Raumordnungsverfahrens in § 6a der neuen Fassung vom BROG soll jedoch die allgemeine bundesgesetzliche Abstimmungsverpflichtung des § 5 Abs. 4 i.V.m. § 4 Abs. 5 BROG verstärkt werden. Die Bedeutung des Raumordnungsverfahrens liegt darin, besonders frühzeitig, vor dem Eintritt in aufwendige Genehmigungsverfahren, auch unter verschiedenen Alternativen die Geeignetheit eines Standorts abklären zu können. Durch § 6a BROG weist der Bundesgesetzgeber damit ausdrücklich den für die Raumordnung zuständigen Behörden die umfassende landesplanerische Koordination einzelner raumbedeutsamer Planungen und Maßnahmen als Aufgabe zu. Über die Bedeutung des Raumordnungsverfahrens siehe näher *Kratzenberg*, Die Novelle zum Raumordnungsgesetz, NVwZ 1989, S. 1131 ff.

43 Vgl. § 3 Abs. 3 BROG; dazu näher oben S. 69.

44 Vgl. *Schmitt Glaeser/König*, Grundfragen des Planungsrechts, JA 1980, S. 324 ff.

daraus, daß Fachplanungen stets raumbedeutsam sind und deshalb grundsätzlich den planungsrechtlichen Vorschriften der §§ 29 ff. BauGB unterfallen. Diese Bindung ist zum einen durch die Bindung der Bauleitplanung ihrerseits an überörtliche Gesamtplanungen (§ 1 Abs. 4 BauGB) aufgelockert, da in diesen wiederum die jeweiligen Fachplanungen berücksichtigt sind; zum anderen nimmt speziell § 38 BauGB die wichtigsten Fachplanungen von der Bindung an die Bauleitplanung aus (sog. *privilegierte Fachplanungen*)[45]. § 38 BauGB bezeichnet aus dem umfangreichen Kreis der Fachplanungen einige, denen im allgemeinen und im Verhältnis zur Bauleitplanung und den Zulässigkeitsvorschriften des Baugesetzbuches (§§ 29 ff. BauGB) besondere Bedeutung zukommt. Die Vorschriften des Bundesfernstraßengesetzes, des Bundesbahngesetzes, des Telegraphenwegegesetzes, des Luftverkehrsgesetzes, des Personenbeförderungsgesetzes und des Abfallgesetzes sowie des Gesetzes über den Bau und den Betrieb von Versuchsanlagen zur Erprobung von Techniken für den spurgeführten Verkehr bleiben von den Vorschriften des Dritten Teils unberührt (§ 38 S. 1 BauGB). Es werden von diesen Regelungen und damit insbesondere auch von der Bindung an einen Bebauungsplan alle Vorhaben freigestellt, über die im Rahmen eines förmlichen Planfeststellungsverfahrens nach den in § 38 BauGB genannten Vorschriften entschieden worden ist. Insoweit ist nach dem Wortlaut dieser Bestimmung für ihre Zulässigkeit allein der Planfeststellungsbeschluß maßgebend. Diese Planfeststellungen umfassen regelmäßig die Entscheidung über alle von ihr berührten Interessen und ersetzen alle nach anderen Rechtsvorschriften notwendigen öffentlich-rechtlichen Genehmigungen, Verleihungen, Erlaubnisse und Zustimmungen. Damit wird der Planungsbehörde die Möglichkeit zu einer einheitlichen Sachentscheidung gegeben und eine Überschneidung von Zuständigkeiten ausgeschlossen[46]. Diese Regelung gilt nicht nur für die in § 38 S. 1 BauGB genannten Planfeststellungsverfahren, sondern auch für landesrechtlich geregelte Planfeststellungsverfahren (§ 38 S. 2 BauGB), sofern es sich um überörtliche Planungen auf den Gebieten des Verkehrs-, Wege- und Wasserrechts u.a. handelt und die Gemeinde bei der Planfeststellung beteiligt worden ist. Allerdings ist die Planfeststellungsbehörde bei ihren Entscheidungen nicht frei. Sie muß einmal andere gesetzliche Vorschriften beachten. Zweitens kann sie sich auch über bauplanungsrechtliche Festlegungen der Gemeinde nur hinwegsetzen, wenn es zur Verwirklichung des fachplanerischen Zieles unbedingt erforderlich ist und die gemeindliche Planungshoheit nicht

---

[45] Dazu näher *Ernst/Zinkahn/Bielenberg*, BBauG, § 38 Rdn. 1 ff.; *Battis/ Krautzberger/ Löhr*, BauGB, § 38 Rdn. 1 ff.

[46] Sog. Konzentrationswirkung vgl. *Ernst/Zinkahn/Bielenberg*, BBauG, § 38 Rdn. 1 ff.; *Battis/ Krautzberger/ Löhr*, BauGB, § 38, Rdn. 6 ff.

völlig zunichte gemacht wird. Das ergibt sich aus der Planungshoheit der Gemeinde und der sich hieraus ergebenden Befugnis, das Gemeindegebiet aus Gründen der örtlichen Ordnung und Entwicklung räumlich zu gestalten. So können z.B. Bundesfernstraßen nicht einfach "über die Köpfe der Gemeinden" hinweg geplant werden. Vielmehr gilt es dabei, auf die gemeindlichen Planungen und Planungsabsichten Rücksicht zu nehmen. Das bedeutet zunächst, daß die Gemeinden zu solchen Planungen gehört werden müssen. Ferner hat der Träger der Fachplanung seine Planfestsetzungen so zu treffen, daß die Planungshoheit der Gemeinden möglichst wenig beeinträchtigt wird[47]. Für sonstige, nicht privilegierte Planfeststellungsverfahren[48] gilt der allgemeine Grundsatz, daß die darin eingeräumte Planungsbefugnis selbständig neben der gemeindlichen Planungshoheit steht. Die Planfeststellung vermag daher entgegenstehende Festsetzungen eines Bebauungsplans ebensowenig zu überlagern oder außer Kraft zu setzen, wie umgekehrt der Bebauungsplan einer unanfechtbaren Planfeststellung nicht widersprechen darf.

### *II. Die Koordination im koreanischen Recht*

Die Koordiniationsprobleme zwischen verschiedenen Gesamtplanungen oder Gesamtplanungen und Fachplanungen sind im koreanischen Recht gesetzlich geregelt. Nach § 5 KREPG hat der staatliche Raumentwicklungsgesamtplan den Vorrang vor allen raumbedeutsamen Plänen nach anderen Gesetzen[49]. Danach kommt der Bodennutzungsplan. Nach § 7 KBNKG hat der staatliche Bauminister bei der Aufstellung des Bodennutzungsplans diesen dem staatlichen Raumentwicklungsgesamtplan anzupassen. Nach § 13/2 KBNKG bildet der Bodennutzungsplan die Grundlage für die die Bodennutzung betreffenden Pläne nach anderen Gesetzen. Der Stadtplanungsträger hat seine Nutzungsgebietsfestsetzungen durch den Stadtplan innerhalb des Stadtgebietes nach dem Bodennutzungsplan zu treffen[50]. § 13/3 KBNKG enthält weitere rechtsverbindliche Regelungen für die Fachplanungsträger. So ist z.B. das Wohnungsbauförderungsgebiet (§ 3 Wohnungsbauförde-

---

47 Vgl. BVerwG, DVBl. 1984, S. 88 ff.; *Brohm*, Gemeindliche Selbstverwaltung und staatliche Raumplanung, DÖV 1989, S. 429 ff.

48 Z.B. für örtliche Planungen nach landesrechtlichen Vorschriften vgl. § 38 S. 2 BauGB. Siehe näher *Ernst/Zinkahn/Bielenberg*, BBauG, § 38 Rdn. 23 ff.

49 Siehe oben S. 70.

50 § 13/3 KBNKG; siehe näher oben S. 71.

rungsgesetz) innerhalb des Siedlungsgebiets des Bodennutzungsplans festzulegen, das Industrieentwicklungsgebiet (§ 5 Industrieentwicklungsförderungsgesetz) innerhalb des Industriegebietes, das Naturpark- und Wasserschutzgebiet innerhalb des Naturschutzgebietes usw. Da durch den Bodennutzungsplan bis 1988 bereits 93 % der Staatsfläche in verschiedene Nutzungsgebiete aufgeteilt wurden[51], können diese Fachplanungsträger lediglich innerhalb des beplanten Nutzungsgebietes ihre Planungskompetenzen ausüben. Ein Raumordnungsverfahren wie im deutschen Recht, in dem verschiedene konfligierende Planungen auf ihre Vereinbarkeit in einem besonderen Verfahren geprüft werden, kennt das koreanische Recht nicht.

Da die Stadtplanung lediglich innerhalb des im Bodennutzungsplan vorgesehenen Stadtgebiets durchzuführen ist, gibt es zwischen Fachplanungen für staatliche Großprojekte wie Flughäfen, Kraftwerke sowie große Industriekomplexe und Stadtplanungen kaum Koordinierungsschwierigkeiten; das für die Fachplanung notwendige Gebiet ist bereits im Bodennutzungsplan reserviert. Gemäß § 87 KStPlG sind die Fachplanungen nach dem Straßengesetz[52], dem Autobahngesetz[53] und dem Ackerreformgesetz[54] von den Regelungen des § 2 KStPlG, der die konkreten Bauvorhaben durch den Stadtplan regelt, ausgenommen. Die staatlichen Straßen- und Autobahnlinien und die an sie angrenzenden Straßengrenzgebiete werden unabhängig von dem Stadtplan durch Rechtsverordnung festgestellt. Da der Stadtplan als ein örtlicher Gesamtplan die auf den Stadtbereich bezogenen Projekte umfangreich umfaßt[55], genießt er grundsätzlich den Vorrang vor Fachplanungen, die auf die in § 2 StPlG geregelten Projekte bezogen sind. Z.B. sind die Wohnungsbauförderungsgebiete nach dem Wohnungsbauförderungsgesetz für die im Stadtplan vorgesehenen Wohngebiete[56] und die U-Bahnlinien

---

[51] Siehe oben unter S. 60.

[52] Vgl. §§ 50, 51 und 54 des koreanischen Straßengesetzes (staatliche Straßenplanung und die an sie angrenzende Straßengrenzgebietsfestsetzung).

[53] Vgl. § 8 des koreanischen Autobahngesetzes (Autobahnlinienplanungen und die an sie angrenzende Straßengrenzgebietsfestsetzung).

[54] Dieses regelt den Erwerb, die Verteilung und die Nutzung landwirtschaftlicher Flächen. - Da die sog. absoluten landwirtschaftlichen Flächen nach dem Gesetz über die Erhaltung und Nutzung landwirtschaftlicher Flächen und dem Bodennutzungsgesetz nicht zum Kompetenzbereich des Stadtplans gehören, sind diese vom Stadtplan ausdrücklich ausgenommen (vgl. § 87 KStPlG).

[55] Siehe oben S. 87.

[56] § 20 Wohnungsbauförderungsgesetz.

nach dem U-Bahnbauförderungsgesetz direkt durch den Stadtplan[57] festzustellen. Da der staatliche Bauminister vom staatlichen Raumentwicklungsplan und Bodennutzungsplan bis hin zum Stadtplan und zu den verschiedenen Fachplänen eine umfangreiche Entscheidungszuständigkeit besitzt, hat er eine zentral-einheitliche Koordinierungskompetenz zum Ausgleich der verschiedenen Interessen zwischen den planenden Ministerien und den "Selbstverwaltungskörperschaften"[58]. Deshalb besteht die Gefahr, daß die örtlichen Interessen zum Nachteil der Selbstverwaltungskörperschaften oft unberücksichtigt bleiben[59].

## C. Die Formen und Auswirkungen der Fachplanungen

### *I. Die Formen und Auswirkungen der Fachplanungen im deutschen Recht*

Wie erwähnt[60], können die Fachplanungen nach ihren Rechtsformen und Rechtswirkungen in *nichtförmliche-unverbindliche, förmliche-abwägungsrelevante und förmliche-rechtsverbindliche* Fachplanungen unterschieden werden.

In den *nichtförmlichen, unverbindlichen Fachplanungen* fassen die Ressorts die Ergebnisse ihrer planerischen Überlegungen zusammen. So stellen zum Beispiel die Ministerien Generalverkehrspläne für die Bewältigung des prognostizierten Verkehrsaufkommens oder Energiepläne zur Deckung des mittelfristig berechneten Bedarfs auf. Für das Verfahren und die Form bei der Aufstellung solcher Pläne gibt es keine Vorschriften. Die Pläne besitzen auch keine rechtliche Verbindlichkeit und haben daher nur behördeninterne Bedeutung[61]. Gewicht haben sie allenfalls als Ergebnis fachlicher Überlegungen, den Sachverständigengutachten vergleichbar[62]. Im übrigen stellen sie behördeninterne Entscheidungsgrundlagen dar, die in der Regel zur

---

57 § 4 U-Bahnbauförderungsgesetz.

58 Vor allem die "Si" bzw. "Kun", vgl. *T.-Y. Jeong*, Stadtplanungsgesetz, S. 101 ff.

59 Siehe oben S. 27 - 28. (Fußn. 24).

60 Vgl. oben S. 35.

61 Vgl. *Brohm*, Die Planung der Bodennutzung, JuS 1986, S. 778 ff.

62 Vgl. *Wahl*, Umweltplanung und ihre Weiterentwicklung, Beiträge der Akademie für Raumforschung und Landesplanung, Bd. 73, S. 51 ff.; *Brohm*, Verwirklichung überörtlicher Planungsziele durch Bauleitplanung, DVBl. 1980, S. 655 ff.

Vorbereitung für rechtlich relevante Planungen oder Einzelmaßnahmen dienen. Weitere Beispiele bilden die zahlreichen vorbereitenden Programme und Pläne, wie Kindergarten-, Altenheim-, Industrieansiedlungspläne usw. Hier handelt es sich um Programme, die die Kommunen im Hinblick auf einzelne Sachbereiche machen, um ihre diesbezügliche Entwicklungspolitik rational zu gestalten. Sie sind lediglich erste Vorbereitungen für später zu verwirklichende Einzelmaßnahmen. Vielfach werden sie als Verwaltungsvorschriften qualifiziert[63]. Als solche haben sie aber nicht einmal für die Behörden eine strikte Verbindlichkeit, für den Bürger sind sie noch völlig ohne rechtlichen Belang. Diesen *nicht-förmlichen unverbindlichen* Fachplanungen stehen solche nahe, deren Aufstellung gesetzlich angeordnet ist, ohne daß ihnen jedoch irgendeine rechtlich verbindliche Wirkung zukommen soll. Zu diesen *förmlich-unverbindlichen* Fachplanungen gehören beispielsweise die Planungs- und Linienführungsbestimmung des Bundesministers für Verkehr nach § 16 Abs. 1 FStrG. Nach der Rechtsprechung des Bundesverwaltungsgerichts stellt diese keinen Verwaltungsakt, sondern einen behördeninternen Vorgang dar. Denn "die Entscheidung des Bundesministers für Verkehr nach § 16 Abs. 1 FStrG hat zum Adressaten ausschließlich die mit der fernstraßenrechtlichen Planung befaßten Straßenbehörden der Länder, ist nicht auf unmittelbare Rechtswirkungen nach außen gerichtet, hat innerhalb des Planungsverlaufs vielmehr den Charakter einer vorbereitenden Grundentscheidung mit allein verwaltungsinterner Bedeutung und erlangt rechtliche Verbindlichkeit gegenüber dem Träger der Straßenbaulast sowie gegenüber Dritten erst dadurch, daß sie in den Festsetzungen des Planfeststellungsbeschlusses ihren Niederschlag findet"[64].

Als eine Zwischenkategorie zwischen den nichtförmlichen, unverbindlichen Fachplanungen und den förmlichen, verbindlichen Fachplanungen gibt es *förmliche, abwägungsrelevante Fachplanungen*. Dazu gehören vor allem die Landschaftsplanung und die forstliche Rahmenplanung. Diese Planungen sind auf Grund der verstärkten Bemühungen um den Umweltschutz eingeführt worden[65]. Die Landschaftsplanung erfolgt nach dem Bundesnaturschutzgesetz, einem Rahmengesetz des Bundes, und den es ausfüllenden

---

[63] Vgl. *Ossenbühl*, Welche normativen Anforderungen stellt der Verfassungsgrundsatz des demokratischen Rechtsstaates an die planende staatliche Tätigkeit?, Gutachten für den 50. Deutschen Juristentag, B. 199 ff.

[64] Vgl. BVerwGE 62, 342 ff. Siehe dazu, *Ibler*, Zur Bindungswirkung der Planungs- und Linienführungsbestimmung des Bundesministers für Verkehr bei der Fernstraßenplanung, DVBl. 1989, S. 76 ff.

[65] Vgl. *Stich*, Die Rechtsbeziehungen zwischen örtlicher Landschaftsplanung und Bauleitplanung, UPR 1983, S. 177 ff.

Landesnaturschutzgesetzen in der Regel in drei Ebenen, dem Landschaftsrahmenprogramm des Landes, dem Landschaftsrahmenprogramm für die Region und dem Grünordnungsplan für die Gemeinde[66]. Die Pläne sollen eine detaillierte Grundlage für die verschiedenen ökologischen Funktionen des Raumes geben, indem sie etwa die besondere Eignung eines Gebiets für die Forstwirtschaft, die Landwirtschaft, die Erholung oder für andere Funktionen feststellen. Ähnliche Aufgaben erfüllen die forstlichen Rahmenpläne nach den Waldgesetzen. Die Aufstellung dieser Pläne ist gesetzlich vorgeschrieben. Daher kann man sie zu den "*förmlichen*" Planungen rechnen, auch wenn das Aufstellungsverfahren nicht im einzelnen festgelegt ist. Im Unterschied zu den *förmlichen* Fachplanungen der herkömmlichen Art werden sie nicht durch Planfeststellungsbeschluß, in den meisten Ländern aber auch nicht als Rechtsverordnung oder als Satzung erlassen[67]. In jedem Falle sollen sie nach den speziellen Festsetzungen bei den räumlichen Planungen "berücksichtigt" werden. Insofern haben sie eine den "Grundsätzen der Raumplanung" vergleichbare Bedeutung. Sie sind *abwägungsrelevante* Gesichtspunkte, aber keine strikt zu beachtenden Festlegungen[68].

Die *förmlichen, rechtsverbindlichen Fachplanungen* sind gesetzlich vorgeschrieben und entfalten eine rechtliche Bindungswirkung. Dazu gehört zunächst einmal die Planung einzelner Fachfragen nach den allgemeinen Planungsgesetzen der Länder. So wird z.B. die Reservierung von Standorten für Kraftwerke - Standortvorsorgeplanung - in sog. *fachlichen Entwicklungsplänen* auf der Grundlage des Landesentwicklungsplans vorgenommen. Dafür sehen die verschiedenen Landesplanungsgesetze unterschiedliche Rechtsformen vor[69]. Ihre Rechtsnatur ist wie bei den Landesentwicklungs-

---

66 Vgl. § 5 BNatSchG i.V.m. §§ 5 ff. Ba-Wü. NatSchG; siehe näher *Stich*, UPR 1983, S. 177 ff.

67 So werden z.B. die Landschaftspläne in Nordrhein-Westfalen von den Kreisen und kreisfreien Städten als Satzungen aufgestellt; dazu näher *Stich*, UPR 1983, S. 185 ff.

68 Zwar trifft die Landschaftsplanung ihre Gebietskategorisierung, etwa die Feststellung der besonderen Eignung als landwirtschaftliches Gebiet, bereits auf Grund einer Abwägung zwischen den verschiedenen landschaftsbezogenen Gesichtspunkten. Diese Abwägung ist aber sektoral begrenzt und bezieht nicht alle räumlichen Nutzungen ein; daher können diese Gebietskategorien für die räumlichen Gesamtplanungen nur ein *abwägungsrelevanter* Gesichtspunkt sein. Siehe näher *Brohm*, Die Planung der Bodennutzung, JuS 1986, S. 779 ff.

69 Nach den §§ 4 und 6 Abs. 1 Ba-Wü. LPlG werden sie z.B. als Rechtsverordnungen erlassen, nach § 16 BayLPlG werden sie von den zuständigen Behörden aufgestellt und vom Staatsministerium im Gesetz- und Verordnungsblatt bekanntgemacht; dazu näher *Erbguth*, Raumordnungs- und Landesplanungsrecht, Rdn. 76 ff. und Übersicht II.

plänen als Gesamtplanungen umstritten[70]. Sie wenden sich, wie auch die überörtlichen Gesamtplanungen auf Grund der allgemeinen Planungsgesetze, als Zielbestimmungen der Raumordnung und Landesplanung nur an die öffentlichen Planungsträger[71]. Demgemäß haben sich ihnen vor allem die gemeindlichen Stadtplanungen anzupassen. Indem die Gemeinden diese Festsetzungen in den Bebauungsplan übernehmen, werden diese auch gegenüber dem Bürger wirksam[72].

Zu den förmlichen, rechtsverbindlichen Fachplanungen gehört weiter die Festsetzung von Schutzgebieten. Sie erfolgt durch den Erlaß von Rechtsnormen in Form von Satzungen oder Rechtsverordnungen[73]. Zu diesen Festsetzungen gehört u.a. die Festlegung naturschutzrechtlicher Schutzgebiete, wie Naturschutzgebiete, Landschaftsschutzgebiete, Naturparks, Naturdenkmäler und geschützter Grünbestände[74], oder die Ausweisung von Wasserschutzgebieten[75], Quellenschutzgebieten und Überschwemmungsgebieten[76], sowie die Bestimmung der verschiedenen Arten von Schutzwald, also Bodenschutzwald, Schutzwald gegen schädliche Umwelteinwirkungen, Bannwald, Schonwald und Erholungswald[77]. Da die Festsetzungen Rechtsnormcharakter haben, sind sie allgemeinverbindlich, gelten also unmittelbar auch dem Bürger gegenüber[78].

Andere Fachplanungen, wie z.B. die Festlegung einer Straße, einer Mülldeponie oder von Anlagen für die End- oder Zwischenlagerung radioaktiver Abfälle, können nach besonderen Gesetzen in einem sogenannten Planfeststellungsverfahren für rechtsverbindlich erklärt werden. Die Planfeststellung ist eine mit bestimmten Rechtsfolgen ausgestattete behördliche Festlegung eines Plans zur Errichtung konkreter Anlagen[79]. Sie ersetzt alle für das Vor-

---

70 Siehe oben S. 49.

71 Vgl. § 5 Abs. 4 bzw. § 4 Abs. 5 BROG; siehe oben S. 65.

72 Vgl. *Brohm*, Verwirklichung überörtlicher Planungsziele durch Bauleitplanung, DVBl. 1980, S. 655 ff.

73 Zur umstrittenen rechtlichen Qualifizierung der Schutzgebietsfestsetzungen siehe näher *Breuer*, Umweltschutzrecht, in: Besonderes Verwaltungsrecht, S. 608 ff.; *Brohm*, Die Planung der Bodennutzung, JuS 1986, S. 779 ff.

74 Vgl. §§ 12 ff. Bundesnaturschutzgesetz i.V.m. §§ 21 ff. Ba-Wü. NatSchG.

75 Vgl. § 19 Wasserhaushaltsgesetz i.V.m. § 24 Ba-Wü. Wassergesetz.

76 Vgl. §§ 40 und 77 Ba-Wü. Wassergesetz.

77 §§ 12 und 13 Bundeswaldgesetz i.V.m. §§ 29 ff. Bd-Wü. Waldgesetz.

78 Vgl. *Brohm*, Die Planung der Bodennutzung, JuS 1986, S. 779 ff.

79 Vgl. *Ronellenfitsch*, Die Planfeststellung, VerwArch. 80 (1989), S. 93 ff.

haben an sich erforderlichen anderen behördlichen Entscheidungen (Genehmigungen, Verleihungen, Erlaubnisse, Bewilligungen, Zustimmungen usw.) und regelt rechtsgestaltend alle öffentlich-rechtlichen Beziehungen zwischen dem Träger des Vorhabens und den Planbetroffenen. Wesensmerkmal der Planfeststellung ist damit eine umfassende Konzentrations- und Gestaltungswirkung[80]. Die umfassende Wirkung der Planfeststellung setzt voraus, daß im Planfeststellungsverfahren die Vielzahl der berührten Interessen zum Ausgleich gebracht werden. Zu diesem Zweck ist das Planfeststellungsverfahren nach dem Vorbild gerichtsförmiger Verfahren ausgestaltet. Es ist geregelt in den jeweiligen Fachplanungsgesetzen, hilfsweise oder ergänzend kommt die allgemeine Regelung in §§ 73 ff. BVwVfG zum Zuge. Es beginnt damit, daß der private oder öffentliche Träger des Vorhabens das Anhörungsverfahren einleitet, indem er den von ihm aufgestellten Plan bei der Anhörungsbehörde einreicht[81]. Jeder, dessen eigene Belange durch das Vorhaben berührt werden, kann Einwendungen gegen den Plan erheben[82]. Die Feststellung des Plans durch die Planfeststellungsbehörde erfolgt durch den Planfeststellungsbeschluß[83]. In ihm wird über die nach dem Anhörungsverfahren noch strittigen Einwendungen, z.B. über erforderliche Schutzauflagen, entschieden[84]. Der Planfeststellungsbeschluß selbst ist ein rechtsgestaltender Verwaltungsakt, der grundsätzlich schriftlich erlassen und begründet, sowie förmlich zugestellt und bekannt gemacht werden muß[85]. Durch ihn wird der dem Vorhaben zugrundeliegenden Planung rechtliche Wirkung beigelegt. Insbesondere enthält der Beschluß die jedermann gegenüber wirkende öffentlich-rechtliche Ermächtigung zur Ausführung des Plans. Er regelt dadurch mit rechtsgestaltender Wirkung alle mit der Planfeststellung zusammenhängenden öffentlich-rechtlichen Beziehungen zwischen dem Träger des Unternehmens und den von der Planung Betroffenen[86]. Neben der Konzentrations- und Gestaltungswirkung hat der unanfechtbare Planfeststellungsbeschluß sog. Ausschlußwirkung; der Planfest-

---

[80] Vgl. § 75 Abs. 1 BVwVfG, dazu *Laubinger*, Der Umfang der Konzentrationswirkung der Planfeststellung, VerwArch. 77 (1986), S. 77 ff.

[81] Vgl. § 73 Abs. 1 BVwVfG, dazu *Kopp*, VwVfG, § 73 Rdn. 1 ff.

[82] Vgl. § 73 Abs. 4 BVwVfG, dazu *Ronellenfitsch*, Der Einwendungsausschluß im Wasserrecht, VerwArch. 74 (1983), S. 369 ff.

[83] Normalerweise sind Anhörungs- und Planfeststellungsbehörde nicht identisch; siehe näher *Ronellenfitsch*, Einführung in das Planungsrecht, S. 111 ff.

[84] Vgl. § 74 Abs. 2 BVwVfG.

[85] Der Planfeststellungsbeschluß ist eine Allgemeinverfügung i.S. von § 35 S. 2 BVwVfG, also ein Verwaltungsakt; siehe näher *Kopp*, VwVfG, § 74 Rdn. 4 ff.

[86] Vgl. *Ronellenfitsch*, Die Planfeststellung, VerwArch 80 (1989), S. 93 ff.

stellungsbeschluß schließt sowohl für die Grundstücke, die nach dem Plan zur Durchführung des Vorhabens benötigt werden, als auch für benachbarte, möglicherweise mittelbar durch Immissionen oder allgemein durch die Änderung der vorgegebenen Grundstückssituation betroffenen Grundstücke privatrechtsgestaltend Unterlassungs-, Beseitigungs- und Änderungsansprüche aus[87]. Im Hinblick auf die für das Vorhaben benötigten Grundstücke wird durch ihn prinzipiell die Zulässigkeit der Enteignung festgestellt[88].

## *II. Die Formen und Auswirkungen der Fachplanungen im koreanischen Recht*

Die oben ausgeführte Einteilung der Fachplanungen nach ihren Rechtsformen und Rechtswirkungen in *nichtförmliche-unverbindliche, förmliche-abwägungsrelevante und förmliche-rechtsverbindliche* Fachplanungen läßt sich in entsprechender Weise für das koreanische Fachplanungsrecht nutzbar machen.

Bei zahlreichen Behörden werden zur Erleichterung der Verwaltungsführung Planungen für einzelne Projekte, durchgeführt, die weder gesetzlich, noch für die Behörde selbst verbindlich sind. Dazu gehören zahlreiche vorbereitende Programme und Pläne, wie z.B. Altenheim-, Industrieansiedlungspläne usw. Sie stellen lediglich schriftlich fixierte, verwaltungsinterne Überlegungen dar, wie die Entwicklung der Gemeinde oder anderer staatlicher Verwaltungseinheiten in der naher Zukunft erfolgen soll. Sie sind daher den oben erwähnten *nicht-förmlichen unverbindlichen* Fachplanungen des deutschen Rechts vergleichbar. Diesen stehen solche nahe, deren Aufstellung gesetzlich angeordnet ist, ohne daß ihnen irgendeine rechtlich verbindliche Wirkung zukommen soll. Zu diesen *förmlich-unverbindlichen* Fachplanungen gehören etwa die Planungen nach § 3 und § 14 Verkehrssicherungsgesetz. Danach hat die Regierung für die Sicherheit des Straßen-, Wasserstraßen- und Luftverkehrs langfristige und zusammenfassende Programme für die Förderung der Verkehrssicherheit aufzustellen. Sie hat darin ständig die zukünftigen Verkehrssituationen zu prognostizieren und die Richtung

---

87 Vgl. § 75 Abs. 2 BVwVfG bzw. § 17 Abs. 6 BFStrG; dazu näher *Kopp*, VwVfG, § 75 Rdn. 3 ff.; *Broß*, Zur (fern)straßenrechtlichen Planfeststellung, VerwArch. 75 (1984), S. 425 ff.

88 § 75 Abs. 2 BVwVfG; dazu näher *Kastner*, Inwieweit sind enteignungs- und entschädigungsrelevante Entschädigungen im straßenrechtlichen Planfeststellungsbeschluß zu treffen?, DVBl. 1982, S. 669 ff.

der Verkehrspolitik zu weisen[89]. Diese Pläne werden als Verwaltungsvorschriften veröffentlicht und haben lediglich behördeninterne Bedeutung.

Zur *förmlichen-abwägungsrelevanten* Fachplanung gehören im koreanischen Recht die Grundsatzpläne nach den Fachplanungsgesetzen, wie z.B. der Waldgrundsatzplan, Naturkatastrophenschutzgrundsatzplan[90], Ackerentwicklungsgrundsatzplan[91], Abwasserordnungsgrundsatzplan[92] u.a. Nach § 6 Waldgesetz hat der Waldamtsdirektor einen den gesamten Wald Koreas umfassenden Grundsatzplan aufzustellen. Dieser soll die Grundlage der Nutzung der Waldflächen und der Festsetzung von forstwirtschaftlichen Schutzgebieten bilden und übt gegenüber den öffentlichen Planungsträgern unmittelbare Rechtswirkung aus. Die öffentlichen Planungsträger haben diese Planungsaussagen zu berücksichtigen und mit ihren Planungsinteressen gerecht abzuwägen[93]. Der einzelne ist von diesem Plan lediglich mittelbar betroffen, weil ihm gegenüber die Planungsaussagen dieses Grundsatzplans erst durch die rechtsverbindliche Planfeststellung konkret wirken.

Ebenso wie es in der Bundesrepublik der Fall ist, werden die *förmlichen, rechtsverbindlichen* Fachplanungen auch in Korea in einem gesetzlich geregelten Verfahren sowie in entsprechend festgelegter Form erlassen und entfalten eine rechtliche Bindungswirkung. Dazu gehören zunächst einmal die planerischen Gebietsfestsetzungen, wie die Festsetzung von Trinkwasserschutzgebieten[94], Waldschutzgebieten[95], Hafengebieten[96], Viehzuchtgebieten[97], Naturparks[98] u.a. Diese werden durch die jeweiligen Fachplanungsträger durchweg als Verwaltungsakt getroffen und haben sowohl für den öf-

---

89 §§ 1 und 3 Verkehrssicherungsgesetz. Dazu gehören auch der generelle Energieversorgungsplan, der Wasserversorgungsplan u.a.; sie haben in manchen Fällen ebenso wie in der Bundesrepublik keine gesetzliche Grundlage.

90 § 4 Naturkatastrophenschutzgesetz.

91 § 6 Ackererweiterungsförderungsgesetz.

92 § 5/2 Abwassergesetz.

93 Dieses Abwägungsgebot ist im koreanischen Recht noch nicht fest verankert. Jedoch sind die inhaltlichen Elemente des Abwägungsgebots in verschiedenen Regelungen der koreanischen Gesamt- und Fachplanungsgesetze zu finden; vgl. §§ 1, 2 und 6 Waldgesetz.

94 § 3 Trinkwassergesetz.

95 § 17 Waldgesetz.

96 § 2/1 Hafengesetz.

97 § 7 Viehzuchtförderungsgesetz.

98 § 4 Naturparkgesetz.

fentlichen Planungsträger als auch für den einzelnen rechtsverbindliche Wirkung[99].

Zu dieser Gruppe gehört ferner die Festlegung der fachplanerischen Projekte, wie Straßen, Staudämme, Hochdruckgasdeponieanlagen, Atomkraftwerke u.a. Diese Projekte sind von den jeweiligen Fachplanungsträgern teils durch Rechtsverordnung teils durch Verwaltungsakt festzustellen[100]. Wie der Planfeststellungsbeschluß im deutschen Recht hat die planerische Feststellung sowohl für den öffentlichen Planungsträger als auch für den einzelnen unmittelbare rechtsverbindliche Wirkung (Konzentrations-, Gestaltungs- und Ausschlußwirkung)[101]. Zwar besteht im koreanischen Recht anders als in der Bundesrepublik auch nicht subsidiär eine einheitliche Regelung für das Planfeststellungsverfahren, ihre Notwendigkeit wird jedoch wegen der umfangreichen Auswirkungen dieser planerischen Festsetzungen durch die koreanischen Literatur immer wieder betont[102]. Eine entsprechende Gesetzgebung für Planfeststellungsverfahren ist durch einen Entwurf des Verwaltungsverfahrensgesetzes angekündigt, auf dessen Inhalt im Zusammenhang mit den verfahrensrechtlichen Schranken der planerischen Gestaltungsfreiheit näher eingegangen wird.

---

[99] Die in den Fachplänen vorgesehenen Flächen sind lediglich dem Zweck der planerischen Festsetzungen entsprechend zu nutzen. Vgl. die gesetzliche Regelungen in Fußn. 91 - 95.

[100] So werden z.B. die Linienführungen für staatliche Straßen und für Autobahnen in einer Rechtsverordnung, diejenigen für "Do"- bzw. "Kun"-Straßen als Verwaltungsakt festgestellt; §§ 13 und 14 Straßengesetz. Staudämme und Atomkraftwerke werden durch Verwaltungsakt festgestellt; § 5 Staudammgesetz und § 11 Atomgesetz.

[101] Über den Inhalt der genannten Wirkungen siehe oben unter 2.4.3.1. Die entsprechenden Regelungen sind im koreanischen Recht z.B. in den §§ 21 ff. Atomgesetz bzw. den §§ 3 ff. Hochdruckgassicherheitskontrollgesetz (für die Hochdruckgasdeponieanlagen) zu finden.

[102] Vgl. *D.-C. Kim*, Allgemeines Verwaltungsrecht, Bd. 1, S. 321 ff.; *J.-H. Seok*, Öffentliches Baurecht, S. 117 ff.

*3. Kapitel*

# Planänderungen: Grenzen der Gestaltungsfreiheit und mögliche Schutzpositionen privater Planbetroffener und öffentlicher Planungsträger

## 1. Abschnitt

## Erforderlichkeit von Planänderungen

### A. Flexibilitätserfordernisse der Planung

Die aufgeführte Vielfalt der raumbedeutsamen Planungen zeigt, daß die Bundesrepublik Deutschland und die Republik Korea planende Staaten sind; beide versuchen, mit ihrem Verhalten auf soziale Gegebenheiten nicht nur passiv zu reagieren, sondern die gesellschaftlichen Verhältnisse ständig aktiv zu gestalten. Um dies zu erreichen, müssen sie sich verantwortungsvoll verhalten. Der verantwortungsvoll handelnde Staat wird sein Verhalten, soweit es auf die Ordnung und Lenkung gesellschaftlicher Verhältnisse bezogen ist, stets an den bestehenden oder voraussehbaren Anforderungen ausrichten[1]. Diese Tatsache spielt bei der Gesetzgebung wie auch der Regierungs- und Verwaltungstätigkeit eine Rolle; sie gilt ebenso für die staatliche Planung[2]. Sie führt aber auch dazu, daß nicht nur Gesetze erlassen, Regierungsbeschlüsse gefaßt und Planungen betrieben werden; vielmehr muß der

---

[1] Vgl. *Ossenbühl*, Welche normativen Anforderungen stellt der Verfassungsgrundsatz des demokratischen Rechtsstaates an die planende staatliche Tätigkeit?, Gutachten für den 50. Deutschen Juristentag, B. 30 ff.

[2] Vgl. *Brohm*, Planungs- und Entwicklungsverwaltung am Beispiel "Raum- und Stadtplanung", in: Grimm (Hrsg.), Einführung in das öffentliche Recht, S. 170 ff.

Staat gegebenenfalls auch Gesetze ändern, Beschlüsse revidieren oder modifizieren und Planungen auf den Stand neuester Erkenntnisse bringen[3].

Planung in ihrer heutigen Form ist sowohl in der Bundesrepublik Deutschland als auch in der Republik Korea keine reine *Reaktionsplanung*[4]. Sie korrigiert nicht nur Fehlentwicklungen, sondern versucht die Entwicklung in bestimmte Bahnen zu lenken, indem sie Auffanglinien markiert, also einen Rahmen vorgibt *(Auffangplanung)*[5]; vielfach will sie darüber hinaus sogar die gesellschaftliche Entwicklung selbst veranlassen und steuern *(Entwicklungsplanung)*[6]. Insofern ist Planung gegenüber einem längst praktizierten staatlichen Interventionismus ein Versuch, Lenkungsmaßnahmen nicht nur an gegenwärtigen, sondern auch an zukünftigen Bedürfnissen zu orientieren und sie damit möglichst rational und effektiv einzusetzen[7]. Gerade weil der Staat mit seinen Planungen den gesellschaftlichen Bedürfnissen auch insoweit Rechnung tragen will, als sie sich im Laufe der Zeit

---

3 Vgl. *Scharpf*, Planung als politischer Prozeß, in: Naschold/Väth (Hrsg.), Politische Planungssysteme, S. 167 ff.

4 Die deutsche Stadtplanung hat im 19. Jahrhundert angefangen, vornehmlich durch die Festsetzung von Bau- und Fluchtlinien, nach städtebaulichen Gesichtspunkten ihren planerischen Einfluß auszuüben. Die Reaktionsplanung paßte sich der Entwicklung der Gesellschaft an, sie *reagierte* nur auf Notwendigkeiten, die sich aus dieser freien Entwicklung ergaben; dazu näher *Brohm*, Entwicklungen im Raum- und Stadtplanungsrecht, S. 25 ff.

5 Der Ausdruck *Auffangplanung* wurde im deutschen Recht nach dem ersten Weltkrieg geprägt, nachdem sich ein neues Verständnis der Planung durchsetzte; dazu näher *Brohm*, Entwicklungen im Raum- und Stadtplanungsrecht, S. 26 ff.

6 In den sechziger Jahren gab es in der Bundesrepublik einen Meinungsumschwung. Planung wurde nicht mehr als tabu angesehen, sondern als der Zug der Zeit hervorgehoben. Dies führte im Städtebaurecht zu der Forderung, der Staat bzw. die Kommunen dürften die Entwicklung der Stadt nicht länger den gesellschaftlichen Kräften überlassen und lediglich an bestimmten Grenzen auffangen, sondern müßten eine *Entwicklungsplanung* betreiben, d.h. die Entwicklung der Stadt selbst in die Hand nehmen und tatsächlich herbeiführen, damit die richtigen Investitionen zur rechten Zeit am rechten Ort getätigt werden; dazu näher *Brohm*, Entwicklungen im Raum- und Stadtplanungsrecht, S. 27 ff.
In der Republik Korea hat die Planung im modernen Sinne in den sechziger Jahren ihre Bedeutung erlangt. Das Rechtsinstitut "Planung" wird seither als eine Entwicklungsplanung für die Gestaltung und Steuerung der Gesellschaft und insbesondere zur industriellen Entwicklung eingesetzt; dazu näher *Forschungsinstitut für die Staatsraumentwicklung*, Studie einer Staatsraumplanungspolitik für ihre effektive Verwirklichung, S. 44 ff.

7 Vgl. *Häusler*, Planung als Zukunftsgestaltung, S. 24 ff.

entwickeln und ändern, muß die Planung stets dynamisch sein[8]. Veränderlichkeit ist daher eine der praktischen Bedingungen des Erfolgs der Planung[9].

## B. Gründe für die Flexibilitätserfordernisse der Planung

### *I. Unzureichende Daten und Fehlprognosen: Mängel in der Planung*

Die Notwendigkeit einer Flexibilität der Planung kann sich aus verschiedenen Gründen ergeben; einmal ist es angesichts der vielfältigen aufeinander abzustimmenden Gegebenheiten und ihrer Interdependenzen nahezu unmöglich, alle relevanten Daten zu kennen und zu berücksichtigen. Insofern können sich beim Vollzug eines Plans Fehler herausstellen, die Plankorrekturen erforderlich machen[10]. In diesem Zusammenhang stehen die Prognosefehler. Sie können entstehen, wenn einzelne Faktoren überraschend neu auftreten, oder wenn schon wirkende Faktoren in ihrer Wirkung falsch oder gar nicht erkannt worden sind. Derartige Fehler sind unvermeidbar[11]. Die Datensammlung und mit ihr die Prognose sind dann falsch oder unvollständig. Um den Erfolg der Planung zu sichern, kann also eine Änderung des Programms erforderlich sein[12]. Weil das Resultat des eigenen Handelns im Lichte nicht berechenbarer Umstände abgewartet und das Fortsetzen oder Ändern dieses Handelns danach eingerichtet werden muß, ist der Irrtum, die Änderung des Plans nach den mit seiner fortschreitenden Verwirklichung gemachten Erfahrungen, hier keine Ausnahme, sondern sie ist ein

---

8 Dazu näher *Forrester*, Planung unter dem dynamischen Einfluß komplexer sozialer Systeme, in: Ronge/Schmieg (Hrsg.), Politische Planung in Theorie und Praxis, S. 81 ff.

9 Vgl. *Redeker*, Staatliche Planung im Rechtsstaat, JZ 1968, S. 541 ff.; *von Simson*, Planänderung als Rechtsproblem, in: Kaiser (Hrsg.), Planung I, S. 420 ff.; *Burmeister*, Zur Staatshaftung für Planschäden der Wirtschaft, Die Verwaltung 1969, S. 36 ff.

10 Vgl. *Ronge/Schmieg*, Restriktionen politischer Planung, S. 53 ff.

11 Vgl. *Erichsen*, Das Verwaltungshandeln, in: Erichsen/Martens (Hrsg.), Allgemeines Verwaltungsrecht, S. 294 ff.; *Gygi*, Rechtsfragen der Wirtschaftsplanung, in: Kaiser (Hrsg.), Planung II, S. 136 ff.; *Oldiges*, Grundlagen eines Plangewährleistungsrechts, S. 109 ff.

12 Vgl. *Weiss*, Strukturierung iterativer Entscheidungsprozesse bei öffentlichen Planungsvorhaben, VerwArch 63 (1972), S. 241 ff.

unentbehrlicher, sich selbst legitimierender Bestandteil jedes vernünftigen Plans[13].

### *II. Zieländerung: Anpassung an den raschen sozialen Wandel*

Ein weiterer Grund für eine Programmkorrektur kann in einer Änderung der Zielentscheidung liegen. Der Plan ist kennzeichnend für die sinnvoll aufeinander bezogene Gesamtheit der Handlungsanweisungen[14], d.h. eine Ausrichtung auf bestimmte Ziele. Bei der Zielentscheidung ist die große Zahl von Faktoren, die durch das Ineinandergreifen von einzelnen Elementen oft eine unübersichtliche Komplexität aufweisen, zu berücksichtigen[15]. Dabei spielt die politische Konstellation auch eine große Rolle, weil in der Regel eine größere Zahl von Einzelzielen, die teilweise im Verhältnis der Zielkonkurrenz zueinander stehen, zu berücksichtigen ist, und daher auch in besonderem Maße die Frage der qualifizierten Bewertung der Ziele auftritt[16].

Eine Planänderung kommt einmal in Betracht, wenn die Daten, die bei der Zielentscheidung eine entscheidende Rolle gespielt haben, sich nachhaltig geändert haben. Zeigt die Analyse bzw. Bewertung neuer Daten, daß die Ziele oder einzelne von ihnen unerreichbar sind oder ihre Beibehaltung unter den veränderten Bedingungen bedeutungslos geworden ist, ist eine Planänderung notwendig[17]. Zwar ist die Entscheidung darüber eine politische, sie wird aber durch die faktischen Umstände erzwungen, wenn die Planung noch sinnvoll und wirksam bleiben soll[18].

Daneben können Planänderungen aus rein politischen Gründen erforderlich werden. Das Planungsorgan hegt in diesem Fall zu einem späteren Zeit-

---

13 Vgl. *von Simson*, Planänderung als Rechtsproblem, in: Kaiser (Hrsg.), Planung I, S. 419 ff.

14 Vgl. *Wagner*, System einer integrierten Entwicklungsplanung in Bund, Ländern und Gemeinden, S. 129 ff.; *Thieme*, Verwaltungslehre, Rdn. 457 ff.

15 Vgl. *Wittkämpfer*, Möglichkeiten und Grenzen neuer Technologien in der Verwaltung, Die Verwaltung 1983, S. 161 ff.

16 In diesem Zusammenhang nennt *Wahl*, Rechtsfragen der Landesplanung und Landesentwicklung, Bd. I, S. 62 ff., die Planung als Form zielorientierter Systemsteuerung.

17 *Forrester*, Planung unter dem dynamischen Einfluß komplexer sozialer Systeme, in: Ronge/ Schmieg (Hrsg.), Politische Planung in Theorie und Praxis, S. 81 ff.

18 Vgl. *Scharpf*, Planung als politischer Prozeß, in: Naschold/Väth (Hrsg.), Politische Planungssysteme, S. 167 ff.

punkt andere gesellschaftspolitische Vorstellungen als im Augenblick der ursprünglichen Planung[19]. Planung wird nicht um ihrer selbst willen betrieben, sondern sie hat die eindeutige Funktion, gesellschaftliche Gegebenheiten dermaßen zu verändern oder zu steuern, daß damit gegenwärtigen oder voraussehbaren, zukünftigen gesellschaftlichen Erfordernissen möglichst effektiv Rechnung getragen werden kann[20]. Auch die politischen Vorstellungen darüber unterliegen einem raschen Wandel[21].

Insofern wird die Änderbarkeit von Plänen sowohl in der Bundesrepublik als auch in Korea für unerläßlich gehalten. Sie verbietet das hartnäckige Festhalten an einem einmal eingeschlagenen Weg, wenn er sich als ungeeignet erweist, weil unvorhergesehene, neuentstandene Situationen und Aufgaben oder Änderungen der gesellschaftspolitischen Wertentscheidungen eine stetige Anpassung der Planung verlangen[22].

Wollte man jedoch aus den Erfordernissen der Planänderung folgern, daß damit die Legitimität jeder Planänderung bewiesen, oder überhaupt etwas über die allgemeine verfassungsrechtliche Zulässigkeit der Planänderung ausgesagt ist, dann läuft in der Tat diese Ansicht auf eine rechtsstaatliche Kapitulation hinaus[23]. Zwar gehört zu den Voraussetzungen der *erfolgreichen* Planung, daß auch die Veränderung bejaht wird und sie ein System der Rückkopplung besitzt, d.h. daß die Bereitschaft und Fähigkeit zum Lernen vorhanden ist[24]. Die eingeleiteten Änderungen müssen jedoch kontrolliert vorgenommen werden[25]. Sie können nur dann gegenüber den Planungsbe-

---

[19] Vgl. *Häusler*, Planung als Zukunftsgestaltung, S. 39 ff.

[20] Vgl. *König*, Programmsteuerungen in komplexen politischen Systemen, Die Verwaltung 1974, S. 143 ff.

[21] Vgl. *Forrester*, Planung unter dem dynamischen Einfluß komplexer sozialer Systeme, in: Ronge/Schmieg (Hrsg.), Politische Planung in Theorie und Praxis, S. 81 ff.

[22] Vgl. *Wahl*, Rechtsfragen der Landesplanung und Landesentwicklung, Bd. I, S. 62 ff.; *Thieme*, Verwaltungslehre, Rdn. 465 ff.; *Weiss*, Strukturierung iterativer Entscheidungsprozesse bei öffentlichen Planungsvorhaben, VerwArch 63 (1972), S. 241 ff.; *W.-W. Seo*, Rechtsnatur der Verwaltungsplanung und deren verfahrensrechtlichen Kontrolle, Gosigye 1987, Bd. 2, S. 36 ff.; *J.-G. OH*, Bedeutung und rechtliche Struktur der Verwaltungsplanung, Yuksanonmunjip Bd. 24 (1983), S. 161 ff.

[23] Vgl. *Ipsen*, Rechtsfragen der Wirtschaftsplanung, in: Kaiser (Hrsg.), Planung II, S. 112 ff.

[24] Vgl. *Schmitt Glaeser*, Konflikt und Planung, Die Verwaltung 1981, S. 277 ff.; *Thieme*, Verwaltungslehre, Rdn. 465 ff.

[25] Vgl. *Papier*, Rechtliche Bindung und gerichtliche Kontrolle planender Verwaltung im Bereich des Bodenrechts, NJW 1977, S. 1714 ff.; *Stelkens/Pagenkopf*, Rechtliche Bindung und gerichtliche Kontrolle planender Verwaltung im Bereich des Bodenrechts, DVBl. 1977, S. 668 ff.

troffenen verantwortet werden, wenn sie deren Rechtspositionen und Interessen angemessen mitberücksichtigen[26].

Daher ist zu fragen, welche Spielräume die öffentlichen Planungsträger für ihre Planungen bzw. Planänderungen besitzen, und wo auf Grund rechtlicher Vorschriften oder allgemeiner rechtsstaatlicher Grundsätze Schranken bestehen. Da die Bundesrepublik Deutschland und die Republik Korea lediglich teilweise übereinstimmende Rechtssysteme besitzen, sind zunächst allgemein die Spielräume für die Aufstellung und Änderung von Plänen und dann die Schranken auf Grund spezieller Rechtspositionen vergleichend zu betrachten.

---

26 Vgl. *Brohm*, Plangewährleistungsrechte, JURA 1986, S. 617 ff.; *Kriele*, Plangewährleistungsansprüche?, DÖV 1967, S. 531 ff.; *J.-G. OH*, Rechtsnatur der Verwaltungspläne und Plangewährleistung, Susonnonjip Bd. 10 (1985), S. 317 ff.

## 2. Abschnitt

# Spielraum für die planerische Gestaltung im deutschen und koreanischen Recht

## A. Planerische Gestaltungsfreiheit im deutschen und koreanischen Recht

### *I. Das deutsche Recht*

#### 1. Planungsgesetze als Finalprogramme

Der planende Staat versucht, mit Hilfe planerischer Festsetzungen ein bestimmtes Bild der räumlichen Gestaltung in der Zukunft zu erreichen. Dabei hat er eine Vielzahl von Einzelentscheidungen und Festsetzungen miteinander abzustimmen und einander zuzuordnen, damit die vielfältigen Bedürfnisse und Interessen gerecht zugeordnet und ausgeglichen werden. Angesichts dieser komplexen Entscheidungssituation können die zur Planung ermächtigenden Planungsgesetze nicht wie die Gesetze der Ordnungsverwaltung als "*Konditionalprogramm*" strukturiert werden[1].

"*Konditionalprogramme*" enthalten einen Tatbestand, bei dessen Vorliegen eine Rechtsfolge ausgelöst wird. Sie sind nach dem *Wenn-dann-Schema* aufgebaut, das heißt, *wenn* ein bestimmter im Gesetz umschriebener Tatbestand erfüllt ist, *dann* tritt die im Gesetz genannte Rechtsfolge ein. *Wenn* z.B. die Bauvorschriften eingehalten sind, *dann* ist die Baugenehmigung zu erteilen; *wenn* der Gastwirt die Vorschriften des Gesundheits- oder des Lebensmit-

---

[1] Vgl. *Brohm*, Die Dogmatik des Verwaltungsrechts vor den Gegenwartsaufgaben der Verwaltung, VVDStRL 30 (1972), S. 259 ff.

telrechts nicht einhält, *dann* ist die Erlaubnis zum Betrieb einer Gaststätte zu widerrufen[2].

Planungsgesetze vermögen angesichts der erwähnten komplexen Entscheidungssituation nicht für bestimmte Tatbestände eine ganz bestimmte Rechtsfolge anzugeben, so daß sich die Handlungsanweisung mehr oder weniger direkt aus dem Gesetz ablesen ließe[3]. Planungsgesetze müssen vielmehr der planenden Verwaltung einen erheblichen Gestaltungsspielraum überlassen, was oft in der Weise geschieht, daß sie nur einzelne Ziele angeben, den Weg zum Ziel aber der Verwaltung überlassen. Hier wird von "*Finalprogrammen*" gesprochen[4]; sie sind nach dem *Zweck-Mittel-Schema* aufgebaut und werden nicht durch Subsumtion angewendet, sondern in einem offenen Prozeß der Rechtskonkretisierung, insbesondere durch Abwägung der verschiedenen Belange verwirklicht[5].

### 2. Die planerische Gestaltungsfreiheit der öffentlichen Planungsträger

Mit dieser besonderen Struktur ist bei Planungsrechtsnormen eine größere Anzahl von Entscheidungsmöglichkeiten gegeben, als dies bei Rechtsnormen nach dem "Wenn-dann-Schema" der Fall ist. Denn die Verwaltung erhält zwar zur Verfolgung der gesetzlich vorgegebenen Ziele auch bestimmte Instrumente an die Hand, der Weg zum Ziel bleibt jedoch grundsätzlich ihrer Entscheidung überlassen. Er ist anhand der jeweiligen Gegebenheiten, der rechtlichen und finanziellen Möglichkeiten, durch die Bildung von

---

2 Vgl. *Brohm*, Planungs- und Entwicklungsverwaltung am Beispiel "Raum- und Stadtplanung", in: Grimm (Hrsg.), Einführung in das öffentliche Recht, S. 182 ff.

3 Vgl. *Brohm*, Die Dogmatik des Verwaltungsrechts vor den Gegenwartsaufgaben der Verwaltung, VVDStRL 30 (1972), S. 266 ff.

4 Vgl. *Brohm*, Strukturprobleme der planenden Verwaltung, JuS 1977, S. 500 ff.; *Wahl*, Rechtsfragen der Landesplanung und Landesentwicklung, Bd. I, S. 83 ff.; *Ernst/Hoppe*, Das öffentliche Bau- und Bodenrecht, Raumplanungsrecht, Rdn. 186 ff.

5 Für die Struktur von Finalprogrammen gibt das Baugesetzbuch ein gutes Beispiel. § 1 Abs. 1 u. 3 BauGB nennen z.B. als Ziel der Bauplanung, die bauliche und sonstige Nutzung der Grundstücke in der Gemeinde vorzubereiten und zu leiten, und zwar zum Zwecke einer geordneten städtebaulichen Entwicklung, einer dem Wohl der Allgemeinheit entsprechenden sozialgerechten Bodennutzung und einer menschenwürdigen Umwelt. Diese sehr unbestimmten Hauptziele werden dann in § 1 Abs. 5 BauGB in zahlreichen Unterzielen oder Planungsgrundsätzen weiter erläutert; siehe oben S. 83.

Unterzielen und die Planung des erforderlichen Mitteleinsatzes unter Beachtung der raschen Veränderlichkeit der Umweltdaten jeweils für eine konkrete Situation zu finden. Insofern programmiert sich die Verwaltung weitgehend selbst. Sie hat also bei der Planung einen erheblichen rechtlich nicht determinierten eigenen Entscheidungsspielraum. Dieser wird in der deutschen Literatur und Rechtsprechung mit planerischer Gestaltungsfreiheit oder Planungsermessen bezeichnet[6].

Dieses *Planungsermessen* ist etwas anderes als das *Verwaltungsermessen*, das hauptsächlich im Bereich der Ordnungs- und Leistungsverwaltung eingeräumt sein kann[7]. Wenn z.B. eine Landesbauordnung die Baubehörde unter bestimmten Voraussetzungen zur Befreiung von einer Vorschrift, zur Erteilung eines Dispenses, ermächtigt, dann hat die Behörde bei einem entsprechenden Antrag des Bauwilligen die Wahlfreiheit, den Dispens zu gewähren oder den Antrag abzulehnen, oder ihm, etwa unter Auflagen, nur teilweise stattzugeben. Die Behörde hat also beim Vollzug des Gesetzes im Einzelfalle eine Wahlfreiheit zwischen überschaubaren Alternativen hinsichtlich einer einzelnen Sachfrage[8]. Beim *Planungsermessen* geht es nicht um die Entscheidung einer einzelnen, isoliert zu behandelnden Frage, sondern um eine Vielzahl von interdependenten Maßnahmen. Für sie kommen

---

6 Das Bundesverwaltungsgericht hat aus der Planungshoheit der Gemeinde die Einräumung eines Planungsermessens abgeleitet und dabei festgestellt, daß die Befugnis zur Planung einen mehr oder weniger ausgedehnten Spielraum an Gestaltungsfreiheit einschließt und einschließen muß, weil Planung ohne Gestaltungsfreiheit ein Widerspruch in sich wäre. Es hat die planerische Gestaltungsfreiheit in seinen Entscheidungen jedoch der verwaltungsgerichtlichen Kontrolle unterworfen. Vgl. BVerwG DVBl. 1969, S. 414 ff.; *Brohm*, Die Dogmatik des Verwaltungsrechts vor den Gegenwartsaufgaben der Verwaltung, VVDStRL 30 (1972), S. 266 ff.; *Hoppe*, Zur Struktur von Normen des Planungsrechts, DVBl. 1974, S. 641 ff.

7 Vgl. *Brohm*, Strukturprobleme der planenden Verwaltung, JuS 1977, S. 500 ff.; *Papier*, Rechtliche Bindung und gerichtliche Kontrolle planender Verwaltung im Bereich des Bodenrechts, NJW 1977, S. 1715 ff.; *Erichsen*, Das Verwaltungshandeln, in: Erichsen/Martens (Hrsg.), Allgemeines Verwaltungsrecht, S. 302 ff.; *Badura*, Das Planungsermessen und die rechtsstaatliche Funktion des Allgemeinen Verwaltungsrechts, in: Festschrift zum 25-jährigen Bestehen des bayer. Verfassungsgerichtshofs, S. 158 ff.

8 Auch diese Fragen lassen sich mit der Zeit *routinieren*; in den Verwaltungsvorschriften der übergeordneten Verwaltungsinstanzen werden dann Regelungen ausgearbeitet, die bestimmen, wann von der Möglichkeit des Dispenses Gebrauch gemacht werden soll und wann nicht; Zum Verwaltungsermessen vgl. *Brohm*, Planungs- und Entwicklungsverwaltung am Beispiel "Raum- und Stadtplanung", in: Grimm (Hrsg.), Einführung in das öffentliche Recht, S. 185 ff.; *Erichsen*, Das Verwaltungshandeln, in: Erichsen/Martens (Hrsg.), Allgemeines Verwaltungsrecht, S. 208 ff.

u.U. jeweils zahlreiche Alternativen in Betracht. Hier geht es nicht um den Vollzug eines Gesetzes, der auch in seinen Ausnahmebestimmungen im wesentlichen generell geregelt und damit überwiegend zur Routine der Verwaltungsbehörde gemacht werden kann, sondern um die Konzipierung der Gesamtordnung eines Sozialbereichs nach Zielvorgaben und Richtlinien des Planungsgesetzes. Das Planungsermessen ist daher nicht nur quantitativ, sondern auch qualitativ von dem Verwaltungsermessen zu unterscheiden und eher mit dem Gestaltungsermessen des Gesetzgebers vergleichbar[9].

Diese Weite der planerischen Gestaltungsfreiheit im deutschen Recht bedeutet jedoch nicht, daß die Planungs- bzw. Planänderungsbefugnis schrankenlos wäre. Jedes Ermessen der Verwaltung ist im Rechtsstaat ein rechtlich gebundenes, und rechtsstaatlichem Bestreben entspricht es, die rechtlichen Grenzen und die Bindungen so eng wie möglich zu ziehen[10]. Schranken dieses Planungsermessens ergeben sich sowohl aus formell-rechtlichen als auch aus materiell-rechtlichen Anforderungen, worauf näher einzugehen sein wird.

### *II. Planerische Gestaltungsfreiheit im koreanischen Recht*

Die aufgeführten Gesetzgebungsmechanismen, daß die Planungsvorschriften nicht als *Konditionalprogramme*, sondern als *Finalprogramme* konstruiert sind, läßt sich in den koreanischen raumbedeutsamen Planungsgesetzen genauso beobachten wie in den deutschen. Die Planungsgesetze bestehen aus verschiedenen materiell-rechtlichen und formell-rechtlichen

---

9 Vgl. *Brohm*, Die Dogmatik des Verwaltungsrechts vor den Gegenwartsaufgaben der Verwaltung, VVDStRL 30 (1972), S. 266 ff.; *Wahl*, Rechtsfragen der Landesplanung und Landesentwicklung, Bd. I, S. 83 ff.; *Badura*, Gestaltungsfreiheit und Beurteilungsspielraum der Verwaltung, bestehend aufgrund und nach Maßgabe des Gesetzes, in: Festschrift für Bachof, S. 169 ff.; *Ernst/Hoppe*, Das öffentliche Bau- und Bodenrecht, Raumplanungsrecht, Rdn. 186 ff. *Hoppe/Schlarmann*, Rechtsschutz bei der Planung von Straßen und anderen Verkehrsanlagen, Rdn. 139 ff.; Diese Frage ist im deutschen Recht jedoch sehr umstritten. Andere Ansichten, die die qualitativen Unterschiede des Planungsermessens vom Verwaltungsermessen ablehnen, vgl. *Schmidt-Aßmann*, Verwaltungsverantwortung und Verwaltungsgerichtsbarkeit, VVDStRL 34 (1976), S. 221 ff.; *Papier*, Rechtliche Bindung und gerichtliche Kontrolle planender Verwaltung im Bereich des Bodenrechts, NJW 1977, S. 1714 ff.; *Koch*, Das Abwägungsrecht im Planungsrecht, DVBl. 1983, S. 1125 ff.

10 Vgl. *Brohm*, Planungs- und Entwicklungsverwaltung am Beispiel "Raum- und Stadtplanung", in: Grimm (Hrsg.), Einführung in das öffentliche Recht, S. 182 ff.

Komponenten, wie z.B. Grundsätze- bzw. Zielvorschriften, kompetenz- und verfahrensrechtliche Regelungen sowie Plansicherungs- und Planordnungsmaßnahmen.

Die Plansicherungs- und Planordnungsmaßnahmen, die die Genehmigungsvoraussetzungen für bestimmte Nutzungen des Grund und Bodens und die Sanktionsmaßnahmen gegen planwidriges Verhalten regeln, sind nach dem *Wenn-dann-Schema* aufgebaut; sie enthalten Tatbestände, bei deren Vorliegen Rechtsfolgen ausgelöst werden[11].

Dagegen sind die Vorschriften, die Grundsätze, Ziele und die Planungsermächtigung regeln, eindeutig nach dem *Zweck-Mittel-Schema* aufgebaut. Jedes raumbedeutsame Planungsgesetz bestimmt die Ziele der jeweiligen Planung[12], und der Plan stellt das Instrumentarium für die Verwirklichung der entsprechenden Ziele dar. Die Planungsvorschriften sind wie folgt konstruiert: "Um das Ziel zu erreichen, stellt der Planungsträger den Plan auf"[13]. Sie enthalten weder Tatbestände noch Rechtsfolgen. Sie bestimmen, daß die Ziele zu erreichen und hierzu die Pläne aufzustellen sind.

Zwar sehen die Planungsgesetze genau vor, von wem und durch welches Verfahren die Pläne aufgestellt werden. Aber über die konkreten Möglichkeiten zur Zielerreichung und die Interessenkoordination schweigen sie sich aus. Aus dieser Art der Normstruktur erwächst der planenden Verwaltung ein erheblicher Entscheidungs- bzw. Planungsspielraum, ebenso wie es im deutschen Recht der Fall ist. Der Rechtsgedanke, daß das Planungsermessen vom herkömmlichen Verwaltungsermessen zu unterscheiden ist, ist in der koreanischen Literatur[14] und Rechtsprechung[15] allgemein anerkannt. Da das Rechtsstaatsprinzip als ein verfassungsrechtliches Gebot fest verankert ist, ist auch außer Streit, daß das Planungsermessen lediglich im Rahmen der Rechtsstaatlichkeit anzuerkennen ist. Inwieweit die planerische Gestaltungsfreiheit an formell-rechtliche als auch materiell-rechtliche Schranken gebunden ist, wird näher zu untersuchen sein.

---

[11] Vgl. §§ 15 und 32 KBNKG; §§ 19 und 90 KStPlG u.a.

[12] Vgl. § 1 KREPG, § 1 KBNKG; § 1 KStPlG; über deren Inhalt siehe oben S. 44, 45, 74.

[13] Vgl. § 2 KREPG, § 2 KBNKG; § 2 KStPlG; über deren Inhalt siehe oben 45, 46, 75.

[14] Vgl. *D.-C. Kim*, Allgemeines Verwaltungsrecht, S. 316 ff.; *N.-J. Kim*, Verwaltungsrecht, Bd. 1, S. 254 ff.; *J.-H. Seok*, Allgemeines Verwaltungsrecht, S. 279 ff.

[15] Nach der Rechtsprechung des Obersten-Gerichts (Daepan) vom 23. 7. 1985 (83 nu 727) liegt die Feststellung bzw. Änderung des Stadtsanierungsplans durch den öffentlichen Planungsträger im Rahmen des Gesetzes und zum Zweck der gesunden Entwicklung der Stadt bzw. der Förderung des Allgemeinwohls aufgrund seiner stadtpolitischen Beurteilung im Ermessen des Stadtplanungsträgers.

## B. Die allgemeinen rechtlichen Schranken der planerischen Gestaltungsfreiheit im deutschen und koreanischen Recht

### *I. Die Schranken der planerischen Gestaltungsfreiheit durch formell-rechtliche Anforderungen im deutschen und koreanischen Recht*

#### 1. Formell-rechtliche Anforderungen im deutschen Recht

##### a) Planungskompetenz im System dezentralisierter Entscheidungen

Wie oben erwähnt, ist die Eigenständigkeit der Bundesländer und das Selbstverwaltungsrecht der Gemeinden in der Bundesrepublik nach dem föderalistischen Prinzip[16] und der Selbstverwaltungsgarantie[17] verfassungsrechtlich gewährleistet. Dadurch entfalten diese Einheiten bei der Planung eine gewisse Eigenständigkeit und Eigendynamik. Damit ihnen noch genügend Spielraum zu einer eigenständigen Entscheidung als autonome hoheitliche Planungsträger belassen bleibt, unterliegen die Planungen der größeren Planungseinheiten nach dem Inhalt oder dem Grad ihrer Verbindlichkeit gewissen Barrieren. Je weiter sich eine Planung von der Ortsplanung entfernt, desto unbestimmter und damit umso leerformelhafter oder nichtssagender wird ihre Planungsaussage inhaltlich sein. Regelmäßig können sie nur eine Rahmenplanung darstellen, und da mehrere Ebenen dezentralisierter Entscheidungen bestehen, ist der Rahmen umso weiter zu ziehen, je größer die Planungseinheit ist[18]. Daraus ergeben sich beachtliche Einschränkungen für die Raumplanung des Bundes, der die Planungshoheit der Länder und der Gemeinden zu respektieren hat. Die räumlichen Planungen

---

[16] Vgl. Art. 20 Abs. 1, 30, 70, 83 GG.

[17] Vgl. Art. 28 Abs. 2 GG.

[18] Vgl. *Brohm*, Die Planung der Bodennutzung, JuS 1986, S. 780 ff.; *Bielenberg/ Erbguth/ Söfker*, Raumordnungs- und Landesplanungsrecht des Bundes und der Länder, J 610, Rdn. 34 ff.; *Cholewa/ Dyong/ von der Heide*, Raumordnung in Bund und Ländern, Vorbem. III, Rdn. 1 ff.; *Schmitt Glaeser/ König*, Grundfragen des Planungsrechts. Eine Einführung, JA 1980, S. 321 ff.; *Peine*, Raumplanungsrecht, S. 7 ff.; *Ronellenfitsch*, Einführung in das Planungsrecht, S. 16 ff.; *Erbguth*, Raumordnungs- und Landesplanungsrecht, Rdn. 14 ff.; *Ernst/ Hoppe*, Das öffentliche Bau- und Bodenrecht, Raumplanungsrecht, Rdn. 82 ff.

der Länder, zu denen grundsätzlich auch die Planungen auf der Regionalebene gehören[19], stoßen ihrerseits auf die Grenzen des Selbstverwaltungsrechts der Gemeinden, zu dessen Wesensgehalt die Kompetenz zur Stadtplanung gezählt wird[20].

Andererseits bewirken die Bestimmungen der übergeordneten Planungen eine Bindung der untergeordneten Instanzen[21]. So ist z.B. die Stadtplanung der Gemeinde den Zielen der Raumordnung und Landesplanung anzupassen[22]. Aus dem Vorrang bestimmter Fachplanungen folgt eine weitere Schranke der gemeindlichen Planungsfreiheit[23]. Außerdem gibt es zahlreiche Klauseln in den einzelnen Planungsgesetzen, die sowohl die "vertikale" als auch "horizontale" Koordination[24] zwischen den dezentralisierten Planungseinheiten verlangen[25]. Daraus ergeben sich auch zahlreiche kompetenzrechtliche Schranken für die planerische Gestaltungsfreiheit auf den verschiedenen Planungsebenen.

### b) Verfahrensrechtliche Anforderungen

Weiterhin setzen die verfahrensrechtlichen Vorschriften im deutschen Recht der Planung und Planänderung Schranken, die sich darin auswirken,

---

19 Siehe näher S. 49.

20 Vgl. zur Planungskompetenz der Gemeinden als wesentlichem Bestandteil des Selbstverwaltungsrechts *Brohm*, Gemeindliche Selbstverwaltung und staatliche Raumplanung, DÖV 1989, S. 430 ff.; *Friauf*, Baurecht, in: v. Münch (Hrsg.), Besonderes Verwaltungsrecht, S. 491 ff.

21 Hier geht es um die vertikale Koordination; siehe oben S. 94.

22 Die Pflicht zur Anpassung bedeutet im einzelnen, daß die gemeindlichen Pläne den Zielen der Raumordnung und Landesplanung sinngemäß zu entsprechen haben. Dies gilt nicht nur für Bauleitpläne, die neu aufgestellt werden, sondern auch für bereits bestehende Pläne, die mit den Zielen der überörtlichen Raumplanung nicht in Einklang stehen; die Bauleitpläne sind veränderten raumplanerischen Vorgaben ständig anzupassen. Vgl. § 1 Abs. 4 BauGB; siehe oben S. 64.

23 Siehe oben S. 95.

24 Nach § 2 Abs. 2 BauGB sind z.B. die Bauleitpläne benachbarter Gemeinden aufeinander abzustimmen. Über die zwischengemeindliche Abstimmungspflicht siehe *Brohm*, Gemeindliche Selbstverwaltung und staatliche Raumplanung, DÖV 1989, S. 437 ff.

25 Die Einhaltung dieser Koordinationsklauseln kann durch die Rechtsaufsichtsbehörden nur in sehr begrenztem Maße gewährleistet werden. Das Schwergewicht der Koordination im konkreten Konfliktsfalle liegt heute bei den Verwaltungsgerichten; siehe oben S. 95.

daß z.B. eine stillschweigende Planabweichung in den meisten Fällen nicht zulässig sein wird. Der Planungs- und Planänderungsvorgang der raumbedeutsamen Planung ist normativ eingebettet, geprägt und begrenzt. Bestimmte Elemente des Planungs- und Planänderungsprozesses sind - mit unterschiedlicher Bindungsintensität - durch Rechtsnormen bestimmt, die z.B. das Beschlußverfahren, Mitwirkungs- und Beteiligungsrechte, Ausschlußregelungen bei Befangenheit und die Veröffentlichung der raumbedeutsamen Pläne regeln[26]. Da "finale" Planungsnormen dem Planungsträger den Weg zum Ziel nach Abwägung aller in der Entscheidungssituation gegebenen Belange überlassen, ist es wichtig, derartige Defizite in der gesetzlichen Determination und damit in der demokratischen Legitimation durch partizipative Elemente zu kompensieren[27]. Daher sind die Mitwirkungs- bzw. Beteiligungsrechte der Planbetroffenen bei der Aufstellung und Änderung von raumbedeutsamen Plänen von besonderem Gewicht. Nach § 5 Abs. 2 S. 2 BROG sind z.B. die Gemeinden und Gemeindeverbände oder deren Zusammenschlüsse bei der Aufstellung und Änderung von Zielen der Raumordnung und Landesplanung in einem förmlichen Verfahren zu beteiligen. Danach haben die Länder in ihren Landesplanungsgesetzen ausführliche Regelungen für das Planaufstellungs- bzw. Planänderungsverfahren getroffen, die das Anhörungs- und Beteiligungsverfahren ausdrücklich regeln[28].

Auch die Regelungen für die Bauleitpläne und Planfeststellungsverfahren sehen verschiedene komplizierte Verfahren vor[29]. So sind nach §§ 2 bis 13 BauGB die Bauleitpläne in einem streng förmlichen Verfahren aufzustellen, zu ändern, zu ergänzen und aufzuheben. Nach § 4 BauGB sind die Träger öffentlicher Belange und nach § 3 Abs. 1 BauGB sind die Bürger möglichst frühzeitig über die allgemeinen Ziele und Zwecke der Planung, sich wesent-

---

26 Dazu näher, *Ernst/Hoppe*, Das öffentliche Bau- und Bodenrecht, Raumplanungsrecht, Rdn. 221 ff. u. 448 ff.; *Peine*, Raumplanungsrecht, S. 69 ff.; *Erbguth*, Raumordnungs- und Landesplanungsrecht, Rdn. 90 ff.

27 Vgl. *Brohm*, Art.: Planungsrecht, in: Staatslexikon, Sp. 410 ff.; *Badura*, Das Planungsermessen und die rechtsstaatliche Funktion des Allgemeinen Verwaltungsrechts, in: Festschrift zum 25-jährigen Bestehen des bayer. Verfassungsgerichtshofs, S. 167 ff.

28 Vgl. § 5 Abs. 3 Ba.-Wü. LPlG; § 14 ff. Bay. LPlG; § 13 Abs. 1 Hess. LPlG; § 5 Abs. 3 Nds. LPlG; § 12 ff. N.-W. LPlG; § 11 Abs. 1 Rh.-Pf. LPlG; § 7 Saarl. LPlG; § 7 S.-H. LPlG. Nach *Erbguth*, Raumordnung und Landesplanungsrecht, Rdn. 112 ff., sind Ziele, die unter Verstoß gegen die zwingenden Vorschriften über die Beteiligung zustande gekommen sind, nichtig.

29 Hier können nur einige exemplarisch aufgeführt werden. Teilweise wurden die Verfahrensregelungen im 2. Kapitel ausführlich erörtert.

lich unterscheidende Lösungen, die für die Neugestaltung oder Entwicklung eines Gebiets in Betracht kommen, und die voraussichtlichen Auswirkungen der Planung zu unterrichten. Den Bürgern ist Gelegenheit zur Äußerung und Erörterung zu geben. Nach § 3 Abs. 2 S. 1 und 4 BauGB sind die danach erstellten Entwürfe der Bauleitpläne öffentlich auszulegen. Dem Bürger ist erneut Gelegenheit zu Einwendungen zu geben. Die fristgemäß vorgebrachten Bedenken und Anregungen sind zu prüfen. Das Ergebnis ist mitzuteilen. Nach § 214 Abs. 1 und § 215 Abs. 1 BauGB führt eine Verletzung von Verfahrensvorschriften, insbesondere die Verletzung der Vorschriften über die Beteiligung der Bürger zur Nichtigkeit des Bebauungsplans, wenn sie innerhalb eines Jahres geltend gemacht wird[30].

Die förmlichen rechtsverbindlichen Fachplanungen werden in einem gesetzlich geregelten Verfahren, meistens in einem Planfeststellungsverfahren, nach den jeweiligen Bundes- und Landesgesetzen in entsprechend festgelegter Form aufgestellt und geändert. Regelmäßig ist in den Gesetzen vorgesehen, daß jeder, dessen eigene Belange durch das Vorhaben berührt werden, unter Beachtung bestimmter Fristen, Einwendungen gegen den Plan erheben kann[31].

### 2. Formell-rechtliche Anforderungen im koreanischen Recht

Da im koreanischen Recht das föderalistische Prinzip und die Planungshoheit fehlen, spielen die kompetenzrechtlichen Regelungen als Schranken der planerischen Gestaltungsfreiheit keine so bedeutsame Rolle wie in der Bundesrepublik Deutschland; sie führen jedoch auch hier zu Einschränkungen der Planungsbefugnis. Diese ergeben sich nicht nur aus dem Inhalt der Planungskompetenz, sondern auch aus der Mitwirkungsbefugnis anderer Kompetenzträger.

Wie erwähnt, hat der staatliche Bauminister beim Staatsraumplan, Bodennutzungsplan sowie Stadtplan eine zentraleinheitliche Planentscheidungs-

---

30 Dazu näher, *Battis/Krautzberger/Löhr*, BauGB, § 214, Rdn. 4 ff. u. § 215 Rdn. 1 ff.

31 Vgl. § 73 Abs. 4 BVwVfG; § 36 BBahnG; §§ 7 ff. TWG; §§ 17 ff. BFStrG; §§ 28 ff. BPBefG; §§ 13 ff. WaStrG; §§ 6 ff. LuftVG; §§ 31 ff. WHG ; §§ 37 ff. FlurbG u.a. Wo ausdrückliche Regelungen fehlen, folgt die Beteiligungspflicht aus der ergänzenden Heranziehung des jeweiligen Verwaltungsverfahrensgesetzes bzw. aus dem rechtsstaatlichen Grundsatz der Anhörung der Betroffenen vor Erlaß eines belastenden Verwaltungsakts.

kompetenz[32]. Dies besagt jedoch nicht, daß er ganz allein und ohne jede Einschränkung zur Ausübung seiner Kompetenz ermächtigt ist. Bevor er eine Entscheidung über die Aufstellung oder Änderung eines raumbedeutsamen Plans trifft, muß er in einem gesetzlich vorgesehenen Planungsausschuß[33] über den Planentwurf beraten und entscheiden lassen. Mitglieder der Ausschüsse sind die vom Plan betroffenen öffentlichen Planungsträger sowie verschiedene Wissenschaftler und andere Fachleute[34]. In den Ausschüssen werden die oft gegenseitig kollidierenden Interessen eingebracht und koordiniert. Der staatliche Bauminister hat bei seiner Planentscheidung das Ergebnis der Beratung und Entscheidung des Ausschusses zu beachten. Daher spielen die Planungsausschüsse als spezielles Instrumentarium für die Einschränkung der Planungskompetenzen eine große Rolle.

Weiterhin enthalten die koreanischen Planungsgesetze Vorschriften, die der planerischen Gestaltungsfreiheit durch Beteiligung der betroffenen Kompetenzträger und Bürger Schranken setzen[35].

Nach § 15 KREPG ist der Staatsraumplan von dem Bauministerium unter Beteiligung der betreffenden Ministerien und "Do", "Tukbyul-Si" bzw. "Jikhal-Si" und mit beratender Mitwirkung des Kabinetts aufzustellen. Nach § 7 KBNKG wird der Bodennutzungsplan von dem Bauministerium unter Beteiligung der betroffenen Ministerien und der "Do" "Tukbyul-Si" bzw. "Jikhal-Si" und "Si" bzw. "Kun" aufgestellt. Anhörungs-, Mitwirkungs- bzw. Beteiligungsrechte der Bürger sind bei den koreanischen überörtlichen Gesamtplanungen nicht vorgesehen.

Nach § 16/2 KStPlG hat der "Si-Jang" oder "Kun-Su", der Oberbürgermeister, bei der Aufstellung des Stadtgrundsatzplans und Stadtplans einen öffentlichen Anhörungstag zu eröffnen und dem Bürger Gelegenheit zur Äußerung zu geben. Ist die Erörterung als angemessen anzunehmen, ist diese bei der Aufstellung des Stadtgrundsatzplans und Stadtplans zu berücksichtigen.

---

32 Siehe oben S. 98.

33 Jedes raumbedeutsame Planungsgesetz regelt in einem besonderen Kapitel die Organisation und Funktion der Beratungs- und Entscheidungsangelegenheiten; vgl. Kapitel 2 (§§ 7 - 14) KREPG; Kapitel 4 (§ 22) KBNKG; Kapitel 5 (§§ 68 - 77/2) KStPlG u.a.

34 Vgl. §§ 15 - 18 KREPG; § 8 KBNKG; § 12 KStPlG u.a.

35 Vgl. §§ 15 - 18 KREPG; §§ 7 - 13 KBNKG; §§ 10/2 - 16/2 KStPlG u.a. Hier können auch nur einige exemplarisch aufgeführt werden. Teilweise wurde die Verfahrensregelungen im 2. Kapitel ausführlich erörtert.

Da die materiell-rechtlichen Elemente der Pläne wegen des breiten planerischen Gestaltungsspielraums gerichtlich schwer zu überprüfen sind, haben die formell-verfahrensrechtlichen Regelungen im koreanischen Recht zunehmende Bedeutung erlangt. Der Entwurf des koreanischen Verwaltungsverfahrensgesetzes[36] enthält den §§ 72 - 78 BVwVfG entsprechende umfangreiche Regelungen für das Planfeststellungsverfahren[37]. Danach haben die öffentlichen Planungsträger bei der Aufstellung eines mit dem Leben der Bürger eng verbundenen Plans mit den anderen betroffenen Planungsträgern zu beraten und den Planentwurf durch die Zeitung bzw. Amtsblätter öffentlich bekanntzumachen. Die betroffenen Bürger sind zum Planentwurf zu hören. Erst danach kann der Plan festgestellt werden[38]. Zwar ist dieser Entwurf des koreanischen Verwaltungsverfahrensgesetzes dem Parlament noch nicht vorgelegt, ein baldiger Gesetzgebungsakt ist jedoch zu erwarten.

### *II. Die Schranken der planerischen Gestaltungsfreiheit durch materiell-rechtliche Anforderungen im deutschen und koreanischen Recht*

#### 1. Materiell-rechtliche Anforderungen im deutschen Recht

Neben den sich aus Kompetenz- und verfahrensrechtlichen Vorschriften ergebenden Bedingungen gibt es für die planende Instanz zahlreiche inhaltliche Festlegungen in den Planungsgesetzen, in einzelnen Fachgesetzen und insbesondere in übergeordneten Planungen. Erst innerhalb dieses Rahmens kommt die eigentliche planerische Gestaltungsfreiheit, das Planungsermessen, zur Geltung. Allerdings bedeutet "Ermessen" nicht einen Freibrief zur

[36] Der Entwurf des koreanischen Verwaltungsverfahrensgesetzes (Hängjongjoltschabub Tschoan - EKVwVfG) ist vom staatlichen Beratungsausschuß für das Verwaltungsverfahrensgesetz aufgestellt und am 7. 7. 1987 von der Regierung für die Gesetzgebung angekündigt. Jedoch ist er bislang noch nicht in das Parlament eingebracht worden. Er besteht aus folgenden 6 Kapiteln: Allgemeine Regelungen, Verfahren für die Verwaltungsmaßnahmen, Planfeststellungsverfahren, Verfahren für die Vorankündigung der Verwaltungsgesetzgebung, Verfahren für die Vorankündigung einer bestimmten Verwaltungspolitik, behördliche Belehrungsverfahren u.a.

[37] Vgl. §§ 50 - 58 EKVwVfG.

[38] Vgl. §§ 50 - 58 EKVwVfG.

Beliebigkeit oder Willkür. Vielmehr wird versucht, dieses durch bestimmte gesetzliche Leitlinien und Rechtsgrundsätze zu lenken[39]. Insofern kann man zwischen "äußeren Ermessensschranken", die den Bereich des planerischen Ermessens erst einmal abstecken, und inneren Ermessensgrenzen, die die Ausübung des Ermessens inhaltlich lenken, unterscheiden.

### a) Die äußeren Grenzen des Planungsermessens im deutschen Recht

Als Schranke der planerischen Gestaltungsfreiheit spielt der Zweck der jeweiligen Planung eine große Rolle. So erklärt z.B. § 1 Abs. 1 BauGB die Bauleitplanung zum Mittel der Ordnung der städtebaulichen Entwicklung. Daraus ergeben sich unmittelbare Schranken für die Bauleitplanung[40]. Nach einer Entscheidung des Bundesverwaltungsgerichts "verletzt eine Bauleitplanung, die zur Ordnung der städtebaulichen Entwicklung nicht in Beziehung steht, § 1 Abs. 1 BauGB und kann aus diesem Grund keinen Bestand haben. Wo es von vornherein an allen zur Rechtfertigung eines Bauleitplans geeigneten, d.h. an solchen öffentlichen Belangen fehlt, die - als bodenrechtlich relevant - Elemente einer Ordnung der städtebaulichen Entwicklung sind, ist nach § 1 Abs. 1 BauGB für eine Bauleitplanung kein Raum"[41]. Es fehlt dann an der nach § 1 Abs. 3 BauGB notwendigen Planungserforderlichkeit. So sind z.B. Bebauungspläne nicht erforderlich und daher rechtswidrig, wenn sie nur dazu dienen, den begünstigten Grundstückeigentümern den Verkauf von Baugelände zu ermöglichen, obwohl die Gemeinde nach ihrem Konzept für die Stadtentwicklung in diesem Bereich keine Bebauung wünscht[42], oder wenn eine bauliche Fehlentwicklung lediglich im Interesse der Grundstückseigentümer legalisiert werden soll[43].

---

39 Die öffentlichen Planungsträger sind zunächst an die allgemeinen Handlungsgrundsätze der Verwaltung, wie etwa das Gleichheitsgebot und das Übermaßverbot, gebunden. Vgl. *Brohm*, Planungs- und Entwicklungsverwaltung am Beispiel "Raum- und Stadtplanung", in: Grimm (Hrsg.), Einführung in das öffentliche Recht, S. 197 ff.; *Reichert/ Dürr*, Baurecht, S. 17 ff.

40 Vgl. *Battis/Krautzberger/Löhr*, BauGB, § 1, Rdn. 11 ff.

41 Vgl. BVerwGE 34, 301 ff.; 45, 309 ff.

42 Vgl. VGH Ba.-Wü., ESVGH 16, S. 21 ff.

43 Vgl. OVG Koblenz, BauR 1986, S. 412 ff.

Weitere inhaltliche Schranken des Planungsermessens ergeben sich z.B. für die Bauleitplanung aus der Verbindlichkeit übergeordneter Pläne[44], aus dem Vorrang bestimmter privilegierter Fachplanungen[45] aus der Pflicht, die eigene Planung mit derjenigen der Nachbargemeinden abzustimmen[46], oder aus den allgemeinen Grundsätzen der Bestimmtheit der Planung und den Geboten der Rücksichtnahme oder dem Konfliktbewältigung[47].

Ebenso gilt der allgemeine Grundsatz der Verhältnismäßigkeit auch für die Planung[48]. Er verlangt einen verfassungslegitimen Grund für den hoheitlichen Eingriff, die Eignung des gewählten Eingriffsmittels sowie ein ausgewogenes Verhältnis zwischen der Eingriffsschwere und dem Eingriffsnutzen[49]. Eine Planung ist rechtswidrig, wenn der Grundsatz der Verhältnismäßigkeit verletzt worden ist. Der Grundsatz der Verhältnismäßigkeit verlangt eine differenzierte Güterabwägung. Erschwert z.B. eine Planung die Ausnutzung des vorhandenen Bestandes nachhaltig, dann sind die Grenzen der Verhältnismäßigkeit schneller erreicht, als wenn es darum geht, die Erweiterungsfähigkeit des vorhandenen Bestandes zu sichern[50].

Sind derartige inhaltliche Festlegungen der planenden Instanz verletzt, ist der Plan rechtswidrig. Auf die Rechtmäßigkeit oder Rechtswidrigkeit der planerischen Ermessensausübung kommt es dann gar nicht an, weil bereits die außerhalb des Ermessensbereichs liegenden Schranken nicht eingehalten wurden.

---

[44] Vgl. § 1 Abs. 4 BauGB, §§ 5 Abs. 4, 4 Abs. 5 BROG.

[45] Vgl. § 38 BauGB.

[46] Vgl. § § 2 Abs. 2 BauGB.

[47] Siehe dazu näher *Weyreuther*, Das bebauungsrechtliche Gebot der Rücksichtsnahme und seine Bedeutung für den Nachbarschutz, BauR 1975, S. 1 ff.; *Groh*, Konfliktbewältigung im Bauplanungsrecht, S. 135 ff.; *Battis/ Krautzberger/ Löhr*, BauGB, § 1, Rdn. 118 ff.; *Reichert/ Dürr*, Baurecht, Rdn. 12 ff.

[48] Vgl. *Lerche*, Übermaß und Verfassungsrecht, S. 19 ff.; *Weyreuter*, Über die Erforderlichkeit von Bebauungsplänen, DVBl. 1981, S. 369 ff; *Battis/ Krautzberger/ Löhr*, BauGB, § 1, Rdn. 126 ff.; *Reichert/ Dürr*, Baurecht, S. 17 ff. u.a.

[49] Vgl. *Papier*, in: Maunz/Dürig (Hrsg.), Grundgesetz, Art. 14, Rdn. 258 ff.

[50] Vgl. BVerwG, DVBl. 1971, S. 746 ff.

### b) Das Abwägungsgebot als innere Grenze der planerischen Gestaltungsfreiheit

Zu diesen die (äußeren) Grenzen des Planungsermessens absteckenden inhaltlichen Festlegungen kommen Grundsätze und Richtlinien, die die eigentliche Ermessensausübung des Planers inhaltlich zu lenken suchen. So sind etwa bei der Aufstellung und Änderung von Bauleitplänen nach § 1 Abs. 6 BauGB die öffentlichen und privaten Belange gegeneinander und untereinander gerecht abzuwägen. Die öffentlichen Belange zählt das Baugesetzbuch als finalprogrammiertes Planungsgesetz in § 1 Abs. 5 BauGB beispielhaft auf. Dadurch erhält die Zielbestimmung in § 1 Abs. 1 BauGB eine gewisse Präzisierung. Insofern können die "öffentlichen Belange" als Unterziele angesehen werden. Sie bilden jedoch kein Zielsystem, sondern schließen sich z. T. gegenseitig aus, und müssen daher in der konkreten Planungssituation "untereinander" abgewogen werden.

Die rechtliche Einbindung der planerischen Gestaltungsfreiheit durch das Gebot einer interessengerechten Abwägung innerhalb des weiten Feldes der öffentlichen und privaten Belange gewährleistet den Ausgleich möglicher Nutzungskonflikte im Rahmen des Bodenrechts und führt damit zu einer prophylaktischen Konfliktsvermeidung[51]. Die Grundsätze der Abwägung sind auf die Fachplanung und schließlich auf die gesamte raumbedeutsame Planung übertragen worden, allerdings in einer diesen Planungen entsprechenden modifizierten Form[52]; das Bundesverwaltungsgericht hat wiederholt

---

[51] Vgl. *Stelkens/Pagenkopf*, Rechtliche Bindung und gerichtliche Kontrolle planender Verwaltung im Bereich des Bodenrechts, DVBl. 1977, S. 669 ff.

[52] So enthalten z.B die §§ 8 Abs. 1, 10 Abs. 1 LuftVG die materielle Ermächtigung der Planfeststellungsbehörde zur luftverkehrsrechtlichen Fachplanung. Zentrales Element dieser Ermächtigung ist die mit ihr verbundene Einräumung einer planerischen Gestaltungsfreiheit, die der Planfeststellungsbehörde die Befugnis zu einer umfassenden planerischen Gestaltung gibt. Das schließt die Ermächtigung ein, in Rechte und Interessen einzelner einzugreifen. Gleichwohl bestehen rechtliche Bindungen. Hierauf bezieht sich die verwaltungsrechtliche Kontrolle komplexer Planungsentscheidungen. Da sich das Luftverkehrsgesetz hierzu näherer Bestimmungen enthält, gelten insoweit die allgemeinen Grundsätze rechtsstaatlicher Planung. Der komplexen Struktur der raumbezogenen Fachplanung der §§ 8 ff. LuftVG entsprechend hat sich das planerische Ermessen der Behörde vor allem danach auszurichten, daß die beteiligten öffentlichen und privaten Belange untereinander und gegeneinander sachgerecht abgewogen werden. Vorhandene gesetzliche Wertungen sind dabei zu beachten; vgl. BVerwG, BayVBl. 1987, 563 ff., 598 ff.(Planfeststellung für den Verkehrsflughafen München II).

hervorgehoben, daß sich das Abwägungsgebot unabhängig von einer gesetzlichen Positivierung aus dem in Art. 20 GG verankerten Rechtsstaatsprinzip ergibt und dementsprechend allgemein gilt[53]. Die Verwaltungsgerichte prüfen im Rahmen des Abwägungsgebots nach, ob eine sachgerechte Abwägung als Vorgang stattgefunden hat, und ob ein sachgerechtes Abwägungsergebnis angenommen werden kann[54]. Beides setzt voraus, daß eine Abwägung überhaupt stattgefunden hat[55], weiter, daß in die Abwägung an Belangen eingestellt wurde, was nach Lage der Dinge in sie eingestellt werden mußte[56], d.h. die sich aus der konkreten Situation ergebenden Belange sind möglichst umfassend zu berücksichtigen. Ferner verlangt das Abwägungsgebot, daß die Bedeutung der betroffenen Belange nicht verkannt wird. Die Gerichte prüfen also nicht die Richtigkeit, sondern nur die Vertretbarkeit der Einschätzung einzelner Belange nach. Schließlich wird verlangt, daß der Ausgleich zwischen den von der Planung berührten Belangen

---

[53] Vgl. BVerwGE 34, 301 ff.; 41, 67 ff.; 45, 309 ff.; 48, 56 ff.; 55, 220 ff.; 69, 256 ff.; 71, 166 ff.; BVerwG, NJW 1982, 591 ff.; NJW 1982, 1473 ff.; BVerwG, BayVBl. 1987, 563 ff. Diese verfassungsrechtliche Verankerung des Abwägungsgebots ist vor allem deshalb bedeutsam, weil der Gesetzgeber dadurch gehindert ist, das Abwägungsgebot einzuschränken und etwa einen regelmäßigen Vorrang öffentlicher Belange gegenüber privaten Interessen zu statuieren. Dazu näher *Brohm*, Planungs- und Entwicklungsverwaltung am Beispiel "Raum- und Stadtplanung", in: Grimm (Hrsg.), Einführung in das öffentliche Recht, S. 197 ff.; *Wahl*, Rechtsfragen der Landesplanung und Landesentwicklung, Bd. I, S. 157 ff.; *Battis/ Krautzberger/ Löhr*, BauGB, § 1, Rdn. 87 ff.; *Reichert/ Dürr*, Baurecht, S. 19 ff.; *Ernst/ Hoppe*, Das öffentliche Bau- und Bodenrecht, Raumplanungsrecht, Rdn. 283 ff.; *Ernst/ Zinkahn/ Bielenberg*, § 1 BBauG Rdn. 303 ff.; *Koch*, Das Abwägungsrecht im Planungsrecht, DVBl. 1983, S. 1125 ff.; *Heinze*, Das planungsrechtliche Abwägungsgebot, NVwZ 1986, S. 87 ff.

[54] Der Abwägung, verstanden in dem engeren Sinne als Ausgleichs- und Kompromißentscheidung über das Vorziehen und Zurückstellen widerstreitender Belange, wird die Zusammenstellung des Abwägungsmaterials vorangestellt. Dieser vorgelagerte Vorgang ist nach der Judikatur ein Vorgang der normalen subsumtionären Rechtsanwendung. Er umfaßt erstens die Interpretation und Abgrenzung der abstrakten normativen Planungsgrundsätze und zweitens die Entscheidung darüber, welche konkreten Umstände unter welche abstrakten Leitsätze subsumierbar sind.; vgl. *Papier*, Rechtliche Bindung und gerichtliche Kontrolle planender Verwaltung im Bereich des Bodenrechts, NJW 1977, S. 1714 ff.

[55] Ansonsten liegt ein Abwägungsausfall vor, vgl. VGH Ba.-Wü., ESVGH 28, 152 ff.; VGH Ba.-Wü., BRS 33, 6 ff.; siehe näher *Battis/Krautzberger/Löhr*, BauGB, § 1, Rdn. 102 ff.; *Ernst/ Hoppe*, Das öffentliche Bau- und Bodenrecht, Raumplanungsrecht, Rdn. 289 ff.; *Reichert/ Dürr*, Baurecht, S. 24 ff.

[56] Ansonsten liegt ein Abwägungsdefizit vor, vgl. VGH Ba.-Wü., VBlBW 1980, S. 24 ff.

nicht in einer Weise vorgenommen wird, der zur objektiven Gewichtigkeit einzelner Belange außer Verhältnis steht[57]. Auch hier werden im Hinblick auf das Planungsermessen nur evidente Fehlleistungen von den Gerichten erfaßt. Innerhalb dieser Grenzen liegt es beim Planungsträger, ob er sich in der Kollision zwischen verschiedenen Belangen für die Bevorzugung des einen und damit notwendig für die Zurückstellung eines anderen entscheidet. Innerhalb dieses Rahmens ist das Vorziehen und Zurücksetzen bestimmter Belange kein rechtlich determinierter Vorgang, sondern eine elementare planerische Entschließung, die zum Ausdruck bringt, wie und in welcher Richtung sich z.B. eine Gemeinde städtebaulich geordnet fortentwickeln will[58].

Das Abwägungsgebot macht deutlich, daß selbst das Planungsermessen noch rechtlich strukturiert ist. Diese rechtlichen Grundsätze gehen nicht nur auf eine allgemein planerische Vernünftigkeit[59].

### 2. Materiell-rechtliche Anforderungen im koreanischen Recht

Nach Art. 120 Abs. 2 S. 2 KV ist der Staat verpflichtet, die für eine *gleichmäßige Entwicklung und Nutzung* des gesamten Raumes *erforderlichen* Pläne aufzustellen[60]. Diese Grundsätze der *Zweckgebundenheit* und der *Erforderlichkeit* schränken die planerische Gestaltungsfreiheit wie in der Bundesrepublik inhaltlich ein. Allerdings stellen sie im koreanischen Recht verfassungsrechtliche Gebote dar, während in der Bundesrepublik allenfalls das Erforderlichkeitsprinzip über den Grundsatz der Verhältnismäßigkeit diesen Rang hat.

Die raumbedeutsamen Pläne haben dem in der Verfassung verankerten Zweck der Planung - die gleichmäßige Entwicklung und Nutzung des gesamten Raumes - und den in den jeweiligen Planungsgesetzen konkretisierten *Zwecken* der Planung zu dienen. So hat z.B. ein Stadtplan der geordneten, gesunden und der Bevölkerung wohlbefindenden Entwicklung der Stadt,

---

57 Sonst liegt eine Abwägungsdisproportionalität vor, vgl. BVerwGE 45, 309 ff.

58 Vgl. BVerwGE 34, 309 ff.

59 Vgl. BVerwG, BayVBl. 1987, S. 602 ff.

60 Siehe oben S. 38.

der Förderung öffentlicher Sicherheit und dem Allgemeinwohl zu dienen (§ 2 KStPlG). Eine Stadtplanung, die diesem Zwecke nicht dient, verletzt § 2 KStPlG und kann aus diesem Grund keinen Bestand haben[61].

Die Pläne müssen für die Verwirklichung der jeweiligen Zwecke *erforderlich* sein. Dieses verfassungsrechtliche Gebot stellt für die öffentlichen Planungsträger zunächst eine Planungspflicht dar; sie haben den im jeweiligen Planungsgesetz vorgesehenen Plan aufzustellen, sobald und soweit es für die Verwirklichung der Zwecke erforderlich erscheint. Die konkreten inhaltlichen Kriterien der Erforderlichkeit sind in der koreanischen Literatur und Rechtsprechung wie in der Bundesrepublik nicht in einer positiven[62], sondern einer negativen[63] Richtung geklärt[64]. So ist ein Stadtplan z.B. nicht erforderlich, wenn er lediglich der Wertsteigerung bestimmter Grundstücke dient, damit aber zu einer unerwünschten Entwicklung der Stadt führt[65].

Weitere inhaltliche Schranken des Planungsermessens ergeben sich z.B. für die Stadtplanung aus der Verbindlichkeit übergeordneter Pläne[66], aus dem Vorrang bestimmter Fachplanungen[67] oder aus der Pflicht, die eigene Planung mit derjenigen der Nachbarstädten abzustimmen[68]. Weiterhin spielt im koreanischen Recht der verfassungsrechtliche Grundsatz der *Verhältnismäßigkeit* als inhaltliche Schranke der planerischen Gestaltungsfreiheit eine große Rolle[69].

Das im deutschen Recht entwickelte Abwägungsgebot ist im koreanischen Recht nicht positiv-rechtlich verankert. Für den Ausgleich verschiedener

---

61 *T.-Y. Jeong*, Stadtplanungsgesetz, S. 48 ff.

62 D.h. wann und unter welchen Umständen eine Planaufstellung bzw. -änderung *erforderlich* wird.

63 D.h. in welchen Fällen die aufgestellten bzw. geänderten Pläne wegen der Verletzung des Erforderlichkeitsgrundsatzes nichtig sind.

64 Vgl. *J.-G. OH*, Bedeutung und rechtliche Struktur der Verwaltungsplanung, Yuksanonmunjip, Bd. 24 (1983), S. 161 ff.; *W.-W. Seo*, Rechtsnatur der Verwaltungsplanung und deren verfahrensrechtlichen Kontrolle, Gosigye 1987, Bd. 2, S. 36 ff.

65 Der Stadtplan, der beispielsweise die Auflösung eines Grüngürtels plant, um lediglich die unerlaubte Baulanderschließung in einem Stadtparkgebiet zu legalisieren, ist nicht erforderlich und daher nichtig.

66 Wie z.B. Staatsraumplan und Bodennutzungsplan vgl. § 5 KREPG, § 13/2 KBNKG.

67 Wie z.B. Straßen- und Autobahnplan vgl. § 87 KStPlG.

68 Vgl. § 7 KStPlG.

69 Vgl. die Entscheidung des Obersten-Gerichts (Daepan) vom 25. 8. 1984 (83 nu 500).; *D.-C. Kim*, Allgemeines Verwaltungsrecht, S. 163 ff.

Interessen sind lediglich Koordinierungsverfahren zwischen öffentlichen Interessen in den jeweiligen Planungsausschüssen vorgesehen. Diese sind jedoch verfahrensrechtliche Regelungen und stellen keine inhaltlichen Schranken des Planungsermessens dar. Die Interessenabwägung privater Belange bei der Aufstellung von raumbedeutsamen Plänen ist völlig dem Ermessen des öffentlichen Planungsträgers überlassen[70]. Ob diese Lösung mit rechtsstaatlichen Anforderungen zu vereinbaren ist, erscheint zweifelhaft. Schließlich werden durch die Festlegungen des Planes einzelne Interessen bevorzugt, andere zurückgesetzt, und selbst öffentliche Interessen vermögen im Rechtsstaat nicht immer private Interessen und Rechtspositionen zu verdrängen. Insofern stellt sich die Frage, ob der Bürger nicht verlangen kann, daß ein entsprechender sachgerechter Ausgleich angestrebt und auch erreicht wird. Darauf wird in einem anderen Zusammenhang noch näher einzugehen sein[71].

[70] Nach § 16/2 KStPlG hat der "Si-Jang" oder "Kun-Su", der Oberbürgermeister, die bei dem öffentlichen Anhörungsverfahren vorgebrachten Erörterungen zu berücksichtigen, wenn diese als angemessen anzunehmen ist. Die Annahme derer Angemessenheit ist dabei dem Oberbürgermeister überlassen.

[71] Zur Notwendigkeit der Anerkennung des Abwägungsgebots als ein Verfassungsgrundsatz und ihrer Begründung siehe näher unten unter Kap. 4, Absn. 1, B. IV. 2.

## 3. Abschnitt

## Mögliche Rechtspositionen der Planbetroffenen gegenüber Planänderungen

### A. Private und öffentliche Planbetroffene im deutschen und koreanischen Recht

#### *I. Das deutsche Recht*

##### 1. Dispositionen Privater

Nach dem Grundgesetz der Bundesrepublik Deutschland sind dem Privaten umfangreiche Grundrechte gewährleistet: Jeder hat das Recht auf die freie Entfaltung seiner Persönlichkeit, was als allgemeine Handlungsfreiheit interpretiert wird[1]. Auf Grund des Eigentumsrechts hat er weiter prinzipiell die Möglichkeit, Güter, die ihm gehören, nach Belieben zu nutzen und nach eigenem Entschluß über sie zu verfügen, Dispositionen über sein Eigentum zu treffen[2]. Wie in den eingangs erörterten Fällen entscheiden die Privaten über Investitionen, wie z.B. den Bau von Kühlhäusern, die Ansiedlung von Industrie oder das Betreiben von Schweinemast[3].

Das Grundrecht des Art. 14 Abs. 1 S. 1 GG gewährleistet das Eigentum als ein Abwehrrecht des einzelnen gegenüber ungerechtfertigten Eingriffen

---

[1] Vgl. Art. 2 Abs. 1 GG, dazu BVerfGE 6, 32 ff.; 21, 227 ff.; 67, 157 ff.; *Maunz/ Dürig*, GG, Art. 2, Rdn. 7 ff.; *Jarass/ Pieroth*, GG, Art. 2, Rdn. 1 ff.

[2] Vgl. Art. 14 Abs. 1 GG. Dazu *Nüßgens/Boujong*, Eigentum, Sozialbindung, Enteignung, S. 3 ff.; *Pieroth/Schlink*, Grundrechte Staatsrecht II, S. 229 ff.; *Maunz/ Zippelius*, Deutsches Staatsrecht, S. 235 ff.

[3] Siehe oben S. 22 - 24.

des Staates[4] und als Rechtseinrichtung. Er enthält also zugleich eine Institutsgarantie[5]. Diese sichert, daß Privateigentum als Element der objektiven Rechtsordnung grundsätzlich erhalten bleibt[6]. Der als Eigentum abzusichernde Freiraum im vermögensrechtlichen Bereich ist im wesentlichen durch die Privatnützigkeit und die grundsätzliche Verfügbarkeit des Eigentumsobjekts gekennzeichnet[7]. Nach der Rechtsprechung des Bundesverfassungsgerichts ist das Eigentum ein elementares Grundrecht, das in einem inneren Zusammenhang mit der Garantie der persönlichen Freiheit steht. Ihm kommt im Gesamtgefüge der Grundrechte die Aufgabe zu, dem Träger des Grundrechts durch Zubilligung und Sicherung von Herrschafts-, Nutzungs- und Verfügungsrechten einen Freiraum im vermögensrechtlichen Bereich sicherzustellen und ihm damit eine eigenverantwortliche Gestaltung des Lebens zu ermöglichen[8].

In manchen Fällen ist die Entscheidungsfreiheit des einzelnen über sein Eigentum jedoch durch Rechtsvorschriften stark beschränkt. Nach Art. 14 Abs. 1 S. 2 GG werden Inhalt und Schranken des Eigentums durch die Gesetze bestimmt. Diese Bestimmung enthält keinen bloßen Einschränkungsvorbehalt, sondern einen Auftrag zu inhaltlicher Gestaltung[9]. Die Befugnis des Gesetzgebers, Inhalt und Schranken des Eigentums zu bestimmen, wird

---

[4] Vgl. BVerfGE 24, 367 ff.; 30, 292 ff.; 53, 257 ff.; 68, 193 ff.; *Hesse*, Bestand und Bedeutung der Grundrechte in der Bundesrepublik Deutschland, EuGRZ 1978, S. 427 ff.; *Maunz/ Dürig*, GG, Art. 14, Rdn. 2 ff.; *von Münch*, GG, Art. 14, Rdn. 2 ff.; *Jarass/ Pieroth*, GG, Art. 14, Rdn. 1 ff.

[5] Vgl. BVerfGE 24, 367 ff.; 58, 300 ff.; *Luhmann*, Grundrechte als Institution, S. 162 ff.; *Häberle*, Die Wesensgehaltgarantie des Art. 19 Abs. 2 Grundgesetz, S. 4 ff.; *Maunz/ Dürig*, GG, Art. 14, Rdn. 13 ff.; *Jarass/ Pieroth*, GG, Art. 14, Rdn. 3 ff.

[6] Vgl. BVerfGE 24, 367 ff.; 58, 300 ff.; *Böckenförde*, Grundrechtstheorie und Grundrechtsinterpretation, NJW 1974, S. 1529 ff.; *Ossenbühl*, Die Interpretation der Grundrechte in der Rechtsprechung des Bundesverfassungsgerichts, NJW 1976, S. 2100 ff.

[7] Vgl. *Jarass/Pieroth*, GG, Art. 14, Rdn. 5 ff.; *Hesse*, Grundzüge des Verfassungsrechts, Rdn. 441 ff.; *Stein*, Staatsrecht, S. 254 ff.; *Maunz/Zippelius*, Deutsches Staatsrecht, S. 235 ff.

[8] Vgl. BVerfGE 24, 367 ff.; 31, 229 ff.; 58, 300 ff.

[9] Nach der Entscheidung des Bundesverfassungsgerichts (vgl. BVerfGE 31, 240 ff.; 58, 300 ff.) liegt dem Art. 14 Abs. 1 S. 2 GG die Erwägung zugrunde, daß es keinen vorgegebenen und absoluten Begriff des Eigentums gibt, und Inhalt und Funktion des Eigentums der Anpassung an die gesellschaftlichen und wirtschaftlichen Verhältnisse fähig und bedürftig sind.

durch die in Art. 14 Abs. 2 GG normierte Sozialbindung des Eigentums präzisiert[10].

So schützt z.B. Art. 14 Abs. 1 GG das Grundstück in seiner sachlichen Substanz und in seinen Nutzungs- und Verwertungsmöglichkeiten in einer umfassenden Weise. Daher bildet die bauliche Nutzbarkeit des Grundstücks einen wesentlichen Bestandteil des Grundeigentums[11]. Die Vorschriften des materiellen Baurechts jedoch legen im Rahmen der Sozialbindung des Eigentums (Art. 14 Abs. 2 GG) die Voraussetzungen für eine sinnvolle und geordnete Bebauung fest und bestimmen dadurch Inhalt und Schranken des Grundeigentums in der jeweiligen Situation[12].

Der private Rechtsinhaber sucht als ein Wirtschaftssubjekt einen Orientierungspunkt, sein eigenes Verhalten so einzurichten, daß es möglichst effektiv und gewinnbringend ist. Das besondere der Planwirkung liegt darin, daß der Staatsbürger sich nicht nur an einzelnen, bereits gegenwärtig wirksamen

---

[10] Nach der Entscheidung des Bundesverfassungsgerichts (vgl. BVerfGE 37, 132 ff.) hat der Gesetzgeber bei der Bestimmung von Inhalt und Schranken des Eigentums das Sozialmodell zu verwirklichen, das sich einerseits aus der Garantie des Privateigentums, andererseits aus dessen Sozialbindung ergibt. Die Sozialbindung umfaßt das Gebot der Rücksichtnahme auf die Belange einzelner Rechtsgenossen, die auf die Nutzung des Eigentumsobjekts angewiesen sind. Der Gesetzgeber muß dabei beiden Elementen des dialektischen Verhältnisses von verfassungsrechtlich garantierter Freiheit und dem Gebot einer sozial gerechten Eigentumsordnung in gleicher Weise Rechnung tragen und die schutzwürdigen Interessen aller Beteiligten in einen gerechten Ausgleich und ein ausgewogenes Verhältnis bringen.

[11] Vgl. *Breuer*, Die Bodennutzung im Konflikt zwischen Städtebau und Eigentumsgarantie, S. 162 ff. Bei Grundstücksnutzungen sind jedoch nicht alle abstrakt möglichen Nutzungen geschützt. Nach der Rechtsprechung ist "seine Situationsgebundenheit zu beachten. Jedes Grundstück wird durch seine Lage und Beschaffenheit sowie seine Einbettung in die Umwelt geprägt" (vgl. BVerwGE 49, 359 ff.; 67, 84 ff.; BGHZ 87, 66 ff.; 90, 4 ff.) "Daraus ergibt sich eine, von Grundstück zu Grundstück variierende immanente Beschränkung der Eigentümerposition. Eine solche situationsbedingte Belastung besteht jedenfalls dann, wenn ein - als Leitbild gedachter - vernünftiger und einsichtiger Eigentümer, der auch das Gemeinwohl nicht aus dem Augen verliert, von sich aus im Blick auf die Lage und die Umweltverhältnisse des Grundstücks von bestimmten Formen der Nutzung absieht" (vgl. BGHZ 87, 66 ff.; 90, 4 ff.). Dazu *Rengeling*, Das Grundeigentum als Schutzobjekt der Eigentumsgarantie (Art. 14 GG) und als Gegenstand verwaltungsrechtlicher Planung, Gestaltung und Schrankensetzung, AÖR 105 (1980), S. 425 ff.; *Schmidt-Aßmann*, Der öffentlich-rechtliche Schutz des Grundeigentums in der neueren Rechtsentwicklung, DVBl. 1987, S. 216 ff.

[12] Vgl. *Ernst/Zinkahn/Bielenberg*, BBauG, § 1, Rdn. 11 ff.; *Battis/Krautzberger/Löhr*, BauGB, § 1, Rdn. 7 ff.; *Ernst/Hoppe*, Das öffentliche Bau- und Bodenrecht, Raumplanungsrecht, Rdn. 162 ff.

staatlichen Maßnahmen, sondern an dem in die Zukunft projezierten Planziel orientiert. Er disponiert vorausschauend, um auf lange Sicht, in der Zukunft, die Effektivität seines wirtschaftlichen Verhaltens zu erreichen. Die Vermögensdispositionen der Planbetroffenen entspringen dem Streben nach Gewinn, errechnen sich aus der Plandurchführung Gewinne oder zielen auf staatliche Leistungen ab, die im Rahmen der Plandurchführung ausgeschüttet werden sollen. Im selben Maße, in dem er sein Verhalten an der staatlichen Planung ausrichtet, ist er daher darauf angewiesen, daß das Planziel tatsächlich beibehalten wird. Eine Planänderung, d.h. eine ausdrückliche partielle oder umfassende Umplanung, oder auch eine stillschweigende Planabweichung, könnte ihm unter Umständen erhebliche Schäden zufügen[13]. Diese Problemlage tritt bei der raumbedeutsamen Planung in besonders starkem Maße hervor, weil diese Planung eine rechtliche Ordnung des Raumes schafft, die die Grundlage für die meisten wirtschaftlichen Dispositionen abgibt[14].

Das Hauptproblem der Planänderung liegt daher in der möglichen Entwertung individueller Dispositionen, z.B. hoher Investitionen zum Bau von Kühlhäusern im Hinblick auf rechtlich gewährte Importerleichterungen, wenn diese frühzeitig wieder gestrichen werden[15]. Die Disposition soll für einen bestimmten Zeitraum Vorsorge treffen[16]. Sie orientiert sich daher in mehr oder weniger starkem Maße an der Erwartung, daß ein bestimmter Zustand in der Zukunft eintreten oder eine Entwicklung einen bestimmten Verlauf nehmen werde. Diese Erwartung wird in die Kalkulation miteinbezogen. Verwirklicht sie sich nicht, so kann das mit der Disposition angestrebte Ziel nicht oder nicht vollständig erreicht werden. Damit werden auch die zugrunde liegenden Aufwendungen entweder vollständig obsolet oder sie

---

[13] Die eingangs erörterten Beispielsfälle haben diese Situation bereits näher aufgezeigt; siehe oben S. 22.

[14] Vgl. *Brohm*, Plangewährleistungsrechte, Jura 1986, S. 617 ff.; *Rengeling*, Das Grundeigentum als Schutzobjekt der Eigentumsgarantie (Art. 14 GG) und als Gegenstand verwaltungsrechtlicher Planung, Gestaltung und Schrankensetzung, AÖR 105 (1980), S. 425 ff.

[15] Vgl. RGZ 139, 177 ff.

[16] Nach *Oldiges*, Grundlagen eines Plangewährleistungsrechts, S. 78 ff., wird unter einer Disposition der Tatbestand verstanden, daß Staatsbürger in der Verfolgung eines individuellen Plans bestimmte Maßnahmen ergreifen, die sie nicht ohne weiteres, insbesondere nicht ohne Nachteile wieder rückgängig machen können. Eine Disposition besteht in der Regel in einem aktiven Tun. Sie kann aber auch in einem Unterlassen liegen, wenn nur im übrigen die Umstände vergleichbar sind. Dazu gehört, daß auch das Unterlassen durch bestimmte Erwartungen motiviert ist und sein beabsichtigter Erfolg von deren Verwirklichung abhängt.

zahlen sich zumindest nicht in einem äquivalenten Erfolg aus; die getroffenen Dispositionen werden also entwertet.

Da die Dispositionen von dem Plan ausgelöst wurden, stellt sich die Frage, inwieweit hier ein "Dispositionsschutz" im Sinne eines Schutzes getroffener Dispositionen Platz greifen muß, so daß der Planungsträger im Interesse der Disponenten an seine Planung gebunden ist. Je nach den konkreten Auswirkungen können dafür verschiedene rechtliche Gesichtspunkte in Betracht kommen, insbesondere der Eigentumsschutz, wie z.B. das Recht am eingerichteten und ausgeübten Gewerbebetrieb, und andere dem Eigentum gleich stehende Rechte. Sie wären dann von bloß wirtschaftlichen Chancen oder Erwartungen abzugrenzen.

### 2. Mögliche Rechtspositionen der privaten Planbetroffenen gegenüber Planänderungen nach ihren Rechtswirkungen

Weil die raumbedeutsamen Pläne nach ihren Inhalten, Regelungsintensitäten und Rechtsformen verschiedene Rechtswirkungen haben[17], ist die Rechtsposition der privaten Planbetroffenen und ihre Schutzwürdigkeit u. U. nach den Rechtswirkungen unterschiedlich zu beurteilen. Das gilt insbesondere für die Frage eines Vertrauensschutzes, der sich teilweise mit dem Eigentumsschutz deckt, teilweise auch darüber hinausgeht[18].

So schränken z.B. die Bebauungspläne, als *imperative* Pläne, die nach dem herkömmlichen, liberal-rechtsstaatlichen Grundrechtsverständnis potentiell unbegrenzt gewährleistete Freiheit des Eigentümers ein[19]. Neben der gleichsam in der verfassungsrechtlichen Dimension zu beachtenden Eingriffsfunk-

---

[17] Siehe oben S. 64, 80, 100 ff.

[18] Vgl. BVerfGE 31, 275 ff.; 45, 142 ff.; 58, 300 ff.; 68, 193 ff.; 70, 191 ff.; 74, 129 ff.; BVerwGE 26, 111 ff.; 49, 359 ff.; 50, 49 ff.; 67, 84 ff.; 72, 362 ff.; BGHZ 21, 33 ff.; 45, 81 ff.; 64, 220 ff.; 78, 41 ff.; 86, 356 ff.; 87, 66 ff.; 90, 4 ff.; 92, 34 ff.; 98, 341 ff.

[19] Nach *Brohm*, NJW 1981, S. 1694 ff., muß an diesem *Eingriffsdenken* nicht nur aus historisch-traditionellen, sondern auch aus verfassungs-theoretischen und vor allem aus rechtssystematischen Gründen festgehalten werden. Auf der Ebene des Verfassungsrechts bildet die mit den Grundrechten gewährleistete potentiell unbegrenzte Freiheit das rechtsstaatliche Komplement zur potentiell umfassenden Staatsgewalt des modernen Staates. Der Ausgleich erfolgt durch das Gesetz, das die Freiheit des einzelnen im Interesse der Erfordernisse der Gemeinschaft begrenzt. Darauf ist die Systematik der deutschen Rechtsordnung ausgerichtet. Vgl. auch *Häberle*, Die Wesensgehaltsgarantie des Art. 19 II GG, S. 11 ff.

tion ermöglichen oder gewährleisten sie jedoch durch die Festsetzung von aufeinander abgestimmten oder gleichartigen Grundstücksnutzungen und entsprechende öffentliche Infrastrukturmaßnahmen eine Bebauung und optimale Nutzung des Grundstücks in der festgelegten Art. Die Ausweisung als Wohngebiet und eine entsprechende Bauklasseneinteilung beispielsweise erlaubt erst mit ihrer Aufgliederung des Raumes und der genauen Festlegung von Art und Maß der Baubarkeit im einzelnen eine vorteilhafte Nutzung des Grundstücks zu Wohnzwecken. Der einzelne Eigentümer wäre mit seinem auf das Grundstück begrenzten Eigentumsrecht gar nicht in der Lage, sein Grundstück in einer den modernen Wohnungsansprüchen entsprechenden Weise zu nutzen. Die Erreichung einer gesunden, Licht, Luft und Ruhe gewährenden Wohnstätte geht über die Möglichkeit einer auf das einzelne Grundstück beschränkten privaten Verfügungsmacht hinaus. Sie kann nur durch eine gemeinsame Gebietsnutzung gewährleistet werden. Diese ist auf privatrechtlichem Wege kaum herbeizuführen. Es bedarf hierzu eines staatlichen Eingreifens, wodurch dem einzelnen je nachdem eine Nutzungsart aufgezwungen werden muß, um dafür allen Betroffenen ein Höchstmaß an Nutzungsmöglichkeit der festgelegten Art zu gewähren[20]. So ist das Wohngelände durch eine ruhige und gesunde Lage ausgezeichnet, dem Geschäftsviertel wird durch eine entsprechende Verkehrsplanung entsprochen, die Ausweisung als Industriegebiet ermöglicht eine industrielle Nutzung des Grundstücks ungeachtet der dabei unvermeidbar auftretenden Belästigungen, die hingenommen werden müssen. Insofern werden die im Plan festgelegten Beschränkungen der baulichen Freiheit durch den Vorteil einer optimalen Nutzungsmöglichkeit weitgehend ausgeglichen, vielfach sogar übertroffen. Der Bebauungsplan besitzt daher eine sowohl eingreifende als auch zuteilende Funktion und Wirkung[21]. Das Eigentum wird so durch den Plan in der jeweiligen Ausgestaltung konkretisiert. In der Abgestimmtheit der verschiedenen Grundstücksnutzungen entsteht unter den Planbetroffenen eine "Nutzungsgemeinschaft", eine "Schicksalsgemeinschaft" oder ein "Planverbund"[22]. Daraus wurde schon frühzeitig ein subjektives Recht darauf abgeleitet, daß die einschneidenden Opfer, die der einzelne aufgrund seiner pflichtgebundenen Gliedstellung zugunsten gemeinsamer Nutzungsvorteile auf sich nehmen muß, nicht durch bevorzugte Pflichtentbindung eines Nutzungsbeteiligten entwertet werden, daß also die Abge-

---

20 Vgl. BVerfGE 24, 367 ff.; 25, 120 ff.; BGHZ 23, 30 ff.; 48, 193 ff.; BVerwG, NJW 1976, S. 1760 ff.

21 Vgl. *Brohm*, Rechtsschutz im Bauplanungsrecht, S. 96 ff.; *Ossenbühl*, Welche normativen Anforderungen stellt der Verfassungsgrundsatz des demokratischen Rechtsstaates an die planende staatliche Tätigkeit?, Gutachten für den 50. Deutschen Juristentag, B. 153 ff.

22 Dazu näher *Weyreuther*, Die Situationsgebundenheit des Eigentums, S. 16 ff.

stimmtheit bzw. die rechtlich festgelegte Grundstückssituation nicht beeinträchtigt werden darf[23]. Dieses Abwehrrecht auf Grund eines "plankonkretisierten Eigentums" berechtigt im Baurecht den "Nachbarn", einen ungerechtfertigten Dispens für den Bauwilligen vor Gericht anzufechten[24]. Er setzt aber den Bestand des Bebauungsplans voraus[25]. Gegenüber Änderungen des Planes in dem dafür vorgesehenen Aufstellungs- und Änderungsverfahren kann es keine entsprechend verfestigte Rechtsposition geben[26]. Immerhin kommen aber auch hier die Gesichtspunkte der Eingriffs- und Zuteilungsfunktion und des daraus resultierenden Bedürfnisses auf Vertrauensschutz zur Geltung. Sie manifestieren sich vor allem in Berücksichtigungsansprüchen[27]. Das bedeutet, daß die planende Instanz zumindest nicht ohne Grund und nicht mehr als erforderlich von dem bestehenden Plan abgehen kann.

Im Unterschied zu den imperativen Plänen besitzen die *indikativen* Pläne, wie die nichtförmlichen, unverbindlichen Fachplanungen, weder eingreifende noch zuteilende Funktion und Wirkung[28]. Die Pläne geben lediglich Orientierungsdaten, und zwar mit dem Ziel, ein entsprechendes Verhalten der Beteiligten herbeizuführen. Sie begründen weder Rechte noch Pflich-

---

[23] Vgl. BVerwGE 26, 111 ff.; 67, 93 ff.; BGH NJW 1974, S. 638 ff. Dazu näher *Brohm*, Rechtsschutz im Bauplanungsrecht, S. 96 ff.; *ders*, Der Schutz privater Belange bei Bauleitplanungen. Antragsbefugnis, Abwägungsgebot, Plangewährleistungsrechte, insbesondere für gewerbliche Interessen, NJW 1981, S. 1689 ff.; *Sendler*, Nachbarschutz im Städtebaurecht, Teil 1 - Nachbarschutz im Planbereich, BauR 1970, S. 6 ff.; *Weyreuther*, Die Bedeutung des Eigentums als abwägungserheblicher Belang bei der Planfeststellung nach dem Bundesfernstraßengesetz, DÖV 1977, S. 423 ff.

[24] Vgl. BVerwG, NJW 1979, S. 966 ff.; NJW 1983, S. 1574 ff.

[25] Vgl. BVerwGE 40, 268 ff.; 56, 71 ff.; *Battis/Krautzberger/Löhr*, BauGB, § 31, Rdn. 21 ff.

[26] Vgl. BVerwG, BauR 1977, S. 394 ff.

[27] Die Frage des Schutzes privater Interessen bei der Bauplanung wird bei der Geltendmachung gewerblicher Interessen in Form der "planungsrechtlichen Konkurrentenklage" im deutschen Recht besonders brisant. Im Zusammenhang mit dem Erfordernis des "Nachteils" für die verwaltungsgerichtliche Normenkontrollklage nach § 47 Abs. 2 VwGO wird in der deutschen Literatur und Rechtsprechung über den Umfang der schutzwürdigen Interessen heftig diskutiert. Dazu näher *Brohm*, Der Schutz privater Belange bei Bauleitplanungen. Antragsbefugnis, Abwägungsgebot, Plangewährleistungsrechte, insbesondere für gewerbliche Interessen, NJW 1981, S. 1689 ff.

[28] Die nichtförmlichen, unverbindlichen Fachplanungen sind nach ihrer Regelungsintensität als indikative Pläne zu qualifizieren; siehe oben S. 100.

ten[29]. Wenn die Orientierungsdaten veröffentlicht werden, bietet sich für die Interessenten einerseits die Möglichkeit zu gewinnträchtigen Spekulationen, andererseits die Möglichkeit, langfristige Investitionen zu planen oder abzubrechen[30]. Regelmäßig wird dieser die mögliche Änderung als meßbare Größe einkalkulieren. Er wird die Aussicht auf Gewinn und das Risiko der Planänderung miteinander vergleichen und sich dann, fällt der Vergleich positiv aus, plangerecht verhalten[31]. Daher kann die Vertrauensposition der Planbetroffenen bei *indikativen* Plänen nur in stark begrenztem Maße schutzwürdig sein[32].

Die *influenzierenden* Pläne suchen bestimmte Ziele nicht durch Befehl und Zwang, sondern durch Anreize zu erreichen, indem für ein planentsprechendes Verhalten bestimmte Vorteile in Aussicht gestellt werden, so z.B. Subventionen, Steuervergünstigungen, Verbesserungen der Infrastruktur durch Bau von Straßen oder durch Ausweisung von Industriegelände, oder indem Nachteile für planentgegengesetztes Verhalten angekündigt werden, so z.B. steuerliche Belastungen. Die Intensität der Einflußnahme auf das private Verhalten kann sehr unterschiedlich sein. Sie ist bedingt durch die tatsächlichen Verhältnisse sowie die rechtliche Form der Maßnahme. Diese kann von der bloßen Absichtserklärung bis hin zur bereits gesetzlich geregelten Subvention oder Steuervergünstigung reichen. Hier setzen die öffentlichen Planungsträger die ganze Palette möglicher Verhaltensbeeinflussungen ein[33].

Je stärker die Planbetroffenen durch die verschiedenen planerischen Einwirkungen in ihren Entscheidungen beeinflußt werden, desto weniger darf ihnen die Verantwortung für planerische Fehlentwicklungen aufgebür-

---

29 Nach *Maurer*, Allgemeines Verwaltungsrecht, S. 349 ff., ist fraglich, ob in diesem Fall überhaupt von einem "Plan" gesprochen werden kann, da es sich lediglich um eine Datensammlung handelt, auch wenn ihre Erstellung Fachkenntnisse und Bewertungen erfordern mag.

30 Vgl. *Brohm*, Planungs- und Entwicklungsverwaltung am Beispiel "Raum- und Stadtplanung", in: Grimm (Hrsg.), Einführung in das öffentliche Recht, S. 153 ff.; *Egerer*, Der Plangewährleistungsanspruch, S. 84 ff.

31 Vgl. *Gygi*, Rechtsfragen der Wirtschaftsplanung, in: Kaiser (Hrsg.), Planung II, S. 113 ff.; *Burmeister*, Zur Staatshaftung für Planschäden der Wirtschaft, Die Verwaltung 1969, S. 21 ff.

32 Vgl. *Schenke*, Gewährleistung bei Änderung staatlicher Wirtschaftsplanung, AöR 101 (1976), S. 339 ff.; *Brohm*, Plangewährleistungsrechte, Jura 1986, S. 619 ff.

33 Vgl. *Egerer*, Der Plangewährleistungsanspruch, S. 85 ff.; *Maurer*, Allgemeines Verwaltungsrecht, S. 333 ff.

det werden[34]. Je intensiver z.B. die raumbedeutsamen Planungen den Planbetroffenen in seinen Entschlüssen bestimmen, desto schutzwürdiger werden die planorientierten Dispositionen und desto mehr trifft den die Änderung auslösenden Staat auch das Änderungsrisiko[35].

### 3. Aufwendungen öffentlicher Planungsträger

Wie erwähnt, sind zahlreichen Planungsinstanzen in der Bundesrepublik die Kompetenzen zu einer autonomen Entscheidung verfassungsrechtlich gewährleistet[36]. Nach dem föderalistischen Prizip ist die Eigenständigkeit der Länder verfassungsrechtlich garantiert[37]. Nach Art 28 Abs. 2 GG ist den Gemeinden das Selbstverwaltungsrecht gewährleistet. Danach haben die Gemeinden die universale sachliche Kompetenz für alle Angelegenheiten der örtlichen Gemeinschaft[38]. Für die Aufstellung und Durchführung ihrer Pläne können bei den Planungsträgern erhebliche Aufwendungen erforderlich werden. Die Entscheidungskompetenzen der öffentlichen Planungsträger sind jedoch durch Rechtsvorschriften sehr beschränkt. So sind z.B. die untergeordneten öffentlichen Planungsträger, wie erwähnt, zur Anpassung an die rechtsverbindlichen übergeordneten Planungen verpflichtet[39]. Da z.B.

---

[34] Vgl. *Burmeister*, Zur Staatshaftung für Planschäden der Wirtschaft, Die Verwaltung 1969, S. 37 ff.; *Gygi*, Rechtsfragen der Wirtschaftsplanung, in: Kaiser (Hrsg.), Planung II, S. 142 ff.

[35] Vgl. *Ipsen*, Fragestellungen zu einem Recht der Wirtschaftsplanung, in: Kaiser (Hrsg.), Planung I, S. 35 ff.; *Egerer*, Der Plangewährleistungsanspruch, S. 87 ff.

[36] Siehe oben S. 95.

[37] Vgl. Art. 70 Abs. 1 GG.

[38] Die Allzuständigkeit der Gemeinden wird dadurch zum Ausdruck gebracht, daß sie "in ihrem Gebiet die ausschließlichen Träger der gesamten öffentlichen Aufgaben sind, soweit die Gesetze nicht ausdrücklich etwas anderes bestimmen" (Art. 28 Abs. 2 GG). Kern der gemeindlichen Selbstverwaltung ist die Eigenverantwortlichkeit, d.h. das Recht, die Angelegenheiten der örtlichen Gemeinschaft als eigene und frei von staatlichen Weisungen, jedoch unter der Rechtsaufsicht des Staates, zu verwalten. Zu den Hoheitsrechten der Gemeinden gehören vor allem die Organisations-, Personal-, Planungs-, Haushalts- bzw. Finanzhoheit, die Satzungsgewalt und das Recht zur Schaffung und Unterhaltung von Einrichtungen zum Wohle der Einwohner u.a.; siehe dazu *Seewald*, Kommunalrecht, in: Steiner (Hrsg.), Besonderes Verwaltungsrecht, Rdn. 74 ff.; *Wolff/Bachof/Stober*, Verwaltungsrecht II, S. 27 ff.

[39] Dazu siehe oben S. 95.

dem Bund selbst als Planungsträger die Fachplanungskompetenzen[40] für Fernstraßen, Flughäfen usw. und für die grenzüberschreitende Planung[41] zustehen, wird eine vertikale Koordination zwischen Bund und den betroffenen Ländern notwendig, wenn eine Bundesplanung geändert wird und daher die Landesplanung entsprechend anzupassen ist. Diese Problemlage wird auf der Gemeindeebene besonders deutlich[42]. Die öffentlichen Planungsträger unterer Ebenen haben daher ihre hoheitlichen Entscheidungskompetenzen ebenso wie die privaten Planbetroffenen in Erwartung der Plandurchführung oberer Ebenen auszuüben.

Diese Betroffenheit der Planungsträger unterer Ebenen, insbesondere der Gemeinden, kann sich einmal in planbedingten Wertminderungen ihres eigenen Vermögens zeigen, sei es, daß Grundeigentum oder gemeindliche Wirtschaftsunternehmen eine Einbuße erleiden[43], sei es, daß öffentliche Nutzungen durch Planänderungen[44] entfallen oder eingeschränkt werden; wie z.B. Infrastruktureinrichtungen wie Schulen, Straßen, Versorgungsleitungen oder Verwaltungsgebäude, die nicht mehr zweckentsprechend verwendet werden können, weil sich mit der Umplanung z.B. die Funktion der Gemeinde oder des Ortsteils im Verflechtungsbereich geändert hat[45]. Auch aufgewandte Planungskosten können auf diese Weise nutzlos werden. Ferner können die Hoffnungen auf eine günstige Entwicklung eines bestimmten Bereichs enttäuscht werden, Hoffnungen und Aussichten, die aufgrund einer besonders günstigen Lage eines Verkehrsknotenpunkt oder einer attraktiven Hanglage als Erholungsort, auf eigenen Vorbereitungen, Planungsabsichten, Vorgesprächen u.ä. beruhen. Dabei handelt es sich teilweise nur um vage Zukunftshoffnungen, teilweise aber auch um mit viel Mühe und Aufwand

---

40 Die Gesetzgebungszuständigkeit des Bundes für eine Bundesplanung wurde zwar vom Bundesverfassungsgericht im oben genannten Rechtsgutachten zuerkannt (BVerfGE 3, 407). Da jedoch die Vollzugszuständigkeit für eine umfassende Gesamtplanung für den Bereich der Bundesrepublik zu verneinen ist, sind für die Raumordnung im Bundesgebiet die Länder zuständig; siehe oben S. 36 - 38.

41 Zu der Abstimmung mit Nachbarstaaten im europäischen Raum; vgl. Art. 73 Nr. 1 bzw. Art. 87 Abs. 1 GG.

42 Die Anpassungspflicht der Gemeinden an die übergeordneten Gesamt- und Fachplanungen siehe oben S. 98.

43 Dazu näher *Niemeier*, Das Recht der Raumordnung und Landesplanung in der Bundesrepulik Deutschland, S. 91 ff.

44 Wie z.B. durch landesplanerisch bedingte Änderungen der Bauleitpläne.

45 Vgl. *Hufnagel*, Gewährleistung bei Änderung raumordnerischer Planungen, BayVBl. 1980, S. 166 ff.

erworbene verdichtete Chancen, in denen sich kommunale Initiativen und Interessen manifestieren[46]. Außerdem haben die Gemeinden u. U. die aus der Änderung oder Aufhebung rechtsverbindlicher Bebauungspläne bedingten Planungsschäden privater Planbetroffener zu ersetzen[47]. Wenn diese Ersatzleistungspflicht der Gemeinden dadurch entstanden ist, daß sie einen Bebauungsplan auf Grund der geänderten Ziele der Raumordnung und Landesplanung gemäß ihrer Anpassungspflicht geändert oder aufgehoben hat, sind sie von der Planänderung betroffen[48].

Durch übergeordnete Planungen wird die Planungssituation gestaltet, aus der heraus konkrete Rechtspositionen der untergeordneten Planungsträger bestimmt werden können. Ihre Planungsbefugnisse erscheinen in vergleichbarer Weise situationsbedingt, wie dies für die Entscheidungsfreiheit auf Grund grundrechtlicher Individualpositionen konstatiert werden kann[49]. Den überörtlichen gesamt- und fachplanerischen Festsetzungen kommt damit eine situationsbestimmende Funktion zu[50]. Wie die Gemeinde bei ihren Planungen die rechtlich und faktisch vorgegebenen Möglichkeiten der Eigentumsnutzung durch den einzelnen Eigentümer mitzuberücksichtigen muß, gelangt man auch hinsichtlich der Planungsbefugnis übergeordneter Planungsträger zu einer vergleichbaren Bindung an die vorgegebene Planungssituation, diese im Sinne einer Rechtspflicht zur Berücksichtigung dieser Situation als eines in die planerische Abwägung einzustellenden Belangs[51]: Bei der Fortschreibung von Raumplänen und privilegierten Fachplänen sind somit Dispositionsschutzinteressen der öffentlichen Planungsträger unterer Ebenen in die Abwägung einzustellen. Materieller Anknüp-

---

46 In diesen Fällen ist die landesplanerisch erzwungene Umplanung für die Gemeinden einschneidend: Steuereinnahmen fallen zurück, weil sie aus Raumnutzungen gezogen werden sollen, die mit den Belangen des regionalen Raumes nicht übereinstimmen; dazu näher *Niemeier*, Entschädigung auf Grund von Maßnahmen der Landesplanung, S. 15 ff.; *Schmidt-Aßmann*, Der Ausgleich landesplanerischer Planungsschäden, S. 14 ff.

47 Vgl. §§ 39 - 44 BauGB.

48 Vgl. *Battis/Krautzberger/Löhr*, BauGB, Vorb. §§ 39 - 44, Rdn. 1 ff.

49 Vgl. *Birk*, Kommunale Selbstverwaltungshoheit und überörtliche Planung, NVwZ 1989, S. 905 ff.

50 Vgl. *Steinberg*, Verwaltungsgerichtlicher Schutz der kommunalen Planungshoheit gegenüber höherstufigen Planungsentscheidungen, DVBl. 1982, S. 13 ff.

51 Dazu näher *Degenhart*, Dispositionsschutz im Recht der Raumplanung, DVBl. 1980, S. 666 ff.; *Brohm*, Der Schutz privater Belange bei Bauleitplanungen. Antragsbefugnis, Abwägungsgebot, Plangewährleistungsrechte, insbesondere für gewerbliche Interessen, NJW 1981, S. 1694 ff.

fungspunkt ist dabei grundsätzlich nicht das Eigentumsrecht[52], sondern die autonome Planungsbefugnis, die sich in einer konkreten Plangestaltung niedergeschlagen hat[53]. Aus den den Gemeinden gegenüber geschaffenen planerischen Festsetzungen können so Kriterien für eine mögliche Selbstbindung der übergeordneten Planungsinstanz gewonnen werden. Sind die Kompetenzen der öffentlichen Planungsträger wie die Planungshoheit der Gemeinden, als verfassungskräftige subjektiv-rechtliche Rechtspositionen ausgestaltet, so kommt den raum- und fachplanerischen Festsetzungen von der Struktur dieser Rechtsgarantie her gesehen eine vergleichbare Funktion zu, wie in Bezug auf grundrechtliche Positionen privater Planbetroffener.

## *II. Planbetroffene im koreanischen Recht*

### 1. Dispositionen Privater

Wie in der Bundesrepublik sind auch in Korea dem Privaten umfangreiche Grundrechte verfassungsrechtlich gewährleistet. So ist z.B. die Würde des Menschen und das Recht auf Streben nach Glück garantiert[54]. Der Staat ist verpflichtet, die unantastbaren Grundrechte festzustellen und zu gewährleisten[55]. Als Rechtsinhaber genießt der Private das Vermögensrecht[56]. Es umfaßt alle privat- und öffentlich rechtlichen, wirtschaftlich bedeutsamen Rechte. Dazu gehören nicht nur das Eigentumsrecht nach dem bürgerlichen

---

52 Auf das Eigentum als Gemeinderecht kann sich die Gemeinde nicht berufen, da Grundrechte als Abwehrrechte gegenüber dem Staat nicht öffentlichen Rechtsträger zustehen. Nach einer Entscheidung des Bundesverfassungsgerichts (BVerfGE 61, 82 ff.) "billigt zwar die Rechtsordnung den Gemeinden die Möglichkeit zu, privatrechtliches Eigentum innezuhaben, das besagt jedoch nicht, daß dieses auch grundrechtsgeschützt sein muß; vielmehr fehlt es auch hier an einer grundrechtstypischen Gefährdungslage". Vgl. auch BVerfGE 70, 1 ff.

53 Dazu näher *Degenhart*, Dispositionsschutz im Recht der Raumplanung, DVBl. 1980, S. 662 ff.; *Brohm*, Plangewährleistungsrechte, Jura 1986, S. 621 ff.; *Ernst/Hoppe*, Das öffentliche Bau- und Bodenrecht, Raumplanungsrecht, Rdn. 167 ff.; *Schmidt-Aßmann*, Kommunalrecht, in: v. Münch (Hrsg.), Besonderes Verwaltungsrecht, S. 123 ff.

54 Art. 10 S. 1 KV.

55 Art. 10 S. 2 KV.

56 Art. 23 S. 1 KV.

Recht, sondern auch das Forderungsrecht[57], das geistige Eigentum[58], der eingerichtete und ausgeübte Gewerbebetrieb[59] und vermögenswerte öffentlich-rechtliche Rechtspositionen[60] usw.[61]. Auf Grund des Vermögensrechts hat er die Möglichkeit, Dispositionen über sein Vermögen zu treffen.

Nach Art. 23 Abs. 1 S. 2 KV werden Inhalt und Schranken der Vermögensrechte durch die Gesetze bestimmt und deren Ausübung hat dem Allgemeinwohl zu dienen[62]. Diese verfassungsrechtliche Eigentumsgarantie nach Art. 23 Abs. 1 und Abs. 2 KV stimmt mit derjenigen nach Art 14 Abs. 1 und Abs. 2 GG überein. In zahlreichen Fällen ist sowohl in der Bundesrepublik Deutschland als auch in Korea die private Dispositionsfreiheit stark eingeschränkt. Dabei bestehen je nach Rechtsgebiet und Rechtslage Unterschiede zwischen beiden Ländern. Die Interessenlage der Privaten als Planbetroffene ist jedoch weitgehend gleich.

## 2. Aufwendungen öffentlicher Planungsträger

Wie aufgeführt, ist das Planungs- bzw. Entscheidungssystem Koreas zentral-einheitlich geprägt. Das koreanische Recht kennt kein föderalistisches Prinzip. Zwar ist die Selbstverwaltungsgarantie in der koreanischen Verfassung verankert[63], ihre völlige Verwirklichung ist jedoch aufgeschoben, bis

---

57 Wie z.B. die obligatorischen Ansprüche aus Miet- und Pachtrechten. Dazu näher, *Y.-S. Kwon*, Lehrbuch des Verfassungsrechts, S. 457 ff.

58 Wie Urheber-, Patent-, Verlags- und Markenschutzrechte mit ihren angemessenen Vermögenswerten.

59 Mit sämtlichen Einrichtungen, Warenvorräten, Außenständen u.a., was in seiner Gesamtheit den wirtschaftlichen Wert eines Unternehmens ausmacht.

60 Wie z.B. die Gehalts- bzw. Pensionsansprüche der Beamten.

61 Vgl. *Y.-S. Kwon*, Lehrbuch des Verfassungsrechts, S. 457 ff.; *O.-S. Kwon*, Rechtsnatur und Einschränkung des Grundstückseigentumsrechts, in: Vereinigung der koreanischen Jura-Professoren (Hrsg.), Recht und Grund und Boden, S. 38 ff.; *D.-S. Kong*, Bodennutzung und Eigentumsrecht, S. 4 ff.

62 Nach h.M. stellt diese verfassungsrechtliche Regelung - die Ausübung der Vermögensrechte hat dem Allgmeinwohl zu dienen - die Sozialbindung des Eigentumsrechts dar. Vgl. die Literaturangaben Fußn. 61.

63 Nach Art. 117 Abs. 1 KV "trifft die Selbstverwaltungskörperschaft die das Allgemeinwohl der Einwohner betreffenden Maßnahmen, verwaltet ihr Vermögen und regelt Selbstverwaltungsangelegenheiten im Rahmen der Gesetze durch Satzungen".

die konkrete Grundlage im Selbstverwaltungsgesetz geschaffen wird[64], was bislang nicht der Fall ist. Den öffentlichen Planungsträgern unterer Ebenen stehen daher gegenwärtig rechtlich keine autonomen planerischen Entscheidungskompetenzen zu. Dies besagt jedoch nicht, daß diese, insbesondere die Stadtplanungsträger, nicht von den Plänen oberer Ebenen betroffen werden. Z.B. haben die "Si", die Städte, die nach § 2 Abs. 1 KSVwG als Selbstverwaltungskörperschaft qualifiziert sind, keine Allzuständigkeit für alle Angelegenheiten ihrer Kompetenzbereiche. Sie haben jedoch in begrenztem Maße gewisse Sachkompetenzen, die vom Staat übertragen worden sind. Als Selbstverwaltungsangelegenheit sind vor allem die auf die Förderung des Allgemeinwohls bezogenen Angelegenheiten, wie das Einrichten der öffentlichen Altenheime und der Friedhöfe u.a., die auf die Erziehung und Kultur bezogenen Angelegenheiten, wie das Einrichten der Kindertagesstätten, Schulen, Museen u.a., das Verwalten des kommunalen Vermögens, wie der Grundstücke, Gebäude u.a., und eine eingeschränkte Finanzkompetenz anerkannt[65]. Da das Verlangen nach Verwirklichung der in der Verfassung schon verankerten Selbstverwaltungsgarantie immer größer wird, ist im Laufe der Zeit die Tendenz stärker geworden, die übertragenen Kompetenzen der Selbstverwaltungskörperschaften immer mehr zu erweitern[66]. Den Städten werden insbesondere immer mehr finanzielle Kompetenzen bzw. eigene Investitionsmöglichkeiten gewährleistet.

Im Rahmen dieser Kompetenzen können die Städte ihre städtebaulichen Planungen aufstellen und die dafür notwendigen Aufwendungen treffen. Da sich die raumbedeutsamen staatlichen Planungen in manchen Fällen auch auf den Kompetenzbereich der Städte beziehen und rechtsverbindliche Wirkung ausüben, haben die Stadtplanungsträger diese ständig zu beachten[67]. Werden sie geändert, haben die Städte ihre Planungen den geänderten Plänen anzupassen, weshalb die Aufwendungen der Städte, die im Vertrauen auf den ursprünglichen Plan getroffen wurden, teilweise oder völlig wertlos werden können. Außerdem können die Städte planbedingte Wertminderungen ihres eigenen Vermögens, z.B. ihrer Grundstücke erleiden[68]. Daneben

---

64 Vgl. Art. 118 Abs. 2 KV.

65 Vgl. §§ 123 ff. des Selbstverwaltungsgesetzes.

66 Vgl. *C.-H. Jo*, Was ist die Selbstverwaltung?, S. 50 ff.; *J.-S. Maeng*, Staatliche Aufsicht über die Selbstverwaltung, Gosigye 1988, Bd. 5, S. 71 ff.

67 Siehe oben S. 98.

68 Über die Frage, auf welche Rechtsgrundlage diese Rechtspositionen der Städte gestützt werden sollen, ist im koreanischen Recht noch nicht ausführlich diskutiert worden. Die Anwendung der Grundrechte, insbesondere des Eigentumsrechts, ist bei der gegenwärtigen Rechtslage wegen der mangelnden Eigenständigkeit der Städte und der Abgrenzungsschwierigkeiten zwi-

treffen die aufgezählten Situationen der planbetroffenen Stadtplanungsträger in der Bundesrepublik, von der Ersatzleistungspflicht abgesehen, genauso in Korea zu. Zwar ist die Rechtsposition der Stadtplanungsträger im koreanischen Recht nicht mit derjenigen von Privaten vergleichbar, weil diese nicht verfassungsrechtlich gewährleistet ist, und die Planungs- bzw. Aufwendungsmaßnahmen daher als eine Teilkompetenzausübung des Staates i.w.S. anzusehen ist. Immerhin können von Planänderungen Maßnahmen im Rahmen der erwähnten Selbstverwaltungsrechte betroffen sein, wenn die Selbstverwaltungsgarantie völlig verwirklicht wird, ist eine Rechtsposition anzuerkennen, die derjenigen der Selbstverwaltungsträger in der Bundesrepublik Deutschland entspricht.

## B. Entwicklung der Gedanken über die Plangewährleistungsrechte

### *I. Die Entwicklung im deutschen Recht*

#### 1. Die Frage der Plangewährleistung für private Planbetroffene

Um Lösungsansätze für die Interessenkonflikte zwischen den öffentlichen Planungsträgern und den Planbetroffenen zu entwickeln und dadurch die Rechtspositionen der Planbetroffenen zu schützen, wird in der deutschen Literatur unter dem Stichwort *Plangewährleistungsansprüche* die Frage erörtert, ob und wie durch dogmatisch vertretbare Rechtsschutzmaßnahmen eine gewisse Verlässlichkeit von hoheitlichen Plänen gewährleistet werden kann.

Die Forderung nach der Anerkennung von Plangewährleistungsansprüchen ist zuerst im Jahre 1944 von *Hedemann*[69] erhoben worden. Er stellte darauf ab, daß der Staat dann ein besonderes Vertrauen erweckt habe, wenn dem Unternehmer die "einzuhaltende Linie" bestimmt vorgeschrieben worden sei. Wenn nun dieses aus einer Art "Partnerschaft" entstandene Ver-

---

schen städtischer und staatlicher Kompetenzausübung auszuschließen. Die planbetroffenen Positionen der Städte können jedoch über das verfassungsrechtlich verankerte Vertrauensschutzprinzip geschützt werden, worauf noch eingegangen wird.

69 Vgl. *Hedemann*, Entschädigung bei wirtschaftlichen Lenkungsmaßnahmen des Reichs, Deutsches Recht, S. 545 ff.

trauen enttäuscht worden sei, so rücke der Entschädigungsgedanke sicherlich um einige Schritte näher.

Obwohl auch die damals herrschende Lehre, teils aus dem Gesichtspunkt der Enteignung, teils unter dem Aspekt einer allgemeinen Aufopferung, den Ausgleich von Interventionsverlusten als notwendig ansah[70], blieben die Gedanken *Hedemanns* doch gänzlich ohne Resonanz[71].

Die Forderung *Hedemanns* hatte *Ipsen* im Jahre 1952 erneuert und den Begriff *Plangewährleistung* im Zusammenhang mit Fragen nach Rechtsformen und Rechtsschutz bei staatlichen Interventionen im Bereich der Wirtschaft geprägt. In einem Diskussionsbeitrag auf der u.a. mit diesem Problem befaßten *Marburger* Staatsrechtslehrertagung von 1952 stellte *Ipsen* die These auf, die planende Wirtschaftsintervention führe zur Annahme einer Pflicht des Staates, gegenüber der von der Planung betroffenen und zu bestimmten Risiken veranlaßten Wirtschaft für die Innehaltung, Durchführung und ordnungsgemäße Abwicklung des Plans einzustehen. Aus dieser, mit *Plangewährleistung* zu bezeichnenden Pflicht, folge, daß bei Widerruf, Änderung oder unvorhergesehener Beendigung der Planung - sofern sie notwendig und zulässig sei - Planungsschäden zu ersetzen seien[72]. Wenn der Staat plane, so müsse er die Planhaftigkeit seiner Einwirkung auf den Unternehmer, der sein Verhalten am öffentlichen Planungsinteresse orientiert habe, gewährleisten[73].

Diese Überlegungen haben in der Folgezeit im verwaltungsrechtlichen Schrifttum eine umfangreiche und vielseitige Erörterung und Diskussion ausgelöst[74]. Zunächst wurde eine *Plangewährleistung* im Zusammenhang mit

---

70 Über die Geschichte des Plangewährleistungsanspruchs siehe näher *Egerer*, Der Plangewährleistungsanspruch, S. 43 ff.

71 Vgl. *Ehlermann*, Wirtschaftslenkung und Entschädigung, S. 49 ff; *Kriele*, Plangewährleistungsansprüche?, DÖV 1967, S. 531 ff.

72 Vgl. *Ipsen*, Diskussionsbeitrag, in: VVDStRL 11 (1953), S. 139 ff.

73 Vgl. *Ipsen*, Fragestellungen zu einem Recht der Wirtschaftsplanung, in: Kaiser (Hrsg.), Planung I, S. 35 ff.

74 Vgl. *Lerche*, Rechtsprobleme der wirtschaftslenkenden Verwaltung, DÖV 1961, S. 486 ff.; *von Simson*, Planänderung als Rechtsproblem, in: Kaiser (Hrsg.), Planung I, S. 405 ff.; *Ipsen*, Fragestellungen zu einem Recht der Wirtschaftsplanung, in: Kaiser (Hrsg.), Planung I, S. 35 ff.; *ders.*, Rechtsfragen der Wirtschaftsplanung, in: Kaiser (Hrsg.), Planung II, S. 63 ff.; *Kriele*, Plangewährleistungsansprüche ?, DÖV 1967, S. 531 ff.; *Redeker*, Von der Nachbarklage zum Planbefolgungsanspruch (Plangewährleistungsanspruch), DVBl. 1968, S. 7 ff.; *Klaus Meyer*, Die neueste Entwicklung des Nachbarschutzes im öffentlichen Baurecht, DWW 1968, S. 122 ff.; *Burmeister*, Zur Staatshaftung für Planschäden der Wirtschaft, Die Verwaltung 1969, S. 21 ff.;

der auf die Wirtschaft bezogenen Lenkung und Planung erwogen[75]. Doch hat die Diskussion alsbald den Rahmen verlassen, in dem sie ihren Ausgangspunkt hatte. Über ihren engeren wirtschaftsverwaltungsrechtlichen Ansatz hinaus ist die Frage nach einer *Plangewährleistung* auf hoheitliche Planungen jedweder Art erstreckt worden; insbesondere hat der Bereich Raum- und Stadtplanung großen Anlaß zur Erörterung und Diskussion gegeben, weil eine raumordnende Planung, die als solche der tatsächlichen Raumordnung lediglich ein "Rechtsstatut" zur Verfügung stellt, den einzelnen in seinen Dispositionen im Sinne des Planziels beeinflußt und so zu planbestimmten Dispositionen veranlaßt. Dabei ist man sich über die prinzipielle Möglichkeit von *Plangewährleistungsansprüchen* einig, jedoch bestehen unterschiedliche Ansatzpunkte zur Begründung solcher Ansprüche. Nach *Egerer* können die verschiedenen Lösungsansätze in traditionelle oder konventionelle Ansätze einerseits, und in progressive Ansätze andererseits unterteilt werden[76].

*Traditionell* oder *konventionell* erscheinen die Begründungs- und Konstruktionsvorschläge, die einen Plangewährleistungsanspruch entsprechend der Judikatur der Gerichte im anerkannten Anspruchssystem unterbringen[77]. Sie operieren insgesamt im Umkreis des Art. 14 GG oder des allge-

---

*Oldiges*, Grundlagen eines Plangewährleistungsrechts, S. 30 ff.; *Egerer*, Der Plangewährleistungsanspruch, S. 43 ff.; *Ossenbühl*, Vertrauensschutz im sozialen Rechtsstaat, DÖV 1972, S. 25 ff.; *Schmidt*, Vertrauensschutz im öffentlichen Recht, JuS 1973, S. 529 ff.; *Ipsen*, Plangewährleistung, in: Festschrift für Ernst Rudolf Huber, S. 219 ff.; *Schenke*, Gewährleistung bei Änderung staatlicher Wirtschaftsplanung, AöR 101 (1976), S. 337 ff.; *Breuer*, Die Bodennutzung im Konflikt zwischen Städtebau und Eigentumsgarantie, S. 32 ff.; *Stüer*, Abwägungsgebot, Mehrfachneugliederung und Vertrauensschutz, DVBl. 1977, S. 1 ff.; *Korbmacher*, Plangewährleistung und Vertrauensschutz, WiVerw. 1979, S. 37 ff.; *Thiele*, Zur Problematik des Plangewährleistungsanspruchs, DÖV 1980, S. 109 ff.; *Hufnagel*, Gewährleistung bei Änderung raumordnerischer Planungen, BayVBl. 1980, S. 166 ff.; *Degenhart*, Dispositionsschutz im Recht der Raumplanung, DVBl. 1980, S. 660 ff.; *Brohm*, Der Schutz privater Belange bei Bauleitplanungen. Antragsbefugnis, Abwägungsgebot, Plangewährleistungsrechte, insbesondere für gewerbliche Interessen, NJW 1981, S. 1689 ff.; *Ossenbühl*, Staatshaftungsrecht, S. 180 ff.; *Brohm*, Plangewährleistungsrechte, Jura 1986, S. 617 ff. u.a.

75 Dazu näher *Ipsen*, Plangewährleistung, in: Festschrift für Ernst Rudolf Huber, S. 219 ff.

76 Vgl. *Egerer*, Der Plangewährleistungsanspruch, S. 49 ff.

77 So hat z.B. der Bundesgerichtshof in der sog. Knäckebrotentscheidung primär auf Enteignung abgestellt; BGHZ 45, 83 ff. Außerdem BGHZ 25, 266 ff.; BGH NJW, 1964, 769 ff.; BGH, NJW 1968, 293 ff. u.a.

meinen Aufopferungsanspruchs und argumentieren mit Enteignung[78], enteignungsgleichem Eingriff[79] und Aufopferung[80].

Die *progressive* Linie sucht aus dem Gedanken der Plangewährleistung eigenständige Rechtsgrundlagen für Ansprüche zu entwickeln. Die Rechtsgrundlagen für die Plangewährleistung sieht man in öffentlich-rechtlichen Verträgen[81] zwischen Bürger und Staat, im Rechtsgedanken der culpa in contrahendo[82], in faktischen Vertragsverhältnissen[83] sowie in der entsprechenden Anwendung des § 122 BGB[84], des weiteren im Sozial-[85] und Rechtsstaatsprinzip[86], im Grundsatz der Verhältnismäßigkeit[87] und des Vertrauensschutzes[88], im Postulat der Rechtssicherheit[89], im Rechtsgedanken von Treu und Glauben[90] sowie in der Anwendung der Regeln über den Widerruf und die Rücknahme von Verwaltungsakten[91], und im Amtshaftungsanspruch[92].

---

78 Vgl. *Breuer*, Die Bodennutzung im Konflikt zwischen Städtebau und Eigentumsgarantie, S. 186 ff.; *Egerer*, Der Plangewährleistungsanspruch, S. 69 ff.; *Burmeister*, Zur Staatshaftung für Planschäden der Wirtschaft, Die Verwaltung 1969, S. 41 ff. u.a.

79 Vgl. *Breuer*, Die Bodennutzung im Konflikt zwischen Städtebau und Eigentumsgarantie, S. 186 ff.; *Egerer*, Der Plangewährleistungsanspruch, S. 69 ff.; *Rüfner*, Zum gegenwärtigen Stand des deutschen Staatshaftungsrechts, BB 1968, S. 881 ff.

80 Vgl. *Kriele*, Plangewährleistungsansprüche?, DÖV 1967, S. 531 ff.

81 Vgl. *von Simson*, Planänderung als Rechtsproblem, in: Kaiser (Hrsg.), Planung I, S. 405 ff.; *Redeker*, Staatliche Planung im Rechtsstaat, JZ 1968, S. 537 ff. u.a.

82 Vgl. *Lerche*, Rechtsprobleme der wirtschaftslenkenden Verwaltung, DÖV 1961, S. 486 ff.

83 Vgl. *Krüger*, Allgemeines Staatslehre, S. 616 ff.

84 Vgl. *Egerer*, Der Plangewährleistungsanspruch, S. 65 ff.

85 Vgl. *Werner*, Zur Kritik an der Verwaltungsgerichtsbarkeit, NJW 1954, S. 1625 ff.

86 Vgl. *Ipsen*, Fragestellungen zu einem Recht der Wirtschaftsplanung, in: Kaiser (Hrsg.), Planung I, S. 62 ff.

87 Vgl. *Lerche*, Übermaß und Verfassungsrecht, S. 269 ff.; *Redeker*, Staatliche Planung im Rechtsstaat, JZ 1968, S. 537 ff.; *Ritter*, NJW 1966, S. 1355 ff. u.a.

88 Vgl. *Fröhler*, Die Wirtschaft als Instrument der Wirtschaftspolitik, S.136 ff. *Schenke*, Gewährleistung bei Änderung staatlicher Wirtschaftsplanung, AöR 101 (1976), S. 359 ff.

89 Vgl. *Oldiges*, Grundlagen eines Plangewährleistungsrechts, S. 199 ff.

90 Vgl. *Lerche*, Übermaß und Verfassungsrecht, S. 273 ff.

91 Vgl. *von Simson*, Planänderung als Rechtsproblem, in: Kaiser (Hrsg.), Planung I, S. 407 ff.; *Ipsen*, Rechtsfragen der Wirtschaftsplanung, in: Kaiser (Hrsg.), Planung II, S. 110 ff. u.a.

Trotz der Meinungsverschiedenheiten und einer verwirrenden Vielfalt von Versuchen einer dogmatisch vertretbaren Lösung ist außer Streit, daß Plangewährleistungsansprüche prinzipiell anzuerkennen sind[93]. Jedoch stellt sich die Frage, ob ein gangbarer Weg von der in ihrer generellen Zielsetzung einleuchtenden Forderung nach Plangewährleistung zu "gerichtlich durchsetzbaren konkreten Plangewährleistungsansprüchen" oder gar zu einem "allgemeinen Plangewährleistungsanspruch eigener Art" aufgefunden werden kann.

Angesichts der Tatsache, daß es kein einheitliches Rechtsinstitut des Plans gibt, fällt die Antwort auf die Frage nach einem eigenständigen und allgemeinen Plangewährleistungsanspruch schwer. Hoheitliche Planung findet in unterschiedlichster Form sowie auf den verschiedensten Gebieten und Ebenen staatlicher Tätigkeit statt. Ihre Vielfalt äußert sich zunächst bei der inhaltlichen Zielsetzung, bei dem eingesetzten planerischen Instrumentarium sowie bei der Intensität der angestrebten planerischen Wirkungen und Einflußnahmen, die von handfesten Eingriffen in Rechtspositionen Dritter bis hin zur Darbietung lediglich von unverbindlichen Ordnungsrahmen oder Orientierungshilfen reichen. Die Vielgestaltigkeit hoheitlicher Planung zeigt sich auch bei den Rechtsformen, in denen sie sich manifestiert; hoheitliche Planung geschieht durch förmliche Gesetze, durch Rechtsverordnungen und Satzungen, durch Verwaltungsakte und Verwaltungsvorschriften sowie durch nur behördeninterne Richtlinien, Weisungen und andere Maßnahmen. Obwohl sich die vorliegende Untersuchung auf die Frage der Plangewährleistung im Rahmen des Raumplanungsrechts beschränkt, wirkt sich diese Einschränkung auf die Schwierigkeit der Antwort kaum aus, da die raumbedeutsamen Pläne nach ihren Inhalten, Regelungsintensitäten und Rechtsformen verschiedene Rechtswirkungen ausüben und die Rechtspositionen der Planbetroffenen nach den Rechtswirkungen der Pläne unterschiedlich geprägt werden. Aus dieser Mannigfaltigkeit und Verschiedenartigkeit der Planung sowie der Rechtspositionen der Planbetroffenen ergibt sich die Notwendigkeit, die Ansprüche und ihre Rechtsgrundlagen zu differenzieren. Es sind deshalb die positivrechtlichen Regelungen und allgemeinen Grundsätze für den Vertrauensschutz der Planbetroffenen im Raumplanungsrecht herauszu-

---

92 Vgl. *Evers*, Das Recht der Raumordnung, S. 153 ff.; *Badura*, Wirtschaftsverfassung und Wirtschaftsverwaltung, S. 111 ff. u.a.

93 Nach *Brohm*, Plangewährleistungsrechte, Jura 1986, S. 618 ff., hat der Gedanke einer Plangewährleistungspflicht des Staates in der Literatur allgemein Billigung erfahren; vgl. auch *Schenke*, Gewährleistung bei Änderung staatlicher Wirtschaftsplanung, AöR 101 (1976), S. 341 ff.

stellen, und die Anspruchsvarianten eines "Planbestandsschutzes", einer "schonenden Überleitung" und einer "Planentschädigung" nach den jeweiligen Planungsarten und den einzelnen Planungsformen zu überprüfen.

### 2. Ähnliche Interessenlagen bei einzelnen öffentlichen Planungsträgern

Wie oben dargelegt, besteht eine entsprechende Interessenlage nicht nur bei Privaten, sondern auch bei den öffentlichen Planungsträgern. Daher wird in der deutschen Literatur und Rechtsprechung eine entsprechende Fragestellung auch für diese erörtert. Zum Teil werden die Interessen der öffentlicher Planungsträger bei der Diskussion über die Plangewährleistungsansprüche der Privaten mitberücksicht[94], teilweise werden sie als Spezifikum des raumbedeutsamen Planungsrechts behandelt[95]. Da die Gemeinden als öffentliche Planungsträger unterster Ebene von den Planungen oberer Ebenen am meisten betroffen sind, wird die Frage hauptsächlich im Zusammenhang mit der Rechtsposition der Gemeinden gegenüber den Regionen, den Bundesländern und dem Bund erörtert.

Einerseits gibt es Meinungen, die die Anspruchsmöglichkeiten öffentlicher Planbetroffener grundsätzlich verneinen, weil sie das Selbstverwaltungsrecht der Gemeinden und der Bundesländer über den Terminus der *Funktionalisierung* in eine bloße Mitwirkungsbefugnis umdeuten wollen[96]. Danach ist Art. 28 Abs. 2 GG, der den Gemeinden das Recht gewährleistet, alle Angelegenheiten der örtlichen Gemeinschaft in eigener Verantwortung zu regeln, nicht mehr statisch, gegenständlich, sondern *dynamisch, funktional* zu interpretieren. Es wird argumentiert, von einer "örtlichen Gemeinschaft" könne

94 Vgl. *Brohm*, Plangewährleistungsrechte, Jura 1986, S. 617 ff.; *Hufnagel*, Gewährleistung bei Änderung raumordnerischer Planungen, BayVBl. 1980, S. 172 ff.; *Stüer*, Abwägungsgebot, Mehrfachneugliederung und Vertrauensschutz, DVBl. 1977, S. 7 f.

95 Vgl. *Schmidt-Aßmann*, Der Ausgleich landesplanerischer Planungsschäden, S. 7 ff.; *Niemeier*, Das Recht der Raumordnung und Landesplanung in der Bundesrepublik Deutschland, S. 91 ff.

96 Vgl. *Pappermann*, Das zwischengemeindliche Nachbarrecht - BVerwGE 40, 323 -, JuS 1973, S. 691 f.; *Rothers*, Kommunale Mitwirkung an höherstufigen Entscheidungsprozessen, S. 31 ff.; *Pappermann/Rothers-Vesper*, Maßstäbe für die Funktionalreform im Kreis, in: Kommunalwissenschaftliche Schriften des Deutschen Landkreistages, Bd. 4, S. 18 ff.

schon lange nicht mehr gesprochen werden, örtliche Aufgaben seien von überörtlichen Aufgaben nicht zu trennen und eine isolierte gemeindliche Eigenverantwortung habe es bereits bei Inkrafttreten des Grundgesetzes in der Verfassungswirklichkeit nicht mehr gegeben. Die Gewährleistung der gemeindlichen Selbstverwaltung könne daher nicht an die Aufgabe anknüpfen, sondern nur an den Träger. Der Gemeinde sei innerhalb einer gesamtstaatlichen arbeitsteiligen Aufgabenwahrnehmung lediglich eine "funktionsgerechte Mitwirkung" gewährleistet, nicht mehr und nicht weniger[97]. Die Argumentation für ein derartiges *funktionales* Verständnis der Selbstverwaltung zeigt gewisse Parallelen zur bundesstaatlichen Diskussion um den "unitarischen Bundesstaat"[98]. Auch hier werden weitgehende Beschränkungen in der Eigenständigkeit der Bundesländer mit einer Ausdehnung ihrer Mitwirkungsrechte an der bundesstaatlichen Willensbildung für kompensierbar gehalten[99]. Bei allen diesen Versuchen geht es darum, autonome Entscheidungsmacht in den Gesamtprozeß zu integrieren bzw., soweit sie sich diesem entgegenstellen könnte, entsprechend zu relativieren[100]. Diese Argumentation konnte sich nicht durchsetzen, weil sie sich mit dem Wortlaut der Verfassung und auch mit wesentlichen der Selbstverwaltung zugedachten Funktionen nicht in Einklang bringen läßt.

Zwar können Einschränkungen der gemeindlichen Selbstverwaltung u.U. durch die Beteiligung der Gemeinden an einer höherstufigen Aufgabenwahrnehmung kompensiert werden, aber daraus ergibt sich noch nicht, daß

---

97 Vgl. *Pappermann*, Das zwischengemeindliche Nachbarrecht - BVerwGE 40, 323 -, JuS 1973, S. 691 ff.

98 Dazu näher *Hesse*, Der unitarische Bundesstaat, S. 27 ff.

99 Eine gewisse Parallele zu dieser Interpretation der Selbstverwaltungsgarantie findet sich auch in dem Versuch, das Eigentum, insbesondere das Grundeigentum, funktional zu interpretieren. Kennzeichnend dafür ist die Forderung eines Übergangs vom *Substanzeigentum* zum *Funktionseigentum*; dazu näher *Kiminich*, Der Staat 1975, S. 406 ff.; *Badura*, Eigentum im Verfassungsrecht der Gegenwart, Schlußvortrag des 49. DJT, Bd. II, S. 26 ff.

100 Gegen diese Argumentation wurden aus den verschiedenen Aspekten heftige Vorwürfe erhoben: es ist z.B. zweifelhaft, inwieweit sie sich auf dem Boden einer bürgerlich-rechtsstaatlichen Verfassung halten läßt, weil sie den Nachteil hat, durch die Integration autonomer Entscheidungsmacht in den Gesamtprozeß jeden Garantiecharakter zu verlieren; daneben bringt ein funktionales Verständnis die Gefahr mit sich, daß man nur einzelne Funktionen sieht oder sie isoliert betrachtet und damit zahlreiche andere zu Unrecht vernachlässigt. So würden z.B. mit der Relativierung autonomer Entscheidungsmacht zugunsten integrierter Planungsmöglichkeiten die Funktionen der Gewaltenteilung völlig verloren; dazu näher *Knemeyer*, Dezentralisation als Mittel vertikaler Gewaltenteilung überholt?, DVBl. 1976, S. 380 ff.; *Brohm*, Strukturprobleme der planenden Verwaltung, JuS 1977, S. 505 ff.

die Selbstverwaltungsgarantie auf ein bloßes Beteiligungsrecht reduzierbar wäre. Art. 28 Abs. 2 GG verlangt, daß bestimmte Aufgaben in eigener Verantwortung wahrgenommen werden. Davon kann bei einer bloßen Beteiligung nicht mehr die Rede sein. Vielmehr gehört dazu eine maßgebliche inhaltliche Gestaltung seitens der Gemeinden[101]. Dies trifft ebenfalls für die Eigenständigkeit der Bundesländer zu.

Die *überkommene Lehre*[102] andererseits findet ihre Lösung aus der verfassungsrechtlich gewährleisteten Selbstverwaltungsgarantie und der Eigenständigkeit der Bundesländer. Sie behandelt das Selbstverwaltungsrecht wie ein Grundrecht[103]. Danach sind die Fachplanungen bzw. Planänderungen, die die Gemeinden binden, Einschränkungen ihres verfassungsrechtlich gewährleisteten Rechts auf Selbstverwaltung; sie sind daher nur zulässig, wenn sie zur Erreichung eines übergeordneten öffentlichen Interesses geeignet, erforderlich und verhältnismäßig sind. Bestehen Zweifel über Regelungsbefugnisse, spricht die Vermutung für die gemeindliche Zuständigkeit. Darüber hinaus dürfen die rechtsverbindlichen, privilegierten Fachplanungen den Wesensgehalt des Selbstverwaltungsrechts nicht antasten. Entprechendes gilt für die überörtlichen Gesamtplanungen bzw. Planänderungen. Sie unterliegen ebenfalls dem Übermaßverbot und müssen den Gemeinden einen Kernbestand eigenständiger Entscheidung belassen[104]. Auf die Einhaltung dieser Grundsätze hat die Gemeinde ein subjektives Recht[105].

---

[101] Dazu näher *Brohm*, Die Selbstverwaltung der Gemeinden, DVBl. 1984, S. 296 ff.

[102] Vgl. *Blümel*, Gemeinden und Kreise vor den öffentlichen Aufgaben der Gegenwart, VVDStRL 36 (1978), S. 251 ff.; *Schink*, in: Schmidt-Jortzig/Schink, Subsidiaritätsprinzip, S. 52 ff.; *Stern*, Bonner Kommentar zum Grundgesetz, Art. 28 Rdn. 78 ff.; *Maunz/ Zippelius*, Deutsches Staatsrecht, S. 108 ff. u.a.

[103] Sie berücksichtigt damit die "historische Genese" dieser Garantie, die heute noch in zahlreichen Bestimmungen, etwa bei dem Verfassungsbeschwerderecht der Gemeinden nach Art. 93 Abs. 1 GG, nachwirkt. Demgemäß ist von einem potentiell universalen Aufgaben- und Verantwortungsbereich der Gemeinden auf ihrem Gebiet auszugehen. Dabei sind Einschränkungen Eingriffe und bedürfen daher einer gesetzlichen Grundlage. Sie müssen außerdem im übergeordneten öffentlichen Interesse erforderlich, zu seiner Verwirklichung geeignet und verhältnismäßig sein und dürfen den Wesensgehalt des Selbstverwaltungsrechts nicht antasten; dazu näher *Brohm*, Verwirklichung überörtlicher Planungsziele durch Bauleitplanung, DVBl. 1980, S. 658 ff.

[104] Daher haben sie, wie oben erwähnt, grundsätzlich den Charakter von Rahmenplanungen zu wahren. Verdichtete Planungen sind nicht schon zulässig, wenn sie sachgerecht sind, sondern

Weil die Interessenlage bei den einzelnen öffentlichen Planbetroffenen nicht wesentlich anders als bei den Privaten ist, gelten die Lösungsversuche für Plangewährleistungsansprüche der Privaten nach der überkommenen Lehre im wesentlichen auch für diese. Daher ist die Interessenlage der einzelnen öffentlichen Planungsträger bei der Erörterung der Plangewährleistungsansprüche der Privaten miteinzubeziehen.

### *II. Entwicklung der Gedanken über die Plangewährleistungsrechte im koreanischen Recht*

Die Rechtsgedanken über die Plangewährleistungsrechte lehnen sich in der koreanischen Literatur an das im deutschen Recht entwickelte Rechtsinstitut an.

*D.-C. Kim* hat in seinem Lehrbuch unter dem Titel "Planung und Vertrauensschutz" den Inhalt der Diskussion über die Plangewährleistungsansprüche im deutschen Recht erörtert und die Anerkennung solcher Ansprüche durch das koreanische Recht gefordert[106]. Dementsprechende Forderungen sind in der planungsrechtlichen Literatur allgemein zu finden[107]. Wie in der

---

nur, wenn sie einer Notwendigkeits- und Erforderlichkeitsprüfung standhalten und obendrein einen Kernbestand autonomer Entscheidung der Gemeinden respektieren; dazu *Brohm*, Verwirklichung überörtlicher Planungsziele durch Bauleitplanung, DVBl. 1980, S. 658 ff.

105 Über die Meinungsverschiedenheiten, ob den Gemeinden nicht nur der Schutz im Rahmen des Art. 28 Abs. 2 GG, sondern auch andere konkrete Grundrechte, wie z.B. Art. 14 GG, zuerkennen sind; siehe näher *Dürig*, in: Maunz/Dürig, GG, Art. 19, Rdn. 46 ff.; *Weber*, Staats- und Selbstverwaltung in der Gegenwart, S. 37 ff.; *Pagenkopf*, Kommunalrecht, Bd. 1, S. 32 ff. Kritisch dazu BVerfGE 61, 82 ff.; 70, 1 ff.; *Brohm*, Plangewährleistungsrechte, Jura 1986, S. 621 ff.; *Papier*, in: Maunz/Dürig, GG, Art. 14, Rdn. 192 ff.; *Schmidt-Aßmann*, Kommunalrecht, in: v. Münch (Hrsg.), Besonderes Verwaltungsrecht, S. 124 ff.

106 Vgl. *D.-C. Kim*, Allgemeines Verwaltungsrecht, Bd. 1, S. 322 ff.

107 Vgl. *W.-J. Kim*, Planänderung bzw. -aufhebung und Entschädigung, Gosiyonku, 1986, Bd. 12, S. 75 ff.; *J.-S. Hong*, Art. 22 Abs. 3 KV und Plangewährleistungsanspruch, Gosike, 1985, Bd. 7, S. 128 ff.; *J.-G. OH*, Rechtsnatur der Verwaltungspläne und die Plangewährleistung,

Bundesrepublik erstreckt sich die Frage nach einer Plangewährleistung auch im koreanischen Recht auf hoheitliche Planungen aller Art, sie hat sich jedoch auf den Bereich des Raum- und Stadtplanungsrechts konzentriert. Die Erforderlichkeit der Einführung des Rechtsinstituts Plangewährleistungsanspruch ist in der Literatur außer Streit. Über die Frage, in welchem Umfang und aus welcher Rechtsgrundlage heraus sie anzuerkennen sind, gibt es jedoch Meinungsverschiedenheiten. Dabei wird die Anerkennung eines allgemeinen und selbständigen Plangewährleistungsanspruchs nach herrschender Meinung nicht für möglich gehalten. Außerdem werden als Plangewährleistungsansprüche nach h.M. lediglich Planentschädigungsansprüche anerkannt[108]. Als Rechtsgrundlage für sie werden einerseits das Vermögensgrundrecht[109], andererseits der Vertrauensschutzgrundsatz[110] erwähnt. Bei der Erstellung des Entwurfs des Verwaltungsverfahrensgesetzes wurde die Notwendigkeit einer gesetzlichen Regelung von Plangewährleistungsansprüchen diskutiert[111]. In ihm wurden jedoch lediglich die prinzipielle Entschädigung plan- bzw. planänderungbedingter Vermögensverluste geregelt.

Die Diskussion über die Plangewährleistungsansprüche bezieht sich im koreanischen Recht lediglich auf den privaten Planbetroffenen. Da den öffentlichen Planungsträgern noch keine den Privaten entsprechende Rechtsstellung zukommt, findet sich in der Literatur keine Stimme, die sich für die Anerkennung der Plangewährleistungsansprüche für die öffentlichen Planbetroffenen ausspricht.

Angesichts der Vielfalt der Pläne und Planungstätigkeiten ist zwar die Anerkennung eines allgemeinen Plangewährleistungsanspruchs im koreanischen Recht nicht möglich. Jedoch ist es notwendig, differenzierte Lösungsmöglichkeiten für den Vertrauensschutz der Planbetroffenen zu finden[112].

---

Susonnonjip Bd. 10 (1985), S. 317 ff.; *J.-H. Seok*, Allgemeines Verwaltungsrecht, S. 482 ff.; *N.-J. Kim*, Verwaltungsrecht I, S. 256 ff. u.a.

108 Vgl. *D.-C. Kim*, Allgemeines Verwaltungsrecht, Bd. 1, S. 322 ff.; *J.-H. Seok*, Allgemeines Verwaltungsrecht, S. 482 ff.; *N.-J. Kim*, Verwaltungsrecht I, S. 256 ff. u.a.

109 Vgl. *J.-S. Hong*, Art. 22 Abs. 3 KV und Plangewährleistungsanspruch, Gosike, 1985, Bd. 7, S. 128 ff.

110 Vgl. *W.-J. Kim*, Planänderung bzw. -aufhebung und Entschädigung, Gosiyonku, 1986, Bd. 12, S. 75 ff.; *D.-C. Kim*, Allgemeines Verwaltungsrecht, Bd. 1, S. 322 ff.; *J.-H. Seok*, Allgemeines Verwaltungsrecht, S. 482 ff.; *N.-J. Kim*, Verwaltungsrecht I, S. 256 ff.

111 Dazu näher, *D.-C. Kim*, Allgemeines Verwaltungsrecht, Bd. 1, S. 322 ff.

112 Vgl. *J.-G. OH*, Rechtsnatur der Verwaltungspläne und die Plangewährleistung, Susonnonjip Bd. 10 (1985), S. 317 ff.

Da die eingangs ausgeführten drei Lösungswege sowohl im deutschen als auch im koreanischen Recht gelten, wird darauf vergleichend einzugehen sein.

*4. Kapitel*

# Ansprüche auf Vertrauensschutz im deutschen und koreanischen Raumplanungsrecht

## 1. Abschnitt

## Anspruch auf Planfortbestand

### A. Anspruch auf Planfortbestand im deutschen Recht

#### *I. Zum Meinungsstand im deutschen Recht*

Bei dem Anspruch auf *Planfortbestand* handelt es sich um einen Anspruch, der sich auf Beibehaltung des Plans und damit gegen die Aufhebung oder Änderung des Plans *als solchen* richtet[1]. Dieser Planbestandsschutz ist zunächst zu unterscheiden von dem Anspruch auf Einhaltung des Plans beim Vollzug im Einzelfall, dem sog. *Planbefolgungsanspruch*, wie er etwa im baulichen Nachbarrecht bei einer ungerechtfertigten Abweichung im Rahmen einer Baugenehmigung oder eines Dispenses zur Diskussion steht oder im Bereich der Wirtschaftsplanung im Wege der Konkurrentenklage geltend gemacht wird. Er richtet sich auf Beachtung eines Plans und damit gegen planwidriges Verhalten der öffentlichen Planungsträger. Der Bebauungsplan ist beispielsweise als rechtsverbindlicher Plan von jeder Behörde insoweit zu beachten, als sie keine Maßnahmen treffen darf, die gegen den Plan ver-

[1] Davon zu unterscheiden ist die Frage, ob es einen Anspruch auf Planung, einen Anspruch auf Einleitung und Weiterführung eines Planverfahrens gibt. Das ist nach h.M. und Rechtsprechung grundsätzlich zu verneinen. Siehe näher *Maurer*, Allgemeines Verwaltungsrecht, S. 355 ff.; *Battis/Krautzberger/Löhr*, BauGB, § 1, Rdn. 25 ff.; Kritisch dazu *Fackler*, Verfassungs- und verwaltungsrechtliche Aspekte eines Individualanspruchs auf Bauleitplanung, S. 169 ff.

stoßen. Wieder eine andere Frage ist, ob und inwieweit die Gemeinde die sie betreffenden Festsetzungen des Bebauungsplans zu vollziehen und damit zu verwirklichen hat, insbesondere ob einem Bürger ein solcher "*Planvollzugs*"- oder "*Planverwirklichungsanspruch*" zusteht, er also beispielsweise verlangen kann, daß eine im Plan vorgesehene Wohnstraße ordnungsgemäß gebaut und eingerichtet wird[2]. Bei dem hier zu behandelnden Anspruch auf *Planfortbestand* geht es also um die Beibehaltung des Plans *als solchem* in seiner normativen Gesamtgeltung.

Für den Anspruch auf Planfortbestand bestehen im deutschen Recht keine positivrechtlichen Regelungen. In der deutschen Literatur wird ein Anspruch auf Planfortbestand lediglich vereinzelt befürwortet[3]. Ganz überwiegend wird unter Hinweis darauf, daß jede Planung Flexibilität voraussetze, ein Planbestandsschutz kategorisch verneint und allenfalls ein Ersatzanspruch erwogen[4].

Die pauschale Ablehnung eines Anspruchs auf Planfortbestand ist jedoch nicht gerechtfertigt[5]. Denn aus dem Erfordernis der Planänderung ist nicht zu folgern, daß damit die Legitimität jeder Planänderung bewiesen oder überhaupt etwas über die allgemeine verfassungsrechtliche Zulässigkeit der Planänderung ausgesagt ist. Sonst läuft in der Tat eine solche Folgerung auf eine rechtsstaatliche Kapitulation hinaus[6]. Die eingeleitete Planänderung muß mit der rechtsstaatlichen Grundordnung im Einklang stehen. Die Rechtsordnung der Bundesrepublik besitzt zahlreiche allgemeine Rechtsinstitute, die in dieser Problemlage zur Anwendung kommen können.

Als allgemeine Rechtsgrundlagen kommen das Rechtsstaatsprinzip und vor allem die Rechtsgrundsätze der Rechtssicherheit, des Vertrauensschutzes, der Rückwirkung von Gesetzen und das Abwägungsgebot in Be-

---

[2] Zum Planbefolgungsanspruch siehe näher *Egerer*, Der Plangewährleistungsanspruch, S. 111 ff.; *Oldiges*, Grundlagen eines Plangewährleistungsrechts, S. 232 ff.; *Ossenbühl*, Staatshaftungsrecht, S. 180 ff.; *Brohm*, Die Konkurrentenklage, in: Erichsen u.a.(Hrsg.), System des verwaltungsrechtlichen Rechtsschutzes, Festschrift für Menger, S. 235 ff.; *Maurer*, Allgemeines Verwaltungsrecht, S. 358 ff.

[3] Vgl. *Kriele*, Plangewährleistungsansprüche?, DÖV 1967, S. 531 ff.; *Redeker*, Von der Nachbarklage zum Planbefolgungsanspruch (Plangewährleistungsanspruch), DVBl. 1968, S. 7 ff.

[4] Vgl. *Egerer*, Der Plangewährleistungsanspruch, S. 105 ff.; *Korbmacher*, Plangewährleistung und Vertrauensschutz, WiVerw. 1979, S. 37 ff.; *Hufnagl*, Gewährleistung bei Änderung raumordnerischer Planungen, BayVBl. 1980, S. 166 ff.

[5] Vgl. *Brohm*, Plangewährleistungsrechte, Jura 1986, S. 619 ff.

[6] Vgl. *Ipsen*, Rechtsfragen der Wirtschaftsplanung, in: Kaiser (Hrsg.), Planung II, S. 112 ff.

tracht. Diese Institute knüpfen zwar nicht durchgängig, aber doch im wesentlichen an die Rechtsformen der raumplanerischen Regelungen an und gewähren dafür einen unterschiedlichen Bestandsschutz[7]. Das wird im folgenden näher zu untersuchen sein.

## *II. Rechtsgrundlagen für den Anspruch auf Planfortbestand im deutschen Recht*

### 1. Bestandsschutz über das Rechtsstaatsprinzip

Als allgemeine Rechtsgrundlage kommt vor allem der Rechtsstaatsgrundsatz in Betracht. Die verfassungsmäßige Ordnung der Bundesrepublik Deutschland soll die eines *sozialen Rechtsstaates* sein[8]. Das Rechtsstaatsprinzip hat in Art. 20 GG und Art. 28 Abs. 1 GG allgemein seinen Ausdruck gefunden und wird inhaltlich in zahlreichen Bestimmungen des Grundgesetzes, wie z.B. dem Grundrechtskatalog und der Rechtsschutzgarantie gem. Art. 19 Abs. 4 GG näher ausgestaltet[9].

Die Frage nach Bedeutung und Inhalt dieser grundsätzlichen Festlegung hat im deutschen Recht in Einzelheiten zwar noch keine gesicherte Antwort gefunden, aber es besteht in Literatur[10] und Rechtsprechung[11] weitgehend

---

[7] Auch die Rechtsprechung in der Bundesrepublik vertritt einen differenzierenden Standpunkt. Zwar hat sie bislang einen Plangewährleistungsanspruch weder als Planfortbestands- noch als Ersatzanspruch ausdrücklich anerkannt, aber sie greift in diesem Zusammenhang auf allgemeine Rechtsinstitute zurück; dazu näher *Brohm*, Plangewährleistungsrechte, Jura 1986, S. 619 ff.

[8] Vgl. BVerfGE 20, 323 ff.; *Maunz/Dürig*, GG, Art. 20, Rdn. 32 ff.; *Hesse*, Grundzüge des Verfassungsrechts, Rdn. 183 ff.; *Stein*, Staatsrecht, S. 150 ff.

[9] Vgl. BVerfGE 6, 41 ff.; 20, 331 ff.; *Jarass/Pieroth*, GG, Art. 20 Rdn. 20 ff.; *Maunz/Zippelius*, Deutsches Staatsrecht, S. 90 ff.

[10] Vgl. *Benda*, Der soziale Rechtsstaat, in: Benda u.a. (Hrsg.), Handbuch des Verfassungsrechts, S. 477 ff.; *Hesse*, Grundzüge des Verfassungsrechts, Rdn. 183 ff.; *Maunz/Zippelius*, Deutsches Staatsrecht, S. 90 ff.; *von Münch*, Verwaltung und Verwaltungsrechte, in: ders. (Hrsg.), Allgemeines Verwaltungsrecht, S. 47 ff.; *Stein*, Staatsrecht, S. 153 ff.

[11] Das Bundesverfassungsgericht hat bislang auf eine Gesamtdefinition verzichtet. Es versteht das Rechtsstaatsprinzip als *Grundentscheidung* oder als *leitendes Prinzip*, das, über die Gebote der Voraussehbarkeit, der Rechtssicherheit und der materiellen Gerechtigkeit hinaus, keine in allen Einzelheiten eindeutig bestimmten Gebote oder Verbote von Verfassungsrang

Einigkeit darüber, daß bestimmte Rechte oder Grundsätze als wesentliche Elemente zur rechtsstaatlichen Ordnung des Grundgesetzes gehören.

Der Begriff des Rechtsstaates kann nach herrschender Meinung formell und materiell aufgefaßt werden[12]. Unter Rechtsstaat wird einmal ein Staat verstanden, der die Forderung nach formeller Gesetzlichkeit, nach Bindung allen staatlichen Handelns an allgemeine Gesetze in höchstmöglicher Perfektion verwirklicht. Der Rechtsstaat in diesem Sinne umfaßt das Prinzip der Gesetzmäßigkeit der Exekutive, also den Vorrang und den Vorbehalt des förmlichen Gesetzes, die Voraussehbarkeit und Berechenbarkeit der staatlichen Maßnahmen, die Rechtssicherheit, ferner die Kontrolle der Gesetzmäßigkeit durch unabhängige Gerichte und eine weitgehende Rechtsweggarantie[13]. Dieser Rechtsstaatsbegriff im formellen Sinne ist aus der liberal-rechtsstaatlichen Bewegung im 19. Jahrhundert entstanden, in der das Bürgertum gegen den obrigkeitlichen Fürstenstaat um eine freie Individualsphäre und ihre rechtliche Absicherung gekämpft hat. Diese Tradition wird in der Gegenwart der Bundesrepublik fortgeführt und weiter entwickelt, etwa durch den prozessualen Grundsatz des rechtlichen Gehörs, durch das Prinzip einer weitgehenden Öffentlichkeit und Einsehbarkeit staatlicher Vorgänge (Transparenz der staatlichen Tätigkeit) und durch die Auffassung, daß dem Prinzip der formellen Gesetzlichkeit nicht schon Genüge getan ist, wenn das Gesetz die Exekutive zur Entscheidung ermächtigt, sondern daß der Gesetzgeber alle wesentlichen Fragen selbst zu regeln hat und sie nicht dem ermächtigten Exekutivorgan überlassen darf (Wesentlichkeitstheorie)[14].

Andererseits ist der Rechtsstaat nach heutiger Vorstellung nicht nur Rechtsstaat im formellen Sinn - Gesetzesstaat -, sondern auch im materiellen

enthalte und *der Konkretisierung je nach den sachlichen Gegebenheiten* bedürfe. Aber es hat das Rechtsstaatsprinzip Schritt für Schritt fortentwickelt und nach zahlreichen Richtungen hin konkret entfaltet. Vgl. BVerfGE 2, 380 ff.; 5, 85 ff.; 6, 32 ff. ; 6, 55 ff.; 19, 342 ff.; 20, 323 ff.; 30, 392 ff.; 35, 382 ff.; 38, 105 ff.; 43, 242 ff.; 45, 187 ff.; 46, 202 ff.; 49, 24 ff.; 49, 168 ff.; 57, 250 ff.; 59, 128 ff.; 61, 126 ff.; 63, 45 ff.; 66, 313 ff.; 74, 358 ff.

12 Vgl. *Maunz/Dürig*, GG, Art. 20, Rdn. 32 ff.; *Jarass/Pieroth*, GG, Art. 20 Rdn. 20 ff.; *von Münch*, GG, Art. 20, Rdn. 22 ff.; *Hesse*, Grundzüge des Verfassungsrechts, Rdn. 183 ff.; *Stein*, Staatsrecht, S. 153 ff.; *Maunz/ Zippelius*, Deutsches Staatsrecht, S. 90 ff.; *Benda*, Der soziale Rechtsstaat, in: Benda u.a. (Hrsg.), Handbuch des Verfassungsrechts, S. 477 ff.

13 Vgl. BVerfGE 5, 85 ff.

14 Vgl. BVerfGE 40, 248 ff.; 47, 78 ff.; 57, 320 ff.; 58, 268 ff. Siehe näher *Maunz/ Zippelius*, Deutsches Staatsrecht, S. 86 ff.; *Benda*, Der soziale Rechtsstaat, in: Benda u.a. (Hrsg.), Handbuch des Verfassungsrechts, S. 477 ff.; *Stein*, Staatsrecht, S. 153 ff.

Sinn - Gerechtigkeitsstaat -[15]. Der Rechtsstaat, wie ihn das Grundgesetz auffaßt, enthält nicht nur Formprinzipien staatlicher Organisation und staatlichen Handelns, sondern hat auch inhaltliche Komponenten. Diese liegen vor allem in den Grundrechtsgarantien mit allen ihren Funktionen, wie z.B. als subjektive Rechte und institutionelle Garantien oder verbindliche Wertentscheidungen.

Eine materielle Komponente der Rechtsstaatlichkeit bildet auch der Grundsatz der Verhältnismäßigkeit. Dieser sucht die Interessenbefriedigung in einer Gemeinschaft dadurch zu optimieren, daß er verbietet, private Güter und Interessen stärker zu beeinträchtigen, als überwiegende öffentliche Zwecke es zwingend erfordern[16].

Damit im Zusammenhang steht das Abwägungsgebot, das speziell für Planungen entwickelt wurde: Es besagt, grob gesprochen, daß der öffentliche Planungsträger bei einer Planung die verschiedenen Belange und Interessen zu einem sachgerechten Ausgleich bringen muß[17].

Diese Ausprägungen des Rechtsstaatsbegriffs zeigen, daß das Rechtsstaatsprinzip aus einer Vielfalt verschiedener verfassungsrechtlicher Rechte und Grundsätze besteht, die sich z.T. gegenseitig ergänzen, aber im Einzelfall auch widersprechen können, und selbst diese Teilelemente unterliegen nach Inhalt und Bedeutung im Verfassungsgefüge des Grundgesetzes durchaus unterschiedlichen Deutungen[18]. Ein Anspruch auf Planfortbestand läßt sich daher nicht pauschal auf "*das Rechtsstaatsprinzip*" stützen, sondern höchstens auf einzelne bestimmte Elemente dieses Prinzips.

---

15 Vgl. BVerfGE 20, 323 ff.; 52, 131 ff.; 70, 297 ff.

16 Vgl. *Jarass/Pieroth*, GG, Art. 20 Rdn. 47 ff.

17 Vgl. § 1 Abs. 6 BauGB. Nach der Rechtsprechung gilt es als ein allgemeiner rechtsstaatlicher Grundsatz jeder Planung und auch unabhängig von einer ausdrücklichen Normierung, vgl. dazu, BVerwGE 41, 67 ff. Zur Präzisierung des Abwägungsgebots siehe oben S. 131.

18 Vgl. BVerfGE 30, 292 ff. Dazu näher *Hesse*, Grundzüge des Verfassungsrechts, Rdn. 183 ff.; *Maunz/Dürig*, Grundgesetz, Art. 20 Rdn. 58 ff.; *Benda*, Der soziale Rechtsstaat, in: Benda u.a. (Hrsg.), Handbuch des Verfassungsrechts, S. 477 ff.; *Stein*, Staatsrecht, S. 153 ff.

## 2. Rechtssicherheits- und Vertrauensschutzgrundsatz als Elemente des Rechtsstaatsprinzips

Eines der bedeutendsten Elemente des Rechtsstaatsprinzips ist der Grundsatz der Rechtssicherheit[19].

Zwar enthält der Normtext des Grundgesetzes keine speziellen und unmittelbar der Subsumtion zugänglichen Normaussagen zur "Rechtssicherheit", aber mittelbar dienen zahlreiche Verfassungsnormen dem Ideal Rechtssicherheit unter je unterschiedlichen Aspekten, indem sie das Ziel verfolgen, Interessenkonflikte verbindlich zu entscheiden und damit Stabilität und Vorhersehbarkeit herbeizuführen[20].

Der Grundsatz der Rechtssicherheit beinhaltet ganz allgemein die Vermeidung von Unsicherheiten bei der Anwendung des Rechts[21]. Jedermann muß erkennen können, welche Rechtsnormen von ihm zu beachten sind und was nach diesen Normen von ihm verlangt wird, damit er sich danach richten und sicher sein kann, nicht versehentlich das Recht zu verletzen[22]. Denn zur

---

19 Das Prinzip der *Rechtssicherheit* ist von dem Bundesverfassungsgericht in ständiger Rechtsprechung als "wesentliches Element" des Rechtsstaatsprinzips verfestigt worden. Vgl. BVerfGE 7, 89 ff.; 8, 155 ff.; 13, 261 ff.; 45, 142 ff.; 59, 128 ff.; 60, 253 ff.

20 Z.B. schafft Art. 79 Abs. 3 GG Sicherheit vor bestimmten Verfassungsänderungen; Art. 19 Abs. 4 GG gewährleistet in gewissen Bereichen Rechtsverfolgbarkeit als (formelles) Grundrecht. Dazu näher *Kunig*, Das Rechtsstaatsprinzip, S. 390 ff.; *Jarass/Pieroth*, GG, Art. 20, Rdn. 46 ff.; *von Münch*, GG, Art. 20, Rdn. 26 ff.

21 Besonders deutlich wird das Bestreben, Rechtssicherheit zu gewähren, bei den Grundrechten, die in Verbindung mit Art. 19 Abs. 2 GG individuelle Freiräume dem Zugriff aller staatlichen Gewalten entziehen. Rechtssicherheit ist damit gemeinsames Schutzgut aller Grundrechte. Vgl. Art. 1 Abs. 3 GG. Dazu näher *Götz*, Bundesverfassungsgericht und Vertrauensschutz, in: Starck (Hrsg.), Bundesverfassungsgericht und Grundgesetz, Bd. 2, S. 421 ff.; *Grabitz*, Vertrauensschutz als Freiheitsschutz, DVBl. 1973, S. 675 ff. Rechtssicherheit bewirkt auch die Unabhängigkeit des staatlichen Aufbaus von dem Wechsel der politischen Führungsgruppen und der politischen Gesamtrichtung; er verbürgt relative Kontinuität und wird damit zur Vorbedingung jenes Wechsels, der unter den Bedingungen des modernen Staates seine Dynamik nur dann ohne Nachteil zu entfalten vermag, wenn er auf die politische Gesamtleitung und Willensbildung beschränkt bleibt; dazu *Hesse*, Grundzüge des Verfassungsrechts, Rdn. 189 ff.

22 Hieraus folgt die Notwendigkeit, den Inhalt von Rechtssätzen eindeutig zu fassen. Nach der Rechtsprechung des Bundesverfassungsgerichts sind die Rechtssätze, die auch bei Anwendung der juristischen Auslegungsmethoden ihren Inhalt nicht hinreichend klar erkennen lassen,

Freiheit gehört auch die Möglichkeit, sein Leben nach eigenem Plan zu gestalten[23]. Dies setzt aber voraus, daß der einzelne verläßliche Dispositionsgrundlagen hat und sich insbesondere auf die Rechtslage verlassen kann[24]. Der staatliche Eingriff muß für den einzelnen voraussehbar und meßbar sein. Im heutigen Leistungs- und Gestaltungsstaat hat der Bürger auch die Erwartung, daß die staatlichen Begünstigungen und Gestaltungen für seine Disposition weiter fortbestehen. Denn je stärker der Staat lenkend und gestaltend auf die gesellschaftliche Ordnung einwirkt, desto mehr gehört zur Rechtssicherheit auch ein gewisser Vertrauensschutz in den Fortbestand staatlicher Vergünstigungen und gestaltender Maßnahmen[25].

Diese inhaltlichen Elemente des Rechtssicherheitsgrundsatzes werden weithin mit dem Prinzip des *Vertrauensschutzes* erfaßt. Es wurde vor allem von der Rechtsprechung entwickelt und näher präzisiert, hat aber auch in der Literatur große Beachtung gefunden. Vertrauensschutz bezeichnet im deutschen öffentlichen Recht, allgemein gesprochen, die Möglichkeit, Rechtspositionen gegen "Kursänderungen" der Gesetzgebung, der vollziehenden Gewalt und der Rechtsprechung verteidigen zu können[26]. Der Vertrauensschutzgedanke hat in der neueren Entwicklung des öffentlichen

nichtig. Vgl. BVerfGE 5, 25 ff.; *Maunz/Dürig*, GG, Art. 20, Rdn. 81 ff.; *Jarass/Pieroth*, GG, Art. 20, Rdn. 38 ff.; *Kunig*, Das Rechtsstaatsprinzip, S. 400 ff.; *Stein*, Staatsrecht, S. 160 ff.

23 Nach *Hesse*, Grundzüge des Verfassungsrechts, Rdn. 190 ff., werden dem staatlichen Leben durch diese Ordnung des Rechtsstaates Geformtheit, Verstehbarkeit, Übersichtlichkeit und Klarheit vermittelt.

24 Vgl. BVerfGE 2, 403 ff.

25 Vgl. BVerfGE 60, 267 ff.; Benda, Rechtsstaat im sozialen Wandel, AÖR 101 (1976), S. 497 ff.; *Maunz/Zippelius*, Deutsches Staatsrecht, S. 87 ff.; *Jarass/Pieroth*, GG, Art. 20, Rdn. 46 ff.

26 Vgl. Vgl. *Ossenbühl*, Vertrauensschutz im sozialen Rechtsstaat, DÖV 1972, S. 25 ff.; *Schmidt*, "Vertrauensschutz" im öffentlichen Recht, JuS 1973, S. 529 ff.; *Kisker*, Vertrauensschutz im Verwaltungsrecht, VVDStRL 32 (1974), S. 150 ff.; *Püttner*, Vertrauensschutz im Verwaltungsrecht, VVDStRL 32 (1974), S. 200 ff.; *Kopp*, Um eine neue Begründung des Grundsatzes des Vertrauensschutzes im öffentlichen Recht, BayVBl. 1980, S. 38 ff.; *Weber-Dürler*, Vertrauensschutz im öffentlichen Recht, S. 256 ff. Das aktuelle Vertrauensschutzproblem der Rechtsprechung spitzt sich in der Frage zu, ob Änderungen der höchstrichterlichen Rechtsprechung auch auf Sachverhalte Anwendung finden können, die in einem Zeitpunkt entstanden sind, als noch die frühere Rechtsprechung praktiziert wurde; dazu näher *Burmeister*, Vertrauensschutz im Prozeßrecht, S. 32 ff.

Rechts in der Bundesrepublik ständig an Bedeutung gewonnen[27] und auch in zahlreichen gesetzlichen Regelungen seinen Niederschlag gefunden[28].

Der Grundsatz der Rechtssicherheit und des Vertrauensschutzes gilt auch für die Planänderungen[29]. Weil der Staat durch seine Planungsmaßnahmen den Staatsbürger zu dem entsprechenden Verhalten veranlaßt hat, verlangt der inhaltliche Gedanke der Rechtssicherheit und des Vertrauensschutzes, daß die Planungsmaßnahmen möglichst konstant bleiben oder wenigstens nur kontinuierlich verändert werden. Daraus folgt ein Schutz privater Dispositionen vor ihrer Entwertung durch eine Änderung staatlicher Raumplanung, die den früher sinnvoll gewesenen Dispositionen die Grundlage entziehen[30].

Die Akzentuierung des Vertrauensschutzes gegenüber dem Verwaltungs- bzw. Planungsträger ist jedoch stets in die Grundproblematik eingebettet, die richtige Mitte zwischen Veränderung und Beharren, Korrektur und Kon-

---

27 Zur Bedeutung des Vertrauensschutzes im deutschen öffentlichen Rechts siehe *Götz*, Bundesverfassungsgericht und Vertrauensschutz, in: Starck (Hrsg.), Bundesverfassungsgericht und Grundgesetz, Bd. 2, S. 421 ff.; *H. Huber*, Vertrauensschutz, in: Festgabe aus Anlaß des 25jährigen Bestehens des Bundesverwaltungsgerichts, S. 331 ff.; *Weber-Dürler*, Vertrauensschutz im öffentlichen Recht, S. 5 ff.; *Maurer*, Kontinuitätsgewähr und Vertrauensschutz, in: Isensee/ Kirchhof (Hrsg.), Handbuch des Staatsrechts, Bd. III, S. 213 ff. Der Vertrauensschutzgedanke wird in der deutschen Literatur und Rechtsprechung aus sehr unterschiedlichen Quellen hergeleitet: z. T. stützt man ihn auf Treu und Glauben oder das "Estoppel"-Prinzip, z. T. auf die Grundrechte (insbesondere Art. 14 sowie Art. 2 Abs. 1 GG) und das Rechtsstaatsprinzip (insbesondere auf die Komponente Rechtssicherheit). Vgl. BVerfGE 19, 188 ff.; BGH NJW 1980, 2643 ff.; 1982, 1937 ff.; siehe dazu *Lenz*, Das Vertrauensschutzprinzip, S. 32 ff.; *Grabitz*, Vertrauensschutz als Freiheitsschutz, DVBl. 1973, S. 675 ff.; *Schmidt*, "Vertrauensschutz" im öffentlichen Recht, JuS 1973, S. 529 ff.; *Ossenbühl*, Vertrauensschutz im sozialen Rechtsstaat, DÖV 1972, S. 25 ff.; *Maunz*, Selbstbindungen der Verwaltung, DÖV 1981, S. 497 ff.; *Pietzcker*, Grundrechtsbetroffenheit in der verwaltungsrechtlichen Dogmatik, in: Festschrift für Bachof, S. 131 ff.; *Kunig*, Das Rechtsstaatsprinzip, S. 194 ff.

28 Vgl. z.B. § 49 Abs. 2 VwVfG; § 44a BHO; § 15 Abs. 2 und 3 GastG; § 21 BImSchG; § 17 Abs. 3 - 5 AtG; § 4 Abs. 2 ApothekenG; § 25 Abs. 1 und 2 PBefG; § 53 BAFöG; § 83 WoBauG.

29 Die Problematik der Plangewährleistung galt lange Zeit als Hauptbeispiel des Vertrauensschutzes im öffentlichen Rechts. Siehe oben S. 151 - 155.

30 Vgl. *Oldiges*, Grundlagen eines Plangewährleistungsrechts, S. 78 ff.; *Egerer*, Der Plangewährleistungsanspruch, S. 84 ff.; *Burmeister*, Zur Staatshaftung für Planschäden der Wirtschaft, Die Verwaltung 1969, S. 21 ff.; *Schenke*, Gewährleistung bei Änderung staatlicher Wirtschaftsplanung, AöR 101, S. 339 ff.

servierung, Innovation und Stagnation zu finden[31]. Dies vermittelt die grundlegende Einsicht, daß die Wirkkraft des Vertrauensschutzprinzips niemals absolut im Sinne eines völligen und dauerhaften Ausschlusses einer als korrekturbedürftig anerkannten Entscheidung sein kann[32]. Es verbietet nicht uneingeschränkt eine Korrektur früherer Entscheidungen, sondern nur eine Planänderung gegenüber bestimmten Personen, nämlich denjenigen, die sich auf die korrekturbedürftige Regelung eingelassen und entsprechend disponiert haben und daher in ihrem Vertrauen schutzwürdig sind[33].

Angesichts der Vielfalt von Formen und Auswirkungen der Planungstätigkeiten muß daher die Anwendung des Vertrauensschutzprinzips als Rechtsgrundlage für den Anspruch auf Planfortbestand differenziert vorgenommen werden. Das entspricht auch der Rechtsprechung und der Gesetzeslage, die an die Rechts- und Handlungsformen mit unterschiedlichen Regelungen und Grundsätzen anknüpft. So gelten für Gesetzgebungsakte die Grundsätze der echten und unechten Rückwirkung, die nur einen relativ schwachen Vertrauensschutz gewähren[34]. Bei Verwaltungsakten ist er nach den Regeln über Widerruf und Rücknahme wesentlich ausgeprägter[35]. Ähnliches gilt für die Einhaltung von Zusicherungen[36].

---

31 Vgl. *Götz*, Bundesverfassungsgericht und Vertrauensschutz, in: Starck (Hrsg.), Bundesverfassungsgericht und Grundgesetz, Bd. 2, S. 421 ff.; *Weber-Dürler*, Vertrauensschutz im öffentlichen Recht, S. 79 ff.

32 Diese Grundproblematik des Vertrauensschutzprinzips spielt im Problembereich des Vertrauensschutzes im Raum- und Stadtplanungsrecht eine außerordentlich große Rolle, weil es im Spannungsverhältnis zwischen Flexibilitäts- und Stabilitätserfordernisse angesiedelt ist. Siehe oben S. 20

33 Anderen Personen gegenüber ist ohne weiteres die Herstellung eines geänderten Zustandes, d.h. die Ersetzung einer Entscheidung nach Maßgabe geläuterter Rechtsauffassung oder veränderter Tatsachen, zulässig. Vgl. *Götz*, Bundesverfassungsgericht und Vertrauensschutz, in: Starck (Hrsg.), Bundesverfassungsgericht und Grundgesetz, Bd. 2, S. 421 ff.; *H. Huber*, Vertrauensschutz, in: Festgabe aus Anlaß des 25jährigen Bestehens des Bundesverwaltungsgerichts, S. 331 ff.

34 Vgl. *Pieroth*, Rückwirkung und Übergangsrecht, S. 38 ff.; Bauer, Bundesverfassungsgericht und Rückwirkungsverbot, JuS 1985, S. 241 ff.

35 Dazu näher *Weber-Dürler*, Vertrauensschutz im öffentlichen Recht, S. 153 ff.; *H. Huber*, Vertrauensschutz, in: Festgabe aus Anlaß des 25jährigen Bestehens des Bundesverwaltungsgerichts, S. 331 ff.

36 Vgl. *Fiedler*, Funktionen und Bedeutung öffentlich-rechtlicher Zusagen im Verwaltungsrecht, S. 101 ff.

Das geltende Recht gewährt also einen unterschiedlich starken Vertrauensschutz. Es knüpft dafür an die Rechtsform und den dadurch bedingten Intensitätsgrad der vertrauensbegründenden Maßnahme an[37]. Der Kreis der Betroffenen ist bei Gesetzen breiter als bei Einzelmaßnahmen. Da Gesetze sich an die Allgemeinheit richten, also eine breite, im einzelnen beim Erlaß des Gesetzes nicht vorhersehbare Wirkung haben, bedarf es hier einer großen Flexibilität zur Anpassung an veränderte Lagen. Ein Vertrauensschutz auf Beibehaltung der gesetzlichen Regelung kann also nur sehr gering sein[38]. Dieses Ergebnis rechtfertigt sich auch unter dem Gesichtspunkt, daß bei einem Gesetz durch die generell-abstrakte Regelung keine speziellen Beziehungen zwischen dem Staat und dem einzelnen Bürger entstehen, die Intensität der vertrauensbegründenden Maßnahme also gering ist. Anders ist es bei einer Einzelfallregelung durch Verwaltungsakt. Hier bleiben die Wirkungen auf einzelne bestimmte Bürger begrenzt und damit überschaubar. Eine punktuelle Inflexibilität läßt sich aber leichter verkraften als eine Bindung hinsichtlich einer unüberschaubaren Vielzahl von Fällen[39]. Hinzu kommt, daß bei einer Einzelfallregelung zwischen Staat und betroffenem Bürger eine spezielle Beziehung entsteht, die einen intensiveren Vertrauensschutz rechtfertigt und verlangt[40].

Überträgt man diese Erkenntnis auf die Pläne, wird man wieder auf Rechtsform und Intensitätsgrad der vertrauensbegründenden Maßnahme abzustellen haben. Das ist im folgenden näher zu untersuchen.

### *III. Anspruch auf Planfortbestand bei internen und indikativen Plänen?*

Folgt man den aufgezeigten Kriterien, kann es zunächst keinen Anspruch auf Planfortbestand geben bei den informellen, unverbindlichen Fachplanungen, wie etwa Kindergarten-, Altenheim-, Industrieansiedlungsplänen usw[41]. Hier handelt es sich um Programme, die die Kommunen hinsichtlich einzelner Sachbereiche aufstellen, um ihre Entwicklungspolitik in den einzelnen Bereichen rational zu gestalten. Sie sind lediglich erste Vorbereitun-

---

37 Vgl. *Püttner*, Vertrauensschutz im Verwaltungsrecht, VVDStRL 32 (1974), S. 200 ff.

38 Vgl. *Burmeister*, Vertrauensschutz im Prozeßrecht, S. 23 ff.

39 Vgl. *Brohm*, Der Schutz privater Belange bei Bauplanungen, NJW 1981, S. 1695 ff.

40 Vgl. *Götz*, Bundesverfassungsgericht und Vertrauensschutz, in: Starck (Hrsg.), Bundesverfassungsgericht und Grundgesetz, Bd. 2, S. 421 ff.

41 Siehe näher oben S. 100.

gen für später zu verwirklichende Maßnahmen. Vielfach werden sie als Verwaltungsvorschriften qualifiziert[42]. Als solche haben sie aber nicht einmal für die Behörden eine strikte Verbindlichkeit, für den Bürger aber sind sie noch völlig ohne rechtlichen Belang.

Aber auch zahlreiche in Gesetzen vorgesehene Planungen gehen über eine rein intern wirkende Vorbereitung späterer Maßnahmen mit Außenwirkung nicht hinaus. Nach § 16 Abs. 1 FStrG bestimmt beispielsweise der Bundesminister für Verkehr die Planung und Linienführung der Bundesstraßen. Nach der Rechtsprechung des Bundesverwaltungsgerichts stellt diese Planungs- und Linienführungsbestimmung des Bundesministers für Verkehr keinen Verwaltungsakt, sondern einen behördeninternen Vorgang dar. Denn "die Entscheidung des Bundesministers für Verkehr nach § 16 Abs. 1 FStrG hat zum Adressaten ausschließlich die mit der fernstraßenrechtlichen Planung befaßten Straßenbehörden der Länder, ist nicht auf unmittelbare Rechtswirkungen nach außen gerichtet, hat innerhalb des Planungsverlaufs vielmehr den Charakter einer vorbereitenden Grundentscheidung mit allein verwaltungsinterner Bedeutung und erlangt rechtliche Verbindlichkeit gegenüber dem Träger der Straßenbaulast sowie gegenüber Dritten erst dadurch, daß sie in den Festsetzungen des Planfeststellungsbeschlusses ihren Niederschlag findet"[43]. Da bei *internen* Planungen grundsätzlich keine Beziehungen zwischen dem öffentlichen Planungsträger und dem Bürger entstehen, können sie auch keine vertrauensbegründende Wirkung haben. Außerdem läßt sich auch rein tatsächlich die Planbetroffenheit der einzelnen Bürger nicht feststellen. Nach der Rechtsprechung des Bundesverwaltungsgerichts gibt beispielsweise "die Entscheidung des Bundesministers für Verkehr nur den ungefähren Verlauf der Straßen an und läßt daher in der Regel nicht abschließend erkennen, welche Rechtsbetroffenheit das Planvorhaben letzten Endes in der Tat verursachen wird. Bei dem mit ihr gegebenen Planungsstand lassen sich die betroffenen Interessen noch nicht hinreichend individualisieren. Eine individuelle Planbetroffenheit Dritter wird nicht schon durch die vorbereitende Planungs- und Linienführungsbestimmung des Bundesministers für Verkehr, sondern erst durch die konkrete und grundstücksgenaue Planungsentscheidung der Planfeststellungsbehörde bewirkt"[44].

---

[42] Vgl. *Ossenbühl*, Welche normativen Anforderungen stellt der Verfassungsgrundsatz des demokratischen Rechtsstaates an die planende staatliche Tätigkeit?, Gutachten für den 50. Deutschen Juristentag, B. 199 ff.

[43] Vgl. BVerwGE 62, 342 ff.

[44] Vgl. BVerwGE 62, 342 ff.

Weiter kommen auch *indikative* Pläne für den Anspruch auf Planfortbestand nicht in Betracht. Hier wäre im Gegenteil zu fragen, ob der Staat nicht falsche oder durch Zeitablauf unrichtig gewordene Daten abändern muß, um nicht für Schäden, die unzutreffende Angaben verursachen können, zu haften[45]. Anders ist es bei den influenzierenden und den imperativen Plänen. Im Vergleich zu den indikativen Plänen üben sie eine intensivere Wirkung auf den einzelnen aus; es muß daher ein stärkerer Bestandsschutz gewährleistet werden. Dafür kann an die Regeln über den Vertrauensschutz bei Gesetzen, Verwaltungsakten und Zusicherungen angeknüpft werden.

## *IV. Planfortbestand bei gesetzlichen Regelungen*

### 1. Bestandsschutz über die Rückwirkungslehre für gesetzliche Regelungen

Wirkungen eines Bestandsschutzes bei Plänen in Gesetzesform ergeben sich zunächst aus der Rückwirkungslehre.

Für strafbegründende und strafschärfende Gesetze ist in der Verfassung ein absolutes Rückwirkungsverbot verankert[46]. Für sonstige belastende Rechtsvorschriften gelten die Grundsätze über die Zulässigkeit einer Rückwirkung von Gesetzen, die die Rechtsprechung und Literatur, allen voran das Bundesverfassungsgericht aus den im Rechtsstaatsprinzip wurzelnden Grundsätzen der Rechtssicherheit und des Vertrauensschutzes entwickelt haben[47]. Für den einzelnen Bürger bedeutet das dem Rechtsstaatsprinzip innewohnende Postulat der Rechtssicherheit nach der ständigen Rechtspre-

[45] Vgl. *Brohm*, Plangewährleistungsrechte, Jura 1986, S. 619 ff.

[46] Vgl. Art. 103 Abs. 2 GG.

[47] Vgl. BVerfGE 2, 380 ff.; 3, 58 ff.; 7, 129 ff.; 8, 274 ff.; 11, 139 ff.; 12, 264 ff.; 13, 261 ff.; 15, 167 ff.; 16, 254 ff.; 18, 224 ff.; 19, 150 ff.; 22, 387 ff.; 23, 12 ff.; 24, 75 ff.; 25, 269 ff.; 27, 231 ff.; 29, 413 ff.; 31, 185 ff.; 32, 111 ff.; 36, 281 ff.; 37, 363 ff.; 38, 61 ff.; 39, 128 ff.; 40, 65 ff.; 43, 242 ff.; 43, 291 ff.; 45, 142 ff.; 46, 97 ff.; 48, 1 ff.; 50, 177 ff.; 51, 356 ff.; 63, 343 ff.; 67, 1 ff.; 72, 175 ff.; 74, 129 ff.; 75, 78 ff.; 76, 256 ff.; *Bauer*, Bundesverfassungsgericht und Rückwirkungsverbot, JuS 1984, S. 242 ff.; *Burmeister*, Vertrauensschutz im Prozeßrecht, S. 15 ff.; *Jarass/Pieroth*, GG, Art. 20, Rdn. 47 ff.; *Kunig*, Das Rechtsstaatsprinzip, S. 418 ff.; *Pieroth*, Rückwirkung und Übergangsrecht, S. 79 ff.; *Stein*, Staatsrecht, S. 160 ff.

chung des Bundesverfassungsgerichts in erster Linie Vertrauensschutz[48]. Der einzelne muß sich bei seinen Dispositionen grundsätzlich auf das jeweils geltende Recht verlassen können. Sein Vertrauen auf die jeweilige Rechtslage wird zumindest dann von der Verfassung geschützt, wenn ein Gesetz, mit dem der einzelne nicht zu rechnen brauchte, in bestehende Rechtspositionen entwertend eingreift[49].

Nach der Rechtsprechung des Bundesverfassungsgerichts ist dabei zwischen einer *echten* und einer *unechten* Rückwirkung zu unterscheiden[50].

Eine *echte* Rückwirkung wird angenommen, wenn belastende Gesetze in schon abgeschlossene, der Vergangenheit angehörende Tatbestände eingreifen. Davon ist z.B. auszugehen, wenn sich die Änderung einer in Gesetzesform erlassenen Schutzgebietsfestsetzung Geltungswirkung für die Vergangenheit beimißt und daher von den öffentlichen oder privaten Planbetroffenen verlangt, die bereits bestehende Grundstücksnutzung rückgängig zu machen. Ein weiterer Fall ist gegeben, wenn ein bereits vollzogener Bebauungsplan für das Grundstück rückwirkend eine andere Nutzung festsetzt und gegenüber der bereits bestehenden Nutzung durchgesetzt werden soll[51]. Neuerdings spricht das Bundesverfassungsgericht in diesen Fällen von der "Rückwirkung von Rechtsfolgen"[52], oder von der "Rückerstreckung des zeitlichen Anwendungsbereichs" einer Norm[53].

Von einer *unechten* Rückwirkung sprechen die Gerichte, wenn eine Rechtsnorm auf gegenwärtige, noch nicht abgeschlossene Lebensvorgänge für die Zukunft einwirkt und damit die betroffene Rechtsposition im ganzen

---

48 Vgl. BVerfGE 13, 261 ff.; 14, 288 ff.; 18, 429 ff.; 23, 12 ff.; 25, 269 ff.; 27, 231 ff.; 30, 250 ff.; 31, 222 ff.; 32, 111 ff.; 48, 1 ff.; 59, 128 ff.

49 Vgl. BVerfGE 51, 356 ff.; 59, 128 ff.

50 Grundlegend zur Lehre von der echten und unechten Rückwirkung von Gesetzen vgl. BVerfGE 18, 429 ff.; 30, 392 ff.; 39, 128 ff. Zur entsprechenden Anwendung dieser Grundsätze bei einer rückwirkenden nachteiligen Rechtsprechungsänderung vgl. BVerfG, NJW 1984, 2345 ff.; BFG (GS), NJW 1985, 93 ff. Anzumerken ist, daß sich die Unterschiede in den rechtlichen Anforderungen an echte und unechte Rückwirkungen in der neueren Rechtsprechung zunehmend verwischen und heute weitgehend gradueller Natur sind; vgl. BVerfGE 72, 200 ff. Dazu näher *Burmeister*, Vertrauensschutz im Prozeßrecht, S. 15 ff.; *Pieroth*, Rückwirkung und Übergangsrecht, S. 79 ff.; *Stein*, Staatsrecht, S. 160 ff.

51 Vgl. *Brohm*, Jura 1986, S. 620 ff.

52 Vgl. BVerfGE 72, 200 ff.

53 Vgl. BVerfGE 76, 263 ff.; *Degenhart*, Staatsrecht I, Rdn. 314 ff.

entwertet. Das Bundesverfassungsgericht versucht neuerdings diesen Fall mit dem Ausdruck der "tatbestandlichen Rückanknüpfung" zu erfassen[54].

Eine unechte Rückwirkung wurde z.B. angenommen, als eine gesetzliche Regelung über die Zuteilung von Wohnraum bei öffentlich geförderten Mietshäusern verschärft wurde und nun zur Diskussion stand, ob der Eigentümer eines bereits erbauten Wohnhauses diese strengeren Bestimmungen gegen sich gelten lassen müsse[55], oder als eine im Wege der Berlinhilfe für fünf Jahre vorgesehene Befreiung von der Umsatzsteuer zwei Jahre vor diesem Endtermin für die Zigarettenindustrie abgebaut wurde[56]. Um eine unechte Rückwirkung handelte es sich beispielsweise auch, wenn die in einem als Gesetz erlassenen Landesentwicklungsplan festgelegten zentralörtlichen Funktionen einer Gemeinde im Verflechtungsbereich nachträglich geändert würden, und dadurch Aufwendungen, die die Gemeinde für die planentsprechende Nutzung von Grundstücken gemacht hat, entwertet würden und Infrastruktureinrichtungen wie Schulen, Straßen, Versorgungsleitungen und Verwaltungsgebäude nicht mehr zweckentsprechend verwendet werden könnten[57].

Beide Formen der Rückwirkung sind nach h.M. und Rechtsprechung *zugunsten* der Betroffenen prinzipiell zulässig, bei einer Rückwirkung *zu Lasten* der Betroffenen ist jedoch der Grundsatz des Vertrauensschutzes zu berücksichtigen[58]. Der Vertrauensschutz des Betroffenen ist gegen das Wohl der Allgemeinheit abzuwägen, das das rückwirkende Gesetz fordert[59].

Dabei ist nach der Rechtsprechung eine *echte* Rückwirkung zu Lasten der Betroffenen regelmäßig mit dem Gebot der Rechtsstaatlichkeit unvereinbar[60]. Denn der Grundsatz der Rechtssicherheit gebietet nach Auffassung des Gerichts, daß der Bürger nicht durch die rückwirkende Beseitigung oder

---

54 Vgl. BVerfGE 72, 200 ff.; *Degenhart*, Staatsrecht I, Rdn. 314 ff.

55 Vgl. BVerwGE 18, 254 ff.

56 Vgl. BVerfGE 30, 392 ff.; dazu näher oben S. 23.

57 Siehe oben S. 140.

58 Vgl. *Bauer*, Bundesverfassungsgericht und Rückwirkungsverbot, JuS 1984, S. 242 ff.; *Burmeister*, Vertrauensschutz im Prozeßrecht, S. 15 ff.; *Pieroth*, Rückwirkung und Übergangsrecht, S. 79 ff.; *Stein*, Staatsrecht, S. 160 ff.

59 Vgl. BVerfGE 30, 292 ff.

60 Über das grundsätzliche Verbot der echten Rückwirkung von Gesetzen in der Rechtsprechung des Bundesverfassungsgerichts vgl. BVerfGE 1, 164 ff.; 2, 237 ff.; 8, 274 ff.; 13, 261 ff.; 14, 288 ff.; 18, 429 ff.; 19, 187 ff.; 22, 330 ff.; 30, 250 ff.; 30, 272 ff.; 30, 367 ff.; 37, 363 ff.; 48, 1 ff.; 59, 128 ff.; 72, 200 ff.

Beschneidung von im Vertrauen auf die geltende Rechtsordnung erworbenen Rechten über die Verläßlichkeit des Rechts enttäuscht wird[61]. Der einzelne "muß darauf vertrauen können, daß sein dem geltenden Recht entsprechendes Handeln mit allen ursprünglich damit verbundenen Rechtsfolgen anerkannt bleibt. In diesem Vertrauen wird der Bürger verletzt, wenn der Gesetzgeber an abgeschlossene Tatbestände ungünstigere Folgen knüpft als diejenigen, von denen der Bürger bei seinen Dispositionen ausgehen dürfte"[62]. Die Durchbrechung des Grundsatzes der Unzulässigkeit von Gesetzen mit *echter* Rückwirkung bedarf nach der Rechtsprechung einer "besonderen Rechtfertigung"[63]. So ist die echte Rückwirkung zulässig in Bagatellfällen (sogenannter Bagatellvorbehalt), zur Bereinigung einer unklaren oder verworrenen Rechtslage, zur Schließung einer verfassungswidrigen Rechtslücke oder aus "zwingenden Gründen des Gemeinwohls"[64].

Bei der unechten Rückwirkung kommt das Bundesverfassungsgericht auf Grund der auf den konkreten Einzelfall bezogenen Abwägung zwischen der Bedeutung des gesetzgeberischen Anliegens für das Wohl der Allgemeinheit und dem Vertrauen des einzelnen auf den Fortbestand der jeweiligen gesetzlichen Regelung zur Zulässigkeit[65]. Insofern gilt für Gesetze mit *unechter* Rückwirkung im Vergleich zu den Gesetzen, die sich *echte* Rückwirkung beilegen, ein umgekehrtes Regel-Ausnahme-Verhältnis[66]: Während Gesetze mit *echter* Rückwirkung grundsätzlich verfassungswidrig und damit nichtig sind, sind Gesetze mit *unechter* Rückwirkung grundsätzlich zulässig[67]. Allerdings kann sich bei einer unechten Rückwirkung aus der Abwägung im konkreten Einzelfall auch einmal ergeben, daß das Vertrauen des einzelnen auf den Fortbestand einer bestimmten Regelung gegenüber dem Wohl der Allgemeinheit überwiegt. Dabei ist insbesondere auf diejenigen Grundrechte der Normadressaten abzustellen, die in belastender Weise betroffen sind[68].

---

61 Vgl. BVerfGE 24, 75 ff.

62 Vgl. BVerfGE 13, 261 ff.

63 Vgl. BVerfGE 72, 200 ff.

64 Siehe die zusammenfassende Darstellung in BVerfGE 30, 292 ff.

65 Vgl. BVerfGE 25, 142 ff.; 30, 392 ff.; 31, 222 ff.; 43, 242 ff.; 50, 386 ff.; 58, 300 ff.; 62, 117 ff.; 63, 312 ff.; *Bauer*, Bundesverfassungsgericht und Rückwirkungsverbot, JuS 1984, S. 242 ff.; *Stein*, Staatsrecht, S. 160 ff.; *Benda*, Der soziale Rechtsstaat, in: Benda u.a. (Hrsg.), Handbuch des Verfassungsrechts, S. 497 ff.; dagegen für ein absolutes Rückwirkungsverbot von Belastungsgesetzen *Kisker*, Vertrauensschutz im Verwaltungsrecht, VVDStRL 32 (1974), S. 183 ff.

66 Vgl. *Bauer*, Bundesverfassungsgericht und Rückwirkungsverbot, JuS 1984, S. 242 ff.

67 Vgl. BVerfGE 30, 292 ff.; 43, 242 ff.; 43, 291 ff.; 51, 356 ff.; 59, 1 ff.; 63, 152 ff.

68 Vgl. BVerfGE 70, 200 ff.

Diese aus dem Gedanken des Vertrauensschutzes abgeleiteten Schranken für rückwirkende Gesetze gelten nach der Rechtsprechung nicht nur für Abgabengesetze und andere Gesetze, die Ge- und Verbotsnorm enthalten, sondern für alle Normen, die eine bestehende Rechtsposition verschlechtern[69].

Die Anwendbarkeit dieser Grundsätze auf die Änderung von Plänen, die, wie z.B. die Landesentwicklungspläne bzw. -programme in manchen Ländern[70], *in der Form eines Parlamentsgesetzes* festgelegt werden, ist im deutschen Recht soweit ersichtlich, nicht umstritten. Stimmt man dieser Meinung zu, dann sind die Rückwirkungsgrundsätze aber auch auf die *in Form einer Rechtsverordnung* erfolgten Planänderungen anzuwenden, also z.B. auf die als Rechtsverordnung in einzelnen Ländern erlassenen Landesentwicklungspläne bzw. -programme[71] oder auf die Festsetzungen von Schutzgebieten[72]. Denn die oben für den Vertrauensschutz bei Rechtsnormen erarbeiteten maßgeblichen Kriterien der Rechtsform und der Intensität der vertrauensbegründenden Beziehung zwischen Staat und Bürger treffen auch hier zu. Pläne in Form einer Rechtsverordnung sind für die Betroffenen in gleicher Weise verbindlich wie durch ein Parlamentsgesetz erlassene Pläne. Auch in der Intensität des Verhältnisses zwischen Staat und schutzbedürftigem Bürger besteht kein Unterschied. Die der Rechtsverordnung fehlende und nur die Parlamentsgesetze auszeichnende Transparenz des Gesetzgebungsverfahrens hat dafür keine entscheidende Bedeutung.

Umstritten ist jedoch, ob die Rückwirkungslehre auf *Satzungen*, insbesondere auf Bebauungspläne übertragen werden kann. Nach *Korbmacher* "gilt die Rückwirkungslehre für Satzungen, insbesondere für Bebauungspläne nicht". Denn der Bebauungsplan als solcher treffe seine Regelungen typischerweise konkret-individuell und nicht abstrakt-generell. Außer Ersatzlei-

---

[69] Vgl. BVerfGE 30, 367 ff.; *Bauer*, Bundesverfassungsgericht und Rückwirkungsverbot, JuS 1984, S. 242 ff.

[70] Durch Gesetz werden z.B. der Landesentwicklungsplan in Baden-Württemberg, das Landesentwicklungsprogramm in Nordrhein-Westfalen, und das Landesraumordnungsprogramm in Hessen und in Niedersachsen (Teil I) beschlossen. Dazu näher *Bielenberg/ Erbguth/ Söfker*, Raumordnungs- und Landesplanungsrecht des Bundes und der Länder, M 100, Rdn. 8 ff.; *Cholewa/ Dyong/ von der Heide*, Raumordnung in Bund und Ländern, 3 Synop. Landpl. S. 1 ff.; *Erbguth*, Raumordnungs- und Landesplanungsrecht, Rdn. 80 bzw. Übersicht II.

[71] Durch Rechtsverordnung werden z.B. das Landesentwicklungsprogramm in Bayern und das Landesraumordnungsprogramm (Teil II) in Niedersachsen beschlossen; dazu näher oben S. 51.

[72] Siehe näher oben S. 100.

stungen nach §§ 39j bis 44c BBauG (jetzt §§ 39 bis 44 BauGB) sei ein auf Planvertrauen gegründeter Bestandsschutz gegenüber Änderung des Bebauungsplans auszuschließen, weil die Notwendigkeit, die städtebauliche Planung flexibel zu halten, zwingend sei[73].

In der Tat trifft der Bebauungsplan für die einzelnen Grundstücke bereits die konkreten Nutzungsbestimmungen. Insofern legt er den späteren konkret-individuellen Vollzugsakt bereits im einzelnen fest. Dennnoch besitzt er auch einen normativen Charakter, insofern als er für das gesamte Plangebiet eine allgemeine übergreifende Ordnung aufstellt[74]. Er vereinigt also Elemente des Verwaltungsakts und der Norm in sich. Deshalb konnte das Bundesbaugesetz und jetzt das Baugesetzbuch auch verfassungsrechtlich unbedenklich seine Aufstellung in Form einer Rechtsnorm und nicht eines Verwaltungsakts regeln[75]. Indessen erscheint der Hinweis auf den Vollzugscharakter des Bebauungsplans zur Begründung einer größeren Flexibilität wenig überzeugend. Denn konkret-individuelle Rechtsakte müßten nach Rechtsform und Intensität der Staat-Bürger Beziehung gerade zu einem stärkeren Bestandsschutz führen als eine normative Regelung. Je intensiver die raumbedeutsamen Planungen den Planbetroffenen in seinen Entschlüssen bestimmen, desto schutzwürdiger müssen die planorientierten Dispositionen werden und desto mehr hat der die Änderung auslösende Staat auch das Änderungsrisiko zu tragen[76] und nicht umgekehrt. Das zeigt die Lehre von Widerruf und Rücknahme begünstigender Verwaltungsakte. Außerdem kann ein Vertrauensschutz der Betroffenen auf Planfortbestand nicht einfach durch einen Anspruch auf Ersatzleistung nach §§ 39j bis 44c BBauG (jetzt §§ 39 bis 44 BauGB) ersetzt werden. Die Verwaltungsgerichtsordnung sieht einen direkten Rechtsschutz durch eine "Normenkontrollklage" gegen die Änderung eines Bebauungsplans vor, der den Vertrauensschutz der Planbetroffenen nicht berücksichtigt hat[77]. Soweit er reicht, kann der Bürger nicht auf eine Entschädigung in Geld verwiesen werden, sonst würde wieder der Rechtszustand des "Dulde und Liquidiere" gelten, wie er vor Einführung des bürgerlichen Rechtsstaates vorherrschte.

---

[73] Vgl. *Korbmacher*, Plangewährleistung und Vertrauensschutz, WiVerw 1979, S. 44 ff.

[74] Vgl. bereits *Brohm*, Rechtsschutz im Bauplanungsrecht, S. 61 ff: Bebauungsplan als "Vollzugsnorm". Zuletzt *ders.*, Verkehrsberuhigung in Städten, Gestaltungs- und Rechtsprobleme bei der Einrichtung von Wohnstraßen, 1985, S. 71 ff.

[75] Vgl. § 10 BauGB.

[76] Vgl. *Ipsen*, Fragestellungen zu einem Recht der Wirtschaftsplanung, in: Kaiser (Hrsg.), Planung I, S. 35 ff.; *Egerer*, Der Plangewährleistungsanspruch, S. 87 ff.

[77] Vgl. § 47, Abs. 1, Nr. 1 VwGO.

Die für Parlamentsgesetze entwickelte Rückwirkungslehre kommt daher für Planänderungen in Form eines Gesetzes, einer Rechtsverordnung wie auch einer Satzung in Betracht.

Allerdings reicht dieser verfassungsrechtliche Bestandsschutz gegen nachträgliche Änderungen von Parlamentsgesetzen, Rechtsverordnungen oder Satzungen nicht sehr weit. Echte rückwirkende Gesetze sind ausnahmsweise zulässig, soweit vorrangige Gründe des Gemeinwohls die Rechtsänderung unbedingt erforderlich machen[78]. Unechte Rückwirkungen - und sie bilden bei Planänderungen die Regelfälle - sind zulässig, sofern ein vernünftiger öffentlicher Grund zur Rechtfertigung angegeben werden kann[79]. Hier stellt sich dann die Frage, ob der Betroffene auf Grund des Vertrauensschutzes nicht wenigstens eine angemessene und zumutbare Überleitungsregelung verlangen kann, die ihm die Anpassung an die neue Rechtslage erleichtert. Darauf wird im nächsten Abschnitt zurückzukommen sein. Zuvor gilt es zu erörtern, ob sich ein wirksamer Schutz auf Planfortbestand aus anderen rechtlichen Gesichtspunkten herleiten läßt.

### 2. Bestandsschutz über das Abwägungsgebot bei Plänen

Als weitere Rechtsgrundlage für einen Anspruch auf Planfortbestand kommt das Abwägungsgebot in Betracht, das im deutschen Recht vor allem im Raum- und Stadtplanungsrecht für die Aufstellung von Bebauungsplänen entwickelt wurde[80] und inzwischen im Baugesetzbuch seinen positiv-rechtlichen Ausdruck gefunden hat[81]. Es ist heute als allgemeiner rechtsstaatlicher Planungsgrundsatz mit Verfassungsrang anerkannt[82], gilt also allgemein für

---

[78] Bei der Nachprüfung dieser Abwägung betonen die Gerichte verbal meistens den Vertrauensschutz des einzelnen sehr stark, räumen dann aber i.d.R. doch den angegebenen öffentlichen Interessen den Vorrang ein. Vgl. *Brohm*, Plangewährleistungsrechte, Jura 1986, S. 619 ff.

[79] Vgl. BVerfGE 43, 242 ff.; 45, 142 ff.; 67, 1 ff.; *Stober*, Möglichkeiten der Fortentwicklung des Rechts der sozialen Sicherheit zwischen Anpassungszwang und Bestandsschutz, DVBl. 1984, S. 857 ff.

[80] Siehe näher oben S. 127.

[81] Vgl. § 1 Abs. 6 BauGB.

[82] Vgl. BVerwGE 34, 301 ff.; 41, 67 ff.; 45, 309 ff.; 48, 56 ff.; 55, 220 ff.; 69, 256 ff.; 71, 166 ff.; BVerwG, NJW 1982, 591 ff.; NJW 1982, 1473 ff.; BVerwG, BayVBl. 1987, 563 ff.; *Ernst/ Zinkahn/ Bielenberg*, § 1 BBauG Rdn. 303 ff.; *Battis/ Krautzberger/ Löhr*, BauGB, § 1, Rdn. 87 ff.; *Brohm*, Planungs- und Entwicklungsverwaltung am Beispiel "Raum- und Stadtplanung", in:

die Aufstellung, Änderung und Aufhebung eines jeden rechtsverbindlichen Plans[83]. Dementsprechend wird es nicht nur auf Planungen mit Normcharakter, wie z.B. Bebauungspläne angewandt, sondern etwa auch auf Planfeststellungsbeschlüsse, die als Verwaltungsakte qualifiziert werden[84].

Nach dem Abwägungsgebot sind bei einer Planung die vielfältigen öffentlichen und privaten Belange untereinander und miteinander gerecht abzuwägen. Die Rechtsprechung hat dafür verschiedene formelle und materielle Kriterien entwickelt[85]. Die Verwaltungsgerichte prüfen im Rahmen des Abwägungsgebots nach, ob die Abwägung als Vorgang und als Ergebnis als sachgerecht erachtet werden kann[86]. Beides setzt voraus,

- daß eine Abwägung überhaupt stattgefunden hat[87], weiter,
- daß in die Abwägung an Belangen eingestellt wurde, was nach Lage der Dinge in sie eingestellt werden mußte[88], d.h. daß die sich aus der konkreten Situation ergebenden Belange möglichst umfassend berücksichtigt wurden[89],ferner,
- daß die Bedeutung der betroffenen Belange nicht verkannt wurde und schließlich,
- daß der Ausgleich zwischen den von der Planung berührten Belange nicht in einer Weise vorgenommen wurde, die zur objektiven Gewichtigkeit einzelner Belange außer Verhältnis steht[90].

---

Grimm (Hrsg.), Einführung in das öffentliche Recht, S. 197 ff.; *Ernst/ Hoppe*, Das öffentliche Bau- und Bodenrecht, Raumplanungsrecht, Rdn. 283 ff.; *Reichert/ Dürr*, Baurecht, S. 19 ff.; *Koch*, Das Abwägungsgebot im Planungsrecht, DVBl. 1983, S. 1125 ff.; *Heinze*, Das planungsrechtliche Abwägungsgebot, NVwZ 1986, S. 87 ff.; *Wahl*, Rechtsfragen der Landesplanung und Landesentwicklung, Bd. I, S. 157 ff.

83 Vgl. BVerwGE 34, 301 ff.; 41, 67 ff.; 44, 1 ff.; 45, 309 ff.; 47, 144 ff.; 59, 87 ff.

84 Vgl. BVerwG BayVBl. 1987, 563 ff.

85 Vgl. oben S. 127.

86 Vgl. BVerwGE 34, 301 ff.; 45, 309 ff.

87 Ansonsten liegt ein Abwägungsausfall vor, vgl. VGH Ba.-Wü., ESVGH 28, 152 ff.; VGH Ba.-Wü., BRS 33, 6 ff.; siehe näher *Battis/ Krautzberger/ Löhr*, BauGB, § 1, Rdn. 102 ff.; *Ernst/ Hoppe*, Das öffentliche Bau- und Bodenrecht, Raumplanungsrecht, Rdn. 289 ff.; *Reichert/ Dürr*, Baurecht, S. 24 ff.

88 Ansonsten liegt ein Abwägungsdefizit vor, vgl. VGH Ba.-Wü., VBlBW 1980, S. 24 ff.

89 Vgl. BVerwGE 47, 144 ff.

90 Sonst liegt eine Abwägungsdisproportionalität vor, vgl. BVerwGE 45, 309 ff.

Zu den relevanten Abwägungsgesichtspunkten gehören öffentliche und private Belange. Die öffentlichen und die privaten Belange sind einmal jeweils "untereinander" abzuwägen, d.h. es ist etwa zu bestimmen, welchen eventuell miteinander kollidierenden öffentlichen Belangen, wie z.B. Verkehr, Wohnbedürfnisse oder Wirtschaft, industrielle Entwicklung oder Umweltschutz in der konkreten Planungssituation der Vorrang zukommen soll. Weiter sind die öffentlichen und privaten Belange "gegeneinander" abzuwägen, das bedeutet, daß die jeweiligen öffentlichen Interessen mit den entgegenstehenden privaten Interessen abgewogen werden müssen, also nicht in jedem Falle und nicht immer in vollem Umfang den privaten Belangen vorgehen. Zu den privaten Belangen zählen nicht nur subjektive Individualrechte, wie z.B. Grundrechte, sondern darüber hinaus auch sonstige schutzwürdige Interessen. Darunter fällt auch das Interesse am Fortbestand einer durch den Plan geschaffenen Lage[91]. Denn planerische Maßnahmen schaffen rechtliche und faktische Gegebenheiten, die maßgeblich die Situation bestimmen, in der sich die subjektiven Rechte der Betroffenen entfalten und von der sie in ihrem konkreten Inhalt geprägt werden. Dementsprechend präzisiert man z.B. den Eigentumsinhalt im konkreten Fall aus der "Situationsgebundenheit" des Grundstücks[92], oder man spricht bei der Beeinträchtigung von Leben oder Gesundheit durch Straßenverkehr oder durch Emissionen von Kraftwerken, von sozialadäquaten Lasten deren Hinnahme kein Eingriff in das Grundrecht bedeute[93]. Die veränderten grundrechtlichen Realisierungsmöglichkeiten müssen deshalb bereits bei der - der konkreten Grundrechtsposition vorgelagerten - planungsrechtlichen Situationsprägung mitberücksichtigt werden[94]. Daraus folgt, daß die vorgegebene Situation und die sie weiter ausgestaltenden Dispositionen der Verfügungsberechtigten als private Interessen bei der planungsrechtlichen Abwägung mitzuberücksichtigen und in Ausgleich zu bringen sind. Daher wirkt sich das Abwägungsgebot u.U. ebenfalls zugunsten eines Schutzes auf Planfortbestand aus. Eine Zurückstellung der privaten Interessen am Fortbestand des Planes ist nur gerechtfertigt, wenn sich der Vorrang der öffentlichen Interessen auf Planänderung unter den verschiedenen Kriterien des Abwägungsge-

---

[91] Vgl. *Brohm*, NJW 1981, 1694 ff.; *Degenhart*, Dispositionsschutz im Recht der Raumplanung, DVBl. 1980, S. 660 ff.

[92] Vgl. BGHZ 23, 30 ff.; 60, 126 ff.; 60, 145 ff.; BVerwGE, NJW 1962, 2172 ff.; DVBl.1971, 746 ff. Zur Entwicklung dieser Rechtsprechung siehe näher *Breuer*, Die Bodennutzung im Konflikt zwischen Städtebau und Eigentumsgarantie, S. 133 ff.; *Ossenbühl*, Staatshaftungsrecht, S. 119, 124 ff.

[93] Vgl. BVerfGE 49, 89 ff.

[94] Vgl. *Degenhart*, Dispositionsschutz im Recht der Raumplanung, DVBl. 1980, S. 660 ff.

bots als erforderlich erweist. Damit kommt der Planbestandsschutz auf Grund des Abwägungsgebots demjenigen nach den Grundsätzen über den Rückwirkungsgrundsatz bei Gesetzen nahe, kann im Einzelfall sogar darüber hinausgehen. Das macht es notwendig, auf das Verhältnis der beiden Rechtsgrundsätze zueinander einzugehen.

### 3. Das Verhältnis zwischen Planbestandsschutz nach dem planungsrechtlichen Abwägungsgebot und nach den Grundsätzen über die begrenzte Zulässigkeit rückwirkender Gesetze

Das Verhältnis des Abwägungsgebots und des Rückwirkungsgrundsatzes zueinander ist in der deutschen Rechtsprechung und Literatur noch nicht geklärt[95]. Beide Rechtsinstitute wurden vorwiegend von der Rechtsprechung entwickelt. Bei der Anwendung des Abwägungsgebots verläßt die Rechtsprechung die Anknüpfung an die Rechtsform und stellt auf die wahrgenommene materielle Funktion ab. Dabei hat sie die Frage offen gelassen, ob dann nicht auch Parlamentsgesetze und Verordnungen mit Planungscharakter dem Abwägungsgebot unterliegen und ob dieses ausschließlich oder kumulativ neben dem Rückwirkungsverbot gilt. Weil die Gerichte jeweils den vorliegenden Einzelfall entscheiden, überschneiden sich oft die dabei erarbeiteten Grundsätze mit Entscheidungskriterien, die unter anderen Fallgestaltungen aufgestellt wurden[96].

Da nach der Rechtsprechung und Literatur das Abwägungsgebot als rechtsstaatlicher Grundsatz für alle rechtlich verbindlichen Planungen gilt, ist nicht einzusehen, wieso es üblicherweise nur auf Bebauungspläne, also Pläne in Form einer Satzung, und auf Planfeststellungen, also Pläne in Form eines Verwaltungsakts, angewendet wird. Tragender Grund für das Abwägungsgebot ist der Umstand, daß es sich bei einer Planung um eine komplexe Entscheidungssituation handelt[97]. Diese ist aber auch bei Plänen in

---

95 Vgl. *Brohm*, Plangewährleistungsrechte, Jura 1986, S. 619 ff.

96 Nach *Brohm*, Plangewährleistungsrechte, Jura 1986, S. 619 ff., bedürfen sie insofern noch der dogmatischen Präzisierung und systematischen Einordnung durch die Wissenschaft.

97 Vgl. BVerwGE 34, 301 ff.; 41, 67 ff.; 44, 1 ff.; 45, 309 ff.; 47, 144 ff.; 59, 87 ff.; BVerwG, BayVBl. 1987, 563 ff.; *Ernst/ Zinkahn/ Bielenberg*, § 1 BBauG Rdn. 303 ff.; *Battis/ Krautzberger/ Löhr*, BauGB, § 1, Rdn. 87 ff.; *Brohm*, Planungs- und Entwicklungsverwaltung am Beispiel "Raum- und Stadtplanung", in: Grimm (Hrsg.), Einführung in das öffentliche Recht, S. 197 ff.; *Ernst/ Hoppe*, Das öffentliche Bau- und Bodenrecht, Raumplanungsrecht, Rdn. 283 ff.

Form eines Parlamentsgesetzes oder einer Rechtsverordnung gegeben. Insofern muß auch bei Planungen in Gesetzesform vom Abwägungsgebot als oberstem Planungsgrundsatz ausgegangen werden[98].

Der Rückwirkungslehre für Gesetze liegt allerdings ebenfalls eine Abwägung zugrunde, eine Abwägung zwischen dem öffentlichen Interesse auf Änderung des Gesetzes und dem Vertrauensschutz der einzelnen auf seine Beibehaltung[99]. Für diese Abwägung gibt das Rückwirkungsverbot bestimmte konkrete Maßstäbe an. Eine Planänderung mit echter Rückwirkung ist in der Regel nicht zulässig, eine Planänderung mit unechter Rückwirkung dagegen regelmäßig für zulässig zu erachten. Eine Ausnahme kommt bei der unechten Rückwirkung vor allem in Betracht, wenn die Planänderung dem Betroffenen eine Rechtsposition, wie z.B. ein Eigentumsrecht, entzieht, ohne daß hierfür die Voraussetzungen der Enteignung gegeben wären[100]. In diesen Aussagen kann man eine Regel für die Abwägung sehen. Allerdings verlangt das Abwägungsgebot, daß nicht nur subjektive Rechte, sondern darüber hinaus auch sonstige schutzwürdige private Belange, wie die im Vertrauen auf den bestehenden Plan getätigten Investitionen, zu beachten sind. Indessen kann die Rückwirkungslehre auch in diesem Sinne interpretiert werden. Insofern entsprechen sich beide Grundsätze. Die Rückwirkungslehre vermag vor allem in den Fällen einer echten Rückwirkung für die Abwägung konkretere Maßstäbe zu geben. Sie ist insofern als eine präzisierende Ergänzung des Abwägungsgebots anzusehen.

### *V. Planfortbestand bei Einzelakten und verbindlichen Fachplanungen*

Zahlreiche Pläne und Planungsmaßnahmen werden, wie erwähnt, als Verwaltungsakte erlassen[101]. Hier stellt sich die Frage, ob ein Planbestandsschutz nur über die Berücksichtigung der Interessen auf Planfortbestand bei der Abwägung in Frage kommt oder ob darüber hinaus die strengeren allgemeinen Regeln über Widerruf und Rücknahme von Verwaltungsakten (§§ 48, 49 VwVfG) anzuwenden sind. Der Frage kann hier nicht für alle denkba-

---

98 Vgl. *Battis/Krautzberger/Löhr*, BauGB, § 1, Rdn. 87 ff.

99 Vgl. BVerfGE 30, 392 ff.; 31, 222 ff.; 43, 242 ff.; 50, 386 ff.; 58, 300 ff.; 62, 117 ff.; *Bauer*, Bundesverfassungsgericht und Rückwirkungsverbot, JuS 1984, S. 242 ff.; *Benda*, Der soziale Rechtsstaat, in: Benda u.a. (Hrsg.), Handbuch des Verfassungsrechts, S. 497 ff.

100 Vgl. BVerfGE 24, 260 ff.

101 Siehe oben S. 101.

ren Fälle von Planungen in Form eines Verwaltungsakts nachgegangen werden; sie soll an den zwei wichtigsten Fallgruppen, den Planfeststellungsbeschlüssen und den Zusagen, erörtert werden.

Bekanntlich werden Verwaltungsakte außerhalb eines Rechtsmittelverfahrens entweder durch Widerruf oder durch Rücknahme seitens der erlassenden Instanz aufgehoben. Von "Widerruf" sprechen die Verwaltungsverfahrensgesetze des Bundes und der Länder bei der Aufhebung eines *rechtmäßig* erlassenen Verwaltungsaktes[102], während die Aufhebung eines *rechtswidrig* erlassenen Verwaltungsaktes als "Rücknahme" bezeichnet wird[103]. Der Widerruf und die Rücknahme ausschließlich *belastender* Verwaltungsakte steht im Ermessen der Behörde; er ist grundsätzlich zulässig[104]. Dagegen können Rücknahme und Widerruf *begünstigender* Verwaltungsakte[105] nach dem Grundsatz des Vertrauensschutzes[106] nur in Ausnahmefällen, d.h. bei Vorliegen besonderer Gründe, für zulässig erachtet werden[107].

---

102 Vgl. § 49 VwVfG.

103 Vgl. § 48 VwVfG.

104 Vgl. *Erichsen*, Das Verwaltungshandeln, in: Erichsen/ Martens (Hrsg.), Allgemeines Verwaltungsrecht, S. 281 ff; *Kopp*, VwVfG, § 51 Rdn. 10 ff.; *Obermayer*, Verwaltungsverfahrensgesetz, § 51 Rdn. 11 ff.

105 Entscheidend für die Abgrenzung der *begünstigenden* Verwaltungsakte von *belastenden* ist der Regelungsgehalt des Verwaltungsaktes unter Berücksichtigung des Zwecks der ggf. zugrundeliegenden Normen. Nach der Legaldefinition in § 48 Abs. 1 S. 2 VwVfG sind *begünstigende* Verwaltungsakte solche, die ein Recht oder einen rechtlich erheblichen Vorteil begründen oder bestätigen. Dazu näher *Erichsen*, Das Verwaltungshandeln, in: Allgemeines Verwaltungsrecht, S. 243 ff.; *Kopp*, VwVfG, § 48 Rdn. 45 ff.

106 Vgl. *Ossenbühl*, Vertrauensschutz im sozialen Rechtsstaat, DÖV 1972, S. 25 ff.; *Schmidt*, "Vertrauensschutz" im öffentlichen Recht, JuS 1973, S. 529 ff.; *Kisker*, Vertrauensschutz im Verwaltungsrecht, VVDStRL 32 (1974), S. 150 ff.; *Püttner*, Vertrauensschutz im Verwaltungsrecht, VVDStRL 32 (1974), S. 200 ff.; *Kopp*, Um eine neue Begründung des Grundsatzes des Vertrauensschutzes im öffentlichen Recht, BayVBl. 1980, S. 38 ff.; *Weber-Dürler*, Vertrauensschutz im öffentlichen Recht, S. 256 ff.

107 Besondere Gründe für den *Widerruf* eines *rechtmäßig* begünsitigenden Verwaltungsakts sind z.B. gegeben im Falle eines Widerrufsvorbehalts (vgl. § 49 Abs. 2 Nr. 1 VwVfG), bei nicht fristgemäßer Erfüllung einer zulässigen Auflage (vgl. § 49 Abs. 2 Nr. 2 VwVfG) oder wenn es darum geht, schwere Nachteile für das Gemeinwohl zu verhüten oder zu beseitigen (Vgl. § 49 Abs. 2 Nr. 5 VwVfG). Weiterhin ist ein Widerruf dann zulässig, wenn die Behörde berechtigt wäre, den Verwaltungsakt aufgrund nachträglich eingetretener Tatsachen nicht zu erlassen und wenn ohne den Widerruf das öffentliche Interesse gefährdet würde (vgl. § 49 Abs. 2 Nr. 3 VwVfG). Schließlich kann ein Widerruf ausgesprochen werden zur Beseitigung oder Verhinde-

Zahlreiche raumrelevante Planungen erfolgen im deutschen Verwaltungsrecht durch sog. Planfeststellungsbeschlüsse, die als Verwaltungsakte qualifiziert werden, so etwa die Festlegung einer Straße, einer Eisenbahntrasse, eines Flughafens, einer Mülldeponie und anderer Anlagen[108].

Die Anwendbarkeit der Regeln über den Widerruf und die Rücknahme von Verwaltungsakten auf Planfeststellungsbeschlüsse ist in der Literatur und Rechtsprechung bislang nicht erörtert worden. Offenbar wird sie nicht als Problem empfunden, weil man davon ausgeht, daß ein Planfeststellungsbeschluß einen belastenden Verwaltungsakt darstellt, der prinzipiell widerrufen oder zurückgenommen werden kann.

Die einseitige Qualifizierung des Planfeststellungsbeschlusses als *belastender* Verwaltungsakt ist jedoch nicht unproblematisch. Denn Planfeststellungen, etwa für Straßen, haben nicht nur einen belastenden, sondern für viele auch einen begünstigenden Charakter. Beispielsweise kann eine als Zubringer zu einem Verbrauchermarkt festgestellte Straße fast ausschließlich für diesen Verbrauchermarkt begünstigend wirken. Dennoch sind die Regeln über den Widerruf und Rücknahme von Verwaltungsakten letztlich auf die Aufhebung des Planfeststellungsbeschlusses nicht anwendbar. Denn Planfeststellungsbeschlüsse richten sich einmal nicht unmittelbar an bestimmte Personen oder Personenkreise, also in unserem Beispiel an den Besitzer des Verbrauchermarktes. Vielmehr sind sie dinglichen Verwaltungsakten vergleichbar, sind also mehr an die Projekte, wie die Straßen, Wasserstraßen, Flughafen u.a. gebunden[109]. Weiter wirken die begünstigenden Elemente der Planfeststellungsbeschlüsse nicht ausschließlich für bestimmte oder bestimmbare Betroffene. Daher fehlt ihnen die für Verwaltungsakte typische Begrenzung auf den Einzelfall, wie auch ein speziell vertrauensbegründendes Verhältnis zwischen Verwaltung und einzelnen. Dieses Ergebnis wird er-

---

rung eines sonst unmittelbar drohenden Schadens für den Staat bzw. die Allgemeinheit (vgl. § 48 VwVfG). *Rechtswidrige* begünstigende Verwaltungsakte können leichter zurückgenommen werden. Aber auch hier greift ein Vertrauensschutz Platz, insbesondere wenn der Begünstigte auf den Bestand des Verwaltungsaktes vertraut hat und sein Vertrauen unter Abwägung mit dem öffentlichen Interesse an einer Rücknahme schutzwürdig ist. Das Vertrauen ist, nach § 48 Abs. 2 S. 2 VwVfG, in der Regel schutzwürdig, wenn der Begünstigte gewährte Leistungen verbraucht oder eine Vermögensdisposition getroffen hat, die er nicht mehr oder nur unter unzumutbaren Nachteilen rückgängig machen kann. Dazu näher *Klappstein*, in: Knack (Hrsg.), Verwaltungsverfahrensgesetz, § 49 Rdn. 6 ff.; *Erichsen*, Das Verwaltungshandeln, in: Erichsen/ Martens (Hrsg.), Allgemeines Verwaltungsrecht, S. 249 ff.; *Kopp*, VwVfG, § 48 Rdn. 41 ff., § 49 Rdn. 28 ff.

108 Vgl. §§ 17 ff. BFStrG; § 36 BBahnG; §§ 8 ff. LuftVG; § 6 AbfG; §§ 9 ff. AtG. u.a.

109 Über dingliche Verwaltungsakt siehe näher *Kopp*, VwVfG, § 35 Rdn. 63 ff.

härtert durch obige Erwägungen, daß an Planungen als komplexen Entscheidungen mit vielfältigen interdependenten Auswirkungen nicht starr festgehalten werden kann, weil der Staat sonst seine Reaktionsfähigkeit verlöre. Hier muß das öffentliche Interesse an der Erhaltung eines reaktiven Staates dem Vertrauensschutz im konkreten Fall u. U. vorgehen können. Daher muß es bei der flexibleren planungsrechtlichen Abwägung bleiben.

Daß das planerische Abwägungsgebot auch für die Planfeststellungsbeschlüsse gilt[110], ergibt sich aus seinem Verfassungsrang[111] und ist allgemein anerkannt[112]. Allerdings vermag es nur einen sehr begrenzten Vertrauensschutz zu gewährleisten, denn es gibt im Ergebnis lediglich einen Anspruch auf einen verfahrensmäßig und inhaltlich sachgerecht ermittelten Ausgleich. Hat die Interessenabwägung als Vorgang stattgefunden und als Ergebnis den öffentlichen Planänderungserfordernissen den Vorrang gegeben, wird es i.d.R. dem Betroffenen schwerfallen, das Vorliegen einer Abwägungsfehleinschätzung oder -disproportionalität im Hinblick auf den Gesichtspunkt des Vertrauensschutzes nachzuweisen.

Neben den typischen Fällen der Planfeststellung, die der Verwirklichung einer im öffentlichen Interesse liegenden Planungsaufgabe dienen, gibt es vereinzelt auch Planfeststellungen, die z.B. nach § 31 WHG für die Zulassung des privaten Vorhabens einer Kiesgrube durchgeführt werden müssen und materiell-rechtlich den Charakter einer Genehmigung haben[113]. Das Bundesverwaltungsgericht spricht hier von einer "privatnützigen" Planfeststellung, die es von den üblichen "gemeinnützigen" Planfeststellung abgrenzt. Im Unterschied zu diesen rechtfertigt z.B. eine privatnützige Planfeststellung keinen Eingriff in Rechte Dritter[114]. Hier geht die Planfeststellung als planungsrechtlicher Vorgang in die im Wege eines förmlichen Verfahrens zu

---

110 Vgl. BVerwG BayVBl. 1987, 563 ff.

111 Vgl. BVerwGE 34, 301 ff.; 41, 67 ff.; 45, 309 ff.; 48, 56 ff.; 55, 220 ff.; 69, 256 ff.; 71, 166 ff.; BVerwG, NJW 1982, 591 ff.; NJW 1982, 1473 ff.; BVerwG, BayVBl. 1987, 563 ff.

112 Vgl. *Brohm*, Planungs- und Entwicklungsverwaltung am Beispiel "Raum- und Stadtplanung", in: Grimm (Hrsg.), Einführung in das öffentliche Recht, S. 197 ff.; *Wahl*, Rechtsfragen der Landesplanung und Landesentwicklung, Bd. I, S. 157 ff.; *Battis/Krautzberger/Löhr*, BauGB, § 1, Rdn. 87 ff.; *Reichert/Dürr*, Baurecht, S. 19 ff.; *Ernst/Hoppe*, Das öffentliche Bau- und Bodenrecht, Raumplanungsrecht, Rdn. 283 ff.; *Ernst/ Zinkahn/Bielenberg*, § 1 BBauG Rdn. 303 ff.; *Koch*, Das Abwägungsgebot im Planungsrecht, DVBl. 1983, S. 1125 ff.; *Heinze*, Das planungsrechtliche Abwägungsgebot, NVwZ 1986, S. 87 ff.

113 Dazu näher *Badura*, Das Verwaltungsverfahren, in: Erichsen/Martens (Hrsg.), Allgemeines Verwaltungsrecht, S. 449 ff.

114 Vgl. BVerwGE 55, 220 ff.

erteilenden Anlagegenehmigungen des herkömmlichen Ordnungsrechts über, wie sie z.B. die §§ 4 - 10 BImSchG für bestimmte Anlagen vorsehen. Dementsprechend kann in solchen Fällen auch der Anlagebetreiber als Adressat der Planfeststellung angesehen werden; für ihn allein wirken die begünstigenden Aussagen des Planfeststellungsbeschlusses, der damit der Genehmigung als begünstigenden Verwaltungsakt gleichkommt. Für Anlagegenehmigungen gelten nach § 21 BImSchG spezielle Widerrufsregeln, die weitgehend mit den allgemeinen Grundsätzen über den Widerruf und die Rücknahme begünstigender Verwaltungsakte[115] übereinstimmen. Für privatnützige Planfeststellungen gibt es keine besonderen Regelungen; insofern ist auf die allgemeinen Grundsätze zurückzugreifen; sie verengen bzw. ersetzen die planerische Abwägung insofern, als Änderungen nur unter engen Voraussetzungen zulässig sind, insbesondere "um schwere Nachteile für das Gemeinwohl zu verhüten oder zu beseitigen". Diese Klausel rechtfertigt auch nachträgliche Anordnungen der Art, wie sie etwa § 17 BImSchG für genehmigungsbedürftige Anlagen expressis verbis vorsieht.

Als einzelne Maßnahmen spielen in der Planungspraxis ferner die Zusage und Zusicherungen eine große Rolle. Als Zusage bezeichnet man das verbindliche Versprechen der zuständigen Behörde, eine bestimmte Verwaltungsmaßnahme vorzunehmen oder zu unterlassen[116]. Die Zusicherung ist nach der Legaldefinition des § 38 Abs. 1 VwVfG ein Unterfall der Zusage; sie bezieht sich auf den Erlaß oder Nichterlaß eines Verwaltungsaktes[117]. Auf den Erlaß von rechtsverbindlichen Plänen, gleichgültig, ob sie in Form von Gesetzen, Satzungen oder Verwaltungsakten ergehen, können allerdings angesichts ihrer Flexibilitätserfordernisse keine Zusagen gegeben oder ähnliche Verbindlichkeiten rechtswirksam eingegangen werden. Auch bestehen für die Aufstellung der Pläne i.d.R. in den einzelnen Planungsgesetzen spezielle Verfahrens- und Formvorschriften. Wären Zusagen über den Erlaß solcher Pläne zulässig, könnten diese gesetzlich vorgeschriebenen Form- und Verfahrensregelungen unterlaufen werden. Insofern können Zusagen und Zusicherungen nur *einzelne* Planungsmaßnahmen, etwa die Gewährung bestimmter Subventionen oder Steuervergünstigungen oder den preisgünstigen Verkauf von Grundstücken etc., betreffen.

---

115 §§ 49, 48 VwVfG.

116 Entscheidend dabei ist der Bindungswille der Behörde. Das Bundesverwaltungsgericht kennzeichnet die Zusage als "hoheitliche Selbstverpflichtung mit Bindungswillen zu einem späteren Tun oder Unterlassen". Vgl. BVerwGE 26, 31 ff.

117 Dazu näher *Kopp*, VwVfG, § 38, Rdn. 1 ff.; *Maurer*, Allgemeines Verwaltungsrecht, S. 181 ff.

Werden im Rahmen von Planungen derartige begünstigende Zusagen gemacht, so müßten dafür nach § 38 Abs. 2 VwVfG die angeführten Regelungen über den Vertrauensschutz bei "Widerruf" und "Rücknahme" von Verwaltungsakten entsprechende Anwendung finden. Ein Abweichen von diesen Regeln, weil es sich um Zusagen im Rahmen von Planungen handelt, erscheint nicht geboten. Denn im Unterschied zum Erlaß von Plänen in Form eines Verwaltungsaktes, ist hier ein auf den Einzelfall begrenzter und eine besondere Vertrauensbeziehung begründender Tatbestand gegeben. Die Zusage ergeht nicht allgemein, sondern speziell gegenüber dem einzelnen und begründet damit eine besondere Beziehung zwischen Behörde und einzelnen. Sie bleibt darüber als Einzelverbindlichkeit in ihren Auswirkungen überschaubar und begrenzt. Daher können rechtmäßige Zusagen dieser Art ohne Zustimmung des Betroffenen i.d.R. nur zur Verhütung von schweren Nachteilen für das Gemeinwohl abgeändert werden. Der Betroffene ist dann für den dadurch bedingten Vermögensnachteil zu entschädigen[118].

## B. Anspruch auf Planfortbestand im koreanischen Recht

### *I. Zum Meinungsstand im koreanischen Recht*

Ein "Anspruch auf Planfortbestand" ist in der koreanischen Literatur und Rechtsprechung bislang weder als Problem empfunden worden noch wurde nach möglichen Rechtsgrundlagen gefragt. Es gibt dafür, wie im deutschen Recht, keine positiv-rechtliche Regelung. Zwar werden in der Literatur "Plangewährleistungsrechte" erörtert und ihre Einführung im koreanischen Recht gefordert. Doch beschränken sich diese Fragestellungen auf "Planentschädigungsansprüche", also einen Ausgleich in Geld, beziehen sich jedoch nicht auf einen möglichen Anspruch auf Planfortbestand[119].

118 Vgl. § 49 Abs. 5 S. 1 VwVfG.

119 Vgl. *D.-C. Kim*, Allgemeines Verwaltungsrecht, Bd. 1, S. 322 ff.; *W.-J. Kim*, Planänderung, Planaufhebung und Entschädigung, Gosiyonku, 1986, Bd. 12, S. 75 ff.; *J.-S. Hong*, Art. 22 Abs. 3 KV und Plangewährleistungsanspruch, Gosike, 1985, Bd. 7, S. 128 ff.; *J.-H. Seok*, Allgemeines Verwaltungsrecht, S. 482 ff.; *N.-J. Kim*, Verwaltungsrecht I, S. 256 ff. u.a.

Die pauschale Ignorierung und Ablehnung eines Anspruchs auf Planfortbestand ist aber nicht gerechtfertigt[120]. Denn die Grundordnung des koreanischen Rechts basiert, wie im deutschen Recht, auf dem Prinzip des Rechtsstaates. Das koreanische Recht besitzt zahlreiche Rechtsinstitute, die denen des deutschen Rechts entsprechen und in dieser Problemlage zur Anwendung kommen können.

Als allgemeine Rechtsgrundlagen kommen vor allem die rechtsstaatlichen Grundsätze der Rechtssicherheit und des Vertrauensschutzes sowie deren Präzisierung in der Lehre zur Rückwirkung von Gesetzen in Betracht. Weiter ist die Notwendigkeit einer Einführung des im deutschen Raum- und Stadtplanungsrecht entwickelten Abwägungsgebots zu erörtern, das, wie gezeigt, im deutschen Verwaltungsrecht ebenfalls für einen gewissen Planbestandsschutz wirksam wird. Im folgenden ist daher herauszuarbeiten, inwieweit die im deutschen Recht entwickelten und diskutierten Kriterien im koreanischen Recht auch gelten bzw. in welchem Umfang sie von ihm übernommen werden können.

## *II. Rechtsgrundlagen für den Anspruch auf Planfortbestand im koreanischen Recht*

### 1. Bestandsschutz über das Rechtsstaatsprinzip

Wie im deutschen Recht kommt als allgemeine Rechtsgrundlage für einen Anspruch auf Planfortbestand vor allem das Rechtsstaatsprinzip in Betracht. Es ist als eine Grundentscheidung und ein leitendes Prinzip in der koreanischen Verfassung fest verankert und hat insbesondere in Art. 37 Abs. 2 KV[121] und in zahlreichen anderen Bestimmungen der Verfassung, wie z.B.

---

120 Vgl. *J.-G. OH*, Rechtsnatur der Verwaltungspläne und die Plangewährleistung, Susonnonjip Bd. 10 (1985), S. 317 ff.

121 Danach dürfen Rechte und Freiheiten der Bürger nur aus Gründen der Verteidigung, der öffentlichen Sicherheit und Ordnung oder des Allgemeinwohls auf Grund eines Gesetzes eingeschränkt, dabei jedoch in ihrem Wesensgehalt nicht angetastet werden.

denjenigen über die Grundrechte[122], die Gewaltenteilung[123] und die Rechtsprechung[124] seinen Ausdruck gefunden.

Wie im deutschen Recht kann der Begriff des Rechtsstaates im koreanischen Recht formell oder materiell aufgefaßt werden[125].

Einerseits hat der Staat die Forderung nach formeller Gesetzlichkeit, nach Bindung allen staatlichen Handelns an allgemeine Gesetze in größtmöglicher Perfektion zu verwirklichen[126]. Andererseits muß der materiell-rechtliche Inhalt aller Gesetze gerecht sein, und diese Gerechtigkeit ist durch weitreichende Kontrollmechanismen der staatlichen Tätigkeiten, insbesondere eine Rechtsweggarantie, zu gewährleisten[127]. Wie im deutschen Recht bildet insbesondere der Grundsatz der Verhältnismäßigkeit eine materiell-rechtliche Komponente des Rechtsstaates[128]. In beiden Ländern ist das Rechtsstaatsprinzip im wesentlichen deckungsgleich.

Entsprechend den Darlegungen zum deutschen Recht läßt sich für das koreanische feststellen, daß ein Anspruch auf Planfortbestand auch im koreanischen Recht nicht pauschal auf das Rechtsstaatsprinzip, sondern höchstens auf bestimmte Elemente dieses Prinzips gestützt werden kann.

---

122 Art. 10 - 36 KV.

123 Art. 40, 66, 101 KV u.a.

124 Art. 107 KV.

125 Vgl. *M.-K. Lee*, Rechtsprobleme der Leistungsverwaltung, Gosiyonku 1988, Bd. 3, S. 41 ff.; *B.-S. Shin*, Gesetzmäßigkeit der Verwaltung, Gosiyonku 1988, Bd. 3, S. 61 ff.; *J.-G. OH*, Rechtsstaatsprinzip, in: Yuksanonmunjip Bd. 27 (1984), S. 177 ff.; *Y.-S. Kwon*, Verfassungsrecht, S. 116 ff.; *D.-C. Kim*, Allgemeines Verwaltungsrecht, S. 113; *N.-J. Kim*, Verwaltungsrecht I, S. 62 ff.; *J.-H. Seok*, Allgemeines Verwaltungsrecht, S. 103 ff.

126 Die *formelle Rechtsstaatlichkeit*, vgl. dazu *D.-C. Kim*, Allgemeines Verwaltungsrecht, Bd. 1, S. 114 ff.; *Y.-S. Kwon*, Lehrbuch des Verfassungsrechts, S. 116 ff.; *J.-H. Seok*, Allgemeines Verwaltungsrecht, S. 103 ff.; *J.-G. OH*, Rechtsstaatsprinzip, in: Yuksanonmunjip Bd. 27 (1984), S. 177 ff.

127 Die *materielle Rechtsstaatlichkeit*, vgl. dazu *D.-C. Kim*, Allgemeines Verwaltungsrecht, Bd. 1, S. 117 ff.; *Y.-S. Kwon*, Lehrbuch des Verfassungsrechts, S. 116 ff.; *J.-H. Seok*, Allgemeines Verwaltungsrecht, S. 103 ff.; *J.-G. OH*, Rechtsstaatsprinzip, in: Yuksanonmunjip Bd. 27 (1984), S. 177 ff.

128 Vgl. *D.-C. Kim*, Allgemeines Verwaltungsrecht, Bd. 1, S. 117 ff.

## 2. Rechtssicherheit und Vertrauensschutz als Elemente des Rechtsstaatsprinzips

Auch im koreanischen Recht ist der Grundsatz der Rechtssicherheit eines der bedeutendsten Elemente des Rechtsstaatsprinzips[129]. Zwar ist dieser Grundsatz in der koreanischen Verfassung nicht ausdrücklich normiert, jedoch dienen zahlreiche Verfassungsnormen unter unterschiedlichen Aspekten mittelbar der Rechtssicherheit[130].

Der Grundsatz der Rechtssicherheit bedeutet, daß die Machtausübung des Staates, insbesondere seine Eingriffe, dem Betroffenen voraussehbar und berechenbar sind. Der einzelne muß sich in seinem persönlichen Verhalten und in seinen Dispositionen auf die Rechtsordnung verlassen können. Dazu gehört auch eine gewisse Stabilität dieser Ordnung[131].

Insofern steht der Vertrauensschutz im Zusammenhang mit der Rechtssicherheit. Unter Vertrauensschutz versteht man im koreanischen Recht die Gewährleistung des schutzwürdigen Vertrauens auf den Fortbestand einer staatlichen Tätigkeit[132]. Dieser Grundsatz wurde von der Rechtsprechung im Steuerverwaltungsrecht entwickelt[133] und hat in der Folgezeit auch in anderen Bereichen des öffentlichen Rechts ständig an Bedeutung gewonnen. Insofern entspricht auch hier die Rechtslage derjenigen in der Bundesrepublik Deutschland.

---

129 Vgl. *Y.-S. Kwon*, Lehrbuch des Verfassungsrechts, S. 121 ff.; *D.-C. Kim*, Allgemeines Verwaltungsrecht, Bd. 1, S. 128 ff.; *J.-H. Seok*, Allgemeines Verwaltungsrecht, S. 135 ff.; *J.-G. OH*, Rechtsstaatsprinzip, in: Yuksanonmunjip Bd. 27 (1984), S. 177 ff.

130 Vgl. z.B. die Regelungen über die Grundrechte (Art. 10 - 36 KV), das Rückwirkungsverbot (Art. 13 KV), den allgemeinen Gesetzesvorbehalt (Art. 37 Abs. 2 KV).

131 Vgl. *Y.-S. Kwon*, Lehrbuch des Verfassungsrechts, S. 121 ff.; *D.-C. Kim*, Allgemeines Verwaltungsrecht, Bd. 1, S. 128 ff.; *J.-H. Seok*, Allgemeines Verwaltungsrecht, S. 135 ff.; *J.-G. OH*, Rechtsstaatsprinzip, in: Yuksanonmunjip Bd. 27 (1984), S. 177 ff.

132 Vgl. *J.-H. Seok*, Vertrauensschutzprinzip, Gosigye 1988, Bd. 2, S. 94 ff.; *D.-C. Kim*, Aktuelle Rechtsprechung über den Vertrauensschutz, Panlyewolbo 1986, Bd. 3, S. 48 ff.; *N.-J. Kim*, Allgemeines Verwaltungsrecht, Bd. 1, S. 244 ff.

133 Vgl. die Entscheidungen des Obersten Gerichts vom 10. 6. 1980 (80 nu 6); vom 10. 3. 1981 (81 nu 16); vom 8. 6. 1982 (81 nu 38); vom 23. 11. 1982 (81 nu 21); vom 26. 4. 1983 (82 nu 531); vom 27. 9. 1983 (82 nu 130); vom 26. 12. 1984 (81 nu 266); vom 23. 4. 1985 (84 nu 593).

Positivrechtlichen Ausdruck hat der Grundsatz des Vertrauensschutzes im Steuergrundsatzgesetz gefunden[134]. Umfassende Vertrauensschutzregelungen liegen weiter dem Entwurf des Verwaltungsverfahrensgesetzes zugrunde[135]. § 4 EKVwVfG enthält unter der Überschrift "Vertrauensschutz" die durch die Rechtsprechung entwickelte Grundsatzbestimmung: "Wird die Interpretation einer gesetzlichen Regelung und die ständige Übung einer Verwaltungsbehörde vom Bürger als verbindlich angenommen, ist sie als gerecht anzusehen und die Betroffenen dürfen durch eine neue Interpretation und eine der Übung widersprechende Tätigkeit nicht nachteilig behandelt werden". Diese Bestimmung bezieht sich auf die Verwaltungstätigkeit. Sie bedeutet jedoch nicht, daß die Anwendungsgebiete des Vertrauensschutzprinzips auf die "Verwaltung" eingeschränkt würden. Denn die Möglichkeit, Rechtspositionen gegen eine Kursänderung der staatlichen Tätigkeit verteidigen zu können, dürfen, wie die Begriffsbestimmung des Vertrauensschutzprinzips im deutschen Recht zeigt[136], in einem Rechtsstaat nicht auf ein Gebiet der staatlichen Tätigkeit eingegrenzt werden[137]. Die Regelung von § 4 EKVwVfG ist daher als Ausfluß eines allgemeinen Vertrauensschutzprinzips anzusehen.

Die Grundsätze der Rechtssicherheit und des Vertrauensschutzes sind im koreanischen Recht weiter im Rückwirkungsverbot präzisiert, das in der Verfassung positiv-rechtlich verankert ist. Dieses gilt für die Kursänderung der Gesetzgebung. Nach Art. 13 Abs. 2 KV "dürfen keinem Bürger durch eine rückwirkende Gesetzgebung Vermögensrechte entzogen werden". Dadurch ist in der Verfassung ein grundsätzliches Verbot der Rückwirkung von Gesetzen auf dem Gebiet des Staats- und Verwaltungsrechts verankert. Nach h.M. ist dieses auf die rechtsstaatliche Forderung nach Rechtssicherheit und Berechenbarkeit der staatlichen Tätigkeit zurückzuführen[138]. Es gilt

---

134 Vgl. § 18 des koreanischen Steuergrundsatzgesetzes.

135 Wie z.B. § 4 EKVwVfG (Allgemeines); § 25 EKVwVfG (Zusicherung); §§ 31 und 32 EKVwVfG (Rücknahme und Widerruf des Verwaltungsaktes); § 58 EKVwVfG (Planänderung bzw. -aufhebung).

136 Im deutschen Recht findet der Vertrauensschutzprinzip grundsätzlich gegen Kursänderungen der Gesetzgebung, der vollziehenden Gewalt und der Rechtsprechung seine Anwendung. Siehe oben S. 162.

137 Vgl. *Weber-Dürler*, Vertrauensschutz im öffentlichen Recht, S. 256 ff.; *Burmeister*, Vertrauensschutz im Prozeßrecht, S. 32 ff.; *Götz*, Bundesverfassungsgericht und Vertrauensschutz, in: Starck (Hrsg.), Bundesverfassungsgericht und Grundgesetz, Bd. 2, S. 421 ff.

138 Vgl. *D.-C. Kim*, Allgemeines Verwaltungsrecht, Bd. 1, S. 166 ff.; *Y.-S. Kwon*, Lehrbuch des Verfassungsrechts, S. 121 ff.; *J.-H. Seok*, Allgemeines Verwaltungsrecht, S. 135 ff.; *J.-G. OH*, Rechtsstaatsprinzip, in: Yuksanonmunjip Bd. 27 (1984), S. 177 ff.

für die Entziehung von Vermögensrechten im weiteren Sinne, denn das Vermögensgrundrecht umfaßt alle wirtschaftlich bedeutsamen Rechte des Privatrechts und des öffentlichen Rechts[139].

Der Grundsatz der Rechtssicherheit und des Vertrauensschutzes gilt nicht nur für die Ordnungs- und Leistungsfunktion des Staates, sondern auch für seine gestaltende Tätigkeit, die er vor allem in Form der Planungen wahrnimmt[140]. Gerade für die Verwirklichung der Pläne kommt es regelmäßig in besonderem Maße auf ein Zusammenspiel von Staat und Bürger an; um so mehr bedarf es dann einer gewissen Verläßlichkeit auf Seiten des Staates, die sich am stärksten im Fortbestand des Planes zeigt. Allerdings kann dieser Vertrauensschutz, wie bei der Erörterung des deutschen Rechts bereits im einzelnen dargelegt wurde, nicht absolut gelten, soll der Staat nicht seine Reaktionsfähigkeit auf neue Situationen und Bedürfnisse verlieren. Insofern bedarf es der Differenzierung in der Schutzwürdigkeit der einzelnen. Sie kommen in der koreanischen Rechtsordnung in den positivrechtlichen Normierungen, etwa zum Rückwirkungsverbot bei Gesetzen, und in den von der Rechtsprechung entwickelten Grundsätzen, wie die jetzt im Entwurf zum Verwaltungsverfahrensgesetz enthaltenen Regelungen über den Vertrauensschutz bei Verwaltungsakten zum Ausdruck. Wie im deutschen Recht ist hier der Vertrauensschutz bei Gesetzen weniger stark als bei Verwaltungsakten. Das läßt sich wiederum mit der unterschiedlichen Breitenwirkung der beiden Rechtsakte und mit der Intensität der den Vertrauensschutz begründenden Beziehungen zwischen Staat und einzelnen erklären. Gesetze können infolge ihrer generell-abstrakten Fassung eine breite, im einzelnen beim Erlaß des Gesetzes nicht vorhersehbare Wirkung haben. Daher müßte ein starker Vertrauensschutz eine unübersehbare Inflexibilität hervorrufen. Das ist staatspolitisch nicht vertretbar. Es ist aber auch nicht vom Schutzbedürfnis des einzelnen her zu fordern. Denn, indem Gesetze sich an die Allgemeinheit wenden, begründen sie zwischen Staat und einzelnem Investor kein besonderes, enges Verhältnis. Ganz anders ist die Situation beim Verwaltungsakt, dessen Wirkungen für den Staat relativ überschaubar sind und der eine speziell auf den einzelnen abstimmte Rechtslage schafft[141]. Daher ist die Schutzwürdigkeit des einzelnen und die Schutzmöglichkeit des Staates in letzterem Falle erheblich größer. Insofern kommt man im koreanischen Recht zu ähnlichen Differenzierungen wie im deutschen. Das ist nicht ver-

---

[139] Vgl. Art. 23 Abs. 1 KV.

[140] Vgl. *J.-G. OH*, Rechtsnatur der Verwaltungspläne und die Plangewährleistung, Susonnonjip Bd. 10 (1985), S. 317 ff.

[141] Vgl. *D.-C. Kim*, Aktuelle Rechtsprechung über den Vertrauensschutz, Panlyewolbo 1986, Bd. 3, S. 48 ff.

wunderlich, schließlich sind die grundlegenden Sachprobleme in beiden Ländern gleich. An Hand dieser Differenzierungsgründe gilt es, die einzelnen bereits anerkannten Rechtsgrundsätze auf die verschiedenen Formen der Pläne zu übertragen und weiterzuentwickeln. Infolge der übereinstimmenden Problemlage zum deutschen Recht kann dafür weitgehend auf die hierzu bereits dargelegten Gedankengänge und Begründungen verwiesen werden. Im folgenden sollen daher für das koreanische Recht, soweit hier keine Besonderheiten im einzelnen bestehen, lediglich nochmals die Konsequenzen und Ergebnisse festgehalten werden.

### *III. Anspruch auf Planfortbestand bei internen und indikativen Plänen?*

Im koreanischen Recht gibt es zahlreiche vorbereitende Programme und Pläne, wie z.B. Altenheim-, Industrieansiedlungspläne usw[142].

Sie sind den oben erwähnten "informellen, unverbindlichen" Fachplanungen des deutschen Rechts vergleichbar. Wie diese stellen sie lediglich schriftlich fixierte, verwaltungsinterne Überlegungen dar, wie die Entwicklung der Gemeinde oder einer anderen staatlichen Verwaltungseinheit in der nahen Zukunft erfolgen soll. Als solche wenden sie sich nicht an den Bürger, haben also keine Außenwirkung, und sind für die Behörden nicht streng verbindlich. Sowohl wegen des Adressatenkreises wie wegen der geringen Verbindlichkeit ihrer Festlegung vermögen sie keinen Vertrauenstatbestand auf "Planfortbestand" für den einzelnen Bürger zu begründen. Gleiches gilt aber auch, wenn solche "Pläne" gesetzlich vorgeschrieben sind und damit den Charakter einer förmlichen Planung annehmen. Z.B. hat die Regierung für die Förderung der Verkehrssicherheit des Straßen-, Wasserstraßen- und Luftverkehrs langfristige und zusammenfassende Programme aufzustellen[143]. Sie hat darin ständig die zukünftigen Verkehrssituationen zu prognostizieren und die Richtung der Verkehrspolitik zu weisen[144]. Obwohl diese Pläne als Verwaltungsvorschriften zu veröffentlichen sind, haben sie lediglich eine behördeninterne Bedeutung[145]. Die Veröffentlichung hat nur den Zweck, die Allgemeinheit über die verkehrspolitische Entwicklungsrichtung zu informieren. Damit legen diese Pläne nicht einmal die Verwaltung

142 Siehe oben S. 105.

143 Vgl. §§ 3 und 14 Verkehrssicherungsgesetz.

144 Vgl. §§ 1 und 3 Verkehrssicherungsgesetz.

145 Siehe näher oben S. 105.

verbindlich fest. An den Bürger aber sind sie nicht gerichtet, noch weniger treffen sie eine verbindliche Aussage für ihn. Insofern vermögen sie für ihn keinen (schutzwürdigen) Vertrauenstatbestand derart zu begründen, daß an diesen Maßnahmen festgehalten und sie wirklich durchgeführt werden müßten.

Durch ihre Veröffentlichung entsprechen diese Verwaltungsvorschriften weitgehend den indikativen Plänen. Auch diese wollen lediglich dem Bürger Auskunft über eine prognostizierte Entwicklung und eventuell beabsichtigte Maßnahmen des Staates geben. Beispiele sind etwa Wohnungsbauförderungsprogramme, Rückführungsprogramme zur Überwindung der Landflucht usw[146]. Auch hier wird dem Bürger nichts Verbindliches bekannt gegeben. Schon aus diesem Grunde kann der Staat nicht daran festgehalten werden. Wie im deutschen Recht wäre eher zu fragen, ob es nicht für unzutreffende Prognosen, die er nicht alsbald ändert, u.U. haftbar gemacht werden kann.

Anders steht es bei den influenzierenden und den imperativen Plänen. Sie ergehen meist in der Form eines Gesetzes oder eines sonstigen nach außen gerichteten Rechtsaktes und haben bereits aus diesem Grunde eine intensivere Auswirkung. Insofern liegt es nahe hier für einen Vertrauensschutz an die Regeln über einen Bestandsschutz bei Gesetzen, Verwaltungsakten und Zusicherungen anzuknüpfen.

### *IV. Planfortbestand bei gesetzlichen Regelungen*

#### 1. Bestandsschutz über die Rückwirkungslehre für gesetzliche Regelungen

Die Änderung eines in Gesetzesform erlassenen Planes ist mit dem in der Verfassung positiv-rechtlich verankerten Rückwirkungsverbot nicht vereinbar, wenn dadurch Vermögensrechte entzogen werden[147]. Dabei spielt es keine Rolle, ob sie durch eine Vermögensdisposition im Vertrauen auf einen Plan oder sonstwie entwertet wurden. Jedenfalls ergibt sich daraus auch ein gewisser Vertrauensschutz bei Planungen.

---

[146] Dazu näher Bauminsterium, Politikleitlinien des Bauministeriums - Reform in den Politik bezüglich des Bauwesens -, Land und Bau 1988, Bd. 4, S. 27 ff.

[147] Vgl. Art. 13 Abs. 2 KV.

Daß das verfassungsrechtliche Rückwirkungsverbot nicht nur für parlamentarische Gesetze, sondern auch für Rechtsverordnungen und Satzungen gilt, ist im koreanischen Recht außer Streit. Die weite Auslegung der Verfassungsbestimmung "Gesetzgebung" wird mit der "Normenhierarchie"- bzw. "Normenpyramide"-Theorie begründet[148].

Fraglich ist jedoch, wann eine in Form eines Gesetzes erlassene Planänderung "rückwirkend" wirkt. Dafür gibt es im koreanischen Recht noch keine Kriterien. Die im deutschen Recht entwickelte Unterscheidung zwischen echter und unechter Rückwirkung von Gesetzen kann dafür als Grundlage dienen.

Einmal kann ein belastendes Gesetz in schon abgeschlossene, der Vergangenheit angehörende Tatbestände eingreifen. Davon ist beispielsweise auszugehen, wenn ein bereits vollzogener Bodennutzungsplan für das Grundstück rückwirkend eine andere Nutzung festsetzt und gegenüber der bereits bestehenden Nutzung durchgesetzt werden soll[149].

Weiterhin kann eine Rechtsnorm auf gegenwärtige, noch nicht abgeschlossene Lebensvorgänge für die Zukunft einwirken und damit die betroffene Rechtsposition im ganzen entwerten. Ein solcher Fall ist gegeben, wenn ein Staatsraumplan für bestimmte Küstengebiete die Grundrichtung der Bodenentwicklung von einer industriellen Entwicklung zum Schutz und zur Pflege von Natur und Landschaft ändert, und dadurch die Aufwendungen, die zur Vorbereitung für die weitere Entwicklung der industriellen Anlagen getätigt wurden, entwertet.

Nach Art. 13 Abs. 2 KV ist eindeutig eine *echte* Rückwirkung zu Lasten der Betroffenen grundsätzlich nicht erlaubt. Die bei der Erörterung des deutschen Rechts im einzelnen dargelegte Begründung, daß in diesen Fällen prinzipiell der Vertrauensschutz Vorrang vor dem Änderungsbedürfnis habe, gilt auch im koreanischen Recht[150].

Nicht eindeutig ist jedoch, ob Art. 13 Abs. 2 KV auch die unechte Rückwirkung erfaßt. Bei einer unechten Rückwirkung läßt sich nicht leicht feststellen, ob ein belastendes Gesetz die Vermögensdisposition der Betroffenen *rückwirkend* entzieht, denn dieses wirkt hauptsächlich auf gegenwärtige, noch nicht abgeschlossene Lebensvorgänge für die Zukunft ein. Daher kann m.E. das strenge Rückwirkungsverbot nach Art 13 Abs. 2 KV für die unechte Rückwirkung grundsätzlich keine Anwendung finden; sonst läuft man Ge-

---

148 Vgl. *D.-C. Kim*, Allgemeines Verwaltungsrecht, Bd. 1, S. 144 ff.

149 Über den Bodennutzungsplan siehe oben S. 60.

150 Siehe oben S. 168.

fahr, daß der Gesetzgeber nicht mehr für die sich ständig ändernden gesellschaftlichen Gegebenheiten reaktionsfähig bleibt. Diese Ansicht besagt jedoch nicht, daß Normen mit unechter Rückwirkung ausnahmslos zulässig seien. Denn auf Grund der rechtsstaatlichen Prinzipien der Rechtssicherheit und des Vertrauensschutzes müssen auch bei einer unechten rückwirkenden Planänderung die Änderungserfordernisse des Staates mit dem Vertrauensschutzinteresse der Betroffenen abgewogen werden. Daher kann in der besonderen Lage eines Einzelfalles auch bei einer unechten Rückwirkung einmal der Schutz des Vertrauensinteresses eines einzelnen dem öffentlichen Interesse auf Planänderung vorgehen, zumal wenn die in die Zukunft gerichtete Planänderung die Vermögensdisposition auch rückwirkend für die Vergangenheit nutzlos werden läßt. Nur dürften solche Fälle äußerst selten anzunehmen sein. Insofern können für die Auslegung des Art. 13 Abs. 2 KV die im deutschen Recht vor allem durch die Gerichte entwickelten Kriterien über Regel und Ausnahme des Vertrauensschutzes bei der unechten Rückwirkung herangezogen werden.

Darüber hinaus ist zu fragen, ob das im deutschen Recht aus dem Rechtsstaatsprinzip entwickelte Abwägungsgebot im koreanischen Recht ebenfalls Anwendung findet. Darauf ist im folgenden näher einzugehen.

## 2. Bestandsschutz über das Abwägungsgebot bei Plänen?

Wie erwähnt, ist ein Abwägungsgebot im koreanischen Recht nicht positivrechtlich verankert[151]. Die Interessenabwägung öffentlicher und privater Belange bei der Aufstellung von raumbedeutsamen Plänen ist völlig dem Ermessen des öffentlichen Planungsträgers überlassen[152]. Dementsprechend wird in der Literatur das Fehlen einer positiv-rechtlichen Normierung des Abwägungsgebots kritisch vermerkt und eine Gesetzgebungslücke angenommen[153]. Literatur und Rechtsprechung versuchen, diese Lücke einerseits durch eine breite Anwendung des Verhältnismäßigkeitsgrundsatzes[154],

---

151 Siehe oben S. 129.

152 Vgl. § 16/2 KStPlG.

153 Vgl. *J.-H. Seok*, Öffentliches Baurecht, S. 134 ff.

154 Vgl. Vgl. die Entscheidung des Obersten-Gerichts (Daepan) vom 25. 8. 1984 (83 nu 500); *D.-C. Kim*, Allgemeines Verwaltungsrecht, S. 163 ff.

andererseits positiv durch das Entwickeln eines speziellen Abwägungsgebots zu schließen[155].

Planung und Planänderung stellen eine komplexe gestaltende Entscheidung dar, die von den klassischen Vollzugsentscheidungen wie z.B. einer Baugenehmigung, zu unterscheiden ist[156]. Denn bei der Planung geht es nicht um die Entscheidung einer einzelnen, isoliert zu behandelnden Frage, sondern um eine Vielzahl von interdependenten Maßnahmen, die wie die zahlreichen unterschiedlichen Steine eines Mosaikbildes zu einem harmonischen Ganzen aufeinander abgestimmt werden müssen. Davon können eine Vielzahl von öffentlichen und privaten Interessen betroffen sein. Sie lassen sich in der konkreten Situation oft nicht miteinander in Einklang bringen, sondern behindern sich häufig gegenseitig oder schließen sich gar aus[157]. Dann müssen im Wege einer sachgerechten Abwägung der Interessen die einzelnen Planungsmaßnahmen aufeinander abgestimmt werden. Ohne eine solche gerechte Abwägung wäre, wie das deutsche Bundesverwaltungsgericht dargelegt hat, eine rechtsstaatliche Planung gar nicht möglich[158]. Die Problemlage ist für die koreanische Planung nicht anders. Daher muß das Abwägungsgebot auch hier als ein sich aus dem Rechtsstaatsprinzip ergebender Rechtsgrundsatz anerkannt werden, der bereits jetzt rechtsverbindliche Geltung für sich beanspruchen kann. Er stellt nicht nur eine Ermächtigung zur Abwägung, sondern auch eine Abwägungspflicht dar. Der öffentliche Planungsträger ist verpflichtet, die verschiedenen Belange und Interessen zu einem sachgerechten Ausgleich bringen. Dazu gehört vor allem, daß die öffentlichen und privaten Belange "gegeneinander" abgewogen werden[159]. Den öffentlichen Interessen ist also nicht in jedem Falle und nicht immer in vollem Umfang der Vorzug zu geben. Zu den privaten Belangen zählen nicht nur subjektive Individualrechte, wie z.B. Grundrechte, sondern darüber hinaus auch sonstige schutzwürdige Interessen. Darunter fällt, wie oben im einzelnen dargelegt[160], auch das Interesse am Fortbestand einer durch den Plan geschaffenen Lage. Das ist bei raumgestaltenden Plänen auch aus dem Eigentumsschutz herzuleiten, da das Grundeigentum durch

155 Vgl. *N.-J. Kim*, Verwaltungsrecht I, S. 255 ff.; *J.-H. Seok*, Öffentliches Baurecht, S. 134 ff.

156 Vgl. *Brohm*, Die Dogmatik des Verwaltungsrechts vor den Gegenwartsaufgaben der Verwaltung, VVDStRL 30 (1972), S. 259 ff.

157 Wie z.B. die Belange des Umweltschutzes mit den Belangen des Verkehrs, die der Wirtschaft mit denen der Forstwirtschaft u.a.

158 Vgl. BVerwGE 34, 301 ff.; *Battis/Krautzberger/Löhr*, BauGB, § 1, Rdn. 89 ff.

159 Siehe oben S. 174.

160 Siehe oben S. 174.

die Planung in seiner Nutzbarkeit erst konkretisiert wird. Der im deutschen Recht entwickelte Gesichtspunkt der "Situationsgebundenheit" der Grundstücke trifft in der koreanischen Rechtspraxis genauso zu[161]. Da die vorgegebene Situation und die sie weiter ausgestaltenden Dispositionen der Verfügungsberechtigten als private Interessen bei der planungsrechtlichen Abwägung mitzuberücksichtigen und in Ausgleich zu bringen sind, wirkt sich das Abwägungsgebot auch im koreanischen Recht u.U. zugunsten eines Schutzes auf Planfortbestand aus.

Damit stellt sich auch hier die Frage nach dem Verhältnis der Grundsätze über die zulässige Rückwirkung von Gesetzen zum planungsrechtlichen Abwägungsgebot. Es ist in gleicher Weise wie im deutschen Recht zu beantworten[162]. Der Rückwirkungslehre liegt ebenfalls eine Abwägung zwischen öffentlichem Interesse auf Abänderung und dem privaten Interesse auf Vertrauensschutz zugrunde. Sie gibt dafür präzisere Maßstäbe. Bei einer Planänderung mit echter Rückwirkung überwiegt grundsätzlich das private Interesse auf Planfortbestand; bei einer unechten Rückwirkung ist regelmäßig das Gegenteil der Fall.

Die Abwägung zwischen öffentlichem Interesse auf Planänderung und privatem Interesse auf Planfortbestand betrifft nur einen Aspekt aus der Abwägung zwischen öffentlichem Interesse und privatem Interesse. Zahlreiche andere öffentliche und private Interessen kommen bei einer planungsrechtlichen Abwägung hinzu. Weiter sind auch die einzelnen öffentlichen Interessen jeweils untereinander abzuwägen, denn auch hier kann sich die Notwendigkeit ergeben, im konkreten Fall dem einen Vorrang vor dem anderen zu geben, so etwa dem Umweltschutz vor den Interessen des Verkehrs oder umgekehrt, beides Interessen, die zu den öffentlichen Belangen zu rechnen sind. Wie oben gezeigt[163], gibt das Abwägungsgebot Maßstäbe, inwieweit die richterliche Kontrolle der Abwägung gehen kann. Danach ist zu prüfen, ob eine Abwägung überhaupt stattgefunden hat, ob in sie eingestellt wurde, was nach Lage der Dinge in sie einzustellen war, ob das Gewicht einzelner öffentlicher oder privater Belange verkannt wurde oder der eine oder andere Belang unverhältnismäßig zurückgestellt wurde. Diese in Literatur und Rechtsprechung entwickelten Grundsätze können auch als Grundlage für ein Abwägungsgebot im koreanischen Recht dienen.

---

161 Siehe oben S. 143.

162 Siehe oben S. 175.

163 Siehe oben S. 174.

### *V. Planfortbestand bei Einzelakten und verbindliche Fachplanungen*

Für Änderungen von Plänen, die in der Form eines Verwaltungsakts erlassen werden, wie z.B. Straßen-, Wasserstaßen-, Flughafen-, Staudammpläne usw.[164], stellt sich die Frage, ob stärkere Vertrauensschutzpositionen angenommen werden können.

Anders als im deutschen Recht gibt es im koreanischen Recht für die Aufhebung von Verwaltungsakten keine allgemeinen positiv-rechtlichen Regelungen, die einen Vertrauensschutz für den einzelnen vorsehen. Indessen enthält der Entwurf des Verwaltungsverfahrensgesetzes umfassende diesbezügliche Regelungen, die denen im deutschen Recht entsprechen. Diese Bestimmungen sind zwar noch nicht in Kraft getreten, die materiellen Regelungen, insbesondere im Zusammenhang mit dem Verwaltungsakt, werden jedoch als eine Zusammenfassung der bisher im koreanischen öffentlichen Recht von Literatur und Rechtsprechung anerkannten Rechtsgrundsätze angesehen. Insofern kann man sie bereits als geltendes Recht zur Wirkung bringen. Außerdem wird ein baldiges Inkrafttreten des EKVwVfG erwartet[165].

Wie im deutschen Recht werden Verwaltungsakte durch die erlassende Instanz, außerhalb eines Rechtsmittelverfahrens, entweder durch Widerruf oder durch Rücknahme aufgehoben. "Widerruf" und "Rücknahme" werden im EKVwVfG in gleicher Weise verstanden wie im deutschen Recht[166].

Die Lehre von der Rücknahme und dem Widerruf begünstigender Verwaltungsakte wird von Literatur und Rechtsprechung ebenfalls aus dem Grundsatz des Vertrauensschutzes abgeleitet[167]. Der Widerruf und die Rücknahme ausschließlich *belastender* Verwaltungsakte steht im Ermessen der Behörde; er ist grundsätzlich zulässig[168]. Dagegen können Rücknahme und Widerruf *begünstigender* Verwaltungsakte nach dem Grundsatz des

---

164 Siehe oben S. 105.

165 Siehe oben S. 124 (Fußn. 36).

166 Vgl. § 31 Abs. 1 EKVwVfG (Rücknahme), § 32 EKVwVfG (Widerruf).

167 Vgl. die Entscheidung des Obersten-Gerichts (Daepan) vom 26. 6. 1973 (72 nu 232); *D.-C. Kim*, Allgemeines Verwaltungsrecht, Bd. 1, S. 452 ff.; *N.-J. Kim*, Verwaltungsrecht I, S. 212 ff.; *J.-H. Seok*, Allgemeines Verwaltungsrecht, S. 341 ff.

168 Vgl. *D.-C. Kim*, Allgemeines Verwaltungsrecht, Bd. 1, S. 452 ff.

Vertrauensschutzes[169] nur in Ausnahmefällen, d.h. bei Vorliegen besonderer Gründe, für zulässig erachtet werden[170]. Für den *Widerruf* eines *rechtmäßig* begünstigenden Verwaltungsakts nennt der EKVwVfG die besonderen Gründe zwar nicht ausdrücklich. Die von Rechtsprechung und Literatur dafür aufgestellten Voraussetzungen decken sich aber mit denen im deutschen Recht[171]. *Rechtswidrige* begünstigende Verwaltungsakte können leichter zurückgenommen werden. Aber auch hier greift ein Vertrauensschutz Platz, insbesondere wenn der Begünstigte auf den Bestand des Verwaltungsaktes vertraut hat und sein Vertrauen unter Abwägung mit dem öffentlichen Interesse an einer Rücknahme schutzwürdig ist[172].

Wie im deutschen Recht stellt sich damit die Frage, ob aus den dargelegten allgemeinen Regeln ein Anspruch auf Planfortbestand eines in Form eines Verwaltungsakts erlassenen Planes gefolgert werden kann. In Parallele zu den obigen Untersuchungen wird der Frage an Hand der zwei wichtigsten Fallgruppen nachgegangen. Das sind die Planfeststellungsbeschlüsse und die Zusagen.

Die Anwendbarkeit dieser Regeln über den Widerruf und Rücknahme von Verwaltungsakten auf Planfeststellungsbeschlüsse ist auch im koreanischen Recht weder in der Literatur noch in der Rechtsprechung erörtert. Zwar erscheint ihre Erörterung, wie zum deutschen Recht bereits ausgeführt wurde, nicht abwegig, weil Planfeststellungen, etwa für Straßen nicht nur einen belastenden, sondern für viele auch einen begünstigenden Charakter haben. Indessen ist im Ergebnis ihre Anwendbarkeit auf die "gemeinnützigen" Plan-

---

169 Vgl. die Entscheidung des Obersten-Gerichts (Daepan) vom 26. 6. 1973 (72 nu 232); *D.-C. Kim*, Aktuelle Rechtsprechung über den Vertrauensschutz, Panlyewolbo 1986, Bd. 3, S. 48 ff.

170 § 31 Abs. 1 EKVwVfG (Rücknahme), § 32 EKVwVfG (Widerruf).

171 Vgl. die Entscheidung des Obersten-Gerichts (Daepan) vom 12. 3. 1974 (72 nu 218); vom 26. 6. 1973 (72 nu 232); vom 28. 9. 1977 (76 nu 243); *D.-C. Kim*, Allgemeines Verwaltungsrecht, Bd. 1, S. 452 ff.; *N.-J. Kim*, Verwaltungsrecht I, S. 212 ff.; *J.-H. Seok*, Allgemeines Verwaltungsrecht, S. 341 ff.

172 Vgl. § 31 Abs. 1 EKVwVfG. Danach hat die Verwaltung bei der Entscheidung über die Rücknahme rechtswidriger, begünstigender Verwaltungsmaßnahmen den mit der Rücknahme bezweckten öffentlichen Nutzen und das Interesse an der Gewährleistung der erworbenen Rechtsposition gerecht abzuwägen. Erscheint der Verwaltung die Rücknahme notwendig, ist sie wegen der durch das Vertrauen auf den Fortbestand der Verwaltungsmaßnahme entstandenen vermögensrechtlichen Verluste zur Folgenbeseitigung, Entschädigung oder zu sonstigen notwendigen Maßnahmen verpflichtet (§ 31 Abs. 3 EKVwVfG). Dazu näher *D.-C. Kim*, Allgemeines Verwaltungsrecht, Bd. 1, S. 415 ff.; *N.-J. Kim*, Verwaltungsrecht I, S. 212 ff.; *J.-H. Seok*, Allgemeines Verwaltungsrecht, S. 341 ff.

feststellungen z.B. für Straßen, Flughafen, Staudämme u.a. in der Tat zu verneinen. Denn die Planfeststellungsbeschlüsse richten sich in diesen Fällen einmal nicht unmittelbar an die bestimmten Personen oder Personenkreise, sondern sind, dinglichen Verwaltungsakten vergleichbar, mehr an die jeweiligen Projekten gebunden. Zum zweiten wirken die begünstigenden Elemente der Planfeststellungsbeschlüsse nicht ausschließlich für bestimmte oder bestimmbare Betroffene. Daher fehlt ihnen die für Verwaltungsakte typische Begrenzung auf den Einzelfall wie ein speziell vertrauensbegründendes Verhältnis zwischen Verwaltung und einzelnen. Die diesbezüglichen Ausführungen zum deutschen Recht gelten ebenso für das koreanische Recht[173].

Allerdings ist die Einführung des planungsrechtlichen Abwägungsgebots im koreanischen Recht auch für die Planfeststellungsbeschlüsse notwendig. Denn diese stellen ebenfalls eine komplexe Entscheidung mit vielfältigen Interessendependenzen dar. Im Rahmen des Abwägungsgebots müssen, wie im deutschen Recht auch, die Interessen der Betroffenen auf Planfortbestand als relevanter Gesichtspunkt bei der Abwägung berücksichtigt werden.

Neben den typischen Fällen der Planfeststellung gibt es im koreanischen Recht vereinzelt auch Planfeststellungen, die grundsätzlich den privaten Interessen dienen und daher den im deutschen Recht dargestelleten "privatnützigen" Planfeststellungen entsprechen. Nach § 4 Abs. 2 Nr. 1 Thermalquellenverordnung i.V.m. § 4 Abs. 1 Thermalquellengesetz[174] ist beispielsweise ein Thermalwasserbewirtschaftungsplan zu erstellen, in welchem geregelt wird, wer, unter welchen Voraussetzungen und in welchem Umfang zu privaten Zwecken Themalwasser zutagefördern und nutzen darf. Hier geht die Planfeststellung als planungsrechtlicher Vorgang in die im Wege eines förmlichen Verfahrens zu erteilenden Anlagegenehmigungen des herkömmlichen Ordnungsrechts über, wie sie z.B. die §§ 6 - 12 Thermalquellengesetz für bestimmte Anlagen vorsehen. Dementsprechend kann in solchen Fällen auch der Anlagebetreiber als Adressat der Planfeststellung angesehen werden; für ihn allein wirken die begünstigenden Aussagen des Planfeststellungsbeschlusses, der damit der Genehmigung als begünstigenden Verwaltungsakt gleichkommt. Für solche Planfeststellungen gibt es auch im koreanischen Recht keine speziellen Widerrufsregelungen. Insofern ist auf die allgemeinen Grundsätze zurückzugreifen. Sie verengen bzw. ersetzen die planerische Abwägung insofern, als Änderungen nur unter engen Voraussetzungen zulässig sind, insbesondere "um schwere Nachteile für das Gemeinwohl zu verhüten oder zu beseitigen".

---

173 Siehe oben S. 178.

174 Über das Thermalquellengesetz siehe oben S. 94.

Für Zusagen und Zusicherungen im Rahmen von Planungen kann auf die Ausführungen zum deutschen Recht verwiesen werden[175]. Ihre prinzipielle Zulässigkeit ist auch im koreanischen Recht nicht auf einzelne Maßnahmen begrenzt[176]. Zusagen auf den Erlaß bestimmter Pläne scheitern aber schon daran, daß sonst die speziellen Verfahrens- und Formvorschriften der Fachplanungsgesetze unterlaufen werden könnten.

Dagegen greifen, wie im deutschen Recht, für einzelne Planungsmaßnahmen, etwa auf Gewährung von Subventionen, Steuervergünstigungen u.a., die Vorschriften über Rücknahme und Widerruf begünstigender Verwaltungsakte entsprechend Platz[177]. Nach § 25 Abs. 3 EKVwVfG gelten die angeführten Regelungen über den Vertrauensschutz bei Rücknahme und Widerruf von Verwaltungsmaßnahmen auch für Zusicherungen. Ein Abweichen von diesen Regeln, weil es sich um Zusagen und Zusicherungen im Rahmen von Planungen handelt, erscheint auch im koreanischen Recht nicht geboten. Auf die oben gegebene Begründung für die gleiche Problematik im deutschen Recht kann verwiesen werden[178]. Damit können planungsbedingte Zusagen ohne Zustimmung des Betroffenen i.d.R. nur zur Verhütung von schweren Nachteilen für das Gemeinwohl abgeändert werden. Erscheint dem öffentlichen Planungsträger die Änderung notwendig, ist er wegen der durch das Vertrauen auf den Fortbestand der Verwaltungsmaßnahme entstandenen vermögensrechtlichen Verluste zur Entschädigung oder zu sonstigen notwendigen Maßnahmen verpflichtet[179].

---

[175] Vgl. § 25 Abs. 1 EKVwVfG.

[176] Vgl. § 25 Abs. 1 EKVwVfG.

[177] Dazu näher *N.-J. Kim*, Verwaltungsrecht I, S. 246 ff.

[178] Siehe oben S. 198.

[179] Vgl. § 31 Abs. 3 EKVwVfG.

## 2. Abschnitt

## Anspruch auf schonende Überleitung

### A. Ausgangslage im deutschen und koreanischen Recht

Scheidet ein Anspruch auf Planfortbestand aus, stellt sich die Frage, ob nicht die durch eine Planänderung oder -aufhebung beim einzelnen oder den Gemeinden ausgelösten Verluste durch eine schonende Überleitung in Grenzen zu halten sind, indem diesen ein Recht auf Übergangsregelungen oder Anpassungshilfen gewährt wird. Der Anspruch dient also dem Zweck, einerseits die erforderlichen Planänderungen durchzuführen, andererseits aber auch die Interessen der Planbetroffenen insofern zu berücksichtigen, als sie sich aufgrund solcher Übergangsregelungen oder Anpassungshilfen allmählich auf die neue Situation einstellen können. Die Mittel, mit denen der Staat schonende Überleitung leisten kann, sind mannigfaltig und hängen von dem Sachgebiet der Planung, dem Grund der Planänderung und der Art der Dispositionen der Planbetroffenen ab. So kommen vor allem der Einbau von Übergangsregelungen bzw. Härtemilderungsklauseln, Überbrückungshilfen finanzieller oder sachlicher Art, Umstellungssubventionen, Ausgleichszahlungen für besondere Nachteile und dergl. mehr in Betracht[1].

Positivrechtliche Regelungen für den Anspruch auf schonende Überleitung bestehen weder im deutschen noch im koreanischen Recht. Ebenso wie der Anspruch auf Planfortbestand, wird der Anspruch auf schonende Überleitung sowohl von der deutschen als auch von der koreanischen Literatur und Rechtsprechung nur in Ausnahmefällen in Betracht gezogen. Er setzt in jedem Falle voraus, daß eine auch für den Bürger rechtsverbindliche Rege-

---

[1] Bei solchen Hilfen handelt es sich grundsätzlich nicht um eine vorweggenommene Entschädigung für die Verletzung von Rechtspositionen der Planbetroffenen. Zwar mögen finanzielle Ausgleichsmaßnahmen echten Entschädigungen bereits so nahe stehen, daß sie von diesen praktisch nicht mehr unterschieden werden können. Zumindest aber bei allen anderen Maßnahmen geht es um etwas substantiell anderes; dazu näher *Oldiges*, Grundlagen eines Plangewährleistungsrechts, S. 229 ff.; *Pieroth*, Rückwirkung und Übergangsrecht, S. 71 ff.

lung vorliegt, der Plan also in Form eines Gesetzes i.w.S. oder eines Verwaltungsaktes ergangen ist[2]. Weitere Voraussetzung ist, daß zwar das Planänderungsinteresse bei der Güterabwägung im konkreten Fall das Bestandsschutzinteresse der Planbetroffenen überwiegt und deshalb ein Anspruch auf Planfortbestand ausscheidet, daß jedoch das Bestandsschutzinteresse wenigstens in abgeschwächter Weise in Form "schonender Übergänge" wirksam werden muß[3].

Als Rechtsgrundlagen für eine solche Pflicht zur schonenden Überleitung werden in der deutschen Literatur und Rechtsprechung der Grundsatz des Vertrauensschutzes, die Grundsätze zur Rückwirkung von Gesetzen, das Verhältnismäßigkeitsprinzip sowie das Abwägungsgebot herangezogen[4].

## B. Rechtsgrundlagen für einen Anspruch auf schonende Überleitung im deutschen Recht

### *I. Die Pflicht zur schonenden Überleitung und die Grundsätze zur Rückwirkung von Gesetzen*

Charakteristisch für Übergangsregelungen bzw. Überleitungsvorschriften ist, daß sie das Verhältnis zweier miteinander kollidierender Regelungen

---

2 Siehe oben S. 157.

3 Vgl. BVerfGE 43, 242 ff.; 45, 142 ff.; BVerfG NJW 1977, 1116 ff.; BVerfGE 67, 1 ff.; dazu näher *Lerche*, Übermaß und Verfassungsrecht, S. 268 ff.; *ders.*, Rechtsprobleme der wirtschaftslenkenden Verwaltung, DÖV 1961, S. 486 ff.; *Oldiges*, Grundlagen eines Plangewährleistungsrechts, S. 147 ff.; *Salzwedel*, Verfassungsrechtlich geschützte Besitzstände und ihre "Überleitung" in neues Recht. Zur Theorie der gesetzesfesten Rechtspositionen, in: Die Verwaltung 1972, S. 11 ff.; *Ossenbühl*, Staatshaftungsrecht, S. 190 ff.; *Brohm*, Plangewährleistungsrechte, Jura 1986, S. 621 ff.

4 Außerdem wird in der deutschen Rechtsprechung versucht, aus dem Grundsatz von Treu und Glauben eine *Pflicht zu rücksichtsvollem Verhalten* abzuleiten; vgl. BGH, NJW 1960, 2334 ff.; NJW 1963, 644 ff. Damit kann man jedoch allenfalls in bestimmten verdichteten Rechtsbeziehungen Informations- und Anhörungspflichten, also Nebenpflichten, nicht aber konkrete Überleitungsregelungen, also Hauptpflichten begründen, dazu näher *Schenke*, Gewährleistung bei Änderung staatlicher Wirtschaftsplanung, AöR 101 (1976), S. 346 ff.; *Brohm*, Plangewährleistungsrechte, Jura 1986, S. 621 ff.

festlegen. Sie geben Antwort auf die Frage, ob die nach dem bisherigen Recht begründeten Rechte und Rechtsverhältnisse übergangsweise fortgelten oder ob nur noch die neuen Vorschriften maßgeblich sein sollen. Dies macht den Zusammenhang zwischen Übergangsregelungen und dem Problemkreis der Rückwirkung deutlich[5]. Einem großen Teil der Fälle, in denen das Bundesverfassungsgericht die Problematik der Rückwirkung behandelt hat, lagen Übergangsbestimmungen zugrunde[6].

Das Problem erwächst aus der Frage, wie schnell der Gesetzgeber neue Ordnungsvorstellungen realisieren darf: mit Rückwirkung, sofort oder erst nach und nach mit Hilfe des Erlasses von Übergangsregelungen[7]. Die angebotene Antwort ist zumeist, es müsse umfassend abgewogen werden zwischen den legitimen öffentlichen Interessen an der gesetzlichen Neuregelung auf der einen und dem Schutz des Betroffenen, der auf das bisherige Recht vertraut hat, auf der anderen Seite. Die Möglichkeit, durch neue Gesetze auf die bestehende Rechtslage und die vorhandenen Rechtsbeziehungen einzuwirken, ist jeglicher Gesetzgebung immanent. Ein Verzicht auf diese Möglichkeit würde dazu führen, daß die Gesetzgebung ihre politischen, wirtschaftlichen, finanziellen und sozialen Aufgaben nicht mehr erfüllen könnte. Zum anderen würde es eine erhebliche Rechtszersplitterung und vielfach auch eine Ungleichbehandlung bedeuten, wenn neues Recht nur auf neu entstehende Rechtsverhältnisse angewandt würde.

Ergebnis der Abwägung zwischen diesen öffentlichen Belangen auf der einen Seite und dem u.U. schutzwürdigen Vertrauensinteresse auf der anderen Seite kann ein Verbot des sofortigen Inkrafttretens bzw. ein Anspruch auf Übergangsregelungen sein. Verfassungsrechtliche Grundlage für eine solche Beschränkung des gesetzgeberischen Gestaltungsspielraums sind insbesondere die Grundsätze zur Rückwirkung von Gesetzen und das Vertrauensschutzprinzip[8].

---

[5] Vgl. *Pieroth*, Rückwirkung und Übergangsrecht, S. 149 ff.

[6] Vgl. BVerfGE 1, 4 ff.; 18, 70 ff.; 19, 76 ff.; 21, 173 ff.; 22, 275 ff.; 25, 236 ff.; 31, 275 ff.; 32, 1 ff.; 43, 242 ff.; 43, 291 ff.; 50, 265 ff.

[7] Vgl. *Pieroth*, Rückwirkung und Übergangsrecht, S. 19 ff.; *Müller*, Handbuch der Gesetzgebungstechnik, S. 63 ff.

[8] Verfassungsrechtlich ist ja das Vertrauen darauf geschützt, daß die Rechtsposition der Betroffenen nicht nachträglich verschlechtert wird. Sicherlich können die Betroffenen nicht darauf vertrauen, daß eine kommende Regelung ihre künftigen Dispositionen in gleichem Maße und in gleicher Form schützen wird wie das bisherige Recht. Sie müssen aber nicht damit rechnen, daß eine neue Regelung ihre nach dem bisherigen Recht wohlerworbenen Rechte ohne jede Über-

Diese verfassungsrechtlichen Gebote sind nicht als zwingende verfassungsrechtliche Ansprüche zu verstehen[9]. Sie sind lediglich im Rahmen der Abwägung von Planänderungs- und Vertrauensschutzinteresse mit zu berücksichtigen. Insbesondere dürfen sie nach dem Verhältnismäßigkeitsprinzip nicht mehr als erforderlich eingeschränkt bzw. zurückgedrängt werden.

### *II. Grundsatz der Verhältnismäßigkeit und das Abwägungsgebot*

Die Grundsätze zur Rückwirkung von Gesetzen und der Verhältnismäßigkeitsgrundsatz werden im deutschen Recht aus dem Rechtsstaatsprinzip gefolgert[10].

Nach der Rechtsprechung des Bundesverfassungsgerichts umfaßt der Grundsatz der Verhältnismäßigkeit im weiteren Sinne folgende Einzelelemente: die Geeignetheit des Mittels zur Verwirklichung des verfassungsrechtlich legitimen Zieles (Gebot der Geeignetheit), die Erforderlichkeit des Mittels zur Verwirklichung dieses Zieles (Gebot der Erforderlichkeit), sowie die Abwägung zwischen der Schwere des Eingriffs und dem Gewicht der ihn rechtfertigenden Gründe (Gebot der Verhältnismäßigkeit im engeren Sinne)[11]. Nach h.M. und Rechtsprechung gilt die Bindung[12] an den Grund-

---

leitung beschränken werde. Vgl. BVerfGE 31, 275 ff.; 48, 403 ff.; 50, 386 ff.; *Pieroth*, Rückwirkung und Übergangsrecht, S. 61 ff.

9 Vgl. *Degenhart*, Systemgerechtigkeit und Selbstbindung des Gesetzes als Verfassungspostulat, S. 80 ff.; *Schenke*, Gewährleistung bei Änderung staatlicher Wirtschaftsplanung, AöR 101 (1976), S. 356 ff.

10 In zahlreichen Entscheidungen hat das Bundesverwaltungsgericht das Verhältnismäßigkeitsprinzip auf das Rechtsstaatsprinzip gestützt. Vgl. BVerfGE 23, 133 ff.; 30, 292 ff.; 39, 77 ff.; 43, 242 ff.; 57, 250 ff.; 59, 275 ff.; 61, 134 ff.; *Schlink*, Abwägung im Verfassungsrecht, S. 14 ff.; *Kunig*, Das Rechtsstaatsprinzip, S. 197 ff.; *Stein*, Staatsrecht, S. 163 ff.

11 Auch die Einzelelemente des Verhältnismäßigkeitsgrundsatzes werden separat auf das Rechtsstaatsprinzip gestützt; vgl. BVerfGE 23, 133 ff.; 30, 250 ff.; 30, 292 ff.; 43, 242 ff.; 55, 28 ff.; 57, 250 ff.; 59, 275 ff.; 61, 134 ff.; *Schlink*, Abwägung im Verfassungsrecht, S. 14 ff.; *Kunig*, Das Rechtsstaatsprinzip, S. 195 ff.; *Stein*, Staatsrecht, S. 163 ff.

12 Vgl. BVerfGE 23, 133 ff.; 61, 134 ff.

satz der Verhältnismäßigkeit für alle drei Gewalten, also auch für die Legislative[13] sowie die leistende und gestaltende Verwaltung[14].

Das Gebot der Geeignetheit verlangt den Einsatz solcher Mittel, mit deren Hilfe der gewünschte Erfolg gefördert werden kann. Er verbietet lediglich belastende Gesetze, die zur Erreichung des Gesetzeszwecks schlechthin untauglich sind[15]. Auch darf die Verwaltung im Rahmen von Ermessensspielräumen keine Mittel wählen, die zur Erreichung des beabsichtigten Zwecks ungeeignet sind[16].

Nach dem Gebot der Erforderlichkeit[17] hat der Gesetzgeber und die Verwaltung von mehreren geeigneten Mitteln das zu wählen, welches den geringstmöglichen Eingriff darstellt. Dies bedeutet im Falle einer Planänderung, daß zunächst geprüft werden muß, ob diese überhaupt erforderlich ist[18]. Kann dies bejaht werden, ist zu untersuchen, ob verschiedene Möglichkeiten zur Wahl stehen, um das Ziel der Planänderung zu erreichen. Gegebenenfalls muß diejenige Änderungsmaßnahme gewählt werden, die das Dispositionsschutzinteresse der Betroffenen am geringsten beeinträchtigt.

Das Gebot der Verhältnismäßigkeit im engeren Sinne verlangt, daß der Eingriff und der mit ihm angestrebte Nutzen in einem angemessenen Verhältnis zueinander stehen. Hier sind also die Nachteile des Eingriffs für den Betroffenen gegen diejenigen Nachteile abzuwägen, die sich für das öffentliche Wohl ergeben würden, wenn auf den Eingriff verzichtet würde[19]. Je empfindlicher der Betroffene in seinem Grundrecht beeinträchtigt wird, desto stärker müssen die Interessen des Gemeinwohls sein, um die Maßnahme bzw. Regelung zu rechtfertigen.

---

13 Vgl. *Scheuner*, Die neuere Entwicklung des Rechtsstaates in Deutschland, in: Forsthoff (Hrsg.), Rechtsstaatlichkeit und Sozialstaatlichkeit, S. 461 ff.; *Hirschberg*, Der Grundsatz der Verhältnismäßigkeit, S. 28 ff.

14 Vgl. BGH NJW 1980, S. 47 ff.; NJW 1981, S. 2689 ff.; dazu näher *Kunig*, Das Rechtsstaatsprinzip, S. 197 ff.

15 Vgl. BVerfGE 19, 330 ff.

16 Vgl. BVerwGE 27, 181 ff.

17 Für dieses Element des Grundsatzes der Verhältnismäßigkeit sind folgende verschiedenen Bezeichnungen üblich, mit denen stets dasselbe gemeint ist: Grundsatz der Erforderlichkeit, des geringstmöglichen Eingriffs sowie Übermaßverbot; dazu näher *Stein*, Staatsrecht, S. 164 ff.; *Hirschberg*, Der Grundsatz der Verhältnismäßigkeit, S. 56 ff.

18 Siehe oben S. 125.

19 Vgl. BVerwGE 16, 194 ff.

Stellt eine Gesetzesänderung einen an sich verfassungsrechtlich zulässigen Eingriff in das Vertrauensinteresse der Betroffenen dar, ist es für den Gesetzgeber u.U. geboten, dabei auf Grund des rechtsstaatlichen Grundsatzes der Verhältnismäßigkeit eine angemessene Übergangsregelung zu treffen[20]. In der deutschen Literatur und Rechtsprechung wird diese Pflicht als ein Gebot der "Übergangsgerechtigkeit" bezeichnet[21]. Unter "Übergangsgerechtigkeit" versteht man die verfassungsrechtliche Abwehr übermäßig vieler bzw. schroffer Gesetzesänderungen mit der Konsequenz eines Verbots übermäßiger gesetzgeberischer Kontinuitätsbrüche[22]. Dementsprechend hat beispielsweise das Bundesverfassungsgericht entschieden, daß der Gesetzgeber eine Übergangsregelung treffen muß, soweit der Zwang zur sofortigen Aufgabe einer gewerblichen Tätigkeit für den Betroffenen nach dem Grundsatz der Verhältnismäßigkeit unzumutbar und deshalb mit Art. 12 GG nicht vereinbar wäre[23].

Die direkte Ableitung eines Anspruchs auf bestimmte "Anpassungshilfen" aus dem Verhältnismäßigkeitsgrundsatz erscheint jedoch lediglich in Extremfällen als möglich. Denn zum einen setzt der Verhältnismäßigkeitsgrundsatz bei Gesetzesänderungen, wie auch sonst, einen Eingriff in eine subjektiv-rechtliche Rechtsposition voraus. Die auf Grund von Planungen ausgelösten Dispositionen werden jedoch in der Praxis nur selten zum Eigentum an Grund und Boden oder am eingerichteten und ausgeübten Gewerbebetrieb gerechnet werden können[24]. Zum anderen vermag der Verhältnismäßigkeitsgrundsatz wegen seiner Unbestimmtheit schwerlich Ansprüche auf eine bestimmte Überleitungsmaßnahme zu begründen. Zwar lassen sich mit ihm negativ einzelne Eingriffe als übermäßig qualifizieren, nicht jedoch positiv konkrete Maßnahmen bestimmen[25].

---

[20] Vgl. BferfGE 21, 173 ff.; 43, 242 ff.; 58, 300 ff.; 67, 1 ff.

[21] Das Prinzip der Übergangsgerechtigkeit erscheint als partielle Ausformung des Vertrauensschutzgedankens, der Vorstellung gesetzgeberischer Systemgerechtigkeit, der Selbstbindung sowie des Übermaßverbots; dazu näher *Lerche*, Übermaß und Verfassungsrecht, S. 193 ff.; *Kloepfer*, Übergangsgerechtigkeit bei Gesetzesänderungen und Stichtagsregelungen, DÖV 1978, S. 225 ff.; *Pieroth*, Rückwirkung und Übergangsrecht, S. 152 ff.

[22] Vgl. Maurer, Kontinuitätsgewähr und Vertrauensschutz, in: Isensee/ Kirchhof (Hrsg.), Handbuch des Staatsrechts, Bd. 3, S. 241 ff.

[23] Vgl. BVerfGE 32, 1 ff.; dazu *Pieroth*, Rückwirkung und Übergangsrecht, S. 74 ff.

[24] Insofern fehlt es i.d.R. schon an dem erforderlichen subjektiven Recht, das durch die Planänderung geschmälert wird; dazu *Brohm*, Jura 1986, S. 621 ff.

[25] Vgl. *Maurer*, Allgemeines Verwaltungsrecht, S. 331 ff.

Mit der Schwierigkeit "Anpassungshilfen" aus dem Verhältnismäßigkeitsgrundsatz abzuleiten, wird jedoch nicht ausgesagt, daß der Gesichtspunkt, ob das mit der Planung angestrebte Ziel nicht ebensogut oder wenigstens zufriedenstellend mit weniger einschneidenden Änderungen zu erreichen ist, rechtlich völlig belanglos ist. Denn das planungsrechtliche Abwägungsgebot verlangt über die Berücksichtigung subjektiver Rechtspositionen hinaus auch die Beachtung sonstiger schutzwürdiger öffentlicher und privater Belange. Dazu zählen auch die der Grundrechtsausübung vorgelagerte Situationsprägung durch die planungsrechtlich geschaffenen rechtlichen und tatsächlichen Gegebenheiten und das Interesse an ihrem Fortbestand. Das bedeutet für den öffentlichen oder privaten Planbetroffenen, der sich auf die alte Rechtslage im Vertrauen auf ihren künftigen Fortbestand eingerichtet und konkrete Dispositionen über Arbeitskräfte, Kapital und andere Güter getroffen hat, daß sein Interesse am Schutz seiner Rechtspositionen und Erwartungen bei einer Planänderung im Rahmen der Abwägung mitzuberücksichtigen ist. Dabei müssen auch die Gesichtspunkte, ob das mit der Planänderung angestrebte Ziel nicht ebensogut oder wenigstens zufriedenstellend mit weniger einschneidenden Änderungen zu erreichen ist, miteinbezogen werden[26].

Auf diese Weise kommen die Grundsätze der Verhältnismäßigkeit und Kontinuitätswahrung als abwägungsrelevante Gesichtspunkte zur Geltung. Insofern kann das verfassungsrechtliche Abwägungsgebot im Falle einer Planänderung grundsätzlich als Rechtsgrundlage für einen Anspruch auf schonende Überleitung in Betracht kommen. Damit läßt sich auch die mehrfach geäußerte Auffassung des Bundesverfassungsgerichts stützen, der Gesetzgeber sei u. U. aus verfassungsrechtlichen Gründen gehalten, mit einer Gesetzesänderung Regelungen für eine möglichst schonende Überleitung oder Anpassung der bestehenden Rechtslage zu verbinden[27]. Noch nicht geklärt sind damit jedoch die konkreten Rechtsfolgen einer Verletzung des Abwägungsgebots.

Übergangsregelungen bzw. Maßnahmen schonender Überleitung können vielfältiger Natur sein: Sie können verschiedenartige Bedingungen, Befristungen und sonstige Einschränkungen enthalten oder ein ganz eigenes Übergangsstatut vorsehen, so daß weder altes Recht noch neues Recht gilt[28].

---

[26] Vgl. *Brohm*, Jura 1986, S. 621 ff.

[27] Vgl. BVerfGE 43, 242 ff.; 45, 142 ff.; BVerfG NJW 1985, 963 ff.; 1986, 707 bzw. 1159 ff.

[28] Aus der Verbindung von teilweiser Weitergeltung alten Rechts und teilweiser Anwendung neuen Rechts kann sich eine eigenartige Übergangsrechtsstellung entwickeln, die weder altem noch neuem Recht entspricht; dazu näher *Pieroth*, Rückwirkung und Übergangsrecht, S. 74 ff.;

Außerdem sind in diesem Zusammenhang Maßnahmen eigener Art, wie finanzielle Abstützungen denkbar, die den Behörden oder dem von der Rechtsänderung Betroffenen die Umstellung und Anpassung an die neue Rechtslage erleichtern oder ermöglichen sollen[29].

Weil die Mittel, mit denen der Staat Anpassungshilfe leisten kann, mannigfaltig sind, und vom Sachgebiet der Planung, dem Grund der Planänderung und der Art der Dispositionen der Planbetroffenen abhängen, kann, wie erwähnt, ein Anspruch auf eine konkrete Maßnahme schonender Überleitung nicht anerkannt werden. Aus dem Abwägungsgebot in Verbindung mit dem Vertrauensschutz- und dem Verhältnismäßigkeitsprinzip ergibt sich lediglich, daß die planändernden Instanzen verpflichtet sind, von sich aus solche Regelungen oder Hilfen zu gewähren, und daß eine Planänderung gegebenfalls dadurch erst zulässig wird[30]. Für das deutsche Recht stellen sich deshalb der Anspruch auf Planfortbestand und der Anspruch auf schonende Überleitung nicht als voneinander getrennte, unabhängige Ansprüche dar. Sie ergänzen einander und führen im Ergebnis dazu, daß ohne schonende Überleitung zustandegekommene Planänderungen, bei denen insbesondere Vertrauenspositionen der Planbetroffenen im Rahmen der Abwägung nicht hinreichend berücksichtigt worden sind, für rechtswidrig erklärt werden müssen[31].

## C. Rechtsgrundlagen für einen Anspruch auf schonende Überleitung im koreanischen Recht

Der aufgezeigte Rechtsgedanke, daß der Gesetzgeber bei der Realisierung neuer Ordnungsvorstellungen Übergangsgerechtigkeit zu schaffen hat, hat sich in der koreanischen Gesetzgebungspraxis allgemein durchgesetzt. In den meisten Gesetzen sind Paragraphen zu finden, die die zeitliche Geltung

*Müller*, Handbuch der Gesetzgebungstechnik, S. 63 ff.; *Aschke*, Übergangsregelungen als verfassungsrechtliches Problem, S. 27 ff.

29 Dazu näher *Schenke*, Gewährleistung bei Änderung staatlicher Wirtschaftsplanung, AöR 101 (1976), S. 358 ff.; *Maurer*, Allgemeines Verwaltungsrecht, S. 359 ff.

30 Vgl. *Aschke*, Übergangsregelungen als verfassungsrechtliches Problem, S. 27 ff.; *Pieroth*, Rückwirkung und Übergangsrecht, S. 74 ff.

31 Vgl. BVerfGE 43, 242 ff.; 45, 142 ff.; BVerfG NJW 1985, 963 ff.; NJW 1986, 707 ff.; *Brohm*, Plangewährleistungsrechte, Jura 1986, S. 621 ff.; *Maurer*, Allgemeines Verwaltungsrecht, S. 359 ff.

des Gesetzes sowie Übergangsmaßnahmen regeln[32]. Darüberhinaus wird in der Literatur verlangt, den Gedanken der Übergangsgerechtigkeit als einen verfassungsrechtlich gebotenen unabhängigen Rechtsgrundsatz anzuerkennen[33]. Dieses Gebot soll dem Betroffenen als ein Rechtsgrundsatz für die Abwehr von übermäßigen gesetzgeberischen Kontinuitätsbrüchen dienen. Darüber hinaus kann der Betroffene dadurch mindestens einen gewissen zeitlich begrenzten Schutz erlangen. Zurückzuführen ist dieser Rechtsgedanke wie im deutschen Recht auf die verfassungsrechtlichen Rechtsgrundsätze des Rechtsstaates bzw. zur Rückwirkung von Gesetzen, das Vertrauensschutzprinzip und das Verhältnismäßigkeitsgebot[34].

Das Verhältnismäßigkeitsgebot ergibt sich, wie im deutschen Recht, aus dem Rechtsstaatsprinzip und ist nach h.M. als eigenständiger Grundsatz des koreanischen Verfassungsrechts anerkannt[35]. Dieser Grundsatz ist im Polizei- bzw. Ordnungsverwaltungsrecht entwickelt worden und bindet als übergreifende Regel alles staatliche Handeln. Dies hat vor allem in Art. 37 Abs. 2 KV[36] sowie zahlreichen Bestimmungen über die Einschränkung der Grundrechte[37] seinen Ausdruck gefunden. Nach h.M. und Rechtsprechung verlangt der Grundsatz der Verhältnismäßigkeit, daß der Zweck einer staatlichen Tätigkeit und die zu seiner Verwirklichung angewandten Mittel in einem angemessenen Verhältnis zueinander stehen[38]. Der Verhältnismäßigkeitsgrundsatz i.w.S. umfaßt die dem deutschen Recht entsprechenden Ein-

---

32 In den meisten Fällen werden sie als "Zusätzlicher Teil" an das jeweilige Gesetzesende gestellt. Zu Übergangsregelungen in den raumbedeutsamen Planungsgesetzen vgl. §§ 1 - 7 des Zusätzlichen Teils des KBNKG; §§ 1 - 3 des Zusätzlichen Teils des KStPlG.

33 *D.-C. Kim*, Allgemeines Verwaltungsrecht, Bd. 1, S. 166 ff.

34 Vgl. *J.-G. OH*, Rechtsnatur der Verwaltungspläne und Plangewährleistung, Susonnonjip Bd. 10 (1985), S. 322 ff.; *D.-C. Kim*, Allgemeines Verwaltungsrecht, Bd. 1, S. 166 ff.; *N.-J. Kim*, Verwaltungsrecht I, S. 80 ff.; *J.-H. Seok*, Allgemeines Verwaltungsrecht, S. 154 ff.

35 Vgl. *D.-C. Kim*, Allgemeines Verwaltungsrecht, Bd. 1, S. 163 ff.; *N.-J. Kim*, Verwaltungsrecht I, S. 185 ff.; *J.-H. Seok*, Allgemeines Verwaltungsrecht, S. 129 ff.

36 Siehe oben S. 186.

37 Art. 12, 13, 23 KV.

38 Nach einer Entscheidung des Obersten Gerichts "hat der Verwaltungsträger bei der Entscheidung über den Widerruf einer Genehmigung die öffentlichen Interessen und die Nachteile des Betroffenen gerecht abzuwägen. Dabei muß berücksichtigt werden, ob die Widerrufsentscheidung erforderlich ist. Das Ermessen des Verwaltungsträgers wird insoweit durch den Grundsatz der Verhältnismäßigkeit beschränkt. Wenn die Tätigkeit der Verwaltung gegen diesen Grundsatz verstößt, ist sie rechtswidrig". Vgl. die Entscheidungen des Obersten Gerichts (Daepan) vom 12. 11. 1985 (85 nu 303).

zelelemente[39]: Danach muß im Falle einer Planänderung geprüft werden, ob die Planänderung zur Erreichung der Zwecke geeignet und erforderlich ist, und ob Planänderungsinteresse und Planbestandsschutzinteresse in einem angemessenen Verhältnis zueinander stehen[40]. Stellt eine Planänderung einen an sich verfassungsrechtlich zulässigen Eingriff in die Vertrauensinteressen der Betroffenen dar, ist es für den Planungsträger u.U. geboten, dabei auf Grund des oben genannten rechtsstaatlichen Grundsatzes, insbesondere auf Grund des Verhältnismäßigkeitsgebots, eine angemessene Übergangsregelung zu treffen.

Der Rechtsgrundsatz der Übergangsgerechtigkeit hat im Entwurf des Verwaltungsverfahrensgesetzes positiv-rechtlichen Ausdruck gefunden. Nach § 58 Abs. 1 EKVwVfG müssen bei der "Feststellung, Änderung und Aufhebung des Planes die für die Verhinderung des Vermögensverlustes des Bürgers notwendigen Vorbeugungsprogramme" berücksichtigt werden. Zu den "Vorbeugungsprogrammen" werden alle Übergangslösungen gerechnet, die den Maßnahmen schonender Überleitung im deutschen Recht entsprechen.

Der Grundsatz der Übergangsgerechtigkeit wirkt in Korea wie im deutschen Recht lediglich negativ: er disqualifiziert eine Gesetzgebungs- bzw. Verwaltungsregelung als "übergangsungerecht", falls sie notwendige Übergangslösungen nicht getroffen hat. Dagegen wird ein Anspruch auf eine bestimmte schonende Überleitung allgemein abgelehnt. Er würde sich im koreanischen Recht schon angesichts der begrenzten öffentlich-rechtlichen Klagemöglichkeiten kaum durchsetzen lassen, weil nach dem koreanischen Verwaltungsklagegesetz dem Planbetroffenen weder die Verpflichtungs- noch die allgemeine Leistungsklage, sondern lediglich die Anfechtungs- und die Feststellungsklage zur Verfügung stehen[41]. Allerdings könnte man, wenn man einen Anspruch auf eine konkrete Überleitungsregelung bejahen wollte, an eine Durchsetzung über eine Feststellungsklage denken. Indessen ist ein Anspruch auf eine bestimmte Übergangslösung kaum zu begründen; denn die Mittel, mit denen der Staat Anpassungshilfe leisten kann, sind auch im koreanischen Recht mannigfaltig, und hängen vom Sachgebiet der Planung, dem Grund der Planänderung und der Art der Dispositionen der Planbetroffenen ab. Für die Entscheidung über die Frage, ob und in welchem Umfang Übergangslösungen notwendig sind, muß zur Erhaltung der unentbehr-

---

[39] Einzelelmente des Verhältnismäßigkeitsgrundsatzes siehe oben S. 202.

[40] Hier sind also die Nachteile der Planänderung für die Betroffenen gegen diejenigen Nachteile abzuwägen, die sich für das öffentliche Wohl ergeben würden, wenn auf die Planänderung verzichtet würde, vgl. *J.-H. Seok*, Allgemeines Verwaltungsrecht, S. 129 ff.

[41] Vgl. § 3 des koreanischen Verwaltungsklagegesetzes.

lichen Reaktionsfähigkeit des Staates dem öffentlichen Planungsträger ein Entscheidungsspielraum zur Verfügung stehen. Dies besagt jedoch nicht, daß dieser unbegrenzt sei; die ausgeführten Rechtsgrundsätze stellen vielmehr inhaltliche Schranken dar, die aus der konkreten Situation ihre Präzisierung erfahren.

Daher stellt der Anspruch auf schonende Überleitung wie im deutschen Recht lediglich eine Ergänzung des Anspruchs auf Planfortbestand dar. Er verlangt, ohne schonende Überleitung zustandegekommene Planänderungen, bei denen Vertrauenspositionen der Betroffenen im Rahmen der Abwägung nicht hinreichend berücksichtigt worden sind, für rechtswidrig zu erklären.

## 3. Abschnitt

# Durchsetzung der Planfortbestandsrechte – Rechtsmittel gegen die Planänderungen im deutschen und koreanischen Recht

## A. Rechtsmittel gegen die Planänderungen im deutschen Recht

Sind Planänderungen nach den dargelegten Grundsätzen wegen unzureichender Berücksichtigung des Planbestandsschutzes rechtswidrig, kommt für die Betroffenen in erster Linie die Einlegung eines Rechtsmittels gegen den geänderten Plan in Frage[1]. Dieses bestimmt sich nach der Rechtsform des Plans sowie nach den Rechtsschutz suchenden Personen.

Für den Rechtsschutz der *Gemeinden* gegen übergeordnete Programme bzw. Pläne in Form von Parlamentsgesetzen und anderen Rechtsvorschriften kommt die kommunale Verfassungsbeschwerde in Betracht. Sie kann indes nur auf die Behauptung einer Verletzung des in Art. 28 Abs. 2 S. 1 GG garantierten und in der gemeinderechtlichen "Planungshoheit" zum Ausdruck kommenden Selbstverwaltungsrechts der Gemeinden gestützt werden[2]. Teilweise ist diese Verfassungsbeschwerde auch subsidiär, da eine Klagemöglichkeit zum Landesverfassungsgericht eröffnet ist[3]. Soweit es sich um im Rang unter dem Landesgesetz stehende Rechtsvorschriften handelt, also insbesondere um Rechtsverordnungen und Satzungen, ist in einigen Bun-

---

[1] Über die Notwendigkeit der Gewährung von Rechtsschutz siehe *Lorenz*, Der Rechtsschutz des Bürgers und die Rechtsweggarantie, S. 127 ff.

[2] Vgl. Art. 93 Abs. 1 Nr. 4b GG; dazu *Jarass/Pieroth*, GG, Art. 93 Rdn. 34 ff.; *Eyermann/Fröhler*, Verwaltungsgerichtsordnung, Anhang zu § 42 Rdn. 43 ff.; *Peine*, Raumplanungsrecht, 1987, S. 20 ff.

[3] Vgl. § 91 BVerfGG; Art. 76 Ba.-Wü. Verf. i.V.m. § 54 Ba.-Wü. StGHG; Art. 78 N.-W. Verf. i.V.m. § 50 N.-W. VerfGHG. Dazu *Bielenberg/ Erbguth/ Söfker*, Raumordnungs und Landesplanungsrecht des Bundes und der Länder, M 500, Rdn. 63 ff.

desländern[4] die verwaltungsgerichtliche Normenkontrollklage nach § 47 Abs. 1 Nr. 2 VwGO eingeräumt[5]. Außerdem können die Programme und Pläne, sofern sie das Selbstverwaltungsrecht der Gemeinde betreffen, mit der Feststellungsklage nach § 43 Abs. 1 VwGO gerichtlich überprüft werden[6].

Gegen Verwaltungsakte, insbesondere gegen die Planfeststellungsbeschlüsse der Fachplanungsbehörden, steht den Gemeinden als Rechtsmittel die Anfechtungsklage nach § 42 Abs. 1 VwGO zu, die i.d.R. vor den Verwaltungsgerichten erster Instanz zu erheben ist[7].

Dem *Bürger* sind entsprechende Klagemöglichkeiten eröffnet. Gegen eine Planänderung in Form eines Parlamentsgesetzes oder sonstiger Rechtsvorschriften kann er die Verfassungsbeschwerde zum Bundesverfassungsgericht erheben, sofern ein Grundrecht tangiert wird[8]. Gegen Rechtsverordnungen und Satzungen steht ferner in vielen Ländern ein Normenkontrollverfahren bei den Oberverwaltungsgerichten bzw. den Verwaltungsgerichtshöfen zur Verfügung[9]. Für den Bürger i.d.R. nicht unmittelbar angreifbar sind die

---

4 Z.B. § 5 Ba.-Wü. AGVwGO; auch Bayern, Bremen, Hessen, Niedersachsen und Schleswig-Holstein haben ähnliche Regelungen getroffen; vgl. *Peine*, Raumplanungsrecht, S. 19 (Fußn. 40.); *Eyermann/ Fröhler*, Verwaltungsgerichtsordnung, Anhang zu § 42 Rdn. 46 ff.

5 Wenn die Rechtsnatur der anzugreifenden Programme und Pläne nicht durch eine Entscheidung des Gesetzgebers bestimmt ist, stellt sich die Frage nach ihrer Qualifizierung, weil von ihr der Rechtsschutz abhängt (siehe oben S. 47.). Landesprogramme und Landespläne sind in jedem Fall mehr als bloße Verwaltungsvorschriften. Sie haben über den Innenbereich der Verwaltung hinausgehende Wirkungen, die es richtig erscheinen lassen, sie als im Range unter dem Landesgesetz stehende Rechts*vorschriften* i.S.v. § 47 Abs. 1 Nr. 2 VwGO zu betrachten. Sofern der Landesgesetzgeber diese Möglichkeit eingeräumt hat, ist deshalb gegen sie das Normenkontrollverfahren zulässig; vgl. BayVGH, BayVBl. 1984, 240 ff.; *Hoppe/ Menke*, Raumordnungs- und Landesplanungsrecht des Bundes und des Landes Rheinland-Pfalz, S. 115 ff.; *Erbguth*, Zur Rechtsnatur von Programmen und Plänen der Raumordnung und Landesplanung, DVBl. 1981, S. 557 ff.; *Peine*, Raumplanungsrecht, S. 20 ff.

6 Vgl. *Stich*, Die Planungsstufen der Orts-, Regional-, und Landesplanung, DVBl. 1973, S. 599 ff.; *Krieger*, Vorläufiger Rechtsschutz gegen Gesamtplanungen, NuR 1983, S. 257 ff.; *Eyermann/ Fröhler*, Verwaltungsgerichtsordnung, Anhang zu § 42 Rdn. 47 ff.

7 Vgl. *Eyermann/Fröhler*, Verwaltungsgerichtsordnung, Anhang zu § 42 Rdn. 56 ff.

8 Vgl. Art. 93 Abs. 1 Nr. 4a GG i.V.m. §§ 90, 93 Abs. 2 BVerfGG; dazu *Jarass/Pieroth*, GG, Art. 93 Rdn. 22 ff.

9 Z.B. § 5 Ba.-Wü. AGVwGO; dazu *Eyermann/Fröhler*, Verwaltungsgerichtsordnung, § 47 Rdn. 1 ff.; *Peine*, Raumplanungsrecht, S. 19 ff.

überörtlichen Gesamtpläne, wie z.B. das Bundesraumordnungsprogramm oder die Programme und Pläne der Landes- und Regionalplanung. Sie sind grundsätzlich nicht bürgergerichtet, so daß ihnen die Außenwirkung gegenüber dem Bürger fehlt[10]. Ein Normenkontrollverfahren kommt gegen landesplanerische Festsetzungen nur ausnahmsweise in Betracht, wenn die Dispositionen des Bürgers maßgeblich und unmittelbar durch raumplanerische Aussagen veranlaßt wurden, die durch Zusicherungen oder Absprachen von Seiten des Staates verstärkt wurden[11]. Gegen Bebauungspläne steht dem Bürger die Normenkontrollklage zu, die jetzt bundeseinheitlich gilt und vor den Oberverwaltungsgerichten bzw. Verwaltungsgerichtshöfen zu erheben ist[12]. Demgegenüber hat der Bürger keine Möglichkeit, auf direktem Wege die Aufhebung der Änderung eines Flächennutzungsplans zu erreichen[13]. Wie aufgezeigt, hat dieser Plan allein behördeninterne Wirkung[14]. Denkbar ist eine inzidente Rechtskontrolle jedoch, wenn der Bürger z.B. mit einer Verpflichtungsklage eine Baugenehmigung erstrebt, die ihm mit der Begründung verweigert worden ist, sie verstoße gegen den Flächennutzungsplan[15]. Gegen in Form eines Verwaltungsaktes erfolgte Planänderungen steht auch dem Bürger die Anfechtungsklage nach § 42 Abs. 1 VwGO zur Verfügung[16].

---

10 Siehe näher oben S. 69.

11 Siehe oben unter S. 69.

12 Vgl. § 47 Abs. 1 Nr. 1 VwGO.

13 Vgl. OVG Lüneburg, DVBl. 1971, S. 322 ff.; *Eyermann/Fröhler*, Verwaltungsgerichts ordnung, Anhang zu § 42 Rdn. 25 ff.; *Ernst/Zinkahn/Bielenberg*, BBauG, § 6 Rdn. 4 ff.; *Hüffer*, Grund züge des Bauplanungsrechts, BayVBl. 1986, S. 1 ff.

14 Siehe oben S. 80.

15 Vgl. VGH Ba.-Wü., ESVGH 23, 38 ff.; BVerwG, UPR 1985, S. 333 ff.; OVG Saarl. DÖV 1987, S. 602 ff. *Eyermann/Fröhler*, Verwaltungsgerichtsordnung, Anhang zu § 42 Rdn. 25 ff.; *Krieger*, NuR 1983, S. 260 ff.; *Hüffer*, BayVBl. 1986, S. 1 ff.

16 *Eyermann/Fröhler*, Verwaltungsgerichtsordnung, Anhang zu § 42 Rdn. 37 ff.; *Badura*, Das Verwaltungsverfahren, in: Erichsen/Martens (Hrsg.), Allgemeines Verwaltungsrecht, S. 443 ff.; *Hoppe/ Schlarmann*, Rechtsschutz bei der Planung von Straßen und anderen Verkehrsanlagen, S. 107 ff.

## B. Rechtsmittel gegen die Planänderungen im koreanischen Recht

Wie im deutschen Recht richtet sich die Art des Rechtsmittels danach, in welchen Rechtsformen die Pläne ergangen sind bzw. welche Personen um Rechtsschutz nachsuchen.

Nach Art. 27 Abs. 1 KV hat jeder Bürger das Recht auf den gesetzlichen Richter und die in einem gesetzlich vorgesehenen Prozeß ergehende gerichtliche Entscheidung[17]. Danach stehen dem Bürger verschiedene Rechtsschutzmöglichkeiten offen.

Die gerichtliche Kontrolle einer Planänderung in Form eines Parlamentsgesetzes kann der Bürger nur mittelbar erreichen. Hält ein auf seine Klage hin tätig gewordenes Instanzgericht ein Gesetz, auf dessen Gültigkeit es bei der Entscheidung ankommt, für verfassungswidrig, so hat es das Verfahren auszusetzen und die Entscheidung des Verfassungsgerichts einzuholen[18]. Hierbei handelt es sich um ein Verfahren, das in etwa dem der konkreten Normenkontrolle nach Art. 100 GG im deutschen Recht entspricht[19]. Wie im deutschen Recht liegt die Entscheidung über die Vorlage allein beim Instanzgericht, von den Parteien kann sie nicht erzwungen werden[20]. Zur

---

[17] Dieses Recht ist im grundrechtlichen Teil der koreanischen Verfassung verankert und wird von der h.M. als prozeßrechtliches Grundrecht anerkannt. Vgl. *Y.-S. Kwon*, Verfassungsrecht, S. 489 ff.

[18] Vgl. Art. 107 Abs. 1 KV i.V.m. § 20 Verfassungsgerichtsgesetz. Das koreanische Verfassungsgerichtsgesetz (Hunbubjaepansobub - KVfGG), das am 5. 8. 1988 nach einer Verfassungsänderung zustande gekommen ist, besteht aus folgenden 9 Kapiteln: Kapitel 1 (§§ 1 - 9): Allgemeine Regelungen; Kapitel 2 (§§ 10 - 19): Organisation; Kapitel 3 (§§ 20 - 26): Entscheidung über die verfassungswidrigen Gesetze; Kapitel 4 (§§ 27 - 40): Anklageentscheidung; Kapitel 5 (§§ 41 - 46): Entscheidung über die Parteienauflösung; Kapitel 5 (§§ 47 - 55): Entscheidung über Kompetenzstreitigkeiten; Kapitel 7 (§§ 56 - 64): Verfassungsbeschwerde; Kapitel 8 (§§ 65 - 77): Ergänzende Regelungen; Kapitel 9 (§ 78): Strafregelung und Zusätzlicher Teil (Übergangsregelungen).

[19] Der Rechtsweg für eine abstrakte Normenkontrolle ist im koreanischen Recht nicht eröffnet. Vgl. *Y.-S. Kwon*, Lehrbuch des Verfassungsrechts, S. 929 ff; *Y. Huh*, Die Grundzüge der neuen koreanischen Verfassung von 1987, Jahrbuch des öffentlichen Rechts der Gegenwart 38 (1989), S. 580 ff.

[20] Vgl. Art. 107 Abs. 1 KV; dazu Vgl. *Y.-S. Kwon*, Lehrbuch des Verfassungsrechts, S. 929 ff; *Y. Huh*, Verfassungsrechtliche Theorie und Verfassungsrecht, Bd. 3, S. 357 ff.

Überprüfung von Planänderungen in Form einer Rechtsverordnung oder Satzung kommt ebenfalls ein Verfahren der konkreten Normenkontrolle in Betracht. Über diese entscheidet jedoch nicht das Verfassungsgericht, sondern das Oberste-Gericht[21]. In der Praxis wird es auf diesen Weg jedoch nur selten zu einer Aufhebung von Plänen kommen, die als Rechtsnormen zu qualifizieren sind. Denn nach der Verfassung und den Prozeßgesetzen setzt das Verfahren der konkreten Normenkontrolle eine anhängige Klage vor einem Instanzgericht voraus[22], für die dem Bürger eine Klagebefugnis nur im Falle einer konkreten und unmittelbaren Grundrechtsverletzung zusteht[23]. Bei Planänderungen in Form von Rechtsnormen wird diese Voraussetzung nur selten erfüllt sein[24].

Anders als in der Bundesrepublik, wo den einzelnen Rechtsbereichen jeweils eine besondere Gerichtsbarkeit zugeordnet ist[25], besteht in Korea ein Einheitsgericht. Nach § 3 des Gerichtsorganisationsgesetzes[26] sind die

---

[21] Vgl. Art. 107 Abs. 2 KV i.V.m. § 2 KGOG.

[22] Wenn z.B. die Gültigkeit des Ackerentwicklungsförderungsgesetzes bei der Entscheidung über die Anfechtungsklage gegen die Ablehnung einer Anlagegenehmigung streitig wird.

[23] Zwar wird die Forderung nach einer konkreten und unmittelbaren Grundrechtsverletzung von Literatur und Rechtsprechung zunehmend relativiert, als grundsätzliche Voraussetzung spielt sie jedoch nach wie vor eine wesentliche Rolle; vgl. *Y.-S. Kwon*, Lehrbuch des Verfassungsrechts, S. 929 ff; *Y. Huh*, Verfassungsrechtliche Theorie und Verfassungsrecht, Bd. 3, S. 357 ff.

[24] Siehe oben S. 71.

[25] So z.B. dem Arbeitsrecht das Arbeitsgericht, dem Verwaltungsrecht das Verwaltungsgericht, dem Sozialrecht das Sozialgericht, dem Finanzrecht das Finanzgericht und dem Zivil- und Strafrecht die sog. ordentlichen Gerichte. Vgl. *Baur/ Walter*, Einführung in das Recht der Bundesrepublik Deutschland, S. 5 ff.

[26] Das koreanische Gerichtsorganisationsgesetz (Bubwonjojikbub - KGOG), das am 26. 9. 1949 (Gesetz Nr. 51) in Kraft getreten und mehrfach geändert worden ist, besteht aus folgenden 14 Kapiteln: Kapitel 1 (§§ 1 - 12/5): Allgemeine Regelungen; Kapitel 2 (§§ 13 - 22/3): Das Oberste-Gericht (Daebubwon); Kapitel 3 (§§ 23 - 24): Die Obergerichte (Godungbubwon); Kapitel 4 (§§ 26 - 32): Die Landgerichte; Kapitel 4/2 (§§ 32/2 - 32/4): die Familiengerichte; Kapitel 5 (§§ 33 - 44): Die Richter; Kapitel 6 (§§ 45 - 46): Die gerichtlichen Sachverständigen; Kapitel 7 (§§ 47 - 49): Die Gerichtsvollzieher; Kapitel 8 (§§ 50 - 51): Die Gerichtspolizei; Kapitel 9 (§§ 52 - 57): Ordnung im Gerichtssaal; Kapitel 10 (§§ 58 - 59): Beratung und Abstimmung; Kapitel 11 (§§ 60 - 63): Organisation des Obersten-Gerichts; Kapitel 12 (§§ 64 - 69): Das Gerichtsverwaltungsamt; Kapitel 13 (§§ 69/2 - 69/10): Die gerichtlichen Bildungsstätten; Kapitel 14 (§ 69/11): Kosten des Gerichtsverfahrens und Zusätzlicher Teil (Übergangsregelungen).

koreanischen Gerichte wie folgt organisiert: als erste Instanz wird das Landgericht, als Berufungsgericht das Obergericht sowie als Revisionsgericht und letzte Entscheidungsinstanz das Oberste-Gericht tätig[27]. Dagegen gibt es kein einheitliches Verfahrensgesetz. Für verwaltungsrechtliche Streitigkeiten sind das Verwaltungsbeschwerde-[28] und das Verwaltungsklagegesetz[29] erlassen. Danach ist dem Bürger gegen die in Form eines Verwaltungsakts erfolgten Planänderungen der Rechtsweg vor den ordentlichen Gerichten eröffnet[30]. Nach § 3 Nr. 1 und § 9 KVwKG steht dem Bürger die - dem deutschen Recht entsprechende - Anfechtungsklage zu, wenn er an der Anfechtung einer als Verwaltungsakt zu qualifizierenden Planänderung ein rechtliches Interesse hat[31].

[27] Ausnahmen bilden das Familien- und das Militärgericht (vgl. §§ 32/2 - 32/4 KGOG und das Militärgerichtsgesetz). Dabei handelt es sich jedoch um spezielle Gerichte für die erste und zweite Instanz. Die Revisions- und Letzt-Entscheidungskompetenz steht auch hier dem Obersten-Gericht zu. Vgl. Art. 110 KV i.V.m. § 17 KGOG.

[28] Das koreanische Verwaltungsbeschwerdegesetz (Haengjongsimpanbub - KVwBG), das am 1. 10. 1985 in Kraft getreten ist (Gesetz Nr. 3755), besteht aus 7 Kapiteln, die sich wie folgt gliedern: Kapitel 1 (§§ 1 - 4): Allgemeine Regelungen; Kapitel 2 (§§ 5 - 8): Zuständigkeit; Kapitel 3 (§§ 9 - 16): Parteien und Betroffene; Kapitel 4 (§§ 17 - 21): Beschwerdeantrag; Kapitel 5 (§§ 22 - 30): Prüfung; Kapitel 6 (§§ 31 - 39): Entscheidung; Kapitel 7 (§§ 40 - 43): Ergänzende Regelungen und Zusätzlicher Teil (Übergangsregelungen).

[29] Das koreanische Verwaltungsklagegesetz (Haengjongsosongbub - KVwKG), das am 15. 12. 1984 in Kraft getreten ist (Gesetz Nr. 3754), besteht aus folgenden 5 Kapiteln: Kapitel 1 (§§ 1 - 8): Allgemeines; Kapitel 2 (§§ 9 - 34): Anfechtungsklage; Kapitel 3 (§§ 35 - 38): Sonstige Verwaltungsklage; Kapitel 4 (§§ 39 - 44): Parteienklage; Kapitel 5 (§§ 45 - 46): Popular- und Organklage und Zusätzlicher Teil (Übergangsregelungen).

[30] Erste Instanz der Verwaltungsklage ist das Obergericht, zweite und letzte das Oberste-Gericht (vgl. Art. 107 Abs. 3 KV i.V.m. § 9 KVwKG). Der gerichtliche Rechtsschutz setzt jedoch die Durchführung eines Verwaltungsbeschwerdeverfahrens voraus (vgl. Art. 107 Abs. 3 KV i.V.m. §§ 17 ff. KVwBG).

[31] Für das rechtliche Interesse wird grundsätzlich eine konkrete und unmittelbare Grundrechtsverletzung verlangt. Wie bereits ausgeführt, wurde diese Voraussetzung von der h. M. und Rechtsprechung nach und nach relativiert und mittlerweile auch auf sonstige schutzwürdige vermögensrechtliche und Vertrauenspositionen der Bürger erstreckt. Vgl. Entscheidung des Obersten-Gerichts (Daepan) vom 30. 12. 1969 (69 da 106); vom 22. 7. 1975 (75 nu 12); vom 25. 5. 1976 (75 nu 238); *J.-S. Lee*, Klagebefugnis bei der Verwaltungsklage, in: Forschungen des öffentlichen Rechts Bd. 7 (1979), S. 77 ff.; *B.-T. Chun*, Klagebefugnis bei der Verwaltungsklage, in: Forschungen des öffentlichen Rechts Bd. 7 (1979), S. 103 ff.; *D.-C. Kim*, Allgemeines Ver-

Zwar steht den Gemeinden gegen die Planänderungen grundsätzlich nach § 47 KVfGG[32] die Organklage vor dem Verfassungsgericht und nach § 3 Nr. 4 bzw. § 46 KVwKG[33] die Anfechtungsklage vor den ordentlichen Gerichten zur Verfügung. Wegen des dargestellten Defizits an Selbstverwaltungskompetenzen kommt diesen Rechtsmitteln in der koreanischen Rechtspraxis jedoch noch kaum Bedeutung zu[34].

---

waltungsrecht, Bd. 1, S. 704 ff.; *N.-J. Kim*, Verwaltungsrecht I, S. 439 ff.; *J.-H. Seok*, Allgemeines Verwaltungsrecht, S. 746 ff.

32 § 47 KVfGG: "Falls ein staatliches Organ oder eine Selbstverwaltungskörperschaft durch Maßnahmen oder Unterlassungen anderer staatlicher Organe oder Selbstverwaltungskörperschaften seine durch Verfassung und Gesetze gegebenen Kompetenzen beeinträchtigt oder gefährdet sieht, kann es gegen sie vor dem Verfassungsgericht eine Entscheidung im Wege des Organstreits beantragen".

33 Bei der Organklage handelt es sich um eine Streitigkeit zwischen staatlichen Organen über den Umfang von Kompetenzen (§ 3 Nr. 4 KVwKG). Auf die Organklage finden die Regelungen über die Anfechtungsklage Anwendung (§ 46 KVwKG).

34 Siehe oben S. 121.

# 4. Abschnitt

# Ansprüche auf staatliche Ersatzleistungen

## A. Positivrechtliche Regelungen im deutschen und koreanischen Recht

### *I. Positivrechtliche Regelungen im deutschen Recht*

Der Gedanke, daß Dispositionen im Vertrauen auf den Fortbestand eines Planes schutzwürdig seien und daß bei unvermeidbaren Planänderungen den Betroffenen wenigstens der Planschaden ersetzt werden müsse, hat in der Bundesrepublik in zahlreiche gesetzliche Bestimmungen Eingang gefunden. Diese positiv-rechtlichen Regelungen sind nach der oben[1] dargestellten systematischen Ordnung der raumbedeutsamen Planungen - örtliche und überörtliche Gesamtplanung sowie Fachplanung - differenziert darzustellen.

Detaillierte Regelungen wurden vor allem für die Fälle der Änderung oder Aufhebung von Bebauungsplänen getroffen. So gewährt das sog. Planungsschadensrecht in den §§ 39 - 44 BauGB Entschädigung für bestimmte Fälle, in denen durch Änderung oder Aufhebung der Festsetzung eines Bebauungsplans, die Nutzbarkeit eines Grundstücks eingeschränkt wird.

Als eindeutige Ausprägung des Vertrauensschutzgedankens regelt § 39 BauGB einen Entschädigungsanspruch für wertlos gewordene Aufwendungen, die im Vertrauen auf den Bestand eines rechtsverbindlichen Bebauungsplans zur Vorbereitung der planmäßigen Nutzung gemacht worden sind. Weil der Anspruch auf die Geltendmachung von Vertrauensschäden gerichtet ist, wird er durch den Gesichtspunkt des Vertrauensschutzes begründet und begrenzt. Die Aufwendungen müssen im Vertrauen auf den Bestand der bisherigen Festsetzungen des Bebauungsplans gemacht worden sein[2].

---

1 Siehe oben S. 33.

2 Nach h.M. ist der Vertrauensschutz nicht auf sog. qualifizierte Bebauungspläne (§ 30 BauGB) beschränkt. Soweit im Anwendungsbereich der §§ 34 und 35 BauGB sog. einfache

Aufwendungen sind im Rechtssinne sowohl bereits erbrachte Leistungen, die als endgültig anzusehen sind, als auch rechtsverbindlich eingegangene Verpflichtungen, deren Fortbestand durch die Aufhebung oder Änderung der Festsetzungen nicht in Frage gestellt wird. Sie müssen nach § 39 S. 1 BauGB in unmittelbarem Zusammenhang mit Vorbereitungshandlungen stehen, die der Verwirklichung der Nutzung - vor allem durch Bebauung - vorauszugehen pflegen[3]. In Betracht kommen z.B. Grundstücksteilungen und -vermessungen, Untergrund- bzw. Bodenuntersuchungen, Architekten- und Ingenieurhonorare für Planentwürfe, Wirtschaftlichkeitsberechnungen, Aufwendungen für die Baufinanzierung u.ä[4]. Schließlich setzt der Anspruch die Kausalität der Änderung, Ergänzung oder Aufhebung der betreffenden Festsetzungen des Bebauungsplans für die in § 39 BauGB bezeichneten Folgen voraus; der Erstattungsanspruch nach § 39 BauGB ist z.B. nicht gegeben, wenn zwar die Aufwendungen im Vertrauen auf den geänderten, ergänzten oder aufgehobenen Bebauungsplan getätigt worden sind, der Verwirklichung der Nutzung aber noch andere Hindernisse entgegenstanden, die im Zeitpunkt, in dem die Aufwendungen getätigt worden sind, bestanden und bis zum Inkrafttreten der Änderung, Ergänzung oder Aufhebung des Bebauungsplans nicht fortgefallen sind[5].

Über diesen auf getätigte Aufwendungen beschränkten Anspruch hinaus gewährt § 42 BauGB eine Entschädigung bei Änderungen des Bebauungsplanes für nicht nur unwesentliche Wertminderungen des Grundstücks, die allein durch die Neufestsetzung der Bodennutzung eintreten. Hauptfälle sind die planerische Herabzonung eines Baugebietes oder die erstmalige Beplanung eines Gebietes mit der Folge, daß eine bisher nach den §§ 34 oder 35

---

Bebauungspläne rechtsverbindlich sind, können deren Festsetzungen gleichfalls den Schutz nach § 39 BauGB begründen. Natürlich muß auch bei einfachen Bebauungsplänen deren Aufhebung, Änderung oder Ergänzung kausal sein für die in § 39 BauGB bezeichneten ausgleichsfähigen Folgen; dazu näher, *Ernst/ Zinkahn/ Bielenberg*, BBauG, § 39j Rdn. 12 ff.; *Ernst/ Hoppe*, Das öffentliche Bau- und Bodenrecht, Raumplanungsrecht, Rdn. 523 ff.; *Friauf*, Bau- und Bodenrecht, in: v. Münch (Hrsg.), Besonderes Verwaltungsrecht, S. 546 ff.; *Oldiges*, Baurecht, in: Steiner (Hrsg.), Besonderes Verwaltungsrecht, S. 490 ff.

3 Vgl. *Battis/Krautzberger/Löhr*, BauGB, Vorb. §§ 39 - 44, Rdn. 1 ff.

4 Nicht zu den Aufwendungen i.S.d. § 39 S. 1 BauGB gehören erbrachte Gegenleistungen für den Erwerb des Grundstücks oder für die Einräumung von Nutzungsrechten, z.B. von Erbbaurechten. Die Entschädigung hierfür wird nach den §§ 40 bis 44 BauGB gewährt. Dazu *Oldiges*, Baurecht, in: Steiner (Hrsg.), Besonderes Verwaltungsrecht, S. 490 ff.

5 Vgl. *Ernst/Zinkahn/Bielenberg*, BBauG, § 39j Rdn. 9 ff.

BBauG zulässige bauliche Nutzung nun überhaupt nicht mehr oder nicht mehr in vollem Umfang zulässig ist[6].

§ 42 BauGB gewährt Entschädigung für eine planbedingte Minderung der Nutzbarkeit von Grundstücken nach Maßgabe des damit verbundenen Bodenwertverlustes. Die Höhe der Entschädigung bemißt sich nach dem Unterschied zwischen dem Wert des Grundstücks aufgrund der zulässigen Nutzung und seinem Wert, der sich infolge der Aufhebung oder Änderung ergibt. Der Grundstückswert vor der Änderung wird hierbei abstrakt nach der Nutzbarkeit des Grundstücks bemessen, wie sie sich aufgrund der vormaligen planungsrechtlichen Situation dargestellt hat; ob diese Nutzungsmöglichkeit tatsächlich auch verwirklicht war oder nicht, spielt hierbei keine Rolle[7].

Allerdings unterliegt dieser Anspruch einer zeitlichen Beschränkung. Nach § 42 Abs. 2 BauGB kann nur dann für den vollen Wertverlust des Grundstücks Entschädigung verlangt werden, wenn die ursprüngliche Nutzbarkeit eines Grundstücks innerhalb einer Frist von sieben Jahren ab Zulässigkeit aufgehoben oder geändert wird. Nach Ablauf der Siebenjahresfrist kommt gemäß § 42 Abs. 3 BauGB nur noch ein erheblich eingeschränkter Entschädigungsanspruch in Betracht. Der Eigentümer kann nur noch eine Entschädigung für Eingriffe in die ausgeübte Nutzung verlangen[8], also etwa im Falle einer errichteten baulichen Anlage oder eines eingerichteten und ausgeübten

---

[6] Tritt die Minderung der Nutzbarkeit allerdings durch besondere Festsetzungen, wie etwa von Verkehrs- oder Grünflächen oder durch die Begründung von Geh-, Fahr- und Leitungsrechten, ein, so gelangen die §§ 40 und 41 BauGB zur Anwendung, ein Rückgriff auf die Generalnorm des § 42 BauGB ist ausgeschlossen. Vgl. § 43 Abs. 3 S. 1 BauGB.

[7] Vgl. BGH, DVBl. 1978, S. 378 ff.; *Friauf*, Bau- und Bodenrecht, in: v. Münch (Hrsg.), Besonderes Verwaltungsrecht, S. 546 ff.; *Oldiges*, Baurecht, in: Steiner (Hrsg.), Besonderes Verwaltungsrecht, S. 490 ff.

[8] Außerdem bleiben nach § 42 Abs. 4 BauGB Entschädigungen für Vermögensschäden durch Eingriffe in ausgeübte Nutzungen unberührt. Im Unterschied zu seinem sonstigen Regelungsgehalt betrifft § 42 Abs. 4 BauGB nicht den Bodenwert eines Grundstücks, sondern dessen konkrete Nutzung als solche, also den auf dem Grundstück befindlichen eingerichteten und ausgeübten Gewerbebetrieb. Eine planerische Herabzonung greift nicht unmittelbar rechtlich in eine vorhandene Nutzung ein, sondern läßt sie grundsätzlich unberührt; war das Grundstück nämlich zum Zeitpunkt der Herabzonung bereits im zuvor zulässigen Umfang bebaut, so kann die ausgeübte Nutzung meist wie bisher fortgesetzt werden. Vgl. *Battis/ Krautzberger/ Löhr*, BauGB, § 42, Rdn. 8 ff.; *Friauf*, Bau- und Bodenrecht, in: v. Münch (Hrsg.), Besonderes Verwaltungsrecht, S. 546 ff.; *Oldiges*, Baurecht, in: Steiner (Hrsg.), Besonderes Verwaltungsrecht, S. 490 ff.; *Schrödter*, Bundesbaugesetz, Kommentar, § 44 Rdn. 81 ff.; *Breuer*, Die Bodennutzung im Konflikt zwischen Städtebau und Eigentumsgarantie, S. 208 ff.

Gewerbebetriebs[9]. Hat der Eigentümer innerhalb dieser Frist von der Nutzungsmöglichkeit überhaupt keinen Gebrauch gemacht, so besteht bei späterer Herabzonung kein Anspruch auf Entschädigung[10].

War die Änderung oder Neuaufstellung des Bebauungsplans Folge einer Anpassung an die Raumplanung, so kommen zusätzlich *Entschädigungsansprüche der Gemeinden* in Betracht. Hat die Gemeinde einen Planbetroffenen nach den §§ 39 bis 44 BauGB zu entschädigen, weil sie einen Bebau-

---

[9] Vgl. *Battis/Krautzberger/Löhr*, BauGB, § 42, Rdn. 8 ff. Die Höhe der Entschädigung bemißt sich nach dem Unterschied zwischen dem Wert des Grundstücks aufgrund der ausgeübten Nutzung und seinem Wert, der sich infolge der in § 43 Abs. 3 Satz 1 BauGB bezeichneten Beschränkungen ergibt. Vgl. *Ernst/ Zinkahn/ Bielenberg*, BBauG, § 44 Rdn. 12 ff.; *Friauf*, Bau- und Bodenrecht, in: v. Münch (Hrsg.), Besonderes Verwaltungsrecht, S. 546 ff.; *Oldiges*, Baurecht, in: Steiner (Hrsg.), Besonderes Verwaltungsrecht, S. 490 ff.

[10] Vgl. § 42 Abs. 3 BauGB. - Die Vorschriften des § 42 Abs. 5 - 7 BauGB enthalten einige Vertrauenstatbestände, die durch die generalisierenden Fristbestimmungen bedingt sind und die Regelungen des §§ 39 bzw. 42 BauGB ergänzen. Die Regelung des § 42 Abs. 5 BauGB betrifft den Fall, daß eine Veränderungssperre nach § 14 BauGB oder eine befristete Zurückstellung eines Bauvorhabens nach § 15 BauGB den Eigentümer hindert, innerhalb der siebenjährigen Frist des § 42 Abs. 2 BauGB die zulässige Nutzung zu verwirklichen. Die Entschädigung des Betroffenen bemißt sich in diesem Fall nicht nach § 42 Abs. 3, sondern nach § 42 Abs. 2 BauGB. § 42 Abs. 6 BauGB regelt den Fall, daß eine Baugenehmigung oder ein bauaufsichtsrechtlicher Vorbescheid über die bodenrechtliche Zulässigkeit eines Vorhabens erteilt worden ist und der Eigentümer nach Ablauf der Siebenjahresfrist das beabsichte Vorhaben infolge der Aufhebung oder Änderung der zulässigen Nutzung des Grundstücks nicht mehr verwirklichen kann oder die Verwirklichung dadurch für ihn wirtschaftlich unzumutbar geworden ist. Im Falle des § 42 Abs. 7 S. 1 BauGB ist ein Antrag auf Erteilung einer Baugenehmigung oder eines Vorbescheides, der die bodenrechtliche Zulässigkeit eines Vorhabens zum Gegenstand hat, rechtswidrig abgelehnt worden. Während des laufenden Rechtsmittelverfahrens ist die zulässige Nutzung aufgehoben oder geändert worden, so daß nach allgemeinen verwaltungsrechtlichen Grundsätzen infolge der Rechtsänderung die Baugenehmigung bzw. der Vorbescheid nicht mehr erteilt werden kann. Demgegenüber regelt § 42 Abs. 7 S. 2 BauGB den Fall, daß der Eigentümer rechtzeitig einen Bauantrag gestellt oder die Erteilung eines Vorbescheides über die bodenrechtliche Zulässigkeit eines Vorhabens beantragt hat. Über den Antrag ist aber innerhalb der Siebenjahresfrist nicht entschieden worden, obwohl der Antrag so rechtzeitig gestellt wurde, daß eine Genehmigung innerhalb der Frist hätte erteilt werden können. In beiden Fällen wird Entschädigung entsprechend § 42 Abs. 6 BauGB gewährt. Dazu näher *Rothe*, Die Entschädigung bei Änderung oder Aufhebung einer zulässigen Nutzung nach § 44 BauGB, JZ 1978, S. 172 ff.; *Friauf*, Bau- und Bodenrecht, in: v. Münch (Hrsg.), Besonderes Verwaltungsrecht, S. 546 ff.; *Oldiges*, Baurecht, in: Steiner (Hrsg.), Besonderes Verwaltungsrecht, S. 490 ff.; *Schrödter*, Bundesbaugesetz, Kommentar, § 44 Rdn. 81 ff.

ungsplan aufgrund eines für verbindlich erklärten Entwicklungsplans oder Regionalplans geändert hat, erstattet das Land der Gemeinde die aus der Erfüllung des Entschädigungsanspruchs entstehenden notwendigen Aufwendungen[11]. Hat die Gemeinde als Grundstückseigentümerin selbst nutzungsvorbereitende Aufwendungen gemacht, die durch die Anpassung eines rechtswirksamen Bebauungsplanes an Wert verlieren, so kann sie vom Land eine angemessene Entschädigung in Geld verlangen[12]. Weiterhin sind der Gemeinde die Planungskosten vom Land zu ersetzen, wenn ein Bauleitplan aufgrund der Anpassungspflicht gemäß § 1 Abs. 4 BauGB geändert, ergänzt oder neu aufgestellt werden muß[13].

Demgegenüber kennt das deutsche Raumplanungsrecht keine positivrechtlichen Regelungen von *Entschädigungsansprüchen privater Planbetroffener*, die auf den Bestand eines Landesentwicklungs- oder Regionalplans vertraut haben[14].

Im Bereich der Fachplanung bestehen keine besonderen Regelungen. Die Grund-sätze über den Widerruf begünstigender Verwaltungsakte sind, wie dargelegt[15], auf die Änderung von Planfeststellungsbeschlüssen prinzipiell nicht anwendbar. Daher scheiden auch die hier vorgesehenen Entschädigungsregelungen aus. Eine Aus-nahme bilden lediglich die - atypischen - "privatnützigen Planfeststellungen". Sie kommen den Anlagegenehmigungen auf Grund förmlicher Verwaltungsverfahren, wie sie etwa in § 10 BImSchG

---

[11] Vgl. § 16 Abs. 1 Ba.-Wü. LPlG; § 28 Bay. LPlG, § 16 Hess. LPlG, § 33 N.-W. LPlG, § 18 Nds. LPlG, § 24 Rh.-Pf. LPlG, § 18 Saarl. LPlG und § 17 S.-H. LPlG.

[12] Vgl. § 34 Abs. 1 N.-W. LPlG (Jedoch lediglich, wenn die Landesregierung verlangen kann, daß die Gemeinden ihre genehmigten Bauleitpläne den Zielen der Raumordnung und Landesplanung anpassen, § 21 Abs. 1 N.-W. LPlG.). Eine etwas andere Regelung enthält § 16 Abs. 2 Ba.-Wü. LPlG, wonach das Land zur Entschädigung der Aufwendungen entsprechend § 16 Abs. 1 Ba.-Wü. LPlG verpflichtet ist, wenn der Gemeinde selbst an ihrem Eigentum ein Schaden entstanden ist. (Gleichlautend in § 16 Abs. 2 Hess. LPlG, § 24 Abs. 2 Rh-Pf. LPlG, § 18 Saarl. LPlG). In Bayern, Niedersachsen und Schleswig-Holstein existieren derartige Regelungen nicht. Vgl. *Cholewa/ Dyong/ von der Heide*, Raumordnung in Bund und Ländern, Kommentar, Synop. Landpl. 14, S. 1 ff.

[13] Nach § 34 Abs. 2 N.-W. LPlG sind z. B. die Aufwendungen für Erschließungsanlagen zu ersetzen, soweit diese infolge der Anpassung nicht mehr erforderlich sind. Zur Entschädigung für sonstige Planungskosten vgl. § 16 Abs. 1 Hess. LPlG.

[14] Zur Notwendigkeit des Vertrauensschutzes privater Planbetroffener siehe näher oben S. 132.

[15] Siehe oben S. 178.

vorgesehen sind, nahe. Daraus wurde oben[16] gefolgert, daß sie nur nach den Grundsätzen über den Widerruf begünstigender Verwaltungsakte, also insbesondere "um schwere Nachteile für das Gemeinwohl zu verhüten oder zu beseitigen", abgeändert bzw. aufgehoben werden können. Solche Änderungen lösen, wie der Widerruf von Anlagegenehmigungen, nach § 21 Abs. 4 BImSchG gemäß § 49 Abs. 5 VwVfG einen Anspruch auf Entschädigung für den Vermögensnachteil aus, den der Betroffene dadurch erleidet, daß er auf den Bestand der Genehmigung bzw. der privatnützigen Planfeststellung vertraut hat, soweit sein Vertrauen schutzwürdig ist. Entsprechendes gilt für den Widerruf von Zusagen[17].

### *II. Positivrechtliche Regelungen im koreanischen Recht*

Anders als das deutsche kennt das koreanische Recht bislang keine positiv-rechtlichen Regelungen zur Berücksichtigung des Vertrauensschutzes im Falle von Planänderungen[18].

Der Entwurf des Verwaltungsverfahrensgesetzes enthält insoweit lediglich einen sehr eingeschränkten Ansatz. Nach § 58 Abs. 2 EKVwVfG sind Vermögensverluste des Bürgers nach Maßgabe des Gesetzes zu entschädigen, wenn sie durch Feststellung, Änderung, Aufhebung oder Erledigung eines Planes entstanden sind. Diese Vorschrift bildet selbst keine Anspruchsgrundlage. Sie verlangt zwar, daß der planbedingte Vermögensschaden zu ersetzen ist, macht aber diese Rechtsfolge davon abhängig, daß zuvor entsprechende Entschädigungsregelungen in den Planungsgesetzen geschaffen wurden. Tritt der Entwurf in Kraft, müssen die koreanischen Planungsgesetze dem Entwurf angepaßt werden, und der Vorschrift des § 58 EKVwVfG durch die Aufnahme von Entschädigungsregelungen Genüge tun. Dabei können die positivrechtlichen Regelungen im deutschen Raum- und Stadtplanungsrecht als Gesetzgebungsmuster dienen.

Außerdem enthält § 32 i.V.m. § 31 Abs. 3 EKVwVfG eine dem § 49 Abs. 5 VwVfG entsprechende Regelung für den Widerruf von begünstigenden Verwaltungsakten. Nach Inkrafttreten des Entwurfs wird somit in Korea auch für Verwaltungsakte eine dem deutschen Recht entsprechende

---

16 Siehe oben S. 178.

17 Siehe oben S. 178.

18 Vgl. *J.-H. Seok*, Allgemeines Verwaltungsrecht, S. 483 ff.; *N.-J. Kim*, Verwaltungsrecht I, S. 257 ff.

Rechtslage gelten. Dann löst der in engen Grenzen zulässige Widerruf einzelner begünstigender Planungsmaßnahmen, die als Verwaltungsakte oder Zusage zu qualifizieren sind, entsprechende Entschädigungsansprüche aus. Für die Änderung von Planfeststellungsbeschlüssen sind diese Regelungen jedoch nicht anwendbar[19]. Wie im deutschen Recht sind auch nach koreanischer Rechtsordnung die Planfeststellungen Regelungen gemeinnütziger Art, d.h. sie regeln im öffentlichen Interesse einen komplexen Tatbestand und können weder nach ihrem Adressaten noch nach ihrer Wirkung als bestimmte Personen begünstigende Verwaltungsakte angesehen werden. Allerdings gibt es auch im koreanischen Recht Planfeststellungen, die den im deutschen Recht entwickelten "privatnützigen" Planfeststellungsbeschlüssen vergleichbar sind und sich materiell als Genehmigungen darstellen. Dazu gehört beispielsweise die oben genannte Feststellung des Thermalwasserbewirtschaftungsplans nach § 4 Abs. 2 Nr. 1 Thermalquellenverordnung i.V.m. § 4 Abs. 1 Thermalquellengesetz[20]. Auf sie sind dann die Regeln über Widerruf und damit auch diejenigen über die entsprechenden Entschädigungsansprüche anwendbar.

## B. Ansprüche auf staatliche Ersatzleistungen im deutschen und koreanischen Recht nach allgemeinen Rechtsgrundsätzen

### *I. Ansprüche auf staatliche Ersatzleistungen im deutschen Recht*

An diesem Punkt stellt sich die Frage, ob über die für besondere Fälle geltenden positiv-rechtlichen Regelungen hinaus, ein allgemeiner Ersatzleistungsanspruch begründet werden kann. Ein solcher läßt sich zunächst einmal den aufgezeigten positiv-rechtlichen Regelungen nicht entnehmen. Sie sind zu spärlich und in sich zu inhomogen, als daß sie eine Verallgemeinerung zu einem allgemeinen Rechtsgrundsatz zuließen[21]. Auch der Versuch, aus allgemeinen Rechtsgrundsätzen wie Rechtsstaatlichkeit, Rechtssicherheit, Treu und Glauben, Vertrauensschutzprinzip u.ä. ein eigenständiges Ersatzleistungsinstitut herzuleiten[22], kann nicht überzeugen. Denn ein solcher

---

19 Siehe oben S. 194.

20 Siehe oben S. 194.

21 Vgl. *Brohm*, Plangewährleistungsrechte, Jura 1986, S. 624 ff.

22 Sog. *progressive Linie*; Literaturangaben siehe oben S. 149.

allgemeiner Anspruchstatbestand vermag der Vielfalt der Pläne und Interessenlagen nicht Rechnung zu tragen. Außerdem besitzen die herangezogenen allgemeinen Grundsätze als Rechtsgrundlage für einen Ersatzleistungsanspruch substanziell zu wenig Aussagekraft[23]. Hinzu kommt, daß die Grundsätze der Rechtssicherheit und des Vertrauensschutzes allenfalls vor dem Entzug der Vertrauensposition schützen. Sie begründen mithin Abwehransprüche, jedoch keine Ersatzleistungsansprüche[24].

Daher kann die Frage, wann die Enttäuschung des Vertrauens in den Fortbestand der Planung durch eine staatliche Ersatzleistungspflicht kompensiert wird, lediglich über die bestehenden Ersatzleistungsinstrumente beantwortet werden[25].

### 1. Das System des öffentlich-rechtlichen Ersatzleistungsrechts

Das Recht der staatlichen Ersatzleistungen in der Bundesrepublik umfaßt die verschiedenen Schadensersatz-, Ausgleichs- und Wiederherstellungsansprüche des Betroffenen bei einer Beeinträchtigung seiner Rechte durch staatliches Verhalten.

Rechtstheoretisch läßt es sich in zwei große Bereiche einteilen, nämlich einmal die Entschädigung für rechtmäßige Eingriffe und zum anderen der Schadensersatz für rechtswidrige Eingriffe des Staates in die Rechte des Bürgers. Diese Differenzierung wurde jedoch im Laufe der Zeit zunehmend relativiert, indem die Grundsätze über die Entschädigung rechtmäßiger Eingriffe auf rechtswidrige Eingriffe ausgedehnt wurden[26]. Das geltende Recht der staatlichen Ersatzleistungen in der Bundesrepublik stellt kein in sich ge-

---

23 Nach *Schmidt*, "Vertrauensschutz" im öffentlichen Recht, JuS 1973, S. 529 ff., ist der Vertrauensschutzgedanke wegen seiner Abstraktheit ungeeignet zur Begründung von konkreten Ansprüchen.

24 Vgl. *Burmeister*, Zur Staatshaftung für Planschäden der Wirtschaft, Die Verwaltung 1969, S. 21 ff.; *Kunig*, Das Rechtsstaatsprinzip, S. 195 ff.; *Schmidt*, "Vertrauensschutz" im öffentlichen Recht, JuS 1973, S. 529 ff.; *Ossenbühl*, Vertrauensschutz im sozialen Rechtsstaat, DÖV 1972, S. 25 ff.

25 Sog. *Traditionelle* oder *konventionelle* Linie; Literaturangaben siehe oben S. 148.

26 Vgl. *Maurer*, Allgemeines Verwaltungsrecht, S. 528 ff.; *Rüfner*, Das Recht der öffentlichen Schadensersatz- und Entschädigungsleistungen, in: Erichsen/Martens (Hrsg.), Allgemeines Verwaltungsrecht, S. 521 ff.; *Achterberg*, Allgemeines Verwaltungsrecht, S. 723 ff.; *Ossenbühl*, Staatshaftungsrecht, S. 239 ff.

schlossenes System dar. Es ist vielmehr historisch und sachlich aus verschiedenen Wurzeln entstanden[27] und beruht auf unterschiedlichen gesetzesrechtlichen, gewohnheitsrechtlichen und richterrechtlichen Regeln und Grundsätzen. Da es sich zudem an verschiedenen, nicht aufeinander abgestimmten Tatbeständen orientiert, bildet es insgesamt eine mehrschichtige, lückenhafte und unübersichtliche Materie. Angesichts dieser diffusen Rechtslage wurde schon seit längerem eine grundlegende Reform und eine gesetzliche Neuregelung gefordert. Der Bundesgesetzgeber hat diese Forderung aufgegriffen. Das nach langen und kontroversen Beratungen verabschiedete Staatshaftungsgesetz vom 26. 6. 1981[28], ist jedoch durch Urteil des BVerfG vom 19. 10. 1982 für verfassungswidrig und nichtig erklärt worden, weil dem Bundesgesetzgeber die erforderliche Kompetenz fehlte[29]. Es bleibt daher vorerst beim überkommenen Rechtszustand[30].

Die tragenden Pfeiler des geltenden Ersatzleistungsrechts bilden auf der einen Seite die Enteignungsentschädigung nach Art. 14 Abs. 3 GG i.V.m. den entsprechenden Enteignungsgesetzen, die von der Rechtsprechung entwickelten Enteignungs- bzw. Aufopferungsentschädigungen bei rechtmäßigen Eingriffen, sowie die von der Rechtsprechung entwickelte und auf rechtswidrige Eingriffe ausgedehnte Entschädigung wegen enteignungsgleichen Eingriffs, und auf der anderen Seite die Amtshaftung bei rechtswidrigem und schuldhaftem Verhalten von Beamten oder sonstigen Bediensteten im hoheitlichen Bereich gem. Art. 34 GG i.V.m. § 839 BGB[31].

---

[27] Nach *Rüfner*, Das Recht der öffentlichen Schadensersatz- und Entschädigungsleistungen, in: Erichsen/Martens (Hrsg.), Allgemeines Verwaltungsrecht, S. 523 ff., rühren die sachlichen Schwierigkeiten des derzeitigen Staatshaftungsrechts vor allem daher, daß es aus verschiedenen Wurzeln erwachsen ist, die ursprünglich völlig getrennt waren. Die Haftung des Staates für rechtswidriges Handeln leitet sich einerseits aus der deliktischen Amtshaftung (§ 839 BGB), andererseits aus dem Gedanken der Aufopferung und Enteignung ab. Gleichzeitig bilden Aufopferung und Enteignung aber auch die Grundlage für Entschädigungspflichten bei rechtmäßigem Handeln.

[28] BGBl. I S. 553 ff.

[29] BVerfGE 61, 149 ff.

[30] Zur Entwicklungsgeschichte und staatstheoretischem Hintergrund des deutschen Staatshaftungsrecht, siehe näher *Maurer*, Allgemeines Verwaltungsrecht, S. 528 ff.; *Ossenbühl*, Staatshaftungsrecht, S. 239 ff.

[31] Hinzu kommt - teils ergänzend, teils überschneidend - eine Reihe weiterer Ansprüche, wie z.B. die Gefährdungshaftung, der öffentlichrechtliche Erstattungsanspruch, Ersatzansprüche aus verwaltungsrechtlichen Schuldverhältnissen. Dazu näher *Maurer*, Allgemeines Verwaltungsrecht, S. 528 ff.; *Ossenbühl*, Staatshaftungsrecht, S. 165 ff.; *Rüfner*, Das Recht der öffent-

## 2. Die Enteignungsentschädigungsansprüche

Art. 14 Abs. 3 GG erklärt eine Enteignung nur für zulässig, wenn sie zum Wohle der Allgemeinheit erforderlich ist. Sie darf nur durch Gesetz oder auf Grund eines Gesetzes erfolgen, das Art und Ausmaß der Entschädigung regelt. Die Frage der Entschädigung kann also nicht offengelassen oder in einem anderen Gesetz geregelt werden, vielmehr muß gemäß dieser "Junktim-Klausel" das die Enteignung vorsehende Gesetz auch Art und Ausmaß der Entschädigung festlegen. Regelt ein *Enteignungs*gesetz die Entschädigung nicht oder entspricht die Entschädigung, die es festsetzt, nicht den Erfordernissen des Art. 14 Abs. 3 GG, so ist es verfassungswidrig[32].

Da nach Art. 14 Abs. 1 S. 2 GG "Inhalt und Schranken" des Eigentums durch die Gesetze bestimmt werden und nach Art. 14 Abs. 2 GG "Eigentum verpflichtet" und sein Gebrauch "zugleich dem Wohle der Allgemeinheit dienen" soll, ist die Abgrenzung der bloßen Sozialbindung des Eigentums von der Enteignung schwierig. Daraus erklärt sich die eher formale Definition, wonach Enteignung im entschädigungsrechtlichen Sinne der hoheitliche Eingriff in eine als Eigentum geschützte Rechtsposition ist, der jenseits der Sozialbindung liegt und für den Betroffenen ein Sonderopfer darstellt[33].

Wo Eingriffe in das Eigentum nicht gesetzlich zugelassen sind und wo eine gesetzliche Entschädigungsregelung fehlt, scheidet ein Anspruch auf Enteignungsentschädigung aus. Wie das Bundesverfassungsgericht im sog. "Naßauskiesungsbeschluß" zutreffend festgestellt hat[34], ist Art. 14 Abs. 3 GG selbst keine Anspruchsgrundlage für die Zuerkennung einer Enteignungsentschädigung. Der Betroffene, der in einer gegen ihn gerichteten Maßnahme eine Enteignung sieht, kann daher eine Entschädigung nur einklagen, wenn eine gesetzliche Anspruchsgrundlage vorhanden ist. Fehlt sie, so muß

---

lichen Schadensersatz- und Entschädigungsleistungen, in: Erichsen/Martens (Hrsg.), Allgemeines Verwaltungsrecht, S. 521 ff.

32 Danach ist der Richter nicht befugt, das Gesetz als rechtswirksam zu behandeln und durch Festsetzung einer zureichenden Entschädigung zu ergänzen; er ist vielmehr gemäß Art. 100 GG zur Vorlage an das Bundesverfassungsgericht verpflichtet. Vgl. BVerfGE 4, 219 ff.; 24, 367 ff.; 46, 268 ff.; 52, 1 ff.; dazu näher *Jarass/Pieroth*, GG, Art. 14 Rdn. 55 ff.; *Maunz/Dürig*, GG, Art. 14 Rdn. 488 ff.; *Hesse*, Grundzüge des Verfassungsrechts, Rdn. 175 ff.

33 Vgl. *Maunz/Dürig*, GG, Art. 14 Rdn. 473 ff.; *von Münch*, GG, Art. 14 Rdn. 74 ff.; *Jarass/Pieroth*, GG, Art. 14 Rdn. 51 ff.; *Maurer*, Allgemeines Verwaltungsrecht, S. 572 ff.; *Hesse*, Grundzüge des Verfassungsrechts der Bundesrepublik Deutschland, S. 175 ff.; *Stein*, Staatsrecht, S. 257 ff.

34 Vgl. BVerfGE 58, 300 ff.

er sich bei den zuständigen Gerichten um die Aufhebung des Eingriffsaktes bemühen. Er hat also nicht die Wahl, sich gegen eine wegen Fehlens der gesetzlichen Entschädigungsregelung rechtswidrige Enteignung zur Wehr zu setzen oder unmittelbar Entschädigung zu verlangen[35].

Aus diesen Gründen können die durch eine Planänderung verursachten Vertrauensschäden nicht einfach über Art. 14 Abs. 3 GG ersetzt werden, falls dafür positivrechtliche Regelungen fehlen. Dies besagt aber noch nicht, daß solche Schäden entschädigungslos hinzunehmen sind. Denn nach dem System des öffentlich-rechtlichen Ersatzleistungsrechts kommen u.U. noch weitere Anspruchsmöglichkeiten in Betracht.

### 3. Entschädigungsansprüche wegen Enteignungs- bzw. Aufopferungsrecht bei rechtmäßigen Planänderungen

Soweit im Falle einer unvermeidbaren, rechtmäßigen Planänderung Ersatzleistungsansprüche für Planschäden geltend gemacht werden, kommt ein Tatbestand aus dem Enteignungs- oder Aufopferungsrecht in Betracht[36], bzw. seit dem Naßauskiesungsbeschluß des BVerfG als allgemeine Anspruchsgrundlage nur noch der Aufopferungsanspruch.

Der Gedanke der Aufopferungsentschädigung wurde in Deutschland zur Zeit des aufgeklärten Absolutismus unter Berufung auf die damaligen naturrechtlichen Lehren entwickelt. Diese gestanden dem einzelnen bestimmte, sog. wohlerworbene Rechte zu, in die der Landesherr nur aus besonderen

---

[35] Läßt er den Eingriffsakt unanfechtbar werden, so verfällt seine Entschädigungsklage der Abweisung; vgl. BVerfGE 58, 300, 324 ff.

[36] Das ist auch der Lösungsweg, den der BGH beschreitet. Er steht damit nicht im Widerspruch zur Rechtsprechung des Bundesverfassungsgerichts und des Bundesverwaltungsgerichts, die auf den Gedanken des Vertrauensschutzes abstellen. Denn die öffentlichrechtlichen Gerichte haben den Planbestand und nicht den Kompensationsanspruch im Auge. Für die Zuerkennung von Ersatzleistungen sind sie in diesen Fällen auch gar nicht zuständig; vgl. *Korbmacher*, Plangewährleistung und Vertrauensschutz, WiVerw. 1979, S. 43 ff.; *Brohm*, Plangewährleistungsrechte, Jura 1986, S. 624 ff.

Gründen des Allgemeinwohls und gegen Entschädigung eingreifen durfte[37]. Zu diesen Rechten wurde auch das Eigentum gerechnet.

Positiv-rechtlichen Ausdruck fand diese Auffassung erstmals in der §§ 74, 75 der Einleitung zum Preuß. ALR von 1794[38]. Danach muß der einzelne die Entziehung oder Beschränkung seiner Rechte dulden, kann aber Entschädigung für seinen Rechtsverlust verlangen. Dieser sog. Aufopferungsanspruch hat im Laufe der Zeit verschiedene Wandlungen durchgemacht, gilt aber - teils gewohnheitsrechtlich, teils spezialgesetzlich - prinzipiell auch heute noch[39]. Er setzt voraus, daß dem Betroffenen durch die Planänderung ein Sonderopfer auferlegt wird[40]. Darunter ist - von immateriellen Schäden abgesehen - eine Minderung subjektiver vermögenswerter Rechte zu verstehen, die die betroffenen einzelnen oder Gruppen im Vergleich zu anderen ungleich, besonders trifft und sie zu einem besonderen, den übrigen nicht zugemuteten Opfer für die Allgemeinheit zwingt[41].

Das Vorliegen dieser Voraussetzungen wird sich bei gesetzlichen Planänderungen nur in seltenen Fällen begründen lassen.

Einmal ist fraglich, ob Planungsgesetze den Interessen der Gesetzesadressaten zu dienen bestimmt sind, ihnen also ein subjektives Recht zugestehen sollen. Das wird man allerdings bei imperativen Raumplanungen, die sich, wie z.B. Bebauungspläne, direkt an den Bürger wenden, sowie bei influenzierenden Plänen, wie Subventionsregelungen oder Steuervergünstigungen, in den meisten Fällen bejahen können[42].

---

37 Zu dieser geschichtlicher Entwicklung siehe näher *Rüfner*, Das Recht der öffentlichen Schadensersatz- und Entschädigungsleistungen, in: Erichsen/Martens (Hrsg.), Allgemeines Verwaltungsrecht, S. 547 ff.; *Maurer*, Allgemeines Verwaltungsrecht, S. 566 ff.; *Ossenbühl*, Staatshaftungsrecht, S. 73 ff.

38 § 74 Einl. Preuß. ALR: "Einzelne Rechte und Vortheile der Mitglieder des Staates muessen den Rechten und Pflichten zur Befoerderung des gemeinschaftlichen Wohls, wenn zwischen beiden ein wirklicher Widerspruch (Collision) eintritt, nachstehn".

§ 75 Einl. Preuß. ALR: "Dagegen ist der Staat demjenigen, welcher seine besondern Rechte und Vortheile dem Wohl des gemeinen Wesens aufzuopfern genoethigt wird, zu entschaedigen gehalten".

39 Vgl. *Maurer*, Allgemeines Verwaltungsrecht, S. 567 ff; *Ossenbühl*, Staatshaftungsrecht, S. 73 ff.; *Rüfner*, Das Recht der öffentlichen Schadensersatz- und Entschädigungsleistungen, in: Erichsen/ Martens (Hrsg.), Allgemeines Verwaltungsrecht, S. 547 ff.

40 Vgl. BGHZ 6, 270 ff.

41 Vgl. *Ossenbühl*, Staatshaftungsrecht, S. 81 ff.

42 Vgl. *Brohm*, Plangewährleistungsrechte, Jura 1986, S. 624 ff.

Außerdem muß ein solches subjektiv-öffentliches Recht einem Eigentumsrecht gleichkommen. Das ist nach anerkannter Rechtsprechung und Lehre im wesentlichen nur der Fall, wenn dafür auch eigene Leistungen aufgewandt wurden[43].

Das trifft etwa bei der Ausweisung einer bestimmten Bodennutzung in einem Bebauungsplan dann zu, wenn davon durch eine entsprechende Bebauung Gebrauch gemacht wurde. Insofern stellt § 42 Abs. 3 BauGB, der eine Entschädigung für den Fall vorsieht, daß eine verwirklichte Nutzung nicht mehr ausgeübt werden darf, die Regelung einer Enteignungsentschädigung dar. Zweifelhaft ist jedoch, ob die durch einen Bebauungsplan bewirkte Änderung einer Nutzungsmöglichkeit, von der der Eigentümer noch keinen Gebrauch gemacht hat, ebenfalls eine entschädigungspflichtige Enteignung darstellt. Die Frage wurde früher durch den Bundesgerichtshof bejaht, wird aber vom Gesetzgeber seit der Novellierung des Bundesbaugesetzes im Jahr 1976 unter Berufung auf das Bundesverfassungsgericht verneint[44]. Letzterem ist zuzustimmen. Auch wenn man die "Baufreiheit", d.h. die bauliche Nutzung eines Grundstücks prinzipiell zum Inhalt des Eigentums zählt, kann sie im Rahmen der Sozialbindung des Eigentümers, durch die in Art. 14 Abs. 1 S. 2 vorgesehene gesetzliche Bestimmung von "Inhalt und Grenzen" des Eigentümers im konkreten Falle ausgeschlossen oder Art und Ausmaß der baulichen Nutzung festgelegt werden. Diese Festlegungen lassen sich erweitern oder reduzieren; immer geht es um die Inhaltsbestimmung des konkreten Grundeigentums in der jeweiligen örtlichen Situation. Die verfassungsrechtlich gewährleistete Eigentumsfreiheit garantiert lediglich, daß Einschränkungen nicht unverhältnismäßig erfolgen und nicht den Wesenskern des Eigentümers verletzen, also eine substantielle Nutzung und Disposition dem Eigentümer belassen[45]. In diesem Rahmen sind Wertminderungen durch eine Planänderung, etwa eine Herabzonung, rechtlich zulässig und stellen als Konkretisierung des Eigentumsinhalts keine Enteignung dar; Regelungen, die wie § 42 Abs. 2 BauGB für wertmindernde Planänderungen innerhalb der ersten 7 Jahren nach Erlaß des Bebauungsplans eine Entschädigung vorsehen, regeln daher keine Enteignungsentschädigung, sondern geben eine Kompensation für die Beeinträchtigung des Vertrauensschutzes,

---

[43] Vgl. BGHZ 45, 83 ff. BGH, NJW 1968, 293 ff.; NJW 1980, 2700 ff.; *Engelhardt*, Neue Rechtsprechung des BGH zur öffentlichrechtlichen Entschädigung, NVwZ 1989, S. 1026 ff.; *Brohm*, Plangewährleistungsrechte, Jura 1986, S. 624 ff.; *Oldiges*, Grundlagen eines Plangewährleistungsrechts, S. 187 ff.; 347 ff.

[44] Vgl. *Battis/Krautzberger/Löhr*, BauGB, Vorb. §§ 39 - 44, Rdn. 2 ff.

[45] Vgl. *Der Bundesminister für Raumordnung, Bauwesen und Städtebau*, Neue und modifizierte Rechtsformen der Bodennutzung (Münchener Gutachten), S. 43 ff.

also einen finanziellen Plangewährleistungsanspruch. Daher ist der Ausschluß eines solchen Anspruchs für den Fall, daß die wertmindernde Planänderung erst 7 Jahre nach der Feststellung des Bebauungsplans erfolgt, auch verfassungsrechtlich nicht zu beanstanden[46]. Sieht man von dieser Feststellung ab, ist die Frage der Entschädigungspflicht für den Entzug oder die Einschränkung einer planungsrechtlich gewährten, aber noch nicht verwirklichten Nutzungsmöglichkeit infolge der positiv-rechtlichen Regelung durch das Baugesetzbuch ohne große praktische Bedeutung. Sie wird jedoch in hohem Maße für die anderen Pläne relevant, für die entsprechende gesetzliche Regelungen fehlen.

Als weitere Voraussetzung einer eigentumsgleichen Rechtsposition muß man eine gewisse Stabilität der Rechtsgewährung verlangen. Da aber die Korrekturbedürftigkeit jeder Planung innewohnt[47], fehlt es bei Planungsgesetzen i.d.R. daran. Sie könnte erst angenommen werden, wenn besondere, stabilisierende Momente hinzukommen. Dies wäre nach Ansicht des Bundesgerichtshofs nur in Betracht zu ziehen, "wenn durch die besonderen Umstände des Falles ein Vertrauenstatbestand geschaffen worden wäre", auf Grund dessen der Betroffene sich auf des Weiterbestehen einer ihm günstigen Gesetzeslage hätte verlassen dürfen, so etwa, wenn er durch die Bundesregierung unter Hinweis auf das Bestehen eines Schutzzolls zu erhöhten Aufwendungen und Investitionen veranlaßt worden wäre[48]. Im übrigen müssen Entschädigungsansprüche ausscheiden. So lehnte das Reichsgericht einen Ersatzleistungsanspruch ab mit dem Hinweis, wer eine geschäftliche Maßnahme auf Grund einer allgemeinen Gesetzeslage treffe ohne vertragsmäßige Regelung einer Entschädigungspflicht und "ohne verfassungsrechtliche Gewähr für den Fortbestand der maßgeblichen Gesetze, nehme nur eine Chance wahr und müsse das Risiko selbst tragen, daß spätere Gesetze die Wirtschaft in einer anderen Richtung beeinflussen und dadurch seine ge-

---

[46] Streitig siehe *Oldiges*, Baurecht, in: Steiner (Hrsg.), Besonderes Verwaltungsrecht, S. 494 ff., der die alte Meinung wieder aufleben lassen will.

[47] Siehe näher oben S. 108.

[48] Vgl. BGHZ 45, 83 ff. Dazu BGH, NJW 1968, 293 ff.; NJW 1980, 2700 ff. Nach *Brohm*, Plangewährleistungsrechte, Jura 1986, S. 624 ff., bestehen in dieser Hinsicht selbst in Fällen wie der erwähnten Gefrierfleischentscheidung des Reichsgerichts Zweifel, wo nach langen Verhandlungen zwischen der Reichsregierung und den Fleischimpoteuren durch eine Rechtsverordnung die Einfuhr von Gefrierfleisch für eine Mindestdauer von 10 Jahren erleichtert, diese Vergünstigung aber bereits zwei Jahre später wieder aufgehoben worden war. Denn auch hier fehlte trotz der vorausgegangenen Verhandlungen mit den Verbänden die tatbestandliche Verknüpfung zwischen der Einfuhrlenkung und der Errichtung der Kühlhäuser im konkreten Einzelfall; vgl. RGZ 139, 177.

schäftlichen Pläne stören oder sogar den Fortbestand des Unternehmens vereiteln könnten". In Fortführung dieser Rechtsprechung lehnte der Bundesgerichtshof Entschädigungsansprüche ab, als die inländischen Knäckebrotfabriken wegen der Senkung des Einfuhrzolls hohe Einkommensverluste hinnehmen mußten[49], oder als wegen einer Änderung der Straßenverkehrszulassungsordnung die Produktion der Blinker für Kraftfahrzeuge unter erheblichen Kosten umzustellen war[50].

Um dieses Dilemma in den Tatbestandsvoraussetzungen des allgemeinen Aufopferungsanspruchs käme man nur herum, wenn man die erwarteten Vorteile einer Vermögensdisposition zu den subjektiven vermögenswerten Rechten am eingerichteten und ausgeübten Gewerbebetrieb rechnen könnte. Ein solcher Weg ist bislang jedoch weder in der Rechtsprechung noch in der Literatur in Sicht[51].

Bei rechtmäßigen unvermeidbaren Planänderungen wird deshalb ein Entschädigungsanspruch über die Aufopferung nur selten zu begründen sein.

### 4. Entschädigungsansprüche wegen enteignungsgleichen Eingriffs bei rechtswidrigen Planänderungen

Über die erwähnten Tatbestände hinaus hat der Bundesgerichtshof die Enteignungsentschädigung auf Schäden durch *rechtswidrige* Eingriffe in das Eigentum im Wege des "erst-Recht"-Schlusses ausgedehnt. Dafür hat sich der Ausdruck des *enteignungsgleichen Eingriffs* eingebürgert. Nach der Begriffsbestimmung des Bundesgerichtshofs ist der enteignungsgleiche Eingriff ein rechtswidriger Eingriff in das Eigentum, der für den Fall seiner gesetzlichen Zulässigkeit sowohl nach seinem Inhalt als auch nach seiner Wirkung eine Enteignung wäre[52].

Mit dieser Erweiterung sollte die Lücke geschlossen werden, die im Haftungssystem zwischen der Enteignung und der Amtshaftung besteht: Rechtmäßige Eingriffe sind nach Art. 14 Abs. 3 GG zu entschädigen und

---

49 Vgl. BGHZ 45, 83 ff.

50 Vgl. BGH, NJW 1968, 293 ff.; dazu näher *Brohm*, Plangewährleistungsrechte, Jura 1986, S. 624 ff.

51 Nach Brohm, Plangewährleistungsrechte, Jura 1986, S. 624 ff., dürfte er auch kaum zu finden sein, da der Staat sonst Gefahr laufe, seine Reaktionsfähigkeit einzubüßen.

52 Vgl. BGHZ 6, 270 ff.

rechtswidrige schuldhafte Eingriffe nach Art. 34 GG i.V.m. § 839 BGB. Für die *dazwischenliegenden* rechtswidrigen schuldlosen Eingriffe fehlte eine Anspruchsgrundlage[53]. Insofern bietet sich der *enteignungsgleiche Eingriff* auch als Anspruchsgrundlage für Schäden infolge einer *rechtswidrigen*, aber *unverschuldeten* Planänderung an.

Die Rechtsprechung des Bundesgerichtshofs zum *enteignungsgleichen Eingriff* wurde dann durch die erwähnte "Naßauskiesungsentscheidung" des Bundesverfassungsgerichts in Frage gestellt, in der das Gericht darauf hinwies, daß Art. 14 GG nur die Enteignungsvoraussetzungen festsetze, aber keine Rechtsgrundlage für Entschädigungsansprüche abgebe[54]. Der Bundesgerichtshof hält sich indessen nur in den Fällen einer echten Enteignung im engeren Sinne an diese Entscheidung des Bundesverfassungsgerichts für gebunden[55]. Bei einer rechtswidrigen Vermögensbeeinträchtigung, wie sie hier zur Diskussion steht, bleibt er der Sache nach bei seiner bisherigen Rechtsprechung zum *enteignungsgleichen Eingriff*; er zitiert jetzt lediglich als Anspruchsgrundlage den allgemeinen Aufopferungsanspruch[56].

Voraussetzung ist hier ein hoheitlicher rechtswidriger Eingriff in vermögenswerte Rechte, der für den Rechtsinhaber ein Sonderopfer darstellt[57]. Da jeder Bürger erwarten kann, daß sich der Staat rechtmäßig verhält, wird von den Zivilgerichten bereits jede rechtswidrige Beeinträchtigung vermögenswerter subjektiver Rechte als Sonderopfer angesehen. Indessen liegen bei Planänderungen die tatbestandlichen Schwierigkeiten wiederum in der subjektivrechtlichen Position, die als Voraussetzung für ein Sonderopfer verlangt wird. Bestehen daher keine positiv-rechtlichen gesetzlichen Rechtsgrundlagen für einen Entschädigungsanspruch bei Planungsschäden, die im

---

[53] Vgl. *Maurer*, Allgemeines Verwaltungsrecht, S. 587 ff; *Ossenbühl*, Staatshaftungsrecht, S. 144 ff.; *Rüfner*, Das Recht der öffentlichen Schadensersatz- und Entschädigungsleistungen, in: Erichsen/Martens (Hrsg.), Allgemeines Verwaltungsrecht, S. 574 ff.

[54] Vgl. BVerfGE 58, 300 ff.

[55] Vgl. BGHZ 90, 17 ff. und BGHZ 91, 20 ff.

[56] Vgl. BGH, NJW 1984, 1169 ff., NJW 1984, 1876 ff., NJW 1984, 2516 ff.

[57] Die Tatbestandsvoraussetzungen der beiden Institute entsprechen sich insoweit, vgl. BGHZ 90, 17 ff. und BGHZ 91, 20 ff.; *Maurer*, Allgemeines Verwaltungsrecht, S. 587 ff.; *Ossenbühl*, Staatshaftungsrecht, S. 144 ff.; *Rüfner*, Das Recht der öffentlichen Schadensersatz- und Entschädigungsleistungen, in: Erichsen/Martens (Hrsg.), Allgemeines Verwaltungsrecht, S. 574 ff.; *Krause*, Eigentum an subjektiven öffentlichen Rechten, S. 35 ff.; *J. Ipsen*, Enteignung, enteignungsgleicher Eingriff und Staatshaftung, DVBl. 1983, S. 1029 ff.; *Papier*, Enteignungsgleiche und enteignende Eingriffe nach der Naßauskiesungentscheidung, JuS 1985, S. 184 ff.; *Ossenbühl*, Enteignungsgleicher Eingriff im Wandel, JuS 1988, S. 193 ff.

Falle einer rechtswidriger Pläne analog anzuwenden wären, wird ein Entschädigungsanspruch wegen "enteignungsgleichen Eingriffs" nur selten zum Zuge kommen.

### 5. Schadensersatzansprüche nach § 839 BGB i.V.m. Art. 34 GG

Schließlich stellt sich die Frage, ob der von einer schuldhaft rechtswidrigen Planänderung nachteilig Betroffene einen Schadensersatzanspruch geltend machen kann. Nach § 839 BGB i.V.m. Art. 34 GG ist der Staat grundsätzlich zum Schadensersatz verpflichtet, wenn jemand in Ausübung eines ihm anvertrauten öffentlichen Amtes die ihm einem Dritten gegenüber obliegende Amtspflicht schuldhaft verletzt und dadurch einen Schaden verursacht[58]. Allerdings kommen Schadensersatzansprüche wegen Amtspflichtverletzung nur in Frage, wenn gegen die Planänderung keine Rechtsmittel zur Verfügung stehen oder ein Schaden bereits vorher eingetreten ist[59]. Denn nach § 839 Abs. 3 BGB entfällt der Anspruch, wenn es der Geschädigte versäumt hat, mögliche und zumutbare Rechtsmittel einzulegen. Dazu gehören die oben genannten Rechtsmittel gegen Pläne, also insbesondere die Verfassungsbeschwerde, die verwaltungsgerichtliche Normenkontrolle gemäß § 47 VwGO gegen Rechtsverordnungen und Satzungen sowie die Anfechtungsklage gegen Planfeststellungsbeschlüsse und sonstige Verwaltungsakte[60].

---

[58] Dabei bilden § 839 BGB und Art. 34 GG eine einheitliche Anspruchsgrundlage. Der Staat haftet nicht neben, sondern anstelle des Amtswalters. Die tragende Grundlage für die Staatshaftung bildet jedoch das Rechtsstaatsprinzip. Die Staatshaftung (Art. 34 GG) ergänzt den Grundsatz der Gesetzmäßigkeit (Art. 20 Abs. 3 GG) und die Rechtsschutzgarantie (Art. 19 Abs. 4 GG): Wenn es zu Rechtsverletzungen durch die staatliche Gewalt kommt und wenn diese Rechtsverletzungen nicht oder nicht mehr durch den gerichtlichen Rechtsschutz aufgefangen werden können, dann muß die Rechtsverletzung durch Leistung von Schadensersatz wieder ausgeglichen werden. Das gilt umso mehr, als der Staat die Amtswalter anstellt und sie zu beaufsichtigen hat, ja ihnen überhaupt erst die hoheitlichen Möglichkeiten und Befugnisse verleiht, die zu dem schadensverursachenden Verhalten führen können. Vgl. *Maurer*, Allgemeines Verwaltungsrecht, S. 531 ff.; *Bender*, Staatshaftungsrecht, S. 31 ff.; *Ossenbühl*, Staatshaftungsrecht, S. 4 ff.

[59] Vgl. BGH, JZ 1984, 987 ff. = DÖV 1985, 23 ff.; dazu näher *Dolde*, Enteignungsgleicher Eingriff und Amtspflichtverletzung durch Aufstellung nichtiger Bebauungspläne, NVwZ 1985, 250 ff.

[60] Anderenfalls muß sich der Geschädigte die versäumte Rechtsmitteleinlegung zumindest als mitwirkendes Verschulden bei der Schadensbemessung anrechnen lassen § 839 Abs. 3 BGB.

Soweit es um Planungen in der Form eines Parlamentgesetzes geht, bereitet die Begründung eines Amtshaftungsanspruchs allerdings erhebliche Schwierigkeiten. Z.T. wird eine Haftung für "legislatives Unrecht" sogar grundsätzlich abgelehnt, weil sie zur Knebelung des Gesetzgebers und zum Staatsbankrott führen müsse[61]. Die überwiegende Meinung in der Literatur hält diese Befürchtung jedoch für unbegründet[62], weil die Haftung schon nach ihren Voraussetzungen auf derart viele Grenzen stoße, daß sie sich in einem überschaubaren Rahmen halten lasse[63].

Daß die raumbedeutsame Planungstätigkeit die *Ausübung eines öffentlichen Amtes* darstellt, wird in der Literatur und Rechtsprechung nicht bezweifelt, da es sich bei der Aufstellung bzw. Änderung von staatlichen Plänen offensichtlich um eine hoheitliche Tätigkeit handelt.

Als *Amtspflicht* kommt die Verpflichtung der an der Planung beteiligten Abgeordneten in Betracht, das höherrangige Recht wie z.B. die Grundrechte und verfassungsrechtliche Grundsätze zu beachten[64].

---

61 Vgl. *Schack*, Entschädigung bei legislativem Unrecht, MDR 1953, 514 ff.; *Menger*, Zum enteignungsgleichen Eingriff und zur Amtspflichtsverletzung durch Untätigbleiben des Gesetz- und Verordnungsgebers, VerwArch 63 (1972), S. 81 ff.

62 Das Staatshaftungsgesetz hatte die Haftung für rechtswidrige Rechtsverordnungen und Satzungen einbezogen, die Haftung für rechtswidrige formelle Gesetze dagegen einem besonderen Gesetz überlassen und damit praktisch ausgeschlossen, was in der Literatur zurecht auf Kritik gestoßen ist; vgl. *Maurer*, Allgemeines Verwaltungsrecht, S. 557 ff.; *Dagtoglou*, Ersatzpflicht des Staates bei legislativem Unrecht?, S. 31 ff.; *Schenke*, Entschädigungsansprüche bei legislativem Unrecht unter dem Aspekt des enteignungsgleichen Eingriffs, NJW 1988, S. 857 ff.

63 Vgl. *Scheuing*, Haftung für Gesetze, in: Festschirift für Bachof, S. 343 ff.; *Engelhardt*, Neue Rechtsprechung des BGH zum Staatshaftungsrecht, NVwZ 1989, S. 927 ff.; *ders.*, Die neuste Entwicklung der Rechtsprechung zum Staatshaftungsrecht, NVwZ 1985, S. 623 ff.

64 Ob dies auch für in Gesetzesform erfolgende Planungstätigkeit gilt, ist umstritten. Der Umstand, daß ein Gremium entscheidet, bereitet keine Schwierigkeiten. Unter Hinweis auf den Wortlaut des § 839 BGB soll nach allgemeiner Meinung das Parlament als Schadensverursacher ausscheiden. Allerdings hält man es für möglich, den einzelnen Abgeordneten als Beamten im haftungsrechtlichen Sinne anzusehen, weil die Indemnität der Abgeordneten jedenfalls eine Haftung des Staates nach Art. 34 GG nicht ausschließe; vgl. vgl. BGH, NVwZ 1986, S. 504 ff.; *Dagtoglou*, Ersatzpflicht des Staates bei legislativem Unrecht?, S. 343 ff.; *Scheuing*, Haftung für Gesetze, in: Festschrift für Bachof, S. 356 ff. Dagegen will *Brohm*, Plangewährleistungsrechte, Jura 1986, S. 623 ff., § 839 BGB allenfalls gegenüber Rechtssetzungsakten der Verwaltung, also bei Rechtsverordnungen und Satzungen, zum Zuge kommen lassen. Denn der Anspruch aus § 839 BGB, über dessen Vorliegen die Zivilgerichte der mittleren Instanz entscheiden, könne sich

Die Amtspflichtverletzung löst jedoch nur dann eine Schadensersatzpflicht aus, wenn die verletzte Amtspflicht dem Geschädigten gegenüber bestand und dessen Schutz bezweckte. Dieses Erfordernis der *Drittbezogenheit* hat eine haftungsbegrenzende Funktion und liegt in der Regel dann vor, wenn ein subjektives Recht des Geschädigten betroffen ist. Die *Drittbezogenheit* ist aus den die Amtspflicht begründenden Vorschriften und der besonderen Natur des Amtsgeschäfts zu ermitteln[65]. Erhebliche Meinungsverschiedenheiten bestehen im Hinblick auf die Frage, ob die Amtspflicht des Abgeordneten, Grundrechte und verfassungsrechtliche Grundsätze zu beachten, drittbezogen ist, also gerade den geschädigten Gesetzesadressaten gegenüber besteht[66]. Dies wird man nur in Fällen gezielter Eingriffe, wie etwa bei Einzelfall- oder Maßnahmegesetzen annehmen können. Im übrigen folgt aus dem generell-abstrakten Charakter der Gesetze, daß der Gesetzgeber nur im Allgemeininteresse, nicht auch im Interesse bestimmter Personen oder Personenkreise tätig wird.

Bejaht man die Drittbezogenheit, dann stellt sich die *Verschuldens*frage. Der Amtshaftungsanspruch setzt ein vorsätzliches oder fahrlässiges Verhalten eines Amtswalters voraus[67]. Im Falle einer Planänderung in Gesetzes-

---

aus funktionell-rechtlichen Gründen, also wegen der durch die Gewaltenteilung bedingten unterschiedlichen Staatsfunktionen, nur auf die Verwaltungstätigkeit beziehen. Der funktionsspezifische Unterschied zwischen Gesetzgebung und Verwaltung zeige sich nicht nur in der personellen, sondern auch in der verfahrensrechtlichen Komponente. Die Kuriosität eines Amtshaftungsanspruchs gegenüber dem Gesetzgeber bzw. einzelnen Mitgliedern des gesetzgebenden Organs mache die Entscheidung des OLG Hamburg, DÖV 1971, 238 ff., deutlich. Das Gericht prüfe allen Ernstes, ob eine bei der Änderung des Besoldungsgesetzes unterlassene Erhöhung der Sondergehälter von Professoren einen Schadensersatzanspruch der Betroffenen begründe. Hier würden also über das Amtshaftungsrecht praktisch Gesetzgebungspflichten konstruiert. Und diese würden vor Landgerichten und Oberlandesgerichten eingeklagt, die dafür kaum als kompetent angesehen werden können.

[65] Vgl. BGHZ 56, 40 ff.; 69, 128 ff.; 84, 292 ff.; 93, 87 ff. Dabei ist maßgebend, ob und inwieweit der Schutz der Interessen des Geschädigten bezweckt ist; dazu näher *Maurer*, Allgemeines Verwaltungsrecht, S. 537 ff.

[66] Von der Rechtsprechung und der h.L. wird dies grundsätzlich verneint. Vgl. BGHZ 56, 40 ff.; 84, 292 ff.; BGH, NJW 1988, 482 ff.; *Haverkate*, Amtshaftung bei legislativem Unrecht und die Grundrechtsbindung des Gesetzgebers, NJW 1973, S. 441 ff.; *Papier*, Zur Reform des Staatshaftungsrechts, DVBl. 1974, S. 573 ff.; *Brohm*, Plangewährleistungsrechte, Jura 1986, S. 623 ff.

[67] Die Fahrlässigkeit bestimmt sich nach § 276 Abs. 1 S. 2 BGB, der einen objektiven Verschuldensmaßstab festlegt. Es ist daher nicht auf den konkret handelnden Amtswalter, sondern auf den *pflichtgetreuen Durchschnittsbeamten* abzustellen. Maßgebend sind die Kenntnisse und

form muß auch bei einem objektiven Verschuldensmaßstab im konkreten Fall auf die jeweiligen Erkenntnismöglichkeiten des Abgeordneten, den Ablauf des Gesetzgebungsverfahrens und die übrigen Umstände beim Zustandekommen des Planungsgesetzes abgestellt werden. Bei echten Streitfragen wird die - objektiv zu bestimmende - Fahrlässigkeit kaum zu bejahen sein, auch wenn das Bundesverfassungsgericht ein Planungsgesetz später für verfassungswidrig erklären sollte[68].

Einfacher ist die Rechtslage bei Bebauungsplänen zu beurteilen. Sie werden zwar als Satzung und damit als Norm erlassen, enthalten aber doch z.T. recht konkrete Festsetzungen und unterscheiden sich daher von den typischen generell-abstrakten Rechtsnormen. Darauf stellt nunmehr auch der Bundesgerichtshof ab: unter Hinweis darauf, daß die Planbetroffenen durch die räumlichen Grenzen des Bebauungsplanes und ihre rechtlichen Beziehungen zu den erfaßten Grundstücken hinreichend eingegrenzt und individualisiert würden, hält er eine *Drittbezogenheit* für möglich[69]. Ein Verschulden des den Bebauungsplan beschließenden Gemeinderats wird dann angenommen, wenn er, z.B. bei der Ausweisung einer früheren Mülldeponie als

die Fähigkeiten, die für die Führung des jeweiligen Amtes im Durchschnitt erforderlich sind. Im konkreten Fall genügt der Nachweis, daß das rechtswidrige Verhalten der Behörde bei objektiver Betrachtung nicht der gebotenen Sorgfalt entsprach; dazu näher *Maurer*, Allgemeines Verwaltungsrecht, S. 540 ff.; *Papier*, in: Münchener Kommentar, § 839 BGB Rdn. 15 ff.; BGH, DVBl. 1981, 825 ff.; BGH, NVwZ 1986, 504 ff.

68 Die immer häufiger vorkommenden redaktionellen Mängel, insbesondere bedingt durch nicht hinreichend abgestimmte Änderungen kurz vor der endgültigen Beschlußfassung, können aber durchaus zum Vorwurf mangelnder Sorgfalt führen. Vgl. *Papier*, in: Münchener Kommentar, § 839 BGB Rdn. 15 ff.; *Maurer*, Allgemeines Verwaltungsrecht, S. 556 ff.

69 Vgl. BGH, DVBl. 1976, 175 ff.; BGHZ 84, 292 ff.; 92, 34 ff. Die entscheidende Frage ist dabei, welche bebauungsplanungsrechtlichen Regelungen drittschützenden Charakter haben. Das Abwägungsgebot hat drittschützende Wirkung, soweit auch private Interessen in die Abwägung einzubeziehen sind (vgl. BVerwGE 59, 78 ff.). Der BGH ist jedoch wesentlich zurückhaltender. Er ist der Auffassung, daß drittbezogene Amtspflichten gegenüber einem bestimmten Planbetroffenen grundsätzlich nur bestehen, wenn das Gebot der Rücksichtnahme, das auch bei der planerischen Abwägung nach § 1 Abs. 6 BauGB zu beachten ist, zugunsten dieses Betroffenen drittschützende Wirkung entfaltet und ihm damit ein subjektives Recht verleiht; vgl. BGHZ 92, 34 ff.; *Dolde*, Enteignungsgleicher Eingriff und Amtspflichtverletzung durch Aufstellung nichtiger Bebauungspläne, NVwZ 1985, S. 252 ff.; *Kosmider*, Haftung für einen rechtswidrigen Bebauungsplan - BGHZ 92, 34, JuS 1986, S. 279 ff.; Kritisch dazu *Papier*, Zur Reform des Staatshaftungsrechts, JZ 1984, 994 ff.

Wohngebiet, es versäumte, die Kontamination des Geländes und damit die Gefahren seiner Überbauung zu untersuchen[70].

## *II. Ansprüche auf staatliche Ersatzleistungen im koreanischen Recht*

### 1. Das System des koreanischen Ersatzleistungsrechts

Wie gezeigt, sind Entschädigungsansprüche eines Planbetroffenen, der im Vertrauen auf den Fortbestand des Plans Vermögensdispositionen getätigt und durch eine Planänderung einen Vermögensverlust erlitten hat, im koreanischen Recht positiv-rechtlich nicht geregelt. Daher kommen Entschädigungsansprüche nur auf Grund der allgemeinen Anspruchsgrundlagen in Betracht. Das macht es erforderlich, kurz das System des koreanischen Ersatzleistungsrechts darzulegen.

Das Recht der staatlichen Ersatzleistungen in Korea umfaßt grundsätzlich die Enteignungsentschädigungsansprüche nach Art. 23 Abs. 3 KV für rechtmäßige Eingriffe und die Schadensersatzansprüche nach Art 29 Abs. 1 KV für rechtswidrige, schuldhafte Eingriffe des Staates[71]. Wie in der Bundesrepublik sind beide Ansprüche historisch und sachlich aus verschiedenen Wurzeln entstanden[72] und beruhen auf unterschiedlichen verfassungs- und gesetzesrechtlichen Regelungen und Grundsätzen. Für Schadensersatzansprüche ist das Staatsschadensersatzgesetz einschlägig, für Enteignungsentschädigungsansprüche gelten das Grundstücksenteignungsgesetz, das Gesetz über den Erwerb von öffentlichen Zwecken dienenden Grundstücken und über die Ersatzleistungen sowie die verschiedenen Planungsgesetze.

---

[70] Vgl. BGH DVBl. 1990, S. 355 ff.; BGH DVBl. 1989, S. 504 ff.; dazu *Dörr/D. Schönfelder*, Amtshaftung bei der Aufstellung von Bebauungsplänen für ein ehemaliges Deponiegelände, NVwZ 1989, S. 932 ff.

[71] Vgl. *C.-K. Han*, Das Recht der staatlichen Ersatzleistungen, S. 25 ff.; *D.-C. Kim*, Allgemeines Verwaltungsrecht, Bd. 1, S. 553 ff.; *N.-J. Kim*, Verwaltungsrecht I, S. 335 ff.; *J.-H. Seok*, Allgemeines Verwaltungsrecht, S. 597 ff.

[72] Nach *J.-H. Seok*, Allgemeines Verwaltungsrecht, S. 601 ff., findet das Enteignungsentschädigungsrecht seine historische Rechtsgrundlage in der naturrechtlich verankerten Unantastbarkeit des Eigentumsrechts. Demgegenüber wird die Haftung des Staates für rechtswidriges Handeln grundsätzlich aus der individuell-deliktsrechtlichen Amtshaftung abgeleitet.

Im Laufe der Zeit wurde in der Literatur versucht, die beiden Rechtsinstitute in einem System "staatlicher Ersatzleistungen" zusammenzufassen[73]. Denn beide Ansprüche haben eine gemeinsame Grundlage insofern, als sie einen Ausgleich besonderer Verluste bezwecken, die dem einzelnen durch die Tätigkeit staatlicher Organe entstanden sind[74]. Außerdem stellen sich ihre Voraussetzungen für den Betroffenen als sehr lückenhaft dar[75]. Denn weder die rechtmäßige, aber Schaden verursachende Handlung, noch der rechtswidrige, aber schuldlose Eingriff wird von den geltenden Regelungen erfaßt.

Die Lehre versucht deshalb, die bestehenden Ersatzleistungsinstitute zu ergänzen. Sie fordert die Ausdehnung der Haftung auf rechtswidrige, aber schuldlose Eingriffe im Staatsschadensersatzgesetz[76], die Einführung der Gefährdungshaftung[77] sowie die Übernahme der in der Bundesrepublik entwickelten Enteignungs- und Aufopferungsentschädigung[78].

## 2. Enteignungsentschädigungsansprüche

Nach Art. 23 Abs. 3 KV "bedürfen die einem öffentlichen Zweck dienende Enteignung, Nutzung oder Einschränkung eines privaten Eigentumsrechts sowie die zu leistende Entschädigung einer gesetzlichen Grundlage. Außerdem muß eine gerechte Entschädigung geleistet werden". Wie in der Bundesrepublik ermächtigt diese verfassungsrechtliche Bestimmung den Staat zum Eingriff in das Eigentumsrecht des Bürgers und verpflichtet ihn zugleich zur gerechten Entschädigung[79]. Ein Enteignungsgesetz ohne ge-

---

73 Vgl. *C.-K. Han*, Das Recht der staatlichen Ersatzleistungen, S. 57 ff.; *D.-C. Kim*, Allgemeines Verwaltungsrecht, Bd. 1, S. 553 ff.; *N.-J. Kim*, Verwaltungsrecht I, S. 335 ff.; *J.-H. Seok*, Allgemeines Verwaltungsrecht, S. 597 ff.

74 Vgl. *N.-J. Kim*, Verwaltungsrecht I, S. 335 ff.

75 Vgl. *C.-K. Han*, Das Recht der staatlichen Ersatzleistungen, S. 58 ff.

76 Vgl. § 5 Abs. 1 des Staatsschadensersatzgesetzes (Haftung wegen fehlerhafter öffentlichrechtlicher Einrichtungen).

77 Vgl. *W.-W. Seo*, Probleme staatlicher Ersatzleistungen, Wolgangosi 1986, Bd. 4, S. 94 ff.

78 Vgl. *J.-H. Seok*, Allgemeines Verwaltungsrecht, S. 601 ff. Diese Forderung bleibt in der Rechtsprechung jedoch ohne Resonanz.

79 Vgl. die Entscheidung des Obersten-Gerichts vom 30. 6. 1964 (64 da 239); vom 2. 11. 1967 (67 da 1334); vom 12. 10. 1976 (76 da 1443); *D.-C. Kim*, Allgemeines Verwaltungsrecht, Bd. 1, S. 597 ff.; *N.-J. Kim*, Verwaltungsrecht I, S. 359 ff.; *J.-H. Seok*, Allgemeines Verwaltungsrecht, S.

rechte Entschädigungsregelung ist nach einhelliger Auffassung in Literatur und Rechtsprechung verfassungswidrig und daher nichtig. Meinungsverschiedenheiten bestehen jedoch darüber, ob die Regelung des Art. 23 Abs. 3 KV einen unmittelbaren Anspruch auf Entschädigung gewährleistet. *D.-C. Kim* vertritt die Auffassung, daß diese Verfassungsbestimmung einen direkten Anspruch ausdrücklich ausschließt und lediglich zur Nichtigkeit eines Enteignungsgesetzes ohne Entschädigungsregelung führt[80]. Seine Auffassung entspricht der neueren Rechtsprechung des Bundesverfassungsgerichts in der Bundesrepublik Deutschland nach seinem sog. Naßauskiesungsbeschluß. Demgegenüber leitet *J.-H. Seok* aus dieser verfassungsrechtlichen Regelung in Verbindung mit dem Gleichheitssatz[81] einen direkten Anspruch auf Ersatzleistung ab[82]. Das kommt der früheren Rechtsprechung des Bundesgerichtshofs nahe. Nach meiner Ansicht hat Art 23 Abs. 3 KV zwei verschiedene inhaltliche Komponenten. Einmal besagt Art 23 Abs. 3 S. 1 KV, daß das Eigentumsrecht des Bürgers nur durch Gesetz für den öffentlichen Zweck enteignet, genutzt oder eingeschränkt werden darf und daß dieses ermächtigende Gesetz eine Entschädigungsregelung enthalten muß. Zum zweiten regelt Art. 23 Abs. 3 S. 2 KV ausdrücklich, "daß eine gerechte Entschädigung geleistet werden muß". Insofern enthält bereits Art. 23 Abs. 3 S. 1 KV die den Gesetzgeber der Bundesrepublik Deutschland bindende "Junktim-Klausel". Danach ist die Entschädigungsregelung zwingende Gültigkeitsvoraussetzung eines Enteignungsgesetzes. Ein Verstoß gegen die "Junktim-Klausel" macht das Gesetz verfassungswidrig und nichtig. Dies gilt sowohl dann, wenn das Gesetz über die Entschädigung überhaupt nichts bestimmt oder sie sogar ausdrücklich ausschließt, als auch dann, wenn sich die getroffene Regelung nicht im Rahmen von Art. 23 Abs. 3 S. 1 KV hält. Enteignungen, die auf Grund eines solchen Gesetzes durch Verwaltungsmaßnahmen vorgenommen werden, sind wegen Fehlens einer gültigen Rechtsgrundlage mangelhaft. Die "Junktim-Klausel" hat nicht nur den Sinn, entschädigungslose Enteignung zu verhindern; sie zwingt auch den Gesetzgeber, beim Erlaß des Gesetzes sorgfältig zu erwägen, ob seine Regelungen zu einer Enteignung führen würden. Die "Junktim-Klausel" hat aber nicht

---

597 ff.; *Y.-S. Kwon*, Lehrbuch des Verfassungsrechts, S. 454 ff.; *W.-W. Seo*, Aufgabe und Entwicklung des Rechtsinstituts Enteignungsentschädigung, in: Seminar über die Entwicklung des Rechtsinstituts Enteignungsentschädigung im Falle des staatlichen Zwecken dienenden Grundstückserwerbs, S. 57 ff.

80 Vgl. *D.-C. Kim*, Allgemeines Verwaltungsrecht, Bd. 1, S. 598 ff.; *S.-K. Lee*, Neues Verwaltungsrecht, S. 552 ff.

81 Vgl. Art. 11 Abs. 1 S. 1 KV: Jeder Bürger ist vor dem Gesetz gleich.

82 Vgl. *J.-H. Seok*, Allgemeines Verwaltungsrecht, S. 632 ff.; *N.-J. Kim*, Verwaltungsrecht I, S. 358 ff.

den Sinn, gesetzliche Regelungen, die in allen voraussehbaren, typischen Fällen niemanden besonders beeinträchtigen, daran scheitern zu lassen, daß bei Anwendung des Gesetzes in atypischen Sonderfällen doch eine ungleiche Beeinträchtigung eintritt. Solche Gesetze, deren Enteignungscharakter bei ihrem Erlaß noch nicht erkennbar war und auch nur in atypischen Fällen besteht, sind daher gültig. Dies besagt jedoch nicht, daß der einzelne, der die Entziehung oder Beschränkung seiner Rechte zu dulden hat, auf einen Entschädigungsanspruch für seinen Rechtsverlust verzichten muß. Für den einzelnen, der bei Anwendung des Gesetzes in atypischen Sonderfällen eine ungleiche Beeinträchtigung hinzunehmen hatte, gewinnt Art. 23 Abs. 3 S. 2 KV Bedeutung.

Art. 23 Abs. 3 S. 2 KV gibt mit seiner Formulierung, "daß eine gerechte Entschädigung geleistet werden muß", nicht nur eine Erläuterung, wie diese Entschädigungsregelungen in einem Enteignungsgesetz inhaltlich getroffen werden müssen, sondern legt auch selbst die Entschädigung fest. Nur diese Verfassungsinterpretation wird dem in Art. 11 KV verankerten Gleichheitssatz gerecht. Nach Art. 11 Abs. 1 KV "ist jeder Bürger vor dem Gesetz gleich". Art. 23 Abs. 3 S. 1 ermächtigt den Gesetzgeber, Gesetze zu erlassen, die dem einzelnen Eigentumsbeschränkungen auferlegen, die ihn gegenüber anderen ungleich belasten. Diese ungleiche Behandlung wird durch Art. 23 Abs. 3 KV jedoch unter den in Satz 1 genannten Voraussetzungen für zulässig erklärt, sofern wenigstens die in Satz 2 erwähnte "gerechte Entschädigung" geleistet wird. Ohne gerechte Entschädigung würde die Enteignung also einen Verstoß gegen den Gleichheitssatz darstellen; der Gleichheitssatz fordert, daß im Falle der Enteignung dem Betroffenen immer ein gerechter Ausgleich gewährleistet sein muß. Art. 23 Abs. 3 S. 2 KV bringt diesen Gedanken verfassungsrechtlich speziell zum Ausdruck. Damit erfüllt Art. 23 Abs. 3 S. 2 KV im koreanischen Recht eine Funktion, die derjenigen der erwähnten §§ 74, 75 Einleitung zum preuß. ALR im deutschen Recht entspricht.

Da nach Art. 23 Abs. 1 S. 2 KV "Inhalt und Schranken des Eigentums durch die Gesetze bestimmt werden" und nach Art. 23 Abs. 2 KV "der Gebrauch des Eigentumsrechts zugleich dem Wohle der Allgemeinheit dienen soll", ist die Abgrenzung der bloßen Sozialbindung des Eigentums von der Enteignung im koreanischen Recht auch schwierig. Die im deutschen Recht allgemein anerkannte formale Definition, wonach Enteignung im entschädigungsrechtlichen Sinne der hoheitliche Eingriff in eine als Eigentum geschützte Rechtsposition ist, der jenseits der Sozialbindung liegt und für den Betroffenen ein Sonderopfer darstellt, hat im koreanischen Recht in der Literatur und Rechtsprechung allgemeine Zustimmung gefunden: Nach h.M. und Rechtsprechung setzt die Enteigungsentschädigung tatbestandlich voraus, daß dem Betroffenen durch die Planänderung ein Sonderopfer auferlegt wird[83]. Darunter ist eine Minderung subjektiver vermögenswerter Rechte zu verstehen, die die betroffenen einzelnen oder Gruppen im Vergleich zu anderen ungleich, besonders trifft und sie zu einem besonderen, den übrigen nicht zugemuteten Opfer für die Allgemeinheit zwingt[84].

Wie im deutschen Recht wird sich das Vorliegen dieser Voraussetzungen bei gesetzlichen Planänderungen nur in seltenen Fällen begründen lassen.

Einmal ist fraglich, ob Planungsgesetze den Interessen der Gesetzesadressaten zu dienen bestimmt sind, ihnen also ein subjektives Recht zugestehen sollen. Das wird man allerdings bei imperativen Raumplanungen, die sich wie z.B. Bodennutzungspläne[85] und Stadtpläne[86] direkt an den Bürger wenden, sowie bei influenzierenden Plänen, wie Subventionsregelungen oder Steuervergünstigungen, in den meisten Fällen bejahen können[87]. Insofern kann auf die Ausführungen zur parallelen Rechtslage in der Bundesrepublik verwiesen werden[88]. Das ist im koreanischen Raum- und Stadtplanungsrecht im wesentlichen nur in solchen Fällen zu bejahen, in denen dafür auch eigene Leistungen aufgewandt wurden. Als weitere Voraussetzung einer eigentumsgleichen Rechtsposition muß man eine gewisse Stabilität der Rechtsgewährung verlangen. Da aber die Korrekturbedürftigkeit jeder Planung innewohnt[89], fehlt es bei Planungsgesetzen i.d.R. daran. Sie könnte erst angenommen werden, wenn besondere, stabilisierende Momente hinzukommen. Die für das deutschen Recht gemachten Erläuterungen zu den tat-

---

83 Vgl. Entscheidung des Obersten-Gerichts (Daepan) vom 13. 9. 1983 (82 nu 402).; *D.-C. Kim*, Allgemeines Verwaltungsrecht, Bd. 1, S. 595 ff.; *N.-J. Kim*, Verwaltungsrecht I, S. 360 ff.; *J.-H. Seok*, Allgemeines Verwaltungsrecht, S. 637 ff.; *K.-H. Park*, Planbedingte Einschränkung und Entschädigung, Gosiyonku 1988, Bd. 5, S. 125 ff.

84 Vgl. *D.-C. Kim*, Allgemeines Verwaltungsrecht, Bd. 1, S. 597 ff.; *K.-H. Park*, Planbedingte Einschränkung und Entschädigung, Gosiyonku 1988, Bd. 5, S. 125 ff.; *N.-J. Kim*, Enteignung und Abwägung, Gosigye 1987, Bd. 9, S. 27 ff.

85 Siehe oben S. 60.

86 Siehe oben S. 87

87 Vgl. *K.-H. Park*, Planbedingte Einschränkung und Entschädigung, Gosiyonku 1988, Bd. 5, S. 125 ff.

88 Vgl. *K.-H. Park*, Planbedingte Einschränkung und Entschädigung, Gosiyonku 1988, Bd. 5, S. 125 ff.; *N.-J. Kim*, Enteignung und Abwägung, Gosigye 1987, Bd. 9, S. 27 ff.; *D.-C. Kim*, Allgemeines Verwaltungsrecht, Bd. 1, S. 595 ff.; *J.-H. Seok*, Allgemeines Verwaltungsrecht, S. 637 ff.

89 Siehe näher oben 108.

bestandlichen Enteignungsentschädigungsvoraussetzungen treffen auch für das koreanische Recht zu.

### 3. Schadensersatzansprüche

Fügt ein Beamter in Ausübung seines öffentlichen Amtes einem Bürger durch eine widerrechtliche Handlung Schaden zu, so kann der Bürger gemäß Art. 29 Abs. 1 KV vom Staat oder der öffentlichen Körperschaft gerechten Schadensersatz verlangen. Auf der Grundlage dieser Bestimmung wurde das Staatsschadensersatzgesetz[90] als allgemeines Staathaftungsgesetz erlassen, welches in § 2 Abs. 1 KSSEG eine gleichlautende, einfachgesetzliche Regelung des Schadensersatzanspruchs vorsieht.

Wurde durch eine rechtsverbindliche Planung bzw. Planänderung dem Betroffenen rechtswidrig und schuldhaft ein Schaden zugefügt, kann dieser nach § 2 KSSEG vom Staat grundsätzlich Schadensersatz verlangen. Nach der Rechtsprechung des Obersten-Gerichts kann der Bürger beispielsweise Schadensersatz beanspruchen, falls ein privates Grundstück ohne Entschädigung rechtswidrig für den Bau eines Polizeipräsidiums in Anspruch genommen wird[91]. Der Bürger kann hier zwar keinen Anspruch auf Enteignungsentschädigung erheben, jedoch die Feststellung der Nichtigkeit der Eingriffshandlung verlangen und vom Staat gerechten Schadensersatz fordern[92]. Soweit sich also der staatliche Planungseingriff als rechtswidrig darstellt, kann der Bürger für einen planbedingten Eigentumsverlust Schadensersatz verlangen.

Für Schadensersatz setzt § 2 KSSEG tatbestandlich voraus, daß einem Bürger von einem Beamten in Ausübung seines öffentlichen Amtes durch eine widerrechtliche Handlung Schaden zugefügt worden ist. Wie im deut-

---

[90] Das Staatsschadensersatzgesetz (Gukgabaesangbub) - KSSEG -, das am 3. 3. 1967 (Gesetz Nr. 1899) in Kraft getreten und mehrfach geändert worden ist, besteht aus folgenden 17 Paragraphen: § 1: Zweck des Gesetzes; § 2: Schadensersatzhaftung; § 3: Maßstab für den Schadensersatz; § 4: Verbot der Übertragung des Anspruchsrechts; § 5: Haftung wegen der Mängel öffentlicher Einrichtungen; § 6: Haftung des Kostenträgers; § 7: Staatshaftung für den Ausländer; § 8: Verhältnis zu anderen Gesetzen; §§ 9 - 17: Verfahrensrechtliche Regelungen.

[91] Vgl. Entscheidung des Obersten-Gerichts (Daepan) vom 14. 3. 1978 (76 da 1529).

[92] Vgl. Entscheidung des Obersten-Gerichts (Daepan) vom 14. 3. 1978 (76 da 1529). Dazu *D.-C. Kim*, Allgemeines Verwaltungsrecht, Bd. 1, S. 324 ff.

schen Recht bereitet die Begründung eines Schadensersatzanspruchs bei Planungen auch im koreanischen Recht erhebliche Schwierigkeiten.

Darüber, daß die raumbedeutsamen, rechtsverbindlichen Planungen bzw. Planänderungen von "Beamten" in Ausübung eines öffentlichen Amtes vorgenommen werden, gibt es keine Meinungsverschiedenheiten. Die prinzipielle Möglichkeit einer Haftung für "legislatives Unrecht" wird von der h. M. anerkannt[93]. Die Amtspflichtverletzung löst auch im koreanischen Recht nur dann eine Schadensersatzpflicht aus, wenn die verletzte Amtspflicht dem Geschädigten gegenüber bestand und dessen Schutz bezweckte. Dieses Erfordernis der *Drittbezogenheit* hat, wie im deutschen Recht, eine haftungsbegrenzende Funktion und liegt in der Regel dann vor, wenn ein subjektives Recht des Geschädigten betroffen ist[94]. Die Begründungsschwierigkeiten wurzeln auch in der Voraussetzung, daß die öffentlichen Planungsträger den Schaden bei den Betroffenen *vorsätzlich oder fahrlässig* verursacht haben müssen. Auch wenn der Planungsträger im Rahmen einer Planänderung das Vertrauensschutzinteresse des Betroffenen auf Planfortbestand nicht hinreichend berücksichtigt bzw. abgewogen hat, wird das wie im deutschen Recht objektiv zu bestimmende Verschuldensmerkmal nur selten zu begründen sein.

In der Literatur wird versucht, diesem Problem durch die Einführung einer "Haftung für Schadenszufügungen ohne Verschulden" bzw. einer "Gefährdungshaftung" zu begegnen[95]. Nach § 5 Abs. 1 KSSEG hat der Staat oder die Selbstverwaltungskörperschaft den einem Dritten aus Mängeln beim Bau und der Unterhaltung von Straßen, Wasserwegen oder sonstigen öffentlichen Einrichtungen entstandenen Schaden zu ersetzen[96]. Nach

---

93 Vgl. *S.-K. Lee*, Probleme des Staatsschadensersatzgesetzes und Entwicklungsmöglichkeiten, Daehanbyunhyubhoiji 1988, S. 57 ff.; *D.-C. Kim*, Allgemeines Verwaltungsrecht, Bd. 1, S. 555 ff.; *N.-J. Kim*, Verwaltungsrecht I, S. 337 ff.; *J.-H. Seok*, Allgemeines Verwaltungsrecht, S. 598 ff.; *Y.-S. Kwon*, Lehrbuch des Verfassungsrechts, S. 463 ff.

94 Vgl. Entscheidung des Obersten-Gerichts (Daepan) vom 23. 12. 1966 (66 da 1905); *D.-C. Kim*, Allgemeines Verwaltungsrecht, Bd. 1, S. 555 ff.

95 *S.-K. Lee*, Probleme des Staatsschadensersatzgesetzes und Entwicklungsmöglichkeiten, Daehanbyunhyubhoiji 1988, S. 57 ff.; *D.-C. Kim*, Allgemeines Verwaltungsrecht, Bd. 1, S. 555 ff.; *N.-J. Kim*, Verwaltungsrecht I, S. 337 ff.; *J.-H. Seok*, Allgemeines Verwaltungsrecht, S. 598 ff.; *Y.-S. Kwon*, Lehrbuch des Verfassungsrechts, S. 463 ff.

96 Dazu näher *W.-J. Kim*, Schadensersatz wegen Mängeln öffentlicher Einrichtungen, Wolgangosi 1986, Bd. 3, S. 42 ff.

h.M.[97] und Rechtsprechung[98] stellt die Staatshaftung nach § 5 Abs. 1 KSSEG eine "Haftung ohne Verschulden" dar. Zwar wird in der Literatur versucht, den Rechtsgedanken des § 5 Abs. 1 KSSEG auf die Fälle des § 2 Abs. 1 KSSEG zu übertragen[99], dieser Ansatz ist jedoch bislang in der Rechtsprechung ohne Resonanz geblieben. Dies geschah zurecht, weil es sich bei § 5 Abs. 1 KSSEG um einen speziellen Fall gesetzlich geregelter Haftung für Gefahren aus einem begrenzten Bereich, nämlich der Verletzung von Verkehrssicherungspflichten, handelt. Der Ausnahmecharakter dieser Norm steht einer erweiternden Auslegung oder einer analogen Anwendung dieser Regelung allgemein auf planänderungsbedingte Schäden entgegen.

Wie oben bereits angedeutet, weist deshalb das koreanische Ersatzleistungsrecht im Hinblick auf *rechtswidrige, aber schuldlose* Eingriffe eine Lücke auf. Um diese Lücke zu schließen, ist die Einführung des im deutschen Recht entwickelten Anspruchs wegen enteignungsgleichen Eingriffs im koreanischen Recht zu erwägen.

### 4. Die Einführung des Anspruchs wegen enteignungsgleichen Eingriffs im koreanischen Recht

Wegen der aufgezeigten Lücken im koreanischen staatlichen Ersatzleistungsrecht stellt man in der koreanischen Literatur das Rechtsinstitut des "*enteignungsgleichen Eingriffs*" als Modell vor und diskutiert die Möglichkeit seiner Einführung[100].

---

[97] Vgl. *W.-J. Kim*, Schadensersatz wegen Mängeln öffentlicher Einrichtungen, Wolgangosi 1986, Bd. 3, S. 42 ff.; *S.-K. Lee*, Probleme des Staatsschadensersatzgesetzes und Entwicklungsmöglichkeiten, Daehanbyunhyubhoiji 1988, S. 57 ff.; *D.-C. Kim*, Allgemeines Verwaltungsrecht, Bd. 1, S. 583 ff.; *N.-J. Kim*, Verwaltungsrecht I, S. 350 ff.; *J.-H. Seok*, Allgemeines Verwaltungsrecht, S. 623 ff.; *Y.-S. Kwon*, Lehrbuch des Verfassungsrechts, S. 463 ff.

[98] Entscheidung des Obersten-Gerichts vom 25. 10. 1966 (66 da 1713); vom 9. 12. 1969 (69 da 1386); vom 27. 7. 1976 (76 da 615); vom 9. 5. 1978 (76 da 1353); vom 28. 7. 1981 (80 da 3201); vom 25. 8. 1981 (80 da 3060) u.a.

[99] Nach *D.-C. Kim*, Allgemeines Verwaltungsrecht, Bd. 1, S. 572 ff., ist es wünschenswert, das Verschuldensmerkmal nicht restriktiv zu handhaben. Vgl auch D.-H. Kim, Fahrlässigkeitsbegriff im Staatsschadensersatzgesetz, Bubhak 41 (1979), S. 12 ff.

[100] Vgl. *N.-J. Kim*, Enteignungsgleicher Eingriff und Entschädigung, Gosiyonku 1983, Bd. 1, S. 165 ff.; *J.-H. Seok*, Rechtstheorie über den enteignungsgleichen Eingriff, Gosiyonku 1988, Bd. 3, S. 32 ff.; *D.-C. Kim*, Allgemeines Verwaltungsrecht, Bd. 1, S. 610 ff.

*D.-C. Kim* befürwortet eine Einführung, da der Gesetzgeber kaum in der Lage sei, in der heutigen Industriegesellschaft für alle von staatlichen Maßnahmen ausgehenden Gefährdungen Staatshaftungstatbestände vorzusehen. Die positiv-rechtliche Regelungen würden angesichts der sich verändernden gesellschaftlichen Situation immer unvollständig bleiben. Sei z.B. die Weiterführung eines eingerichteten und ausgeübten Fischereibetriebs für Algenanbau durch den Neubau eines öffentlichen Hafengeländes nicht mehr möglich, müßte der daraus entstandene Schaden ersetzt werden. Da eine positivrechtliche Regelung fehle, sei diese Lücke im koreanischen Ersatzleistungsrecht durch die Anwendung des genannten Rechtsinstituts zu schließen[101]. Rechtspolitisch ist dieser Auffassung zuzustimmen. Rechtsdogmatisch steht die Einführung des Rechtsinstituts des "*enteignungsgleichen Eingriffs*" für die Schließung der erwähnten Lücken durch die Anwendung des Art. 23 Abs. 3 S. 2 KV dem koreanischen Recht nicht entgegen. Denn Art. 23 Abs. 3 S. 2 KV gibt, wie ausgeführt, nicht nur eine Erläuterung, wie die gesetzliche Entschädigungsregelung inhaltlich getroffen werden muß, sondern legt auch selbst die Entschädigung fest[102]. Eigentlich soll Art 23 Abs. 3 S. 2 KV als Rechtsgrundlage für die Entschädigung eines *rechtmäßigen* Eingriffs dienen. Die entsprechende Anwendung dieser Verfassungsregelung auf *rechtswidrige* Eingriffe darf jedoch nicht ausgeschlossen werden. Denn wenn schon rechtmäßige Eingriffe entschädigt werden müssen, dann muß das erst recht auch für rechtswidrige Eingriffe gelten[103]. Im Ergebnis bietet sich daher die Einführung dieses Rechtsinstituts im koreanischen Recht an.

Voraussetzung eines Anspruchs aus enteignungsgleichem Eingriff ist im koreanischen Recht auch ein hoheitlicher rechtswidriger Eingriff in vermögenswerte Rechte, der für den Rechtsinhaber ein Sonderopfer darstellt[104]. Wie die deutschen Zivilgerichte zurecht dargetan haben, ist jede rechtswidrige Beeinträchtigung vermögenswerter subjektiver Rechte als Sonderopfer anzusehen, weil jeder Bürger erwarten kann, daß sich der Staat rechtmäßig

101 Vgl. *D.-C. Kim*, Allgemeines Verwaltungsrecht, Bd. 1, S. 610 ff.

102 Nach *N.-J. Kim*, Verwaltungsrecht, Bd. I, S. 362 ff., würde die richterrechtliche Einführung des *enteignungsgleichen Eingriffs* dem Betroffenen den Vorteil bringen, daß er seinen Ersatzleistungsanspruch direkt auf Art. 23 Abs. 3 KV stützen könnte.

103 Entsprechend mit dem im deutschen Recht entwickelten "Erst-Recht-Schluß". Siehe oben S. 231.

104 Vgl. *N.-J. Kim*, Enteignungsgleicher Eingriff und Entschädigung, Gosiyonku 1983, Bd. 1, S. 165 ff.; *J.-H. Seok*, Rechtstheorie über den enteignungsgleichen Eingriff, Gosiyonku 1988, Bd. 3, S. 32 ff.; *D.-C. Kim*, Allgemeines Verwaltungsrecht, Bd. 1, S. 610 ff.

verhält[105]. Die tatbestandlichen Schwierigkeiten bei Planänderungen liegen im koreanischen Recht wie im deutschen Recht in der subjektivrechtlichen Position, die als Voraussetzung für ein Sonderopfer verlangt wird. Diese Voraussetzung ist, wie oben dargelegt, im Falle planbedingter Vertrauensschäden nur selten zu begründen[106].

Insofern besteht auch bei der Bejahung eines solchen Anspruches nicht die Gefahr, daß der Staat die für Planungen erforderliche Flexibilität einbüßt. Es wird die Aufgabe von Rechtsprechung und Literatur sein, das Spannungsverhältnis zwischen der im Interesse der Allgemeinheit notwendigen Erhaltung der staatlichen Reaktionsfähigkeit und dem Vertrauensschutzinteresse des einzelnen auf Stabilität und Fortbestand der Pläne sorgfältig auszutarieren. Durch eine sich so herausbildende Kasuistik kann die Grenzlinie zwischen entschädigungslos hinzunehmenden und entschädigungspflichtigen Planänderungen immer weiter verfeinert werden.

---

105 Siehe oben S. 231.

106 Siehe oben S. 238.

*5. Kapitel*

# Zusammenfassung und Ergebnis

Die Bundesrepublik Deutschland und die Republik Korea versuchen, durch vielfältige Planungen auf zahlreichen Gebieten Einfluß auf die Gestaltung der gesellschaftlichen Verhältnisse zu nehmen. Dadurch entstehen zwangsläufig Konflikte zwischen den öffentlichen Planungsträgern, die die bestehenden Pläne dem neuesten Stand der Daten anpassen und auf neu auftretende politische Ziele aktiv reagieren sollen und den Planbetroffenen, die im Vertrauen auf die bestehenden Pläne vielfach hohe Investitionen vornehmen und deshalb ein Interesse am Fortbestand der Pläne haben. Das Planungsrecht ist in beiden Ländern am stärksten in der Raum- und Stadtplanung ausgebildet. An ihm soll daher paradigmatisch das Spannungsverhältnis zwischen *Stabilitäts-* und *Flexibilitätserfordernissen* dargestellt und ein angemessener Ausgleich gesucht werden.

Die raumbedeutsamen Planungen in beiden Ländern sind sehr vielfältig. Unter systematischem Aspekt kann man sie in zwei große Gruppen einteilen. Die eine bilden die *Gesamtplanungen*. Dabei handelt es sich um Planungen, die für ein bestimmtes Plangebiet flächendeckend mehr oder weniger umfassende Nutzungsbestimmungen treffen. Sie sind weiter in *überörtliche* und *örtliche Gesamtplanungen* zu unterteilen. Zu den *überörtlichen Gesamtplanungen* gehören im deutschen Recht das Bundesraumordnungsprogramm, die hochstufigen Landesentwicklungsprogramme und -pläne und die Regionalpläne, im koreanischen Recht die Raumentwicklungsgesamtpläne auf Staats-, "Do"-, und "Kun"-Ebene und die Bodennutzungspläne. Zu den *örtlichen Gesamtplanungen* gehören im deutschen Recht der Flächennutzungsplan und der Bebauungsplan, im koreanischen Recht der Stadtgrundsatzplan und der Stadtplan.

Die zweite Gruppe der raumbedeutsamen Planungen bilden die *Fachplanungen*. Diese betreffen eine einzelne Sachfrage wie z.B. die Festlegung von Straßen, Flughäfen usw. und werden von den staatlichen Fachressorts oder Fachabteilungen aufgestellt. In beiden Ländern unterscheidet man einerseits nach der räumlichen Reichweite der *Fachplanungen* auf Staats-, Landes- und Gemeindeebene, andererseits nach deren Formen und Rechtswirkungen -

*nicht-förmliche-unverbindliche*, *förmliche-abwägungsrelevante* und *förmliche-rechtsverbindliche Fachplanungen*.

Für die planerische Gestaltung ist den öffentlichen Planungsträgern in der Bundesrepublik Deutschland wie in Korea ein weiter Spielraum gegeben. Dieser ergibt sich aus der Struktur der Planungsgesetze, die nach dem *Zweck-Mittel-Schema* aufgebaut sind. Die planerische Gestaltungsfreiheit ist allerdings rechtlichen Schranken unterworfen. Als formelle bzw. verfahrensrechtliche Schranken sind im deutschen Recht die dezentralisiert verteilten Kompetenzen und die verschiedenen verfahrensrechtlichen Anforderungen, wie z.B. die Mitwirkungs- und Beteiligungsrechte, im koreanischen Recht die Zuständigkeiten der Planungsausschüsse und dem deutschen Recht vergleichbare verfahrensrechtliche Anforderungen zu nennen. Inhaltliche bzw. materiellrechtliche Schranken bilden in beiden Ländern der Zweck oder die Ziele der jeweiligen Planung und das Gebot der Erforderlichkeit. Außerdem spielt das Abwägungsgebot im deutschen Recht als weitere innere Schranke der planerischen Gestaltungsfreiheit eine große Rolle. Im koreanischen Recht ist es geboten, das Abwägungsgebot als einen sich aus dem Rechtsstaatsprinzip ergebenden Rechtsgrundsatz anzuerkennen, der bereits jetzt rechtsverbindliche Geltung für sich beanspruchen kann.

Bei der Planänderung ist weiterhin das Interesse der Planbetroffenen an der *Stabilität* der Planungen zu beachten. Auf der einen Seite schränken die Planungen die Dispositionsfreiheit der Privaten ein. Auf der anderen Seite kommt ihnen aber auch eine "zuteilende Funktion" insoweit zu, als sie erst die Voraussetzungen für bestimmte Dispositionen Privater schaffen. Im Vertrauen auf den Fortbestand der Planung disponieren die Betroffenen über ihre Rechtsgüter. Die Probleme der Planänderung liegen in der möglichen Entwertung individueller Dispositionen. Als beeinträchtigte Rechtspositionen bzw. Interessen kommen je nach Planungssituation z.B. das Eigentumsgrundrecht, das Recht am eingerichteten und ausgeübten Gewerbebetrieb, bloße wirtschaftliche Chancen bzw. Erwartungen u. a. in Betracht.

Planbetroffene können nicht nur Private, sondern auch öffentliche Planungsträger, insbesondere die Gemeinden, sein. Diesen können Nachteile durch die Änderung überörtlicher Planungen entstehen, wenn sie z.B. Wertminderungen an ihrem eigenen Vermögen erleiden oder wenn die Aufwendungen, die im Vertrauen auf den Fortbestand der Planung gemacht worden sind, dadurch nutzlos werden. In der Bundesrepublik Deutschland kommt in diesen Fällen als beeinträchtigte Rechtsposition die Planungshoheit als Bestandteil des Selbstverwaltungsrechts in Betracht. Im koreanischen Recht sind subjektiv-rechtliche Positionen öffentlicher Planungsträger bislang noch nicht gewährleistet.

Als Lösungsansatz für die Interessenkonflikte zwischen den öffentlichen Planungsträgern und den Planbetroffenen wird in der deutschen Literatur die Anerkennung von *Plangewährleistungsrechten* diskutiert. Dabei ist man sich über die prinzipielle Möglichkeit von *Plangewährleistungsansprüchen* einig. Es bestehen jedoch unterschiedliche Ansatzpunkte zur Begründung solcher Ansprüche. Die sog. *progressive Linie*, die einen *allgemeinen Plangewährleistungsanspruch eigener Art* aufzufinden versucht, ist angesichts der Abstraktheit der von ihr gelieferten Begründungen sowie der Vielfalt der Planungen und Anspruchsvarianten abzulehnen. Bei der Suche nach Lösungen ist nach den Anspruchsmöglichkeiten und den Auswirkungen der Pläne zu differenzieren. Drei Lösungswege bieten sich an.

Einmal gilt es zu prüfen, ob den Betroffenen unter bestimmten Voraussetzungen ein Anspruch auf Beibehaltung des ursprünglichen Plans, also auf *Planfortbestand* zusteht. Positivrechtliche Regelungen eines Anspruchs auf *Planfortbestand* bestehen in beiden Ländern nicht. Als allgemeine Rechtsgrundlage kommt in beiden Ländern vor allem der Rechtsstaatsgrundsatz in Betracht. Angesichts seiner inhaltlichen Vielfalt läßt sich ein Anspruch auf Planfortbestand nicht pauschal auf das Rechtsstaatsprinzip stützen, sondern nur auf einzelne bestimmte Elemente dieses Prinzips. Darunter sind die Grundsätze der Rechtssicherheit und des Vertrauensschutzes bedeutsam. Das geltende deutsche und koreanische Recht gewähren einen unterschiedlich starken Vertrauensschutz. Sie knüpfen dabei an die Rechtsform und den dadurch bedingten Intensitätsgrad der vertrauensbegründenden Maßnahmen an. Bei den *internen* und *indikativen* Plänen kann es keinen Anspruch auf Planfortbestand geben. Wirkungen eines Bestandsschutzes bei *Plänen in Gesetzesform* ergeben sich aus der Rückwirkungslehre und aus dem Abwägungsgebot. Die Rückwirkungslehre ist als eine präzisere Ergänzung des Abwägungsgebots anzusehen. Auf die *gemeinnützigen Planfeststellungsbeschlüsse* für typische Projekte, die als Verwaltungsakte qualifiziert werden, sind die Regeln über den Widerruf und die Rücknahme von Verwaltungsakten nicht anwendbar, es muß bei der flexibleren planungsrechtlichen Abwägung bleiben. Eine Ausnahme davon machen die *privatnützigen Planfeststellungsbeschlüsse*. Werden im Rahmen von Planungen begünstigende Zusagen gemacht, finden dafür die Regelungen über den Vertrauensschutz bei Widerruf und Rücknahme von Verwaltungsakten entsprechende Anwendung.

In anderen Fällen ist die Frage aufzuwerfen, ob nicht *schonende* oder *gleitende Übergänge*, etwa in Form von Übergangsregelungen oder Anpassungshilfen zu wählen sind, damit die einzelnen Investoren Zeit zu einer Anpassung gewinnen und sich so die Verluste in Grenzen halten. Positiv-rechtliche Regelungen für einen Anspruch auf *schonende Überleitung* bestehen in beiden Ländern nicht. Als mögliche Rechtsgrundlagen sind die Grundsätze zur Rückwirkung von Gesetzen, das Verhältnismäßigkeitsprinzip, die rechtsstaatlichen Erfordernisse der Kontinuität bzw. Übergangsgerechtigkeit und das Abwägungsgebot zu nennen. Ein *allgemeiner* und *positiver* Anspruch auf *schonende Überleitung* kann jedoch in beiden Ländern nicht anerkannt werden. Dazu sind die möglichen Übergangslösungen zu komplex, sodaß der Anspruchsinhalt nicht hinreichend bestimmt wäre. Die Ansprüche auf *Planfortbestand* und auf *schonende Überleitung* stellen keine voneinander getrennten unabhängigen Ansprüche dar. Sie ergänzen einander und führen dazu, daß ohne *schonende Überleitung* zustande gekommene Planänderungen, bei denen Vertrauenspositionen der Betroffenen im Rahmen der Abwägung nicht hinreichend berücksichtigt worden sind, für rechtswidrig erklärt werden müssen.

Für die Durchsetzung der Planfortbestandsrechte kommen als Rechtsmittel gegen die Pläne in der Bundesrepublik Deutschland die Verfassungsbeschwerde gegen die in Gesetzesform erlassenen Planungen, die Normenkontrolle gegen Planungen in Form von Satzungen und u.U. auch in Form von Rechtsverordnungen und die Anfechtungs- bzw. Feststellungsklage gegen Planungen mit Verwaltungsaktscharakter in Betracht. Diese Klageformen stehen nicht nur den privaten, sondern grundsätzlich auch den Kommunen, die in ihrem Selbstverwaltungsrecht betroffen werden, zur Verfügung. Im koreanischen Recht kommt gegen Planungen mit Normcharakter lediglich ein mittelbarer Rechtsschutz über die konkrete Normenkontrolle, gegen als Verwaltungsakte erlassene Planungen eine Anfechtungs- sowie Feststellungsklage in Betracht.

Wo die Möglichkeit des Planfortbestands oder der allmählichen Plananpassung ausscheidet, kommen in beiden Ländern Ansprüche auf *Entschädigung* oder *Schadensersatz* in Frage.

Während im deutschen Recht die *Planentschädigungsansprüche* zum Teil in einzelnen Gesetzen ausdrücklich vorgesehen sind, fehlen im koreanischen Recht insoweit positiv-rechtliche Regelungen. Ein Ansatz dafür ist jedoch im Entwurf des koreanischen Verwaltungsverfahrensgesetzes zu finden. Im deutschen Recht scheidet wegen der *Junktim-Klausel* eine Enteignungsentschädigung prinzipiell aus, wenn der Entschädigungsanspruch gesetzlich nicht geregelt ist. Soweit im Falle einer unvermeidbaren, rechtmäßigen Planänderung Ersatzleistungsansprüche für Planschäden nach allgemeinen Grundsätzen geltend gemacht werden, kommt der Aufopferungsanspruch in Betracht.

Da im koreanischen Recht positiv-rechtliche Regelungen fehlen, kommen Entschädigungsansprüche nur auf Grund einer allgemeinen Anspruchsgrundlage in Betracht. Bei rechtmäßigen Planänderungen können die Enteignungsentschädigungsansprüche über Art 23 Abs. 3 S. 2 KV, der selbst die Entschädigung festlegt, geltend gemacht werden. Bei einer rechtswidrigen und schuldhaften Schadensverursachung kommen in beiden Ländern Schadensersatzansprüche in Betracht.

Im Haftungssystem beider Ländern besteht eine Lücke zwischen der Enteignung und der Amtshaftung: Rechtmäßige Eingriffe sind nach Art 14 Abs. 3 GG im deutschen Recht sowie nach Art 23. Abs. 3 KV im koreanischen Recht zu entschädigen und rechtswidrige schuldhafte Eingriffe nach Art 34 GG i.V.m. § 839 BGB sowie nach Art. 29 Abs. 1 KV. Für die dazwischenliegenden rechtswidrigen schuldlosen Eingriffe fehlt eine Anspruchsgrundlage. Im deutschen Recht bietet sich der durch die Rechtsprechung entwickelte enteignungsgleiche Eingriff als Anspruchsgrundlage für Schäden infolge einer rechtswidrigen, aber unverschuldeten Planänderung an. Als allgemeine Rechtsgrundlage kommt die analoge Anwendung des Aufopferungsanspruch in Betracht.

Für die Schließung bestehender Lücken im Ersatzleistungsrecht, ist die Einführung des Rechtsinstituts des enteignungsgleichen Eingriffs im koreanischen Recht zu erwägen. Da Art 23 Abs. 3 S. 2 KV selbst die Entschädigung festlegt, bietet er sich im Wege des "erst-Recht"-Schlüsses als Anspruchsgrundlage an.

# Literaturverzeichnis

*Achterberg*, Nobert: Allgemeines Verwaltungsrecht (Lehrbuch), 2. Aufl., Heidelberg u.a. 1986

*Adamovich*, Ludwig K./*Funk*, Bernd-Christian: Allgemeines Verwaltungsrecht, 2. Aufl., Wien u.a. 1984

*Andersen*, Holger: Probleme der Wandlung des Eigentumsbegriffs, Frankfurt a.M. 1983

*Arndt*, Adolf: Zum Streit um die Rückwirkung von Gesetzen, NJW 1961, S. 14 ff.

*Arndt*, Claus: Zur Gültigkeit rückwirkender Gesetze, DVBl. 1958, S. 120 ff.

*Arndt*, Hans-Wolfgang: Wirtschaftsverwaltungsrecht, in: Steiner, Udo (Hrsg.), Besonderes Verwaltungsrecht, 3. Aufl., Heidelberg 1988, S. 705 ff.

*Aschke*, Manfred: Übergangsregelungen als verfassungsrechtliches Problem, Frankfurt a.M. u.a. 1987

*Bachof*, Otto: Die Dogmatik des Verwaltungsrechts vor den Gegenwartsaufgaben der Verwaltung, VVDStRL 30 (1972), S. 193 ff.

— Verfassungsrecht, Verwaltungsrecht, Verfahrensrecht in der Rechtsprechung des Bundesverwaltungsgerichts, Tübingen 1967

*Badura*, Peter: Das Verwaltungsverfahren, in: Erichsen, Hans-Uwe u.a. (Hrsg.), Allgemeines Verwaltungsrecht, 8. Aufl., Berlin u.a. 1988, S. 373 ff.

— Wirtschaftsverwaltungsrecht, in: von Münch, Ingo (Hrsg.), Besonderes Verwaltungsrecht, 8. Aufl., Berlin u.a. 1988, S. 283 ff.

— Das Planungsermessen und die rechtsstaatliche Funktion des Allgemeinen Verwaltungsrechts, in: Festschrift zum 25-jährigen Bestehen des Bayerischen Verfassungsgerichtshofs, München 1972, S. 157 ff.

— Gestaltungsfreiheit und Beurteilungsspielraum der Verwaltung, bestehend aufgrund und nach Maßgabe des Gesetzes, in: Püttner, Günter (Hrsg.), Festschrift für Otto Bachof zum 70. Geburtstag, München 1984, S. 169 ff.

— Der Eigentumsschutz des eingerichteten und ausgeübten Gewerbebetriebes, AÖR 98 (1973), S. 153 ff.

*Bartels*, Dietrich: Die Abgrenzung der Planungsregionen in der BRD - Eine Operationsausgabe, Veröffentlichungen der Akademie für Raumforschung und Landesplanung, Forschungs- und Sitzungsberichte, Bd. 94, Hannover 1975, S. 93 ff.

*Battis*, Ulrich: Öffentliches Baurecht und Raumordnungsrecht, Stuttgart 1987

— Grundzüge des Rechts der Raumordnung und Landesplanung, JA 1981, S. 313 ff.

— Bau- und immissionsschutzrechtliches Planungsrecht in der Rechtsprechung des Bundesverwaltungsgerichts, DVBl. 1978, S. 577 ff.

— Rechtsfragen zum Bundesraumordnungsprogramm, JZ 1976, S. 73 ff.

— Erwerbsschutz durch Aufopferungsentschädigung, Berlin 1969

*Battis*, Ulrich/*Krautzberger*, Michael/*Löhr*, Rolf-Peter: Baugesetzbuch, 2. Aufl., München 1987

*Bauer*, Joachim: Die Behandlung der sogenannten unverdienten Wertsteigerungen bei der Enteignungsentschädigung, insbesondere in der höchstrichterlichen Rechtsprechung, Berlin 1975

*Bauer*, Hartmut: Bundesverfassungsgericht und Rückwirkungsverbot, JuS 1985, S. 241 ff.

*Baur*, Fritz/*Walter*, Gerhard: Einführung in das Recht der Bundesrepublik Deutschland, 5. Aufl., München 1987

*Benda*, Ernst: Rechtsstaat im sozialen Wandel, AÖR 101 (1976), S. 497 ff.

— Der soziale Rechtsstaat, in: Benda u.a. (Hrsg.), Handbuch des Verfassungsrechts, Berlin 1983, S. 477 ff.

*Bender*, Bernd: Probleme des Grundeigentumsschutzes bei der Planung von Straßen und anderen Projekten der Fachplanung, DVBl. 1984, S. 301 ff.

*Bethge*, Herbert: Das Selbstverwaltungsrecht im Spannungsfeld zwischen institutioneller Garantie und grundrechtlicher Freiheit, in: von Mutius (Hrsg.), Selbstverwaltung im Staat der Industriegesellschaft, Festgabe zum 70. Geburtstag von Georg Christoph von Unruh, Heidelberg 1983, S. 149 ff.

*Beus*, Hans-Bernd: Rechtsprobleme bei der Ausgestaltung der Raumordnungs- und Landesplanung als Entwicklungsplanung, Beiträge zum Siedlungs- und Wohnungswesen und zur Raumplanung, Bd. 46, Münster 1978

*Bielenberg*, Walter: Die rechtliche Bindung der Bauleitplanung an die Ziele der Raumordnung und Landesplanung, DÖV 1969, S. 376 ff.

— Zuständigkeit der kommunalen Selbstverwaltungskörperschaften in der Regionalplanung - Erwiderung, DÖV 1967, S. 190 ff.

*Bielenberg*, Walter/*Erbguth*, Wilfried/*Söfker*, Wilhelm: Raumordnungs- und Landesplanungsrecht des Bundes und der Länder, Kommentar und Textsammlung, Bielefeld, Stand: 21. Lfg. 1989

*Bielenberg*, Walter/*Krautzberger*, Michael/*Söfker*, Wilhelm: Zum Entwurf des Baugesetzbuchs, DVBl. 1986, S. 377 ff.

*Bielenberg*, Walter/*Mainczyk*, Lorenz/*Otte*, Eggert/*Söfker*, Wilhelm: Zum Entwurf des Baugesetzbuchs, DVBl. 1985, S. 1097 ff.

*Birk*, Hans-Jörg: Kommunale Selbstverwaltungshoheit und überörtliche Planung, NVwZ 1989, S. 905 ff.

*Bleckmann*, Albert: Staatsrecht II - Die Grundrechte, 3. Aufl., Köln. u.a. 1989

*Blümel*, Willi: Art.: Planung, in: Herzog, Roman/Kunst, Hermann/Schlaich, Klaus/ Schneemelcher, Wilhelm (Hrsg.), Evangelisches Staatslexikon, Bd. II, 3. Aufl., Stuttgart 1987, Sp. 2515 ff.

— Wesensgehalt und Schranken des kommunalen Selbstverwaltungsrechts, in: von Mutius (Hrsg.), Selbstverwaltung im Staat der Industriegesellschaft, Festgabe zum 70. Geburtstag von Georg Christoph von Unruh, Heidelberg 1983, S. 265 ff.

— Zur Verwirklichung des Antragsrechts im Normenkontrollverfahren nach § 47 VwGO, VerwArch 74 (1983), S. 153 ff.

— Gemeinden und Kreise vor den öffentlichen Aufgaben der Gegenwart, VVDStRL 36 (1978), S. 171 ff.

— Planung und Verwaltungsgerichtsbarkeit, DVBl. 1975, S. 695 ff.

— Raumordnung und kommunale Selbstverwaltung, DVBl. 1973, S. 436 ff.

— Zur Rückwirkung von Gesetzen in den USA, JZ 1952, S. 409 ff.

*Böckenförde*, Christoph: Die sogenannte Nichtigkeit verfassungswidriger Gesetze, Berlin 1966

*Böckenförde*, Ernst-Wolfgang: Die Methoden der Verfassungsinterpretation - Bestandsaufnahme und Kritik, NJW 1976, S. 2089 ff.

— Grundrechtstheorie und Grundrechtsinterpretation, NJW 1974, S. 1529 ff.

— Entstehung und Wandel des Rechtsstaatsbegriffs, in: Festschrift für Adolf Arndt zum 65. Geburtstag, 1969, S. 53 ff.

Bonner Kommentar: Kommentar zum Bonner Grundgesetz, Hamburg, Stand: 57. Lfg. 1989

*Brase*, Hanns-Hendrik: Das Gegenstromverfahren in der Raumordnung - zum Abstimmungsverfahren bei Planungen, Köln u.a. 1982

*Brenken*, Günter: Verwirklichung der Raumordnung durch regionale Planung, dargestellt für ein mittelgroßes Flächenland am Beispiel von Rheinland-Pfalz, in: Verwirklichung der Raumordnung, Veröffentlichungen der Akademie für Raumforschung und Landesplanung, Forschungs- und Sitzungsberichte Bd. 145, Hannover 1982, S. 57 ff.

— Weiterentwicklung des Raumordnungsverfahrens, in: Westermann u.a. (Hrsg.), Raumplanung und Eigentumsordnung, Festschrift für Werner Ernst zum 70. Geburtstag, München 1980, S. 47 ff.

*Brentano*, Ingelore: Verfassungs- und raumordnungsrechtliche Probleme der Regionalplanung, Münster 1978

*Breuer*, Rüdiger: Umweltschutz, in: von Münch, Ingo (Hrsg.), Besonderes Verwaltungsrecht, 8. Aufl., Berlin u.a. 1988, S. 601 ff.

— Baurechtlicher Nachbarschutz, DVBl. 1983, S. 431 ff.

— Das Baurechtliche Gebot der Rücksichtnahme - ein Irrgarten des Richterrechts, DVBl. 1982, S. 1065 ff.

— Entschädigungsrechtliche Konsequenzen von Eingriffen in die Baufreiheit, DÖV 1978, S. 189 ff.

— Die Bodennutzung im Konflikt zwischen Städtebau und Eigentumsgarantie, München 1976

— Die hoheitliche raumgestaltende Verwaltung, Bonn 1968

*Brohm*, Winfried: Gemeindliche Selbstverwaltung und staatliche Raumplanung, DÖV 1989, S. 429 ff.

— Planungsrecht, in: Görres-Gesellschaft (Hrsg.), Staatslexikon, Bd. 4, 7. Aufl., Freiburg u.a. 1988, S. 409 ff.

— Situative Gesetzesanpassung durch die Verwaltung, NVwZ 1988, S. 794 ff.

— Sachverständige Beratung des Staates, in: Isensee/Kirchhof (Hrsg.), Handbuch des Staatsrechts, Bd. 2, Heidelberg 1987, S. 207 ff.

— Plangewährleistungsrechte, JURA 1986, S. 617 ff.

— Die Planung der Bodennutzung, JuS 1986, S. 777 ff.

— Die Eigenständigkeit der Gemeinden, DÖV 1986, S. 397 ff.

— Subsidiäre Bauplanung? Zur städtebaulichen Überplanung öffentlichen Betriebsgeländes am Beispiel der Bundesbahnanlagen, NVwZ 1985, S. 1 ff.

— Planungs- und Entwicklungsverwaltung am Beispiel "Raum- und Stadtplanung", in: Grimm, Dieter (Hrsg.), Einführung in das öffentliche Recht, Heidelberg 1985, S. 153 ff.

— Verkehrsberuhigung in Städten, Gestaltungs- und Rechtsprobleme bei der Einrichtung von Wohnstraßen, Heidelberg 1985

— Die Selbstverwaltung der Gemeinden im Verwaltungssystem der Bundesrepublik, DVBl. 1984, S. 293 ff.

— Verwaltungsgerichtsbarkeit im modernen Sozialstaat, DÖV 1982, S. 1 ff.

— Der Schutz privater Belange bei Bauleitplanungen. Antragsbefugnis, Abwägungsgebot, Plangewährleistungsrechte, insbesondere für gewerbliche Interessen, NJW 1981, S. 1689 ff.

— Verwirklichung überörtlicher Planungsziele durch Bauleitplanung, DVBl. 1980, S. 653 ff.

— Staatliche Straßenplanung und gemeindliche Bauleitplanung, Hamburg 1979

— Entwicklungen im Raum- und Stadtplanungsrecht, Konstanz 1979

— Strukturprobleme der planenden Verwaltung, JuS 1977, S. 500 ff.

— Stadtentwicklungsplanung und neues Bodenrecht, Die Verwaltung 1976, S. 409 ff.

— Die Dogmatik des Verwaltungsrechts vor den Gegenwartsaufgaben der Verwaltung, VVDStRL 30 (1972), S. 245 ff.

— Strukturen der Wirtschaftsverwaltung, Stuttgart 1969

— Rechtsschutz im Bauplanungsrecht, Stuttgart 1959

*Bröll*, Helmut/*Dölker*, Wolfgang: Das neue Baugesetzbuch, Stand: 21. Lfg. Kissing u.a. 1990

*Broß*, Sigfried: Zur (fern)straßenrechtlichen Planfeststellung, VerwArch. 75 (1984), S. 425 ff.

*Brügelmann*, Hermann: Baugesetzbuch, Kohlhammer Kommentar, Stuttgart, Stand: 9. Lfg. 1989

— Bundesbaugesetz, Kohlhammer Kommentar, Stuttgart, Stand: 45. Lfg. 1986

*Buchner*, Werner: Inhalt und Ergebnisse der Bindungswirkung von Zielen der Raumordnung und Landesplanung, dargestellt an der Situation in Bayern, in: Verwirklichung der Raumplanung, Veröffentlichung der Akademie für Raumforschung und Landesplanung, Forschung und Sitzungsberichte, Bd. 145, Hannover 1982, S. 7 ff.

*Buchsbaum*, Richard: Das Bundesraumordnungsprogramm und seine Verbindlichkeit, DÖV 1975, S. 545 ff.

*Bunse*, Benno: Der Flächennutzungsplan als Instrument der Landesplanung, DVBl. 1984, S. 420 ff.

*Burmeister*, Joachim: Selbstbindung der Verwaltung, DÖV 1981, S. 503 ff.

— Vertrauensschutz im Prozeßrecht. Ein Beitrag zur Theorie vom Dispositionsschutz des Bürgers bei Änderung des Staatshandelns, Berlin u.a. 1979

— Verfassungstheoretische Neukonzeption der kommunalen Selbstverwaltungsgarantie, München 1977

— Zur Staatshaftung für Planschäden der Wirtschaft, Die Verwaltung 1969, S. 21 ff.

*Chlosta*, Joachim: Der Wesensgehalt der Eigentumsgewährleistung. Unter besonderer Berücksichtigung der Mitbestimmungsproblematik, Berlin 1975

*Cholewa*, Werner/*Dyong*, Hartmut/*von der Heide*, Hans Jürgen: Raumordnung in Bund und Ländern, Bd. 1 Kommentar, 2. Aufl., Stand: 24. Lfg. 1989; Bd. 2 Vorschriftensammlung, 2. Aufl., Stuttgart u.a., Stand: 24. Lfg. 1989

*Chun*, Byung-Tae: Chuisososongui Soik (Kagebefugnis bei der Verwaltungsklage), in: Kongbubyonku (Forschungen des öffentlichen Rechts) Bd. 7 (1979), S. 103 ff.

*Coing*, Helmut: Grundsätzliches zur Rückwirkung von Gesetzen, BB 1954, S. 137 ff.

*Daehanminguk Jeongbu* (Regierung Republik Korea): Je 2 Tscha Guktojonghabgaebalgyehoik Sujeonggyehoik 1987 - 1991 (Geänderte Fassung des zweiten staatlichen Raumentwicklungsplans für den Zeitraum von 1987 bis 1991), Seoul 1987

*Dagtoglou*, Prodromos: Ersatzpflicht des Staates bei legislativem Unrecht?, Tübingen 1963

*David*, Carl-Heinz: Zum Verhältnis zwischen Raumordnungsbindung und Abwägungsgebot, in: Westermann u.a. (Hrsg.), Raumplanung und Eigentumsordnung, Festschrift für Werner Ernst zum 70. Geburtstag, München 1980, S. 73 ff.

*Degenhart*, Christoph: Staatsrecht I, 5. Aufl., Heidelberg 1989

— Dispositionsschutz im Recht der Raumplanung, DVBl. 1980, S. 660 ff.

— Systemgerechtigkeit und Selbstbindung des Gesetzgebers als Verfassungspostulat, München 1976

— Der Bundesminister für Raumordnung, Bauwesen und Städtebau

— Neue und modifizierte Rechtsformen der Bodennutzung (Münchener Gutachten), Bonn 1977

*Dolde*, Klaus-Peter: Enteignungsgleicher Eingriff und Amtspflichtverletzung durch Aufstellung nichtiger Bebauungspläne, NVwZ 1985, 250 ff.

— Bestandsschutz im Immissionsschutzrecht, in: Püttner, Günter (Hrsg.), Festschrift für Otto Bachof zum 70. Geburtstag, München 1984, S. 192 ff.

*Dörr*, Dieter/*Schönfelder*, Diether: Amtshaftung bei der Aufstellung von Bebauungsplänen für ein ehemaliges Deponiegelände, NVwZ 1989, S. 933 ff.

*Dürr*, Hansjochen: Die Veränderungen im Bauplanungsrecht durch §§ 1 bis 38 BauGB, VBlBW 1987, S. 201 ff.

*Dyong*, Hartmut: Verwirklichung der Raumordnung durch die vollziehende Gewalt, in: Verwirklichung der Raumordnung, Veröffentlichung der Akademie für Raumforschung und Landesplanung, Forschung und Sitzungsberichte, Bd. 145, Hannover 1982, S. 225 ff.

*Egerer*, Jürgen: Der Plangewährleistungsanspruch, Baden-Baden 1971

*Engelhardt*, Hans: Neue Rechtsprechung des BGH zur öffentlichrechtlichen Entschädigung, NVwZ 1989, S. 1026 ff.

— Neue Rechtsprechung des BGH zum Staatshaftungsrecht, NVwZ 1989, S. 927 ff.

— Die neuste Entwicklung der Rechtsprechung zum Staatshaftungsrecht, NVwZ 1985, S. 621 ff.

*Erbguth*, Wilfried: Raumordnungs- und Landesplanungsrecht, Köln u.a. 1983

— Das rechtssystematische Verhältnis von überörtlicher Landschaftsplanung und Landesplanung, UPR 1983, S. 137 ff.

— Verfassungsrechtliche Fragen im Verhältnis Landesplanung und Braunkohlenplanung, DVBl. 1982, S. 1 ff.

— Immissionsschutz und Landesplanung - Aktuelle Fragen im Verhältnis beider Rechtsgebiete, Münster 1982

— Koordination raumbedeutsamer Fachplanungen, BayVBl. 1981, S. 577 ff.

— Zur Rechtsnatur von Programmen und Plänen der Raumordnung und Landesplanung, DVBl. 1981, S. 557 ff.

— Probleme des geltenden Landesplanungsrechts - Ein Rechtsvergleich -, Münster 1975

*Erbguth*, Wilfried/*Puchel*, Gerald: Die Luftreinhaltepläne im Abwägungsvorgang der Bauleitplanung und Landesplanung, NVwZ 1982, S. 649 ff.

*Erichsen*, Hans-Uwe: Das Verwaltungshandeln, in: Erichsen, Hans-Uwe u.a. (Hrsg.), Allgemeines Verwaltungsrecht, 8. Aufl., Berlin u.a. 1988, S. 137 ff.

*Ernst*, Paul Christoph: Verfassungsrechtliche und sonstige rechtliche Vorgaben der Kreisentwicklungsplanung, Köln u.a. 1979

*Ernst*, Werner: Raumordnung als Aufgabe der planenden Gesetzgebung und Verwaltung, in: Kaiser, Joseph H. (Hrsg.), Planung III, Baden-Baden 1968, S. 129 ff.

*Ernst*, Werner/*Hoppe*, Werner: Das öffentliche Bau- und Bodenrecht, Raumplanungsrecht, 2. Aufl., München 1981

*Ernst*,Werner/*Suderow*, Wolfgang: Die Zulässigkeit raumordnerischer Festlegungen für Gemeindeteile, Rechtsgutachten, Schriften der Landesplanung Niedersachsen 1976

*Ernst*, Werner/*Zinkahn*, Willy/*Bielenberg*, Walter: Bundesbaugesetz, Kommentar, München, Stand: 35. Lfg. 1986

— Baugesetzbuch, Kommentar, München, Stand: 41. Lfg. 1989

*Eyermann*, Erich/*Fröhler*, Ludwig: Verwaltungsgerichtsordnung, Kommentar, 9. Aufl., München 1988

*Faber*, Heiko: Verwaltungsrecht, 2. Aufl., Tübingen 1989

*Fackler*, Christian: Verfassungs- und verwaltungsrechtliche Aspekte eines Individualanspruchs auf Bauleitplanung, Berlin 1988

*Fickert*, Hans Carl: Planfeststellung für den Straßenbau, Kommentar, Köln u.a. 1978

*Fiedler*, Wilfried: Funktionen und Bedeutung öffentlich-rechtlicher Zusagen im Verwaltungsrecht, Heidelberg u.a. 1977

*Finkelnburg*, Klaus/*Ortloff*, Karsten-Michael: Öffentliches Baurecht, München 1981

*Forrester*, Jay W.: Planung unter dem dynamischen Einfluß komplexer sozialer Systeme, in: Ronge, Volker/Schmieg, Günter (Hrsg.), Politische Planung in Theorie und Praxis, München 1971, S. 81 ff.

*Forsthoff*, Ernst: Lehrbuch des Verwaltungsrechts, 10. Aufl.,1973

*Forsthoff*, Ernst/*Blümel*, Willi: Raumordnungsrecht und Fachplanungsrecht, Frankfurt u.a. 1970

*Frenzel*, Michael: Das öffentliche Interesse als Voraussetzung der Enteignung, Berlin 1978

*Friauf*, Karl Heinrich: Bestandsschutz zwischen Investitionssicherheit und Anpassungsdruck, WiVerw 1989, S. 121 ff.

— Öffentliches Baurecht, in: Münch, Ingo von (Hrsg.), Besonderes Verwaltungsrecht, 8. Aufl., Berlin u.a. 1988, S. 477 ff.

— Bestandsschutz bei gewerblichen Anlagen. Zur neueren Rechtsprechung des Bundesverwaltungsgerichts, in: Otto Bachof u.a. (Hrsg.), Verwaltungsrecht zwischen Freiheit, Teilhabe und Bindung. Festgabe aus Anlaß des 25jährigen Bestehens des Bundesverwaltungsgerichts, München 1978, S. 217 ff.

*Friedrich*, Manfred: Der Methoden- und Richtungsstreit. Zur Grundlagendiskussion der Weimarer Staatsrechtslehre, AÖR 102 (1977), S. 161 ff.

*Friesenhahn*, Ernst: Staatsgewalt und Rechtskontrolle, 1932 und 1982, in: Demokratie in Anfechtung und Bewährung, Festschrift für Johannes Boermann, Berlin 1982, S. 517 ff.

*Frotscher*, Werner: Vermögensschutz oder Bestandsschutz bei der Rücknahme von Verwaltungsakten?, DVBl. 1976, S. 281 ff.

*Gallwas*, Hans-Ulrich: Faktische Beeinträchtigungen im Bereich der Grundrechte, Berlin 1970

*Gelzer*, Konrad: Bauplanungsrecht, 4. Aufl., Köln 1984

— Der Umfang des Entschädigungsanspruchs aus Enteignung und enteignungsgleichem Eingriff, München 1969

*Gierth*, Karl: Klagebefugnis und Popularklage, DÖV 1980, S. 893 ff.

*Göldner*, Detlef Christoph: Die Rücknahme rechtswidriger begünstigender Verwaltungsakte nach dem neuen Verwaltungsverfahrensrecht, DÖV 1979, S. 805 ff.

*Goppel*, Konrad: Die Rechtswirkungen des Regionalplans, BayVBl. 1984, S. 229 ff.

— Das Raumordnungsverfahren als moderne Form des Verwaltungshandelns, BayVBl. 1982, S. 716 ff.

*Götz*, Volkmar: Bundesverfassungsgericht und Vertrauensschutz, in: Starck, Christian u.a. (Hrsg.), Bundesverfassungsgericht und Grundgesetz, Festgabe aus Anlaß des 25jährigen Bestehens des Bundesverfassungsgerichts, Bd. II, Tübingen 1976, S. 421 ff.

*Grabitz*, Eberhard: Freiheit und Verfassungsrecht. Kritische Untersuchung zur Dogmatik und Theorie der Freiheitsrechte, Tübingen 1976

— Vertrauensschutz als Freiheitsschutz, DVBl. 1973, S. 675 ff.

*Groh*, Bernd Martin: Konfiktbewältigung im Bauplanungsrecht, Düsseldorf 1988

*Grooterhorst*, Johannes: Die Wirkung der Ziele der Raumordnung und Landesplanung gegenüber Bauvorhaben nach § 34 BBauG - Zugleich zum bebauungsrechtlichen Planungserfordernis als Instrument der Zielverwirklichung in §§ 34 und 35 BBauG, Münster 1985

*Guktogaebal Yunkuwon* (Forschungsinstitut für die Staatsraumentwicklung): Je 2 Tscha Guktogaebal Jonghabgyehoikan (Entwurf des Zweiten Raumentwicklungsgesamtplans für die Staatsebene), Seoul 1981

— Guktoggyehoikeui hyogoajeok silsirulyhan Jeongtschaekyonku (Studie einer Staatsraumplanungspolitik für ihre effektive Verwirklichung, Seoul 1980

*Gygi*, Fritz: Rechtsfragen der Wirtschaftsplanung, in: Kaiser (Hrsg.), Planung II, Baden-Baden 1966, S. 113 ff.

*Häberle*, Peter: Grundrechte im Leistungsstaat, VVDStRL 30 (1972), S. 43 ff.

— Die Wesensgehaltgarantie des Art. 19 Abs. 2 Grundgesetz, Karlsruhe 1962

*Han*, Chang-Kyoo: Gukgabosangbub (Das Recht der staatlichen Ersatzleistungen), Seoul 1976

*Hartwig*, Walter: Rechtswirkungen von Zielen der Raumordnung und Landesplanung gegenüber privaten Planungsträgern, insbesondere bei §§ 34, 35 BBauG, NVwZ 1985, S. 8 ff.

*Hase*, Friedhelm/*Ladeur*, Karl-Heinz/*Ridder*, Helmut: Nochmals: Reformalisierung des Rechtsstaats als Demokratiepostulat ?, JuS 1981, S. 794 ff.

*Häusler*, Joachim: Planung als Zukunftsgestaltung, Wiesbaden 1969

*Haverkate*, Görg: Amtshaftung bei legislativem Unrecht und die Grundrechtsbindung des Gesetzgebers, NJW 1973, S. 441 ff.

*Hedemann*, Justus Wilhelm: Entschädigung bei wirtschaftlichen Lenkungsmaßnahmen des Reichs, Deutsches Recht 1944, S. 545 ff.

*Heigl*, Ludwig/*Hosch*, Rüdiger: Raumordnung und Landesplanung in Bayern, Kommentar und Vorschriftensammlung, Stand: 13. Lfg. München 1985

*Heinrich*, Franz Walter: Kommunale Beteiligung in der Raumordnung und Landesplanung, Bd. I: Verfassungsrechtliche und rahmenrechtliche Grundlagen, Münster 1981; Bd. II: Beteiligungsrecht und Beteiligungsverfahren nach dem Landesverwaltungsrecht der Länder, Münster 1981

*Heinze*, Christian: Das planungsrechtliche Abwägungsgebot, NVwZ 1986, S. 87 ff.

*Hendler*, Reinhard: Grenzen der überörtlichen Planung aus der Sicht der gemeindlichen Planungshoheit, in: Regionale Raumordnung und gemeindliche Planungshoheit im Konflikt?, Schriftenreihe des Niedersächsischen Städteverbandes, Heft 10, Hannover 1982, S. 18 ff.

— Das rechtliche Verhältnis von überörtlicher Landesplanung und Raumordnungsplanung, NuR 1981, S. 41 ff.

— Raumplanungsrecht, JUS 1979, S. 616 ff.

— Gemeindliches Selbstverwaltungsrecht und Raumordnung, Göttingen 1972

*Hennig*, Karl-Heinz: Der sog. latente Störer in baurechtlicher und planender Sicht, DVBl. 1968, S. 740 ff.

*Herschel*, Wilhelm: Rechtssicherheit und Rechtsklarheit, JZ 1967, S. 727 ff.

*Herzog*, Roman/*Kunst*, Hermann/*Schlaich*, Klaus/*Schneemelcher*, Wilhelm (Hrsg.): Evangelisches Staatslexikon, Bd. I (A - M), Bd. II (N - Z), 3. neubearb. u. erw. Aufl., Stuttgart 1987

*Herzog*, Roman/*Pietzner*, Rainer: Art.: Planung, in: Herzog, Roman/Kunst, Hermann/Schlaich, Klaus/Schneemelcher, Wilhelm (Hrsg.), Evangelisches Staatslexikon, Bd. II, 3. Aufl., Stuttgart 1987, Sp. 2503 ff.

*Hesse*, Konrad: Grundzüge des Verfassungsrechts der Bundesrepublik Deutschland, 16. erg. Aufl., Heidelberg 1988

— Bestand und Bedeutung der Grundrechte in der Bundesrepublik Deutschland, EuGRZ 1978, S. 427 ff.

— Der unitarische Bundesstaat, Karlsruhe 1962

*Hiddemann*, Hartmut: Die Planfeststellung im Flurbereinigungsgesetz, Münster 1970

*Hill*, Hermann: Gesetzesgestaltung und Gesetzesanwendung im Leistungsrecht, VVDStRL 47 (1989), S. 172 ff.

*Hirschberg*, Lothar: Der Grundsatz der Verhältnismäßigkeit, Göttingen 1981

*Hoffmann*, Michael: Der Abwehranspruch gegen rechtswidrige hoheitliche Realakte, Berlin 1969

*Hofmann*, Jochen: Abfallbeseitigung und kommunale Selbstverwaltung, BayVBl.1984, S. 289 ff.

*Höhnberg*, Ulrich: Rechtsschutz gegenüber Maßnahmen der Landesplanung, BayVBl.1982, S. 722 ff.

*Holzhauser*, Guido: Probleme der Standortvorsorge für umweltbelastende Großvorhaben aus bundesrechtlicher Sicht, Köln u.a. 1983

*Hong*, Jung-Sun: Hunbub ze 22 Zo 3 Hanggoa Gjehoikbojangchungkukwon (Art. 22 Abs. 3 KV und Plangewährleistungsanspruch), Gosike, 1985, Bd. 7, S. 128 ff.

*Hoppe*, Werner: Die kommunale Verfassungsbeschwerde vor Landesverfassungsgerichten, in: Starck, Christian/ Stern, Klaus (Hrsg.): Landesverfassungsgerichtsbarkeit, Teilband II: Zuständigkeit und Verfahren der Landesverfassungsgerichte, 1. Aufl., Baden-Baden 1983, S. 257 ff.

— Kommunale Selbstverwaltung und Planung, in: von Mutius, Albert (Hrsg.), Selbstverwaltung im Staat der Industriegesellschaft, Festgabe zum 70.Geburtstag von Georg-Christopf von Unruh, Heidelberg 1983, S. 555 ff.

— Verwirklichung von Umweltschutz durch Raumordnung und Landesplanung, in: Achterberg, Nobert u.a. (Hrsg.), Recht und Staat im sozialen Wandel, Festschrift für Ulrich Scupin zum 80. Geburtstag, Berlin 1983, S. 737 ff.

— Ungewißheiten beim bebauungsrechtlichen Planungserfordernis (§ 35 Abs. 1 BBauG) für industrielle Großvorhaben, DVBl. 1982, S. 913 ff.

— Gerichtliche Kontrolldichte bei komplexen Verwaltungsentscheidungen, in: Bachof, Otto, u.a. (Hrsg.), Verwaltungsrecht zwischen Freiheit, Teilhabe und Bindung, Festgabe aus Anlaß des 25jährigen Bestehens des Bundesverwaltungsgerichts, München 1978, S. 295 ff.

— Die "Zusammenstellung des Abwägungsmaterials" und die "Einstellung der Belange" in die Abwägung "nach Lage der Dinge" bei der Planung, DVBl. 1977, S. 136 ff.

— Planung und Pläne und der verfassungsgerichtlichen Kontrolle, in: Starck, Christian (Hrsg.), Bundesverfassungsgericht und Grundgesetz, Festgabe aus Anlaß des 25jährigen Bestehens des Bundesverfassungsgerichts, Band I, Verfassungsgerichtsbarkeit, Tübingen 1976, S. 663 ff.

— Zur Struktur von Normen des Planungsrechts, DVBl. 1974, S. 641 ff.

— Rechtsschutz bei der Planung von Straßen und anderen Verkehrsanlagen, München 1971

*Hoppe*, Werner/*Bunse*, Benno: Zentralörtliches Gliederungsprinzip und Bauleitplanung, WiVerw 1984, S. 151 ff.

*Hoppe*, Werner/*Erbguth*, Wilfried: Möglichkeiten und Aufgaben des Bundes im Bereich der Raumordnung zur Durchsetzung von Umwelterfordernissen, DVBl. 1983, S. 1213 ff.

*Hoppe*, Werner/*Menke*, Reinard: Raumordnungs- und Landesplanungsrecht des Bundes und des Landes Rheinland-Pfalz, Köln u.a. 1986

*Hoppe*, Werner/*Rengeling*, Hans-Werner: Rechtsschutz bei der kommunalen Gebietsreform, Frankfurt a.M. 1973

*Hoppe*, Werner/*Schlarmann*, Hans: Rechtsschutz bei der Planung von Straßen und anderen Verkehrsanlagen, 2. Aufl., München 1981

*Horn*, Norbert: Vertragsbindung unter veränderten Umständen,: NJW 1985, S. 1118 ff.

*Hosch*, Rüdiger: Probleme des verwaltungsgerichtlichen: Rechtsschutzes bei Zielen der Raumordnung und Landesplanung, WiVerw. 1977, S. 36 ff.

*Huber*, Hans: Vertrauensschutz. Ein Vergleich zwischen Recht und Rechtsprechung in der Bundesrepublik und in der Schweiz, in: Bachof, Otto u.a. (Hrsg.), Verwaltungsrecht zwischen Freiheit, Teilhabe und Bindung. Festschrift aus Anlaß des 25jährigen Bestehens des Bundesverwaltungsgerichts, München 1978, S. 313 ff.

*Huber*, Konrad: Maßnahmengesetz und Rechtsgesetz. Ein Studie zum rechtsstaatlichen Gesetzesbegriff, Berlin 1963

*Hufen*, Friedhelm: Gesetzesgestaltung und Gesetzesanwendung im Leistungsrecht, VVDStRL 47 (1989), S. 142 ff.

*Hufnagl*, Alfred: Gewährleistung bei Änderung raumordnerischer Planungen, BayVBl. 1980, S. 166 ff.

*Hüffer*, Rolf: Grundzüge des Bauplanungsrechts, BayVBl. 1986, S. 1 ff.

*Huh*, Young: Die Grundzüge der neuen koreanischen Verfassung von 1987, Jahrbuch des öffentlichen Rechts der Gegenwart Bd. 38 (1989), S. 565 ff.

— Hunbubirongoa Hunbub (Verfassungstheorie und Verfassungsrecht), Bd. 3, neub. Aufl., Seoul 1988

*Ibler*, Martin: Zur Bindungswirkung der Planungs- und Linienführungsbestimmung des Bundesministers für Verkehr bei der Fernstraßenplanung, DVBl. 1989, S. 76 ff.

*Ihmels*, Karl/*Köppl*, Michael: Hessisches Landesplanungsgesetz, Kommentar, Köln u.a. 1983

*Imboden* Max: Die Planung als verwaltungsrechtliches Institut, VVDStRL 18 (1960), S. 113 ff.

*Ipsen*, Hans Peter: Plangewährleistung, in: Festschrift für Ernst Rudolf Huber zum 70. Geburtstag, Göttingen 1973, S. 129 ff.

— Rechtsfragen der Wirtschaftsplanung, in: Kaiser, Joseph H. (Hrsg.), Planung II, Baden-Baden 1966, S. 63 ff.

— Fragestellung zu einem Recht der Wirtschaftsplanung, in: Kaiser, Joseph H. (Hrsg.), Planung I, Baden-Baden 1965, S. 35 ff.

*Ipsen*, Jörn: Enteignung, enteignungsgleicher Eingriff und Staatshaftung, DVBl. 1983, S. 1029 ff.

*Jannig*, Hermann: Das Beteiligungsrecht der Gemeinden an der Regionalplanung, Städte- und Gemeindebund 1983, S. 275 ff.

— Räumliche und trägerschaftliche Alternativen zur Organisation der Regionalplanung, Berlin 1982

*Jarass*, Hans D.: Wirtschaftsverwaltungsrecht und Wirtschaftsverfassungsrecht, Frankfurt a.M. 1984

— Das Verhältnis des Raumordnungsverfahrens zu Fachgenehmigungs- und Planfeststellungsverfahren, BayVBl. 1979, S. 66 ff.

*Jarass*, Hans D./*Pieroth*, Bodo: Grundgesetz für die Bundesrepublik Deutschland, Kommentar, München 1989

*Jeong*, Tae-Yong: Dosigyehoikbub (Stadtplanungsgesetz), Seoul 1988

*Jo*, Chang-Hyun: Jibangjachiran Mueosinga? (Was ist die Selbstverwaltung?), Seoul 1988

*Kaiser*, Joseph H.: Der Plan als Institut des Rechtsstaats und der Marktwirtschaft, Umrisse eines Aktionsmodells, in: Kaiser, Joseph H. (Hrsg.), Planung, Bd. II, Baden-Baden 1966, S. 11 ff.

*Kastner*, Fritz: Inwieweit sind enteignungs- und entschädigungsrelevante Entschädigungen im straßenrechtlichen Planfeststellungsbeschluß zu treffen?, DVBl. 1982, S. 669 ff.

*Kim*, Chul-Soo: Hunbubjaepanso Jedo (Verfassungsgericht), Sabubhaengjung 1988, Bd. 4, S. 32 ff.

*Kim*, Doh-Chang: Ilbanhaengjungbubnon (Allgemeines Verwaltungsrecht), 3. neub. Aufl., Sang (Bd. 1), Seoul 1988

— Ilbanhaengjungbubnon (Besonderes Verwaltungsrecht), 3. neub. Aufl., Ha (Bd. 2), Seoul 1989

— Sinloibohoe goanhan Haengjongpanlyeui Choigundonghyang (Aktuelle Rechtsprechung über Vertrauensschutz), Panlyewolbo 1986 (Bd. 3), S. 48 ff.

*Kim*, Hyun-Chai: Kijunjiga Gosiui Chubunsung (Der Maßnahmecharakter der Veröffentlichung des maßstabsetzenden Bodenwertes durch die Bodennutzungspläne), Sabubhängjong 1979, Bd. 10, S. 43 ff.

*Kim*, Nam-Jin: Haengjungbub I (Verwaltungsrecht I), 2. Aufl., Seoul 1988

— Gongyongsuyong gua Iikhyunglyang (Enteignung und Abwägung), Gosigye 1987, Bd. 9, S. 27 ff.

— Suyongyusaui Jaesankwonchimhai oa Bosang (Enteignungsgleicher Eingriff und Entschädigung), Gosiyonku 1983, Bd. 1, S. 165 ff.

*Kim*, Won-Joo: Haengjunggjehoikei bjungjung, pyezioa sonsilbosang (Planänderung bzw. -aufhebung und Entschädigung), Gosiyonku, 1986, Bd. 12, S. 75 ff.

— Gonggongui Youngjomului Sulchi.Guanliui hajaroinhan Sonhaiui Baesang (Schadensersatz wegen Mängeln öffentlicher Einrichtungen), Wolgangosi 1986, Bd. 3, S. 42 ff.

*Kimminich*, Otto: Das Grundrecht auf Eigentum, JuS 1978, S. 217 ff.

— Erweiterung des verfassungsrechtlichen Eigentumsbegriffs?, Der Staat 1975, S. 397 ff.

— Die Rückwirkung von Gesetzen. Zu dem Urteil des Bundesverfassungsgerichts vom 19. 12. 1961, JZ 1962, S. 518 ff.

*Kirchberg*, Christian: Aktuelle Probleme der städtebaulichen Planverwirklichung durch Umlegung und Enteignung, VBlBW 1986, S. 401 ff.

*Kirchhof*, Paul: Besteuerung und Eigentum, VVDStRL 39 (1981), S. 213 ff.

— Besteuerungsgewalt und Grundgesetz, Frankfurt a. M. 1973

*Kisker*, Günter: Vertrauensschutz im Verwaltungsrecht, VVDStRL 32 (1974), S. 149 ff.

— Die Rückwirkung von Gesetzen. Eine Untersuchung zum anglo-amerikanischen und deutschen Recht, Tübingen 1963

*Klein*, Günter: Zur Rechtsnatur und Bindungswirkung der Ziele der Landesplanung, Beiträge zum Siedlungs- und Wohnungswesen und zur Raumplanung, Bd. I, Münster 1972

*Klein*, Friedrich/*Günter* Barbey: Bundesverfassungsgericht und Rückwirkung von Gesetzen, Bonn 1964

*Klemmer*, Paul: Ansatzpunkte zur Abgrenzung von Planungsräumen für die Raumordnungspolitik, Info 1976, S. 21 ff.

*Kliemann*, Horst: Das Spannungsverhältnis zwischen staatlicher Planung und kommunaler Selbstverwaltung, Stuttgart u.a. 1982

*Kloepfer*, Michael: Übergangsgerechtigkeit bei Gesetzesänderungen und Stichtagsregelungen, DÖV 1978, S. 225 ff.

*Klaussmann*, Manfred: Zulässigkeit und Grenzen von nachträglichen Eingriffen des Gesetzgebers in laufende Verträge, Berlin 1970

*Knemeyer*, Franz-Ludwig: Dezentralisation als Mittel vertikaler Gewaltenteilung überholt?, DVBl. 1976, S. 380 ff.

*Koch*, Hans-Joachim: Das Abwägungsgebot im Planungsrecht, DVBl. 1983, S. 1125 ff.

*Kong*, Dae-Sik: Urinara Dositojiiyonggua Soyukwonjedoui Baljonbanghyang (Bodennutzung und Eigentumsrecht), Seoul 1987

*König*, Bernd: Wesen, Zulässigkeit und Umfang rückwirkender Gesetze im Verwaltungsrecht, Heidelberg 1954

*König*, Hans-Günther: Bayerisches Baurecht, 2. Aufl., Köln u.a. 1988

*König*, Klaus: Programmsteuerungen in komplexen politischen Systemen, Die Verwaltung 1974, S. 143 ff.

*Kopp*, Ferdinand O.: Verwaltungsgerichtsordnung, Kommentar, 8. Aufl., München 1989

— Verwaltungsverfahrensgesetz, Kommentar, 4. Aufl., München 1986

— Um eine neue Begründung des Grundsatzes des Vertrauensschutzes im öffentlichen Recht, BayVBl. 1980, S. 38 ff.

*Korbmacher*, Günter: Eigentums- und entschädigungsrechtlich bedeutsame Entscheidungen in der fachplanerischen Abwägung, DÖV 1982, S. 516 ff.

— Plangewährleistung und Vertrauensschutz, WiVerw 1979, S. 37 ff.

— Bauleitplanung und Fachplanung in der Rechtsprechung des Bundesverwaltungsgerichts, DÖV 1978, S. 589 ff.

*Kosmider*, Rainer: Haftung für einen rechtswidrigen Bebauungsplan - BGHZ 92, 34, JuS 1986, S. 274 ff.

*Köstering*, Heinz: Kommunale Selbstverwaltung und staatliche Planung, DÖV 1981, S. 689 ff.

*Krause*, Peter: Eigentum an subjektiven öffentlichen Rechten, Berlin 1982

*Krautzberger*, Michael: Das neue Baugesetzbuch - Sicherung der Bauleitplanung; Zulässigkeit von Vorhaben, NVwZ 1987, S. 449 ff.

*Kratzenberg*, Rüdiger: Die Novelle zum Raumordnungsgesetz, NVwZ 1989, S. 1129 ff.

*Krebs*, Walter: Rechtsprobleme des Kommunalverfassungsstreits, VerwArch 68 (1977), S. 189 ff.

*Kreft* Friedrich: Aufopferung und Enteignung, Karlsruhe 1968

*Krieger*, Heinz-Jürgen: Vorläufiger Rechtsschutz gegen Gesamtplanungen, NuR 1983, S. 257 ff.

*Kriele*, Martin: Plangewährleistungsansprüche?, DÖV 1967, S. 531 ff.

*Krumbiegel*, Peter: Der Sonderopferbegriff in der Rechtsprechung des Bundesgerichtshofes, Berlin 1975

*Kunig*, Philip: Das Rechtsstaatsprinzip, Tübingen 1986

*Kwon*, Young-Sung: Hunbubhakwonlon (Lehrbuch des Verfassungsrechts), neub. Aufl., Seoul 1988

*Kwon*, Oh-Seung: Tojisoyukwonui Bubjuk Sungjilgua gu Jehan (Rechtsnatur und Einschränkung des Grundstückseigentumsrechts), in: Vereinigung der koreanischen Jura-Professoren (Hrsg.), Bubgua Toji (Recht und Grund und Boden), S. 38 ff.

*Landwehr*, Reinhard: Die Gliederung des Raumes: Typisierung, Regionalabgrenzung und Regionierung, Beiträge zum Siedlungs- und Wohnungswesen und zur Raumplanung, Bd. 22, Münster 1975

*Landwehrmann*, Friedrich: Veröffentlichung von Gesetzesvorhaben und Rückwirkung von Gesetzen, ZPR 1973, S. 81 ff.

*Lange*, Hans-Georg: Konflikte bei der Abstimmung zwischen Regional- und Bauleitplanung, Der Städtetag 1980, S. 8 ff.

*Lange*, Klaus: Probleme des Vertrauensschutzes im Verwaltungsrecht, Wirtschaft und Verwaltung 1979, S. 15 ff.

*Laubinger*, Hans-Werner: Der Umfang der Konzentrationswirkung der Planfeststellung, VerwArch. 77 (1986), S. 77 ff.

*Lee*, Jae-Sung: Chuisososongui Soik (Kagebefugnis bei der Verwaltungsklage), in: Kongbubyonku (Forschungen des öffentlichen Rechts) Bd. 7 (1979), S. 77 ff.

*Lee*, Myung-Ku: Gubbuhaengjongui Bubjeok Munje (Rechtsprobleme der Leistungsverwaltung), Gosiyonku 1988, Bd. 3, S. 41 ff.

*Lee*, Sang-Ku: Gunsulhängjongjedo Gäsonbangan (Entwicklung des Bauplanungssystems), Gukto oa Gunsul (Land und Bau) 1988, Bd. 9, S. 102 ff.

*Lee*, Sang-Kyu: Sinhaengjungbubnon I, II (Neues Verwaltungsrecht Bd. I, II), Seoul 1988

— Gukgabaesangbubui Munjejomgua Gaesunbanghyang (Probleme des Staatsschadensersatzgesetzes und Entwicklungsmöglichkeiten), Daehanbyunhyubhoiji 1988, S. 57 ff.

*Leisner*, Walter: Sozialbindung des Eigentums, Berlin 1972

*Lenz*, Karl-Heinz: Das Vertrauensschutz-Prinzip, Berlin 1968

*Lerche*, Peter: Grenzen der Wehrfähigkeit kommunaler Planungshoheit, in: Maunz, Theodor (Hrsg.), Verwaltung und Rechtsbindung, Festschrift zum hundertjährigen Bestehen des Bayerischen Verwaltungsgerichtshofes, München 1979, S. 223 ff.

— Rechtsprobleme der wirtschaftslenkenden Verwaltung, DÖV 1961, S. 486 ff.

— Übermaß und Verfassungsrecht. Zur Bindung des Gesetzgebers an die Grundsätze der Verhältnismäßigkeit und der Erforderlichkeit, Köln u.a. 1961

*Lim*, Seon-Uk: Urinara gihoikjedoui hyoyuljok sihängbangane guanhan younku (Effektiver Verwirklichungsmodus des koreanischen Raumplanungssystems), Seoul, 1987

*Löhr*, Rolf-Peter: Zum Entwurf eines Baugesetzbuchs, Jura 1986, S. 465 ff.

— Gerichtliche Rechtsschutzmöglichkeiten der Gemeinden gegen Regionalpläne, DVBl. 1980, S. 13 ff.

*Lorenz*, Dieter: Der grundrechtliche Anspruch auf effektiven Rechtsschutz, AÖR 105 (1980), S. 623 ff.

— Der Rechtsschutz des Bürgers und die Rechtsweggarantie, München 1973

*Lotz*, Klaus Werner: Zum Vertrauensschutz im öffentlichen Recht, Wirtschaft und Verwaltung 1979, S. 1 ff.

*Löwer*, Wolfgang: Die Antragsbefugnis im verwaltungsprozessualen Normenkontrollverfahren, NJW 1979, S. 1265 ff.

*Luhmann*, Niklas: Rechtssystem und Rechtsdogmatik, Stuttgart u.a. 1974

— Grundrechte als Institution. Ein Beitrag zur politischen Soziologie, 2. Aufl., Berlin 1974

— Vertrauen. Ein Mechanismus zur Reduktion sozialer Komplexität, 2. Aufl., Stuttgart 1973

*Mainka*, Johannes: Vertrauensschutz im öffentlichen Recht, Bonn 1963

*Maeng*, Jang-Sup: Jibangjachidanchee daehan Gukgagamdok (Staatliche Aufsicht über die Selbstverwaltung), Gosigye 1988, Bd. 5, S. 71 ff.

*Maikranz*, Horst: Probleme beim Neubau von Straßen mit überörtlicher Verkehrsbedeutung, VBlBW 1987, S. 90 ff.

*Martens*, Wolfgang: Grundrechte im Leistungsstaat, VVDStRL 30 (1972), S. 7 ff.

*Marx*, Detlef: Zur Konzeption ausgeglichener Funktionsräume als Grundlage einer Regionalpolitik des mittleren Weges, Veröffentlichung der Akademie für Raumforschung und Landesplanung, Forschungs- und Sitzungsberichte, Bd. 94, Hannover 1975, S. 1 ff.

*Maurer*, Hartmut: Kommunalrecht, in: Maurer/Hendler (Hrsg.), Baden-Württembergisches Staats- und Verwaltungsrecht, Frankfurt a.M. 1990, S. 173 ff.

— Kontinuitätsgewähr und Vertrauensschutz, in: Isensee/Kirchhof (Hrsg.), Handbuch des Staatsrechts, Bd. III, Heidelberg 1988, S. 211 ff.

— Allgemeines Verwaltungsrecht, 6. Aufl., München 1988

— Das Vertrauensschutzprinzip bei Rücknahme und Widerruf von Verwaltungsakten, in: Schmitt-Glaeser, Walter (Hrsg.), Verwaltungsverfahren. Festschrift zum 50jährigen Bestehen des Richard-Boorberg-Verlags, Stuttgart u.a. 1977, S. 223 ff.

— Rechtsschutz gegen Rechtsnormen, in: Rechtswissenschaftliche Abteilung der Rechts- und Wirtschaftswissenschaftlichen Fakultät der Universität Tübingen (Hrsg.), Tübinger Festschrift für Eduard Kern, Tübingen 1968, S. 275 ff.

*Maunz*, Theodor/*Dürig*, Günter/*Herzog*, Roman/*Scholz*, Rupert: Grundgesetz, Kommentar (Loseblatt), Stand 28. Lieferung, München 1989

*Maunz*, Theodor/*Zippelius* Reinhold: Deutsches Staatsrecht, 27. Aufl., München 1988

*Meier*, Hennung: Regionalplanung und Kommunale Selbstverwaltung, Köln u.a. 1984

*Meis*, Christiane: Verfassungsrechtliche Beziehungen zwischen Bund und Gemeinden, Baden-Baden 1989

*Menger*, Christian-Friedrich: Zum enteignungsgleichen Eingriff und zur Amtspflichtsverletzung durch Untätigbleiben des Gesetz- und Verordnungsgebers, VerwArch 63 (1972), S. 81 ff.

*Menke*, Rainhard: Das Gebot planerischer Konfliktsbewältigung bei der Überplanung von Gemengelagen, UPR 1985, S. 111 ff.

— Bauleitplanung in städtebaulichen Gemengelagen: Geltendes Recht und Novellierungsvorschläge, Münster 1984

*Michel*, Helmut: Raumordnung und Raumplanung im Strukturbild des modernen Staates, Frankfurt 1957

*Mößle*, Wilhelm: Die Antragsbefugnis im Normenkontrollverfahren nach § 47 VwGO, BayVBl. 1976, S. 609 ff.

*Müller*, Hanswerner: Handbuch der Gesetzgebungstechnik, Köln u.a. 1963

*Münch*, Ingo von: Verwaltung und Verwaltungsrecht im demokratischen und sozialen Rechtsstaat, in: Erichsen, Hans-Uwe u.a. (Hrsg.), Allgemeines Verwaltungsrecht, 8. Aufl., Berlin u.a. 1988, S. 1 ff.

— Grundgesetz-Kommentar, 3. Aufl., München 1985

*Mußgnug*, Reinhard: Gesetzesgestaltung und Gesetzesanwendung im Leistungsrecht, VVDStRL 47 (1989), S. 113 ff.

*Mutius*, Albert von: Sind weitere rechtliche Maßnahmen zu empfehlen, um den notwendigen Handlungs- und Entfaltungsspielraum der kommunalen Selbstverwaltung zu gewährleisten?, Gutachten E für den 53. Deutschen Juristentag, München 1980

— Rechtsnorm und Verwaltungsakt. Zu Möglichkeiten und Grenzen rechtsdogmatischer Differenzierung im Bereich des Verwaltungshandelns, in: Menger, Christian-Friedrich (Hrsg.), Fortschritte des Verwaltungsrechts, Festschrift für Hans J. Wolff zum 75. Geburtstag, München 1973, S. 167 ff.

*Nicklisch*, Fritz: Ergänzende Vertragsauslegung und Geschäftsgrundlagenlehre - ein einheitliches Rechtsinstitut zur Lückenausfüllung?, BB 1980, S. 949 ff.

*Niehues*, Wolfgang: Die Zulässigkeit der Rückwirkung von Gesetzen nach dem Recht der Bundesrepublik Deutschland, Münster 1973

*Niemeier*, Hans-Gerhart: Das Recht der Raumordnung und Landesplanung in der Bundesrepublik Deutschland, Eine systematische Darstellung - Veröffentlichungen der Akademie für Raumforschung und Landesplanung, Forschungs- und Sitzungsberichte, Bd. 75, Hannover 1976

*Niemeier*, Hans-Gerhart/*Dahlke*, Winfried/*Lowinski*, Heinrich: Landesplanungsrecht Nordrhein-Westfalen, Kommentar zum Landesplanungsgesetz und zum Landesentwicklungsprogramm, Essen 1977

*Noll*, Peter: Gesetzgebungslehre, Reinbek 1973

*Nüßgens*, Karl/*Boujong*, Karlheinz: Eigentum, Sozialbindung, Enteignung, München 1987

*Obermayer*, Klaus: Grundzüge des Verwaltungsrechts und des Verwaltungsverfahrensrechts, 3. Aufl., Stuttgart u.a. 1988

— Kommentar zum Verwaltungsverfahrensgesetz, 1983

— Verfassungsrechtliche Aspekte der verwaltungsgerichtlichen Normenkontrolle, DVBl. 1965, S. 625 ff.

— Der Plan als verwaltungsrechtliches Institut, VVDStRL 18 (1960), S. 144 ff.

*Oberndorfer*, Peter: Zur verfassungsrechtlichen Kontrolle von Flächenwidmungsplänen, ÖZW 1978, S. 97 ff.

— Strukturprobleme des Raumordnungsrechts, Die Verwaltung 1972, S. 257 ff.

*Oh*, Jun-Gen: Haengjunggyehoikui Bubjuksunggyukgoa Gyehoikbojang (Rechtsnatur der Verwaltungspläne und Plangewährleistung), Susonnonjip Bd. 10 (1985), S. 317 ff.

— Bubchigukgawonli (Rechtsstaatsprinzip), Yuksanonmunjip Bd. 27 (1984), S. 177 ff.

— Haengjunggyehoik (Bedeutung und rechtliche Struktur der Verwaltungsplanung), Yuksanonmunjip Bd. 24 (1983), S. 161 ff.

— Hwangyunghaengjungsosong (Umweltverwaltungsklage), Seoul 1981

*Oldiges*, Martin: Baurecht, in: Steiner, Udo (Hrsg.), Besonderes Verwaltungsrecht, 3. Aufl., Heidelberg 1988, S. 399 ff.

— Grundlagen eines Plangewährleistungsrechts, Berlin u.a. 1970

*Opfermann*, Wilhelm: Die Enteignungsentschädigung nach dem Grundgesetz, Berlin 1974

*Ossenbühl*, Fritz: Enteignungsgleicher Eingriff im Wandel, JuS 1988, S. 193 ff.

— Abschied vom enteignungsgleichen Eingriff ?, NJW 1983, S. 1 ff.

— Staatshaftungsrecht, 3. Aufl., München 1983

— Die verfassungsrechtliche Bedeutung des Postulates nach gleichwertigen Lebensverhältnissen für Raumordnung und Landesentwicklungspolitik, Der Landkreis 1982, S. 550 ff.

— Die Interpretation der Grundrechte in der Rechtsprechung des Bundesverfassungsgerichts, NJW 1976, S. 2100 ff.

— Die Kontrolle von Tatsachenfeststellungen und Prognoseentscheidungen durch das Bundesverfassungsgericht, in: Starck, Christian (Hrsg.), Bundesverfassungsgericht und Grundgesetz, Festgabe aus Anlaß des 25jährigen Bestehens des Bundesverfassungsgerichts, Bd. I, Tübingen 1976, S. 458 ff.

— Die Plangewährleistung, JuS 1975, S. 545 ff.

— Welche normativen Anforderungen stellt der Verfassungsgrundsatz des demokratischen Rechtsstaates an die planende staatliche Tätigkeit?, Dargestellt am Beispiel der Entwicklungsplanung, Gutachten zum 50. Deutschen Juristentag, in: Verhandlungen des fünfzigsten Deutschen Juristentages, Bd. I, München 1974, Teil B

— Vertrauensschutz im sozialen Rechtsstaat, DÖV 1972, S. 25 ff.

— Die Rücknahme fehlerhafter begünstigender Verwaltungsakte, Berlin 1965

*Paetow*, Stefan: Erfahrungen mit der verwaltungsgerichtlichen Normenkontrolle - eine Zwischenbilanz, NVwZ 1985, S. 309 ff.

*Park*, Kyu-Ha: Gyehoikjehangua Sonsilbosang (Planbedingte Einschränkung und Entschädigung), Gosiyonku 1988, Bd. 5, S. 125 ff.

*Papier*, Hans-Jürgen: Interkommunaler Kompetenzkonflikt, DVBl. 1984, S. 453 ff.

— Möglichkeiten und Grenzen der rechtsverbindlichen Festlegungen und Freihaltung von Leitungsstrassen durch die Regionalplanung, Münster 1983

— Die verwaltungsgerichtliche Organklage, DÖV 1980, S. 292 ff.

— Rechtliche Bindung und gerichtliche Kontrolle planender Verwaltung im Bereich des Bodenrechts, NJW 1977, S. 1714 ff.

— Zur Reform des Staatshaftungsrechts, DVBl. 1974, S. 573 ff.

— Die finanzrechtlichen Gesetzesvorbehalte und das grundgesetzliche Demokratieprinzip. Zugleich ein Beitrag zur Lehre von den Rechtsformen der Grundrechtseingriffe, Berlin 1973

*Pappermann*, Ernst: Das zwischengemeindliche Nachbarrecht - BVerwGE 40, 323 -, JuS 1973, S. 691 ff.

*Parodi*, Silvana: Eigentumsbindung und Enteignung im Natur- und Denkmalschutz, Berlin 1984

*Peine*, Franz-Joseph: Raumplanungsrecht, Tübingen 1987

*Pernthaler*, Peter: Raumordnung und Verfassung, Bd. 1, Wien u.a., 1975; Bd. 2, Wien u.a., 1978

*Pestalozza*, Christian, Graf v.: Verfassungsprozeßrecht, 2. Aufl., München 1982

*Pfeiffer*, Erwin: Die Rückwirkung materieller und prozessualer Normen im Verwaltungsrecht, München 1954

*Philippi*, Klaus Jürgen: Tatsachenfeststellungen des Bundesverfassungsgerichts. Ein Beitrag zur rationalempirischen Fundierung verfassungsrechtlicher Entscheidungen, Köln u.a. 1971

*Pieroth*, Bodo: Rückwirkung und Übergangsrecht. Verfassungsrechtliche Maßstäbe für intertemporale Gesetzgebung, Berlin 1981

*Pieroth* Bodo/Schlink *Bernhard*: Grundrechte Staatsrecht II, 5. Aufl., Heidelberg 1989

*Podlech*, Adalbert: Eigentum - Entscheidungsstruktur der Gesellschaft, Der Staat 15 (1976), S. 31 ff.

*Pohle*, Albrecht Peter: Die Verfassungswidrigerklärung von Gesetzen. Eine Untersuchung der Voraussetzungen und Folgen des Verzichts auf die gesetzestechnisch mögliche Nichtigerklärung durch das Bundesverfassungsgericht, Frankfurt a.M. u.a. 1979

*Preuss*, Ulrich, K.: Vertrauensschutz als Statusschutz, JA 1977, S. 265 ff.

*Pühl*, Manfred: Die Organisation der Regionalplanung nach der Gebiets- und Verwaltungsreform, Göttingen 1979

*Püttner*, Günter: Wirtschaftsverwaltungsrecht, Stuttgart u.a. 1989

— Vertrauensschutz im Verwaltungsrecht, VVDStRL 32 (1974), S. 200 ff.

*Quack*, Klaus: Die Rückwirkung belastender Gesetze, DVBl. 1962, S. 289 ff.

*Ramsauer*, Ulrich: Über den Unterschied von Inhaltsbestimmung und Schrankenbestimmung des Eigentums, DVBl. 1980, S. 539 ff.

— Die faktischen Beeinträchtigungen des Eigentums, Berlin 1979

*Redeker*, Konrad: Das baurechtliche Gebot der Rücksichtnahme, DVBl. 1984, S. 870 ff.

— Staatliche Planung im Rechtsstaat, JZ 1968, S. 537 ff.

— Von der Nachbarklage zum Planbefolgungsanspruch (Plangewährleistungsanspruch), DVBl. 1968, S. 7 ff.

*Redeker*, Konrad/*v.Oertzen*, Hans-Joachim: Verwaltungsgerichtsordnung, Kommentar, 9. Aufl., Stuttgart u.a. 1988

*Renck*, Ludwig: Verwaltungsgerichtliche Normenkontrolle: Rechtsschutz- oder Rechtsbeanstandungsverfahren?, BayVBl. 1985, S. 263 ff.

*Rengeling*, Hans-Werner: Das Grundeigentum als Schutzobjekt der Eigentumsgarantie (Art. 14 GG) und als Gegenstand verwaltungsrechtlicher Planung, Gestaltung und Schrankensetzung, AÖR 105 (1980), S. 423 ff.

*Reichert*, Bernd/Dürr, Hansjochen: Baurecht, 5. Aufl., Baden-Baden 1989

*Ritter*, Ernst-Hasso: Grenzen der verwaltungsgerichtlichen Normenkontrolle, DÖV 1976, S. 802 ff.

— Anmerkung zu BGH, NJW 1966, 877, NJW 1966, S. 1355 ff.

*Ritterstieg*, Helmut: Grundgesetz und Eigentum, NJW 1982, S. 721 ff.

— Eigentum als Verfassungsproblem. Zu Geschichte und Gegenwart des Bürgerlichen Verfassungsstaates, 2. Aufl., Darmstadt 1976

*Ronellenfitsch*, Michael: Die Planfeststellung, VerwArch. 80 (1989), S. 92 ff.

— Einführung in das Planungsrecht, Darmstadt 1986

— Der Einwendungsausschluß im Wasserrecht, VerwArch. 74 (1983), S. 369 ff.

— Die Überleitung altrechtlicher Wege, in: Bartlsperger, Richard u.a.(Hrsg.), Ein Vierteljahrhundert Straßenrechtsgesetzgebung, Hamburg 1980, S. 591 ff.

*Ronge*, Volker/*Schmieg*, Günter: Restriktionen politischer Planung, Frankfurt a. M. 1973

*Rothe*, Karl-Heinz: Die Entschädigung bei Änderung oder Aufhebung einer zulässigen Nutzung nach § 44 BauGB, JZ 1978, S. 169 ff.

*Rösslein*, Thomas: Der Folgenbesetigungsanspruch, Berlin 1968

*Rüfner*, Wolfgang: Das Recht der öffentlich-rechtlichen Schadensersatz- und Entschädigungsleistungen, in: Erichsen, Hans-Uwe u.a. (Hrsg.), Allgemeines Verwaltungsrecht, 8. Aufl., Berlin u.a. 1988, S. 521 ff.

*Rupp*, Hans Heinrich: Formenfreiheit der Verwaltung und Rechtsschutz, in: Bachof, Otto u.a. (Hrsg.), Verwaltungsrecht zwischen Freiheit, Teilhabe und Bindung, Festgabe aus Anlaß des 25jährigen Bestehens des Bundesverwaltungsgerichts, München 1978, S. 539 ff.

— Grundfragen der heutigen Verwaltungsrechtslehre, Tübingen 1965

*Rutkowski*, Gerhard: Einfluß der Regionalplanung auf die gemeindliche Bauleitplanung, Münster 1974

*Sachs*, Michael: Die kommunale Verfassungsbeschwerde im System der verfassungsgerichtlichen Verfahrensarten, BayVBl. 1982, S. 37 ff.

*Sahlmüller*, Fred: Ausfertigung und Verkündung von Gesetzen in Bund und Ländern, Würzburg 1966

*Sailer*, Christian: Der Rechtsschutz von Gemeinden gegenüber staatlichen Planungsentscheidungen, BayVBl. 1981, S. 545 ff.

*Salzwedel*, Jürgen: Wege- und Verkehrsrecht, in: von Münch, Ingo (Hrsg.), Besonderes Verwaltungsrecht, 8. Aufl., Berlin u.a. 1988, S. 695 ff.

— Wasserrecht, in: von Münch, Ingo (Hrsg.), Besonderes Verwaltungsrecht, 8. Aufl., München 1988, S. 737 ff.

— Verfassungsrechtlich geschützte Besitzstände und ihre "Überleitung" in neues Recht. Zur Theorie der gesetzesfesten Rechtspositionen, Die Verwaltung 1972, S. 11 ff.

*Scharpf*, Fritz W.: Planung als politischer Prozeß, in: Naschold, Frieder/Väth, Werner (Hrsg.), Politische Planungssysteme, Opladen 1973, S. 167 ff.

*Schenke*, Wolf-Rüdiger: Entschädigungsansprüche bei legislativem Unrecht unter dem Aspekt des enteignungsgleichen Eingriffs, NJW 1988, S. 857 ff.

— Der Aufwendungsersatz beim Ausschluß einer gem. §§ 34 f. BBauG bestehenden baulichen Nutzungsmöglichkeit durch einen Bebauungsplan, DÖV 1987, S. 45 ff.

— Rechtsschutz bei Divergenz von Form und Inhalt staatlichen Verwaltungshandelns, VerwArch 72 (1981), S. 185 ff.

— Der Rechtsschutz des Bürgers gegen Verwaltungsvorschriften, DÖV 1979, S. 622 ff.

— Die einstweilige Anordnung in Verbindung mit der Verwaltungsgerichtlichen Normenkontrolle (§ 47 Abs. 7 VwGO), DVBl. 1979, S. 169 ff.

— Gewährleistung bei Änderung staatlicher Wirtschaftsplanung, AöR 101 (1976), S. 339 ff.

*Scheuner*, Ulrich: Die neue Entwicklung des Rechtsstaates in Deutschland, In: Forsthoff, Ernst (Hrsg.), Rechtsstaatlichkeit und Sozialstaatlichkeit, Darmstadt 1968, S. 461 ff.

*Scheuning*, Dieter H.: Haftung für Gesetze, in: Püttner, Günter (Hrsg.), Festschrift für Otto Bachof zum 70. Geburtstag, München 1984, S. 343 ff.

*Schimanke*, Dieter: Funktionen der Flächennutzungsplanung, DVBl. 1979, S. 616 ff.

*Schlaich*, Klaus: Die Verfassungsgerichtsbarkeit im Gefüge der Staatsfunktionen, VVDStRL 39 (1981), S. 99 ff.

*Schlarmann*, Hans: Rechtskontrolle von Planungen in der Bundesrepublik Deutschland, in: Azizi, Josef/Griller, Stefan, Rechtsstaat und Planung, Wien u.a. 1982, S. 1 ff.

— Privilegierte Fachplanungen als Ziele der Raumordnung und Landesplanung und ihre Umsetzung in die Bauleitplanung nach § 1 IV BBauG, DVBl. 1980, S. 275 ff.

— Das Verhältnis der privilegierten Fachplanungen zur kommunalen Bauleitplanung, Münster 1980

*Schlink*, Bernhard: Abwägung im Verfassungsrecht, Berlin 1976

*Schmidt*, Karl: Die Verfassungsrechtsprechung des Bundesverwaltungsgerichts und das Bundesverfassungsgericht, DÖV 1972, S. 36 ff.

*Schmidt*, Walter: Organisierte Einwirkung auf die Verwaltung. Zur Lage der zweiten Gewalt, VVDStRL 33 (1975), S. 183 ff.

— "Vertrauensschutz" im öffentlichen Recht. Randpositionen des Eigentums im spätbürgerlichen Rechtsstaat, JuS 1973, S. 529 ff

— Die Programmierung von Verwaltungsentscheidungen, AÖR 96 (1971), S. 321 ff.

*Schmidt-Aßmann*, Eberhard: Kommunalrecht, in: von Münch, Ingo (Hrsg.), Besonderes Verwaltungsrecht, 8. Aufl., Berlin u.a. 1988, S. 97 ff.

— Der öffentlich-rechtliche Schutz des Grundeigentums in der neueren Rechtsentwicklung, DVBl. 1987, S. 216 ff.

— Umweltschutz im Recht der Raumplanung, in: Salzwedel, Jürgen (Hrsg.), Grundzüge des Umweltrechts, Berlin 1982, S. 117 ff.

— Rechtsstaatliche Anforderungen an Regionalpläne, DÖV 1981, S. 237 ff.

— Die Stellung der Gemeinden in der Raumplanung: Systematik und Entwicklungstendenzen, VerwArch 71 (1980), S. 117 ff.

— Die Grundsätze des Naturschutzes und der Landschaftspflege, NuR 1979, S. 1 ff.

— Der Ausgleich landesplanerischer Planungsschäden, Göttingen 1976

— Verfassungsrechtliche und verwaltungspolitische Fragen einer kommunalen Beteiligung an der Landesplanung, AÖR 101 (1976), S. 520 ff.

— Verwaltungsverantwortung und Verwaltungsgerichtsbarkeit, VVDStRL 34 (1976), S. 221 ff.

— Rechtsfragen der im Bundesraumordnungsprogramm angelegten Bund-Länder-Planung, Innere Kolonisation 1974, S. 212 ff.

— Grundfragen des Städtebaurechts, Göttingen 1972

*Schmidt-Aßmann*, Eberhard/*Trute*, Hans-Heinrich: Raumordnung und Landesplanung, in: Maurer/Hendler (Hrsg.), Baden-Württembergisches Staats- und Verwaltungsrecht, Frankfurt a.M. 1990, S. 351 ff.

*Schmidt-Jortzig*, Edzard: Kommunalrecht, Stuttgart u.a. 1982

*Schmidt-Jortzig*, Edzard/*Schink*, Alexander: Subsidiaritätsprinzip und Kommunalordnung, Köln u.a. 1982

*Schmitt Glaeser*, Walter: Konflikt und Planung, Die Verwaltung 1981, S. 277 ff.

— Planung und Grundrechte, DÖV 1980, S. 1 ff.

— Systemgerechtigkeit in der Raumplanung, in: Maunz, Theodor (Hrsg.), Verwaltung und Rechtsbindung, Festschrift zum hundertjährigen Bestehen des Bayerischen Verwaltungsgerichtshofes, München 1979, S. 291 ff.

*Schmitt Glaeser*, Walter/*König*, Eberhard: Grundfragen des Planungsrechts, JA 1980, S. 321 ff. und 414 ff.

*Schoch*, Friedrich: Zur Situation der kommunalen Selbstverwaltung nach der Rastede-Entscheidung des Bundesverfassungsgerichts, Verwarch. 1989, S. 18 ff.

*Schöler*, Hans-Günther: Die Stellung des für die Raumordnung zuständigen Bundesministers im Rahmen der verfassungsmäßigen Verteilung der Verantwortung gem. Art. 65 GG - Möglichkeiten und Grenzen einer Reform, Münster 1976

*Schoeneberg*, Jörg: Bürger- und Verbandsbeteiligung bei der Landesplanung, UPR 1985, S. 39 ff.

*Scholz*, Rupert: Verwaltungsverantwortung und Verwaltungsgerichtsbarkeit, VVDStRL 34 (1976), S. 145 ff.

*Scholz*, Franz: Die Rechtssicherheit, Berlin 1955

*Schröder*, Meinhard: Planung auf staatlicher Ebene, Berlin 1974

*Schrödter*, Hans: Bundesbaugesetz, Kommentar, 4. Aufl., München 1980

*Schulte*, Hans: Zur Dogmatik des Art. 14 GG, Karlsruhe 1979

*Schwabe*, Jürgen: Probleme der Grundrechtsdogmatik, Darmstadt 1977

*Seewald*, Ostfried: Rückwirkung, Grundrechte, Vertrauensschutz, DÖV 1976, S. 228 ff.

*Sendler*, Horst: Teilhaberecht in der Rechtsprechung des Bundesverwaltungsgerichts, DÖV 1978, S. 581 ff.

— Zum Wandel der Auffassungen vom Eigentum, DÖV 1974, S. 73 ff.

— Die Konkretisierung einer modernen Eigentumsverfassung durch Richterspruch, DÖV 1971, S. 16 ff.

— Nachbarschutz im Städtebaurecht, Teil 1 - Nachbarschutz im Planbereich, BauR 1970, S. 4 ff.; Teil 2 - Nachbarschutz im nicht beplanten Innenbereich, im Außenbereich und im Genehmigungsverfahren zum Bodenverkehr, BauR 1970, S. 74 ff.

*Seo*, Won-Woo: Bosangjedoui Dangmyunguaje mit Gaesunbanghyang (Aufgabe und Entwicklungsrichtung des Rechtsinstituts Enteignungsentschädigung), in: Tojigaebalgongsa (Hrsg.), Gonggongyongjichuidukedarun Sonsilbosnagjedogaesune guanhan Seminar (Seminar über die Entwicklung des Rechtsinstituts Enteignungsentschädigung in Folge des staatlichem Zweck dienenden Grundstückserwerbs), Seoul 1988, S. 57 ff.

— Haengjonggyehoikui Tukjilgoa Julchajuk Gyuje (Rechtsnatur der Verwaltungsplanung und deren verfahrensrechtlichen Kontrolle), Gosigye 1987, Bd. 2, S. 36 ff.

— Gukgabosangjedoui saroun Munjejum I, II (Probleme staatlicher Ersatzleistungen), Wolgangosi 1986, Bd. 3, S. 13 ff.; Bd. 4, S. 94 ff.

— Hyundai Haengjongbubnon I (Verwaltungsrechtslehre in der modernen Gesellschaft, Bd. 1), Seoul 1983

*Seok*, Jong-Hyun: Ilbanhaengjungbub (Allgemeines Verwaltungsrecht), Sang (Bd. 1), 3. Aufl., Seoul 1988

— Ilbanhaengjungbub (Besonderes Verwaltungsrecht), Ha (Bd. 2), 2. Aufl., Seoul 1988

— Sintojigongbubnon (Öffentliches Baurecht), 7. Aufl., Seoul 1988

— Suyongyusachimhaebubli (Rechtstheorie des Enteignungsgleichen Eingriffs), Gosigye 1988, Bd. 3, S. 32 ff.

— Haengjongbubsang Sinloibohoui Wonchik (Vertrauensschutzprinzip im Verwaltungsrecht), Gosikye 1988, Bd. 2, S. 94 ff.

— Dosigyehoikgyuljongui Bubjeokseongjil (Rechtsnatur der Stadtplanfeststellung), Panlyewolbo 179 (1985), S. 61 ff.

— Raumordnung in der Bundesrepublik Deutschland und der Republik Korea unter besonderer Berücksichtigung des Verfahrens zur Aufstellung von Raumordnungsplänen nach § 5 ROG vom 8. April 1965, Diss. Speyer 1978

*Shin*, Bo-Sung: Haengjongui Bubyouljokhabsung Wonchik (Gesetzmäßigkeit der Verwaltung), Gosiyonku 1988, Bd. 3, S. 61 ff.

*Siedentopf*, Heinrich: Gemeindliche Selbstverwaltungsgarantie im Verhältnis zur Raumordnung und Landesplanung, Göttingen 1977

*Simon*, Alfons: Die Wirtschaft im Spannungsfeld mit dem öffentlichen Planungs- und Baurecht, BayVBl. 1985, S. 737 ff.

*Simson*, Werner von: Planänderung als Rechtsproblem, in: Kaiser, Joseph H. (Hrsg.), Planung I, Baden-Baden 1965, S. 405 ff.

*Skouris*, Wassilios: Die Legitimation zur Anfechtung von Bebauungspläne, DVBl. 1980, S. 315 ff.

*Söfker*, Wilhelm: Fortentwicklung des Raumordnungsrechts im Bauplanungsrecht und Raumordnungsgesetz, DVBl. 1987, S. 597 ff.

*Stein*, Ekkehart: Staatsrecht, 11. Aufl., Tübingen 1988

*Steinberg*, Rudolf: Die verfassungsrechtliche Gewährleistung der kommunalen Planungshoheit - BVerfGE 56, 298, JuS 1982, S. 578 ff.

— Verwaltungsgerichtlicher Schutz der kommunalen Planungshoheit gegenüber höherstufigen Planungsentscheidungen, DVBl. 1982, S. 13 ff.

*Steiner*, Udo: Straßen- und Wegerecht, in: ders. (Hrsg.), Besonderes Verwaltungsrecht, 3. Aufl., Heidelberg 1988, S. 601 ff.

— Raumordnungs- und Landesplanungsrecht, in: ders. (Hrsg.), Besonderes Verwaltungsrecht, 3. Aufl., Heidelberg 1988, S. 669 ff.

*Stelkens/Pagenkopf*: Rechtliche Bindung und gerichtliche Kontrolle planender Verwaltung im Bereich des Bodenrechts, DVBl. 1977, S. 668 ff.

*Stern*, Klaus: Das Staatsrecht der Bundesrepublik Deutschland, Bd. 1, 2. Aufl., München 1984, Bd. 2, München 1980

*Stern*, Klaus/*Burmeister*, Joachim: Die Verfassungsmäßigkeit eines landesrechtlichen Planungsgebots für Gemeinden, Düsseldorf 1975

*Stich*, Rudolf: Die Rechtsbeziehung zwischen örtlicher Landschaftsplanung und Bauleitplanung, UPR 1983, S. 177 ff.

— Die Planungsstufen der Orts-, Regional- und Landesplanung, DVBl. 1973, S. 589 ff.

*Stober*, Rolf: Wirtschaftsverwaltungsrecht, 6. Aufl., Stuttgart u.a. 1989

— Möglichkeiten der Fortentwicklung des Rechts der sozialen Sicherheit zwischen Anpassungszwang und Bestandsschutz, DVBl. 1984, S. 857 ff.

*Stüer*, Bernhard: Erfahrungen mit der verwaltungsrechtlichen Normenkontrolle - eine Zwischenbilanz -, DVBl. 1985, S. 469 ff.

— Funktionsreform und kommunale Selbstverwaltung, Göttingen 1980

— Abwägungsgebot, Mehrfachneugliederung und Vertrauensschutz, Das Meerbusch-Urteil des Verfassungsgerichtshofs Nordrhein-Westfalen, DVBl. 1977, S. 1 ff.

*Suderow*, Wolfgang: Das Verhältnis der Fachplanungen zur Raumordnung und Landesplanung, Münster 1976

— Rechtsprobleme des Bundesraumordnungsprogramms, Münster 1975

*Suhr*, Dieter/*Anderl*, Angelika: Rechtsfragen der raumbeeinflussenden Bundesplanung, Frankfurt a.M. 1980

*Thiele*, Willi: Zur Problematik des Plangewährleistungsanspruchs, DÖV 1980, S. 109 ff.

*Thieme*, Werner: Verwaltungslehre, 4. Aufl., Köln u.a. 1984

*Timm*, Charlotte: Eigentumsgarantie und Zeitablauf, Baden-Baden 1977

*Tschira*, Oskar/*Schmitt Glaeser*, Walter: Verwaltungsprozeßrecht, 6. Aufl., Stuttgart u.a. 1983

*Tuschling*, Burkhard: Rechtsform und Produktionsverhältnisse. Zur materialistischen Theorie des Rechtsstaates, Frankfurt a.M. 1976

*Uechtritz*, Michael: Lenkung der Naßauskiesung durch die Regionalplanung, VBlBW 1984, S. 5 ff.

*Ule*, Carl Hermann: Verwaltungsprozeßrecht, 8. Aufl., München 1983

*Viets*, Bodo: Rechtsprechungsänderung und Vertrauensschutz, dargestellt anhand der Judikatur des Bundesarbeitsgerichts, München u.a. 1976

*Voigt*, Roland: Die Rechtsformen staatlicher Pläne, Schriften zum Wirtschaftsverfassungs- und Wirtschaftsverwaltungsrecht, Bd. 18, Hamburg 1979

*Wahl*, Rainer: Genehmigung und Planentscheidung, DVBl. 1982, S. 51 ff.

— Bürgerbeteiligung bei der Landesplanung, in: Blümel, Willi (Hrsg.), Frühzeitige Bürgerbeteiligung bei Planungen, Schriftenreihe der Hochschule Speyer, Bd. 87, Berlin 1982, S. 112 ff.

— Aktuelle Probleme im Verhältnis der Landesplanung zu den Gemeinden, Steuerung der Siedlungsentwicklung und Standortplanungen, DÖV 1981, S. 597 ff.

— Rechtliche Wirkungen und Funktionen der Grundrechte im deutschen Konstitutionalismus des 19. Jahrhunderts, Der Staat 18 (1979), S. 321 ff.

— Rechtsfragen der Landesplanung und Landesentwicklung, 1. Band: Das Planungssystem der Landesplanung, Grundlagen und Grundlinien, Berlin 1978; 2. Band: Die Konzepte zur Siedlungsstruktur in den Planungssystemen der Länder, Berlin 1978

*Weber*, Werner: Verfassungsrechtliche Aspekte einer Bund-Länder-Planung nach dem Bundesraumordnungsprogramm, Innere Kolonisation 1974, S. 215 ff.

*Weber-Dürler*, Beatrice: Vertrauensschutz im öffentlichen Recht, Basel u.a. 1983

*Weidemann*, Clemens: Regionale Raumordnungspläne als Gegenstand der verwaltungsgerichtlichen Normenkontrolle - Zur Rechtsnatur regionalplanerischer Ziele -, DVBl. 1984, S. 767 ff.

— Ziele der Raumordnung und Landesplanung als öffentliche Belange im Sinne der §§ 34, 35 BBauG?, NVwZ 1983, S. 441 ff.

— Gerichtlicher Rechtsschutz der Gemeinden gegen regionale Raumordnungspläne, Münster 1983

— Die Staatsaufsicht im Städtebaurecht als Instrument zur Durchsetzung der Raumordnung und Landesplanung, Münster 1982

*Weiss*, Dieter: Strukturierung iterativer Entscheidungsprozesse bei öffentlichen Planungsvorhaben, VerwArch 63 (1972), S. 241 ff.

*Wendt*, Rudolf: Der Garantiegehalt der Grundrechte und das Übermaßverbot. Zur maßstabsetzenden Kraft der Grundrechte in der Übermaßprüfung, AÖR 104 (1979), S. 414 ff.

*Werner*, Fritz: Zur Kritik an der Verwaltungsgerichtsbarkeit, DVBl. 1957, S. 221 ff.

*Westbomke*, Konrad: Der Anspruch auf Erlaß von Rechtsverordnungen und Satzungen, Berlin 1976

*Weyreuther*, Felix: Die Situationsgebundenheit des Grundeigentums, Köln 1983

— Über die Erforderlichkeit von Bebauungsplänen, DVBl. 1981, S. 369 ff.

— Die Bedeutung des Eigentums als abwägungserheblicher Belang bei der Planfeststellung nach dem Bundesfernstraßengesetz, DÖV 1977, S. 419 ff.

— Rechtliche Bindung und gerichtliche Kontrolle planender Verwaltung im Bereich des Bodenrechts, BauR 1977, S. 293 ff.

— Das bebauungsrechtliche Gebot der Rücksichtnahme und seine Bedeutung für den Nachbarschutz, BauR 1975, S. 1 ff.

*Willke*, Helmut: Stand und Kritik der neueren Grundrechtstheorie, Berlin 1975

*Wittkämper*, Gerhard W.: Möglichkeiten und Grenzen neuer Technologien in der öffentlichen Verwaltung, Die Verwaltung 1983, S. 161 ff.

*Wolff*, Hans J.: Rechtsgrundsätze und verfassungsgestaltende Grundentscheidungen als Rechtsquellen, in: Bachof, Otto u.a. (Hrsg.), Forschungen und Berichte aus dem öffentlichen Recht. Gedächtnisschrift für Walter Jellinek, München 1955, S. 33 ff.

*Wolff*, Hans J/*Bachof*, Otto: Verwaltungsrecht Bd. I, 9. Aufl., München 1974; Bd. III, 4. Aufl., München 1978

*Wolff*, Hans J/*Bachof*, Otto/*Stober*, Rolf: Verwaltungsrecht Bd. II, 5. Aufl., München 1987

*Zech*, Jochen: Zuständigkeit bei der Verwaltung der Bundesfernstraßen durch die Länder und Gemeinden, DVBl. 1987, S. 1089 ff.

*Zeidler*, Karl: Maßnahmengesetz und "klassisches Gesetz", Karlsruhe 1961

*Zeidler*, Wolfgang: Grundrechte und Grundentscheidungen der Verfassung im Widerstreit, Festvortrag, Verhandlungen des 53. Deutschen Juristentages, Bd. II, München 1980, S. 15 ff.

*Zimmerli*, Christoph: Das Verbot rückwirkender Verwaltungsgesetze. Eine kritische Untersuchung im schweizerischen Recht, ergänzt durch eine vergleichende Darstellung der Rückwirkung im öffentlichen Rechte Englands und der Vereinigten Staaten von Amerika, Basel u.a. 1967

*Zinkahn*, Willy/*Bielenberg*, Walter: Raumordnungsgesetz des Bundes, Kommentar, Berlin 1965

*Zohlnhöfer*, Werner/*Steinle*, Klaus/*Brohm*, Winfried: Planung, in: Görres-Gesellschaft (Hrsg.), Staatslexikon, Bd. 4, 7. Aufl., Freiburg u.a. 1988, S. 403 ff.

MIX
Papier | Fördert gute Waldnutzung
FSC® C083411

Kolibri 360 GmbH
Ferdinand-Jühlke-Straße 7
99095 Erfurt, Deutschland
produktsicherheit@kolibri360.de

Druck:
CPI Druckdienstleistungen GmbH
im Auftrag der
Kolibri 360 GmbH
Ferdinand-Jühlke-Str. 7
99095 Erfurt